中华民族核心价值观

孙建军　谢春涛　著

吉林文史出版社

图书在版编目（CIP）数据

中华民族核心价值观 / 孙建军，谢春涛著．— 长春：吉林文史出版社, 2018.12

ISBN 978-7-5472-4584-2

Ⅰ．①中… Ⅱ．①孙… ②谢… Ⅲ．①文化史 - 中国 - 通俗读物 Ⅳ．①K203-49

中国版本图书馆 CIP 数据核字 (2017) 第 236423 号

中华民族核心价值观

ZHONGHUA MINZU HEXIN JIAZHIGUAN

出 版 人　孙建军
著　　者　孙建军　谢春涛
责任编辑　程　明　董　芳
封面设计　柳永哲
出版发行　吉林文史出版社
印　　刷　吉林省优视印务有限公司
版　　次　2018年12月第1版　2018年12月第1次印刷
开　　本　170mm×240mm　1/16
字　　数　390千字
印　　张　24.5
书　　号　ISBN 978-7-5472-4584-2
定　　价　50.00元

前　言

一

价值观是对人、对事、对物，包括世界、宇宙、国家、民族、社会以及政治经济军事文化等的基本理解与认识，即包括不同主题总的基本看法。每个民族自诞生以后，在漫长的发展历程中，都会形成具有自己特色的传统价值观念。中华民族有着5000多年的文明史，且这个文明史的整个发展过程是一直绵延传承下来的，不曾中断，成为世界文明史古老国家的典范。为何诞生于5000年前的民族如滚雪球般成长为今天如此庞大强健的中华民族？为何中华民族曾经长期站在世界的潮头引领世界前进的航船？为何中华民族历经5000多年经久不衰，并能不断克服各种困难，越过艰难险阻不断奋起？我认为，在5000多年的民族发展历程中，形成了独具魅力、影响深远且能够历久弥新的价值观念，是其中最重要的因素。回顾中华民族的5000年历史，当中华民族遭遇灾难和遇到重大挫折的时候，中华民族传统价值观起到了指导引领中华民族前进，增强中华民族凝聚力，支撑引领中华民族不断前行的精神信念，是在什么时候萌芽、产生、确立，并在中华民族进入汉唐黄金发展的前期，支配中华民族心灵的呢？这些观念中的核心观念又是什么，对当代中华民族的影响又是怎样的呢？这些问题时时萦绕在人们的心头。这些观念与世界不同的民族文化有着怎样的特殊性？对于当代中国的现代化进程有着怎样的血脉关系？其中对于人类社会的构想和人类价值观的阐释，对于人类的发展和奋斗的终极目标，是否有启示意义，一直是历史文化研究者思考的问题。各种隔阂、分歧、矛盾的巨大作用，中华民族在这些价值观念的引领下百折不挠，越挫越勇，奋勇前行。

考察中华民族思想观念发展的轨迹，中华民族的祖先在长期的生产生活和社会实践中形成了稳定的价值观念，形成了习近平总书记多次强调的社会主义核心价值观的根脉。据文化学者考证，中华民族的传统价值观念源于伏羲炎黄时期，自伏羲统治天下，创制八卦、造出图画文字开始，汉民族的文化始祖炎黄二帝时期就萌生了初始的天人观念，产生了文化典籍，有了探讨天地人关系的三坟，有了探讨治理天下的五典，历经夏商西周三代，最终有了八索九丘的形成。这些文化典籍，记录了中华民族原初的观念，基本确立了建立在“以德配天”“惟德是辅”的道德观念和以天人相合为基础（包含对天、地、人以及民族、社会、国家）的基本观念。到了春秋战国时期，思想文化呈现了大繁荣局面，形成了民族观念的大聚合，中华传统价值观念经过“齐放”和“争鸣”，开始牢固确立。从此，中华传统价值观念中的核心思想始终引领中华民族前进的脚步，经过秦汉的强盛，魏晋南北朝的交融，隋唐的盛世和宋元明文化的发展，中华民族的传统价值观念，不仅引领中华民族走向了强大，还深深地影响了东亚、南亚以至西亚各民族，并通过丝绸之路远播世界各地，对人类精神文化的交流与进步作出了自己的贡献。

中华民族的祖先在社会实践中主要形成了哪些价值观念呢？经过对前人研究成果的初步梳理，以及通过阅读经典著作进行的思考，我以为大致可以归纳为以下内容：

仁者爱人的人性观；知行合一的知行观；无为而治的理政观；中正尚义的正义观；三才相合的和合观；天下一家的大同观；遵礼行义的礼义观；尊祖敬亲的孝道观；义字当先的义利观；和实生物的宇宙观；舍生取义的生死观；贵和持中的心灵观；和而不同的文化观；己立立人的人生观；忠贞不贰的忠义观；信义为本的诚信观；天人合一的天人观；事物等分的齐物观；推己及人的仁恕观；五行相克的生存观；形神兼备的形神观；重民轻君的民本观；修身养性的修养观；动静相宜的动静观；舍身卫国的爱国观；独立自主的自强观；厚德载物的道德观；重民轻君的人本观；崇尚和合的和谐观；崇尚礼仪的礼治观；改天换地的愚公观；天下己任的责任观；不断进取的创造观；推陈出新的改革观；立己达人的为人观；格物致知的求索观；达济天下的奉献观；穷善其身的修养观；诚实守信的立身观；以和为贵的处人观；正人正己的修身观；天下大同的一同观；为政以德的执政观；天下为公的社会观；协和万邦的外交观；以人为本的政治观；诚意正心的道德观；道法自然的辩证观，等等。

其中最有影响力、凝聚力和融合作用的核心，内容包括儒家的仁爱观、和合观、社会观、忠义观、大同观、生死观，道家的辩证观、天人观、知行观、无为观、齐物观和儒家、释家、道家、墨家、兵家都很重视的和平观、诚信观、民本观、正义观等。

任何一个民族，文化都是其民族发展的血脉，是其人民的精神家园。对于其民族和国家的延续与健康发展，文化精神思想观念是更基本、更深层、更持久的力量。古代传统文化的精神观念是其现实文化发展的根脉。近代的文化精神以及现实文化精神，一定能够找到古代传统文化精神的影子。回望中华民族的成长发展，中华传统文化具有独一无二的理念、智慧、气度、神韵，滋养着中华民族的成长进步，推动着中华民族在古代引领世界的步伐。

无论是一个民族还是一个国家，无论是一个群体还是一个个体，思想观念、精神文化乃是生命力所在，是一个民族、国家可持续发展，引领潮头的核心动能。精神文化由一个民族的世界观、价值观、人生观等多个方面构成。一个民族的伟大，无疑是因为其具有了伟大的思想观念和精神，一个民族的复兴，无疑也必须从优秀传统文化与精神的复兴开始。没有了思想和精神这个灵魂，任何一个国家、民族都有可能迷失方向，走向衰落。

中华民族在文化精神上所创造的成果，贯穿于中华民族 5000 年历史、积蕴于近现代中华民族复兴历程，特别是进入 20 世纪以后，中国在快速复兴中迸发出来的具有很强的民族集聚、动员与感召效应的精神及其气象，是中国文化、中华文明绵延数千年的重要显示。

地球上的人类走过了上百万年，人类的文明史也有数千年。在这个漫长的过程中，同在一个地球上生存的人类却走出了不同的发展道路，走过了不同的发展历程，这是为什么？一些国家在人类的历史长河中长期引领潮头，走在他人的前面，一些国家却长期落后，这是为什么？一些民族虽历尽坎坷，却能够始终顽强拼搏，屹立不倒，重新迸发伟力，焕发青春，这又是为什么？总之，考察不同的国家民族之所以走出不同的道路，创造出不同的文明，深层因素就是长期积淀在这些民族之中的思想观念、文化传承不同，以及这些思想文化精神的高度不同所致。思想观念是灵魂，是人类前进的指路明灯，明灯不亮，无法照亮前进的道路。

在人类思想文明的长河中，无数位大师的思想熠熠生辉。这些思想文明成果，引领人类走出蒙昧，走向文明与创造。本书将反复提到他们的名字，重读他们的著作。在人类漫长的发展进程中，真正能够支撑起走得更远更久的因素一定是思想道德观念的境界，道德观反映了一个国家一个民族的品格，是精神文化的重要内核之一。

一个国家的终极前途，从根本意义和长远发展进程说，不取决于其国库一时之殷实，不取决于其城堡一时之坚固，也不取决于其公共设施一时之华丽，而在于其整个社会的文化素养与全体公民的道德素养，即在于人们的学识、思想和品格之高下，这才是利害攸关的力量所在。

哪一个民族如果缺少了思想品格的支撑、道德的力量，那么，可以认定它是下一个将要衰落甚至要灭亡的民族。哪一个民族如果不再崇尚和奉行忠诚、诚实、正直、公正的价值观念，不再追求人类的和平与平等，没有包容开放的心胸，没有仁义礼孝信等社会公德，那么这个民族必将背离人类的正常轨道。考察中华民族的发展史，是一个一直以道德观念为先导、为治国之策的礼治德化的国家，讲求“道之以德，齐之以礼”，从个体来说，儒家的诚意、正心、格物、致知，修身、齐家、治国、平天下，始终是古代知识分子和国人的人生目标。

中国历史按照年代划分，1840年鸦片战争以后，中国进入近代社会。在此之前，称为中国古代社会。这段历史长达4000多年，依次为夏商周时期、秦汉时期、三国两晋南北朝时期、隋唐五代时期、宋元时期、明清时期等。其间所产生和发展的文化，称为中国古代文化，即我们常说的传统文化。从文明的角度考察，夏商周之前为史前文明期，三皇五帝为中华文明做了千余年长期的铺陈，产生了文明的萌芽。中华文明其主要内容包括经济、政治、文化、生态、教育、科技、医药，等等。精神和物质的发明创造，持续推动着中华文明走在世界前列，其中精神文明创造，是推动物质文明、社会进步的内在力量。精神文明成果主要是指哲学思想和主导社会运行的道德思想。在封建社会早期，春秋战国时代产生了儒家、道家、墨家、法家、兵家、农家、纵横家、阴阳家、杂家等各家思想，推动了中华民族进入第一次思想解放时期，使中华思想精神达到了当时人类思想的高峰，思想界呈现了“百花齐放，百家争鸣”的灿烂局面。此时的中国成为与欧洲轴心国文明时期最闪亮的元文化高度发达的国度。这时原有诞生于非洲亚洲的世界四大文明古国的文明步伐已经中断，中欧两大文明中心，一时呈现大师涌现、思想纷呈的局面。

进入大一统的秦汉封建王朝时期，“百花齐放”的中国思想界也归为一统，先是秦王朝奉行法家治国，施行封建专政，社会矛盾迅速积累爆发。后在西汉早期推行黄老思想，实行黄老的“无为而治”，提倡重民、爱民、尊民、养民，对内采取与民休息的“休养生息”政策，对外罢兵息战，和亲媾和，出现了“文景之治”，国力日渐强盛。随着周边少数民族的侵扰加剧，以及一些诸侯王的擅权越位，实行政治思想的大一统势在必行。终于在汉武帝时期推行了“罢黜百家，独尊儒术”的国策，确立了儒学作为中国传统文化的主导地位。从此，中国以儒家思想作为治国理政的指导思想，长期作为中国官方意识形态存在，并且深入地贯彻到了社会生活的方方面面。不过，这时的国策已经是在总结秦王朝覆亡，汉王朝初年黄老国策利弊的基础上制定的，儒家思想也早已经在“百家争鸣”中，在淮南王刘安和董仲舒那里融合了诸家的思想精华，是一个以先秦儒家思想为主，吸收了法家、道家、墨家、兵家、农家等诸家思想文化的思想体系。这从官方确定的官书“四书五经”“九经”“十三经”中也能得到印证。这样的儒家思想从此长期居于国内主流思想的正统地位，开启了中华民族迅速发展的行程。这样的思想文化还影响波及到了朝鲜半岛、日本、中亚、东南亚等地区，南北朝以后，又吸收了佛教理论，并将其改造成了具有中国特色的佛学，形成了中国思想文化领域的儒、释、道三大思想流派。

儒家为主体的思想文化，其鲜明的特点是主张社会和谐稳定，讲求礼义孝廉，追求道德礼仪，以积极的入世姿态，为社会进步奋发作为。在这样的思想观念引导教育下，培养出了一大批为天地立心，为生民立命，为往圣继绝学，为万世开太平的知识分子。这些士大夫阶层不断地传播这一思想观念，形成了整个社会尤其是知识界为社会重建精神观念，为民众确立生命目标，为继承前圣已绝之学统，为万世开拓太平之基业的理想抱负。

儒家思想体系渗透到中国社会的方方面面，引领指导着人们生活，使中国成为一个礼义国度，成为了一个富有凝聚力、创造力的和谐国度。同时，以宽容的襟怀拥抱外来优秀文化，以仁和之心对待周边民族和国家。汉代以后来自印度的佛教文化就是典范，儒释道交融成就了古代中国最早的世界文化视野观，以佛学为代表的印度文化，是中华文化外来文化中离中华最近，接触最早的文化，也是最早的洋为中用，中为洋用的范例，体现了中国文化开放包容的胸怀。汉唐时期，中国敞开胸怀，拥抱世界各国。在这一系列思想的指导下，中华民族迅速走上了引领世界文明的轨道，成为人类农业社会时期的文明先锋，引领世界发展的脚步近 2000 年，表现出了中华思想文化的强大力量。文化的魅力在于它的传承性，在于它具有超越时空的强大穿透力，以及适应新时代需求所焕发出来的思想底蕴，中国传统文化中的许多思想观念无疑具有这样的属性。随着社会的进步，越来越多的有识之士，感受到了中国传统文化的魅力，感受到了中国传统文化解决人类矛盾的大智慧。改革开放后，传统文化迸发了时代强音，成为今天新时代核心价值观的思想基因和观念源泉。

不仅如此，中国古代所形成的文化传统、思想观念，如“讲仁爱、重民本、守诚信、崇正义、讲仁义、尚和合、求大同”的价值理念，“天人合一”的理念，“和而不同”的思想方略，仁、义、礼、智、信、忠、孝、廉等道德观念具有超越时代超越历史超越国界的生命力，成为人类共有的精神遗产。

而几乎在中国古老文明走上稳定轨道，并进入快速发展时期，欧洲社会却陷入了思想困顿社会动荡的中世纪时期。中世纪的欧洲被神权笼罩，从贫民到国王，所有人都为宗教所左右，教皇成为实际最高领导人。这个时期的欧洲没有一个强有力的政权来统治，宗教思想以一种扼杀其他思想文化的高压手段统治欧洲。由于反抗力量不断涌现，封建割据带来频繁的战争，欧洲陷入了长期战乱的非统一、非稳定时期。人们的生死掌握在教会手中，所有的人都不敢违背教皇的意愿。人民愚昧无知，而且备受压榨，再加上教士的贪婪，不停从人民手中索取，人民生活在水深火热、毫无希望的痛苦中，由此造成科技和生产力发展停滞，中世纪在欧美普遍被称作“黑暗时代”，掩埋了古希腊时期的辉煌。

思想观念是国家和民族的灵魂，集中体现了国家和民族的品格。文化的力量，深深地印刻在民族国家的历史之中，熔铸在民族的血液之中。

中国传统文化的思想观念、道德精神深入到社会之中，讲求“道之以德，齐之以礼”。重视孝悌忠信、礼义廉耻等道德观念的培育，形成了独具风采的礼义文化和自强不息、厚德载物的民族精神。造就了一代又一代“苟利国家生死以，岂因祸福避趋之”的仁人志士。在历史的长河中，中华民族虽然饱经忧患，历经沧桑，但始终屹立不倒、绵延不绝，就在于这里的人民受优良传统文化精神的熏陶，在血液中流淌着仁义孝勇刚健的精神，在心灵的深处凝结着正义忠贞的观念，古圣先贤们提倡的“富贵不能淫，贫贱不能移，威武不能屈”的高贵品格，和“志士不饮盗泉之水，廉者不受嗟来之食”的高尚气节，深深地影响着中华民族。

如果放在世界的范畴来看待这个问题，中华文化精神领域的成就与西方精神领域的成就有着内涵以及时空等方面的差异。中华文明是早熟的文明，要孕育科学的种子需要太多的因素和时机。中国传统价值观还是一种整体的世界观，“三易”是一门古老的科学，由它衍生出许多门类的科学思想，阴阳学说、五行运行学说、天人合一这些思想观念都是从人类社会与自然社会的整体观照出发，探讨天地万物以及人类，包含了天文、地理、物理、数学，以及军事学、医药学、社会学、政治学、人类学等学理，既包括了古代的自然科学，也包括了社会科学、思维科学。

二

在亚洲大陆板块的东方，一片广袤肥沃的土地上，流淌着两条大河，一条叫黄河，一条叫长江。她们从巴颜喀拉山脉和唐古拉山脉流出，绵延数千里，裹挟着这块土地的芬香奔流到辽阔的大海，是这块土地的母亲河，孕育了古老的华夏民族。

万物因水而生，人类择水而居，在这两条母亲河两岸，居住着无数个大大小小的部族，这两条大河养育了无数的先民部族，也养育了华夏民族的远古祖先——华胥族。

很久很久以前，大约在8000年前，在两条大河的周围，从古老的华胥氏的血液里衍生了被后人称为三皇的伏羲氏、燧人氏、神农氏，以及黄帝、颛顼、帝喾、尧、舜、禹五帝一脉。舜帝姓名叫“重华”，华是他的名字，又是夏朝的始祖，华夏族即来自于此，舜之后的禹建立了统一的夏，就这样像滚雪球一般，诞生了华夏民族。华夏族聚居于被认为是四方之中的中原地区，代代流传便有了中华一族。

关于中华一族名称的由来，还有一些带有传奇色彩的史料记载。宝鸡天台山有一座耸入云霄、气势雄伟的巍然奇峰，人称天柱峰。天柱峰上有座“莲花顶”。每当日落日出之时，这里霞光辉映，雾海翻腾，石莲游浮，蔚为壮观。人们称誉此峰此景为“三味生奇花”。有传说，中国国名“中华”即由此而来。

传说炎帝神农成王之前，在天台山练就了一身好武艺。一次，他约请天下部落首领，汇聚天台山比武论艺，还邀请了天帝仲裁。由于炎帝神农武艺超群，天帝感到欣慰，想提携炎帝作为人间帝王。便有意发下一道口谕：“谁能一夜建造一座登天梯，能使茫茫大海之中长出石莲，吾便封谁为人间帝王，统管天下人事。”

炎帝神农果然在一夜间造成了三座排空的天柱峰，怀中抱着一座石莲。天帝一见，万分惊喜，当即封炎帝神农为“赤帝”。随后，天帝沿着天柱峰登上了莲花顶，腾云驾雾，升天而去。

炎帝神农做了一代帝王，分管南方天下，南方属火，所以号称“炎帝”。炎帝施行仁政，受到人民拥戴。后来，炎帝神农为了驱瘟除病，造福人类，亲自尝百草，制百药，终于制伏了瘟疫。据说他自己却因吃了毒草“火焰子”，不幸死于莲花峰下。

炎帝神农的子孙后代，为了纪念他们的先祖，便以“三味生奇花”为缘由，把天台上的莲花峰称为“中华”（古代：“华”与“花”相同）。世人为纪念炎帝神农的功德，便沿用此称，把中国叫作“中华”。

从神农起姜姓部落共有 9 代炎帝，传位 530 年。炎帝所处时代为新石器时代，部落的活动范围在黄河中下游。据古籍记载，炎帝身着兽皮，牛首人身，他亲尝百草，用草药治病，还发明了两种翻土农具。教民垦荒种植粮食作物，领导部落人民制造出了饮食用的陶器和炊具，开创了农耕文明。

在那个时候，黄河、长江两大流域分布着无数个部落，各个地盘都是以部落为群体，经过野蛮时代的长年纷争，形成了东西南多个大的部落，其中以炎帝、黄帝和蚩尤、后羿为首的几个部落最强。在当时，蚩尤部落和炎帝部落发生战乱，炎帝部落处于下风，于是炎帝向黄帝部落求助。

传说中，炎帝和黄帝强强联手，最终的结果是蚩尤大败，蚩尤部落的部众融入炎黄部落。后来炎帝部落和黄帝部落也以战争的方式实现了融合。据说炎帝无道，黄帝为了维护众小部族利益起兵，黄帝部落胜利之后，入驻炎帝部落，黄帝对炎帝部落的人口没有杀戮，而是让他们自由生活，开创了和平善后战争的先例，两个部落的人们十分友好地生活在一起，世世代代和睦相处。战争以后黄帝成为两大部落的唯一领导人，融合后的两部族的后人视黄帝炎帝为共同祖先，并自称是“炎黄子孙”。这样的称谓，反映了当时和后来人们对于炎帝和黄帝关系的理解，我们从中也能体会到炎帝和黄帝两大部族的融合是友好的亲如一家的，两大部族真正地融合在了一起，构成了华夏族的主体。

炎黄部族的互相融合，进一步使部落向奴隶制过渡，大约在公元前21世纪，出现了一位伟大的人物，他的名字叫禹，由他完成了治理水患的重任，建立起了一个叫夏的部落联盟城市国家，并将国家的政权传给了自己的儿子启。从此，华夏民族就在这亚洲大陆生存、繁衍、发展、壮大起来，历经夏、商、周三代，华夏民族响彻东方，华夏民族开启了创造更为灿烂的文化和文明的历史，成为世界上最古老的文明国家之一。

这个民族所创造的思想文化，历经夏、商、周，近千年的进化，终于诞生了以礼治、宗法、道德统治为核心的西周国家，这中间诞生了以周文王、周武王为代表的建立宗法礼仪制度的代表人物，由此奠定了华夏族价值核心理念与社会的管理基本的宗法制度。从此，中华民族迈向了一个思想、文化的繁盛时期，为中华民族未来数千年的文明打下了坚实的基础。

到了春秋战国时期，涌现出一大批杰出的思想家、政治家，群英荟萃，熠熠生辉。他们的思想，凝结成华夏民族的精神核心，他们的愿望，涂写成人类对未来憧憬的美好蓝图，成为中华民族5000年文化的文化原点，形成了人类的精神文化高地，在这些思想家、政治家的推动下，这些思想文化精神观念，成为引领中华民族长时间走在人类前列的内在动力，并为全人类的文明作出了举世公认的伟大贡献。

中华文化是人类历史上唯一一条从未断流的古代文明的长河。是什么力量使这个民族创造的文明，成为世界上唯一一个未曾中断的文明呢？细细想来，其内在的核心力量，就是它创造了具有中华民族特色的文化体系。而这个文化体系的核心内核，也就是其精神文化思想观念起到了重要作用。

回眸中华民族5000年的历史，真正能够起着引领支撑作用的思想和精神，那就是和、仁、义、礼、智、信、忠、勇……等一系列精神文化符号。这些精神文化符号，浸透在了中华民族的血液之中，成为中华民族和以后数千年主导社会生活的主体思想观念与精神文化，成就了中华民族文明千年不断的奇迹。而成就这一文化的镌刻在历史的纪念碑上的核心人物就从伏羲、炎黄二帝、尧舜禹、文武周公肇始，延续于孔子、老子、孟子、庄子、荀子、韩非子、管子等一系列思想家、政治家，也正是他们的推动和引领才使得这些思想精神成为中国历史上的具有大众化、社会化含义的文化。

华夏民族是具有崇高理想的民族，中华民族书写的，在中国古代文化典籍中闪射出无尽的社会理想光华，从朦胧的憧憬到鲜明的构思，从抽象的概括到形象的展示，从局部的勾勒到整体的描绘，从天堂的向往到人间的追求，中华民族的文化理想与中国社会历史的演进发展一道前进。

对理想社会的憧憬与追求，是中国古代文化史上的一个恒久而鲜明的主题。古代神话中女娲补天、后羿射日、大禹治水、愚公移山等神话传说就寄寓了原始时代的国人探索自然征服自然的强烈愿望和鲜明的思想观念。

三

中华文化源于伏羲、炎黄二帝时期，由伏羲做八卦，炎黄二帝做二易，中华民族的祖先有了独特的观念。相传伏羲作画、黄帝的史官仓颉造字，形成了以象形文字为特色的古代文字，由此，中华文化有了以文字记载开始的历史。从人类学和文化学的角度，标志着一个民族的文化正式诞生了，到了尧舜禹时代，产生了部落内部的民主制度，这就是以择贤为标准的民主禅让制，禅让制历经尧、舜、禹三代，在中华民族血液中埋下了平等、正义、公正的种子，成为后来中华思想高峰中世界大同，天下为公的精神元素。

中华民族从古至今，构成了古代、近代、现代三个大的思想观念与精神文化时代，三个精神时代的历史、思想、人物所描写的生动故事，构成一幅幅绚烂的精神画卷，道出了中华民族的精神追求和思想理念。

我们从古代来观察，从伏羲、炎黄二帝到西周前是中华民族精神发展的萌发期，从西周、春秋战国到隋朝 1000 多年是中华民族精神发展的成熟期，从隋唐到两宋是中华民族精神文化发展繁盛期，从明到清初是变革转型期。

从春秋战国时代开始，站在思想观念高地的中国思想家、政治家们，不仅道出了中华民族的精神观念，也形成了中华民族的精神高地，还构想了由精神观念支撑的理想蓝图，也正是由于这些思想家、政治家们的描绘与推动，引领了中华民族开辟人类的典型文明类型，引领中华民族走向辉煌，成为引领中华民族走在世界前列的礼治国家，使中华精神文化成为滋养亚洲东方的区域性文化范式，也成就了中华文明千年存续的历史神话。

几千年来人们一直在思考寻找构筑心中的梦想，寻梦筑梦，寻什么梦，筑什么梦，这是首先要回答的问题。梦想美好社会是人类的天性，自人类诞生以后就有，只不过因为时代不同，文明程度不同，梦想目标不同，梦想理念差异，出现了道路不同，价值取向、目标、准则的不同。因而表现出在不同的历史阶段、历史条件下，实现梦想的认识、目标、纲领、途径、手段、时间长短不同，有其阶段性时代性特征。有了梦想目标，还要有指引这一目标实现的思想观念，没有正确的思想观念，再好的梦想只能是空想，或者是走向歧途的梦想。

考察众多国家、民族的发展轨迹，迄今为止，许多国家选择梦想实现的路径与手段是掠夺，在他们的价值理念中，强者为王，盗者为王，掠者为王。梦想的实现带有明显的野蛮掠夺和阶级剥削色彩，追逐梦想的手段往往带有非正义性、不平等性、掠夺性、野蛮性、侵略性。中华民族自古以来以儒家为代表的思想观念却与之相反，强调以德为上，和者为上，走出一条独具特色的发展道路。虽然这条道路在工业革命以后遭遇了以私有资本势力为代表的价值观的冲击，遇到过不小的挫败，但我们相信，随着人类社会形态的演进，生产力的提高，物质的丰富，文明程度的提高，思想观念的进步，梦想的蓝图也会不断丰富发展，实现的手段也终将会是文明的、建设性的、和平的方式。如今人类的梦想目标越来越趋于相同，富强、民主、文明、和谐、美丽越来越成为人类共同的价值目标和精神追求。维护自由、平等、公正、法治越来越被人们当作价值取向，建设友善、诚信的家园和世界，越来越成为人类的共同价值准则和心愿，实现富强目标所运用的手段途径也将会越来越公正、文明，建立人类命运共同体的梦想被更多的民族与国家所接受，实现的条件也越来越成熟。正像巴黎宣言曾经说的那样，古老中华民族所提供的解决世界问题的方案经过赋予新时代新的内涵后，越来越被人们所认同。

还是那句话，中华民族是世界上古老的民族，曾创造了人类古代历史的辉煌篇章，在人类以农业为主的时代，引领人类文明长达两千年，中华文明为何成为世界文明延续最久、影响力最强的文明？中国为何能够成为历史上曾经对人类作出巨大贡献的国家？能够取得这样的成就，必然有其内在精神的力量。作为凝结人类精神动力的民族价值观念，在历史的发展过程中一定起到了不可替代的作用。

了解和考察数千年以来的中华民族的精神价值，归结为一句话就是追求国家富强、人民富裕、社会安定，民族平等团结、天下为公、世界大同，就是要建立和平和谐的新的世界秩序，就是期望全人类共同繁荣。应该说中华民族的精神观念是历史的也是现实的，是中国的也是人类的，是人类寻梦追梦的思想结晶和实践成果的重要组成部分。如今的中国精神，就是以公平正义为价值尺度，用和平、友好、建设的方式，实现富强、民主、文明、和谐、美丽的社会目标。

中华文明之思想观念在中华民族几千年来的发展历程中，在经济、政治、道德、社会、民生、文化、教育等领域形成了丰富多彩的成果。本书主要阐述中华文化的优秀思想观念与文化精神爆发期（或称为聚集期）呈现的状态，以名观之是说在中华精神文化发展的历史长河中形成的具有核心意义的成果，其特点是涌现了一大批思想文化教育学者，凝结了一批流传百世的经典著作，形成了许多影响中华民族行为规范的精神品格、思维方式和道德观念。

中华民族传统价值观的核心主线就是讲述由先秦诸子百家开创的学派及围绕诸子百家思想观念、文化精神产生的后学和中国古代三大思想派别儒、道、释所阐述的主要思想观念、哲学理论以及在这些思想观念影响下在实践中产生的中华民族基本文化实践观念。由于数千年中国古代文明史发展的不平衡，精神文化的发展也呈现阶段性高低起伏的特征，而每个时期的高点，即是传统中国思想观念发展的高峰期，而每个时期的低点又为下一个高峰的到来积蓄能量，这是中国传统精神文化发展的基本规律，反映了中华民族文化的独特魅力。

讲述中华民族核心价值观的产生、形成、发展，讲述其主要内容，讲述其历史作用，讲述其区别于其他民族的优长和特点，讲述其在人类精神思想史的地位和影响是这本书的主旨。我们坚定地认为，精神与思想是文化与文明的核心内容，是文化的最本质特征，是推动国家进步文明发展的核心内动力。

中华民族传统观念，其核心内容简言之就是以爱国主义为核心，团结统一，爱好和平，勤劳勇敢，厚德载物，自强不息的伟大民族观念。中华民族的基本品格与道德观念就是刚健有为，厚德载物；就是己所不欲，勿施于人……

精神文化是一个国家和民族的灵魂，是一个国家的生命之源。考察人类历史与国家的发展史，思想文化兴国运兴，精神观念强民族强。回顾历史，追忆过去，展望今天，只有牢记一个民族的思想文化与精神观念是从哪里来，才能搞清楚要到哪里去，能到哪里去。翻开中华文明风云激荡的历史篇章，从思想文化精神观念中汲取历史的力量吸收营养，不忘根本，不忘民族，才能继往开来。人类历史一再告诉人们，即使今后走得再远，走到辉煌的未来，也不能忘记我们曾经走过的过去，更不能丢掉我们的传统，因为一个民族的核心精神是我们今天文化观念的根脉源泉。

一个民族的强盛，总是以民族思想文化的复兴和精神观念的崛起为先导，以思想文化兴盛为支撑的。理念创新思想创新，始终是引领人类社会发展的第一动力。中国先秦时期的“百家争鸣”，形成了思想文化辉煌灿烂的局面，形成了引领人心的思想观念，为中国大一统局面的出现，为中国各种思想观念的融合，为以儒家为主体的传统文化的辉煌发展，为中华文明的绵延千年打下了坚实基础，形成了中华民族的最基本的核心观念。“讲仁爱、重民本、守诚信、崇正义、尚和合、求大同”等核心观念在这一时期已经诞生。5000 年来，中华民族创造了源远流长的中华文化，也创造了人类历史最绵延久远的中华文明和最具传承性的思想、精神。

只有根脉不断，才能繁荣发展，才能野火烧不尽，春风吹又生。梁漱溟先生认为“历史上与中国文化若后若先之古代文化，或已夭折，或已转易,或失其独立自主之民族生命”。而中国则没有如此,根本的原因就是“惟中国能以其自创之文化永其独立之民族生命，至于今日岿然独存”。

书中主要讲述中华民族传统价值观的精髓与基本内容，主要以中国古代历史为背景，以中国传统思想文化为脉络，将笔端延伸至中华民族历史的原点，并试图放大至世界范围，从整个人类的视角来看中国文化的传统观念对中华民族以至人类精神世界的构建，中华民族以至人类进步所起到的作用，所居的地位和重大意义。

书中重点讲述了中华民族传统价值观念起源、发展、传承，中华民族传统价值观的基本内容，与当代社会主义核心价值观的渊源关系。以史论结合的方式，较为详尽地叙述了传统哲学观念中的天人合一的天人观，无为而治的无为观，动静相宜的变化观，事物等分的齐物观，知行合一的知行观；中华民族传统政治伦理观念中的仁者爱人的仁爱观，以和为贵的和合观，清正廉洁的廉正观，天下一家的大同观，遵礼行义的礼义观，重民务本的民本观；中华民族传统的行为观念中的信义为本的诚信观，中正尚义的正义观，爱国忠贞的忠义观，中正处事的中庸观；中华民族传统的军事观念中的以仁为本的战争观，忘战必危的备战观，知己知彼的妙算观，兵不厌诈的变化观等中华民族传统价值观的核心内容，说明了中国传统文化是当代社会主义核心价值观根脉这一论断的正确性。

全书以历史眼光，叙说中国古代文化的思想观念，从中华民族的精神领袖伏羲、炎黄开始，通过对诸子百家、思想先贤精神思想的解读，阐述由于这些思想家的推动所形成的精神生态文化以及这个精神生态文化对中华文明、亚洲文明的推动，以及对世界文明的影响。

全书以史论笔触讲述中华优秀精神文化的内核，解读中华民族优秀的思想观念，寻踪中华民族的精神源头和根脉。

中华文化源远流长、灿烂辉煌，精神文化、思想观念光彩照人。在5000多年文明发展中孕育的中华优秀传统观念，积淀着中华民族最深沉的精神追求，代表着中华民族独特的精神标识，是中华民族生生不息、发展壮大的丰厚养料，是中国特色社会主义植根的文化沃土，是当代中国发展的突出优势，对延续和发展中华文明、促进人类文明进步，发挥着重要作用。

对照中外同时期的思想文化发展状况，了解中国社会不同历史阶段的主体精神走向，了解中华民族在不同社会历史发展阶段建立起来的精神高峰，以及在民族肌体中所形成沉淀下来的文化品格，思维方式，价值观念，对看清历史，厘清根源十分有益，因为这是我们民族的精神家园，在今后的中华民族伟大复兴事业中必然闪耀着指引未来的光芒。

让美好的理想扎根，让富强的梦想结果，让人类的信仰不灭，让优秀的观念永续传承，是党和国家的希望，民族的重托，也是我们每一个文化工作者的责任。

中华传统思想观念是中华文化的精髓，蕴含着人类丰富的精神资源，道德文化、民族精神、价值理念是民族的精神命脉和创造源泉，是推动中华民族不断前行的巨大动力，不忘本来，才能开辟未来，善于继承，才能更好创新。

叙述中华优秀思想文化产生发展的历史渊源、发展脉络、基本走向；讲解中华文化的文化思想、独特创造、价值理念、文化特色；阐述中华文化讲仁爱、重民本、守诚信、崇正义、尚和合、求大同的时代价值；以解说中华优秀文化典籍、优秀文化代表人物等为内容，以弘扬传统文化为宗旨，以增强广大读者的文化自信和树立科学的价值观为主要目的，为中国文化、中国精神、中国思想、中国道路、中国力量、中国价值提供正能量的中华文化阅读资源。

本书由孙建军执笔撰写全文，在撰写过程中得到北京大学博士生导师、著名历史学家、中国古代文化著名学者岳庆平教授的帮助。著名党史、文化发展史专家谢春涛教授百忙中审阅书稿，还就全书架构和内容提出诸多宝贵意见。两位专家为作者能够顺利完稿提供了有力支持，在此表示衷心感谢。

目　录

第一编　绪论：中华民族传统价值观念的文化力量

第二编　人类最古老悠久的精神文明使者

第三编 中华民族传统价值观

第一编

绪论：中华民族传统价值观念的文化力量

一、传统文化精神观念的核心内涵

中华民族的精神世界，经过千百年的社会实践与精神塑造，形成了包括思想观念、精神品格、学说准则、理论素养在内的十分丰富的内容体系。这些体系构成了中华民族的精神世界，有了如此丰富多彩的精神成果，中华民族才谱写了辉煌灿烂的5000年文明史。实践创新精神成果，精神成果引领社会实践，中华民族的精神成果核心主体是思想观念，观念、行为、产物三者是一个互为作用、不断递进的过程，有了好的观念，才有好的行为，有了好的行为，才会有好的产物。故中华民族自古以来倡导“天行健，君子当自强不息；地势坤，君子当厚德载物”；倡导“天人合一”“天下大同”。中华民族就是以博大深厚的道德观念为先导，勇于探索、不断创新、生生不息地走出了具有典范意义的道路。本书主要就思想观念探索其核心的内容，研究其发展与影响，尤其是要着重强调这些思想观念在中华民族发展史上的指导、传承作用，说明其作为精神动力的核心价值。

一个民族的价值观透过其反映的民族思想、理想、信念、精神、学说，集中体现在他们对世界、人生、社会、历史、国家、经济、物质、战争等一系列问题的认识之中。中华民族5000多年的文明发展史，形成了许许多多影响本民族乃至人类社会发展的观念，其中最为核心的内容概括地说就是包括习近平总书记所说的“讲仁爱、重民本、守诚信、崇正义、尚和合、求大同”在内的一系列价值观念——我们称之为中华民族核心价值观念。

中华民族的悠久历史和灿烂文化始于5000年前，并且中华文明创造了绝无仅有的从远古文明开始一直延续发展到今天的文化奇迹。中华民族之所以能够在几千年的历史长河中顽强生存、不断发展，很重要的原因就是拥有一脉相承的精神追求、精神观念、精神特质、精神脉络。今天我们使用的汉字同数千年前的甲骨文一脉相承，意义相通，老子、孔子、孟子、庄子、荀子、韩非子等先哲倡导的一些观念延续至今，成为支配人们行为的基本观念，构成了对中华民族影响至今的精神理念。在这个精神世界的中央，大大地书写着自强、道德、礼义、和合、诚信、大同、仁爱、正义、民本等金光闪闪的汉字。习近平总书记站在历史与现实的视野中，总结人类这样一个不变的共识，那就是，“文化是一个民族更基本、更深沉、更持久的力量”。

我们知道，一个民族的价值观是对主、客观主要是国家、民族、人类、社会、自然界从物质到精神所作出的广泛认同，价值观反映人们的认知和需求状况，价值观是人们对客观世界及行为结果的评价和看法，因而，它从某个方面反映了人们的人生观和世界观，以及对人类社会一系列的价值观念，反映了人的主观认知世界。基于这个民族对人类社会发展所需回答的哲学问题、实践问题的思维判断，在认知、理解或抉择，也就是认定事物、辩定是非的一种思维或取向，从而体现出人、事、物一定的价值或作用。一个民族的价值观，就是代表了这个民族绝大多数人所遵循的整体思维模式和行为取向，对这个民族自身行为的定向和调节起着非常重要的作用。价值观决定民族的自我认识，它直接影响和决定一个民族的理想、信念、生活目标和追求，指导着这个民族的行为。

中华民族千百年来形成的价值观，不仅引导了本民族的发展，而且成为影响东方国家的重要精神力量。中华民族走过数千年的历史，创造许多人类的辉煌，价值观念无疑起到了精神引领的作用。在同样的客观条件下，具有不同价值观的民族，其动机模式不同，产生的行为模式也不相同，所最终形成的产物或者说结果也不尽相同。动机的目的方向受价值观的支配。

价值观的统一是人际关系的基石，价值观利益上的互动和协调是人际关系的核心，价值观信息上的沟通是健康人际关系形成的关键，价值观实践上的一致是人际关系的保证。中华民族的价值观形成了中华民族独特的精神魅力，成为古代世界东方最具影响的思想观念，为东方文化圈的形成繁荣发展作出了无出其右的贡献，为世界人类的价值体系作出了巨大贡献。

中华民族所形成的稳定观念，哺育了中华民族生生不息的自强精神，在中华民族精神观念的引领下，中华民族成为了人类历史上的文明国家，形成了具有典型东方特征的中华精神文明。一般地说，精神文明是人们在社会实践与社会改造过程中，在人类主观世界方面所取得的进步，一般是指表现在人类的思想、政治、道德水平上的发展程度和在教育、科学、文化知识上的发展程度。精神文明的发展程度直接影响社会的发展，并将成为其持续发展的核心动能。

纵览中外历史，在历史的长河中，许多古老的文明在经历了一个时期的辉煌后竟然销声匿迹，考察其背后的真正原因，精神文化的消亡是根源。一个民族的衰落或覆灭，往往以民族文化的颓废和民族精神的萎靡为先兆。许多曾经创造过人类早期文明的国家，由于没有文化与精神的继承和发展，没有文化与精神的弘扬和繁荣，失去了曾经的辉煌，失去了文明强国的可持续发展。古埃及文明因文字语言的丢失，宗教信仰的丧失，最终文明也随之消失。曾经辉煌的古巴比伦文明，是在美索不达米亚平原上发展出的高度文明，然而在当时十分落后的马其顿的进攻下，不仅失去了高大的神庙和美丽的花园，其原本创造的文明也随之消亡，诞生在两河流域广袤肥美平原上辉煌一时的古文明轻易地被马蹄的践踏彻底摧毁，如今只留下了被黄沙掩埋的几多建筑遗迹在荒凉的沙漠中伫立。

古印度文化被称为人类四大文明古国的文化之一，它也曾经是人类文明的一面旗帜，后来虽给现代人留下了丰富的考古素材，但其曾经创造的文明却早早地湮没于历史长河之中，成为了一段没有文字记载，没有文化依托的历史追忆，雅利安人在驱逐杀戮古印度民族的同时，连同古印度的文字信仰甚至印章都彻底地抛弃毁掉。这些古文明的消亡，仅仅是因为野蛮民族的无知吗？这样的结论似乎很难令人信服。中华民族中华文化也曾多次被外来民族侵扰，在大秦帝国统一后，直到古代社会结束，少数民族入主中原的事例也曾多次发生，历史上有著名的五胡闹中华，有鲜卑族建立北魏，有契丹党项族建立的辽和西夏，有女真族创建的金国，有蒙古族建立的元朝，有满族建立的清朝等，但自春秋战国创建的中华主流思想文化不仅绵延未绝，而且在融合发展中越发丰富，这又是怎么回事？无疑，中国古代先人创造的思想观念、精神文化，成就了古典文化的绵延，成就了外来统治者的文化认同，成就了从华夏族到中华民族的成长壮大。

如果从精神文化的角度来说，古代中国从华夏族形成，国家创立开始到春秋战国的文化大碰撞，形成了诸多的社会思想观念，闪耀着人类的智慧渗透着人类的美好理想与伟大追求。古代社会提出和追求的“讲仁爱、重民本、守诚信、崇正义、尚和合、求大同”的理念，是中华民族的传统核心观念，也是人类精神观念的重要内容。这从一次次壮阔的民族文化融合发展史中自然会找到答案。

民族文化尤其是精神观念，是一个民族赖以生存和发展的精神支柱。中华精神文明具有强大的文化内涵、文化传统和文化附着力、包容性、感染力，周边少数民族政权的入侵虽然也曾带来中原文明的短暂间歇的停顿，但并没有导致中原民族主体语言和精神观念的改变，反而随着时间的推进，以汉语言写成的古典文献已然成为入侵者的殿堂圣经，汉语言文献中所传承的思想观念成为占领者乐于接受的思想观念，汉语言文献中所传承的精神文化，一直被保存延续，甚至成为了入侵民族的治国思想与理念，进而忘记了自己是入侵者的身份，欣然与汉民族融为一体。由此，在文化精神的作用下，中华民族不仅没有消亡，反而随着外来民族的进入，民族群体与民族文化像滚雪球一样越发壮大。

文化是精神观念的母体，精神观念是文化与民族的灵魂。母体的强盛与缺失，灵魂的智慧与迷茫，决定着民族的发展方向，甚或是兴旺与死亡。考察中华民族精神文化的发展历程，伴随中华民族精神高地的呈现，中国的文明史不断地延续。

精神文化在人类的前进征程中始终起到引导社会前进的历史作用。并且它作为人类大脑最活跃的因子，深深地扎根在人们的意识深处，支配着人们的行为。同时又作为社会中最具影响力的因子，深深地沉淀在社会意识中，引导着社会的发展方向。

正是因为精神文化有着这样一个特殊属性，所有的大政治家、大哲学家才把思想与精神看得十分重要。英国哲学家科林伍德把思想史看作是人类唯一的历史，我们理解他之所以这样说，其主要原因是只有思想史的核心内容，文化传统思维方式、思想观念仍在今天延续。而那些同样存在于历史上的人和事物等，早已随着时空的转换而物是人非，真正绵延至今而且能够提供借鉴甚至影响今天人们社会生活的，支配人们行为的，基本上是人类产生以来不断增长的思想观念与科学技术，这些前人在实践中所获得的思想观念与科学技术，使得后人得以享用，也使后来的人们可以把前人的终点当成新的起点，使得历史不断地向前迈进。人类几千年来在实践中反复思索不断研究人类面临的根本问题所产生的思想观念与精神文化，多少代人苦苦追寻的宇宙与人生的意义，多少代人费尽心思寻找的有关宇宙、社会、人生问题的观念和方法，仍然不断地敲打着人们的心灵，影响着今天人们的思路。

在人类的发展史上，思想观念、精神文化没有随着有形器物、有限生命的消失而轻易地一道消失，反而，有价值的精神文化由于渗透到了整个社会意识、家庭意识、个体意识之中，随着社会的绵延，一代一代得以传承。尤其是中国这样的情况，成为了人类诞生以来最为典型的范式。大一统的国家政权赓续数千年，大一统的以道德礼义为核心的传统文化也随着千年历史赓续不辍，核心的精神文化通过语言文字、社会传播、伴随着典籍的传承，亘古不变地在社会实践中延续，渗透到与其亲密接触的所有民族之中，致使今天的人们依然能够感受这些思想的光芒，感受其精神的穿透力，依然可以打开这些精神文化的闸门给我们输送有价值的精神食粮，通过它们依然可以找到解决现代问题的门径。正因如此，许许多多具有远见卓识的伟大的思想家、政治家，才把优秀的传统文化当作现代文化的根脉与源泉，并运用其核心力量探索当下的难题，正是因此，作为指导人类社会生活的精神文化不断地在人类史上重叠演进。这便是中华传统精神文化的核心价值。

近年来由于醉心于中国传统文化的出版工作，常常得遇文化学者富有思想的作品，借鉴他们的研究成果，循着中国思想文化发展的历史轨迹，阅读传统文化的经典文本与中外历史典籍，便也一直在思考以上所说的问题。中国古代为什么曾经是世界最繁荣强大的国家，为什么当时的中国能够引领世界前进的脚步？中华文明为什么就成了诸多人类古老文明的唯一幸存者，从初创至今一直绵延 5000 年不曾中断？中华民族历史上也曾经历过多次的民族危机，外来入侵。但每一次的入侵都变成了民族的融合，每一次的危机都能够顺利度过，每一次的冲击，这个民族不是分裂了，而是更加团结了，更加扩大了，从炎黄部族到华夏民族，从汉民族再到中华民族，越冲击越强大，这中间最深层的动因是什么？

是不是中国传统文化的思想观念与精神文化在其中起到了凝聚、固化、包容、引领的重要作用？我们的结论是肯定的，中国的传统文化，尤其是思想观念作为传统文化的核心内容，在其中无疑起到了最为关键的作用。

或者说中国古代、近代、现代思想文化对社会的转变起到什么样的作用？古代中国的强大繁荣，近代中国的顽强抗争，现代中国站起来、富起来、强起来的华丽转变，是不是与中华思想文化的繁荣昌盛，文化思想的精神指引密不可分？这从引领中国从富起来到强起来的中国共产党领袖们对中华优秀传统文化充满敬意的表达中可窥见真谛。

这个问题，我们的结论也是肯定的，并有了以下的基本结论：

首先，先秦时期形成的中国优秀思想观念，是中国古代、近代、现代精神文化的源泉，是中国历史延续至今的精神动力，一直作用于社会实践，发挥着长久的影响，对于中华文明的创造有着决定性的推动力。可以说从远古炎黄开始到孔夫子再到近代的孙中山，当代中国从毛泽东思想到习近平新时代中国特色社会主义思想都从中国几千年前形成的优秀传统文化中汲取了营养。用习近平总书记的话来说，中国特色社会主义文化，源自于中华民族5000多年文明历史所孕育的中华优秀传统文化。

中华民族具有5000多年连绵不断的文明历史，创造了博大精深的中华文化，为人类文明进步作出了不可磨灭的贡献。经过几千年的沧桑岁月，把我国多个民族从几百万到14亿人紧紧凝聚在一起的，是我们共同经历的非凡奋斗，是我们共同创造的美好家园，是我们共同创造培育的民族精神观念，而贯穿其中的、最重要的是我们共同坚守的理想、信念、核心价值观。习近平总书记指出：“讲清楚中华文化积淀着中华民族最深沉的精神追求，是中华民族生生不息、发展壮大的丰厚滋养；讲清楚中华优秀传统文化是中华民族的突出优势，是我们最深厚的文化软实力；讲清楚中国特色社会主义植根于中华文化沃土、反映中国人民意愿、适应中国和时代发展进步要求，有着深厚历史渊源和广泛现实基础。”

第二，中华优秀传统文化，几千年来根植于各个时期的社会实践和社会生活之中，埋藏在各个民族的心底，成为中华民族共同遵循的行为规范、道德准则和精神追求。无论是在二十四史中，还是在《四库全书》等经典文献中，抑或是在家风家语中，无不反映着中华文化核心的思想观念与精神。譬如《论语》中“己所不欲，勿施于人。”表达了处理各种人际关系的重要原则。老子所说的“天行健，君子当自强不息；地势坤，君子当厚德载物”的思想观念、精神品质，成为中华民族奋斗不息与人为善的信条。孔子提倡在处理各种关系时，应当以对待自身的行为为参照物来对待他人，应该有宽广的胸怀，待人处事之时切勿心胸狭窄，应宽宏大量，宽恕待人，正所谓“己所不欲，勿施于人”。即以平等的精神处理各种关系。这种精神观念成为后世民众的行为准则，精神追求，如今它已经作为重要原则被现代国际社会认可，并列入联合国宪章之中。再如，顾炎武的“天下兴亡，匹夫有责”表现了高度的爱国主义情感和崇高的责任精神。刘禹锡的“莫道桑榆晚，为霞尚满天”借绚丽的晚霞为喻，表现出老当益壮，力求进取的精神，无疑是“天行健，君子当自强不息”精神观念的再现。于谦的“粉骨碎身全不怕，要留清白在人间”表现出为了正义和清白坦然赴死的英雄主义精神。岳飞精忠报国的英雄气概，成为天下敬仰的英雄模板。程颢的“富贵不淫贫贱乐，男儿到此是豪雄”诗句成为仁人志士不谋名利高尚品质的映照。范仲淹那种“居庙堂之高则忧其民；处江湖之远忧其君”的忧国忧民的爱国主义精神，“先天下之忧而忧，后天下之乐而乐”的高尚情怀，成为仁人志士的最高心愿与毕生追求。

第三，中华优秀的传统文化具有人类最深沉的普遍价值，体现人类的核心价值观念和精神思想以及道德观念，具有长久的生命力。中华优秀的民族精神、民族思想、民族观念，代代相传。形成了流传数千年具有永恒价值的精神文明成果，“和实生物”的宇宙观；“仁者爱人”的道德观；“和而不同”的文化观；“己欲立而立人”的人生观；“贵和持中”的心灵观；“天下大同”的社会观;“为政以德，齐之以礼”的政治观;“己欲达而达人”的助人观；“协和万邦”的国际观；“天下为公”的政治理想；“尊老爱幼”

的孝道观；“诚信为本”的行为观；“因材施教，有教无类”的教育观；“不战而屈人之兵”的仁爱军事观；“威武不屈”的道德观：“杀身成仁”的英雄观以及“达则兼济天下”的奉献观，“穷则独善其身”慎独观等，这些观念内涵丰富，意蕴深远，影响流传至今。

基本的历史景象是，以礼治国，以德立国。古代中国形成的源自生活又融入生活高尚的中华传统道德、文化精神和思想观念，被认为是至善至纯至高的人性结晶，不仅深深地影响了中华民族的文化品格、行为方式，形成古代世界东方国家最具影响力的文化，还影响着包括日本、韩国、朝鲜、新加坡、越南、马来西亚以至印度等东方广大的区域民族的文化，被许多国家所学习借鉴，成为影响东方广大区域的文化范式。

为了清楚地看到中华文化、中华思想、中华精神观念的一脉相承，为了中华优秀传统文化的传承发展，找寻中华文明发展传承的根脉，发现传统文化核心部分思想精神文化观念对于今天社会发展的意义，“古为今用”，也为了了解中华精神文化从萌芽到发展到繁荣顶峰的演变过程，我们以突出重点的方式，描绘中华文明主流文化、精神、思想、观念在发展演变过程中形成的主要成就和历程。

中华民族核心价值观，主要是中华传统文化中的思想观念与文化精神，这是中国各族人民共同培养孕育的文化结晶。中华民族是以共同语言、共同地域和共同经济生活为纽带，有着共同的心理素质、思想感情和文化观念的共同体，中华民族精神观念就是这个共同体赖以生存、发展和壮大的精神支撑。

中华文化源远流长，在时代的变迁中传承着自己独有的精神气质。中华民族的民族精神、民族观念，是在长达5000多年的漫长历史进程中，以汉民族为主体，由许多民族在生产劳动和社会生活中，通过思想感情、意志信念、心理素质、道德观念等长期的相互交融凝聚而成，是各民族共同的精神财富。自古以来，中国各族人民为了维护共同的生存和发展，为了维护社会稳定和国家主权，为了抵御外来侵略和建设美好家园，无时无刻不在培育和发展中华民族所特有的民族精神与思想观念。古代中国思想文化，长时间站在时代前沿，引领风气之先，这个过程几乎贯穿中华民族发展壮大的全过程、渗透社会生活各方面，春秋、战国、汉代、唐代、宋代、明代，甚至是清代，大力培育和践行一系列礼治德治的传统核心价值观，扎实推进传统道德建设，积极弘扬以德为尚，以仁、义、礼、智、信、忠、孝、勇、恭、廉、温、良、恭、俭、让为核心的民族精神和民族观念，着力构筑中国传统精神、中国传统价值、中国传统观念，构成了瑰丽的中国文化精神花园，使中国文化成为覆盖亚洲，影响世界的典型文化。

如上所述，中国传统文化中蕴含着千古永恒的真理。中国古代孕育、发展形成的“忧劳可以兴国，逸豫可以亡身”“精忠报国”“公而忘私，国而忘家”“以身殉国，何事不为”“苟利国家生死以，岂因祸福避趋之”“先天下之忧而忧,后天下之乐而乐”“胆由忠作伴,心固道为邻”“国破尚如此,我何惜此头”“国家兴亡,匹夫有责”“位卑未敢忘忧国”“人生自古谁无死，留取丹心照汗青”的爱国主义忠心义胆；“老吾老以及人之老，幼吾幼以及人之幼”“仁民爱物”“厚德载物”“博爱之谓仁，行而宜之谓义”“以爱己之心爱人，则尽仁”的博爱精神；“天行健，君子以自强不息”“老骥伏枥，志在千里；烈士暮年，壮心不已”“天下所重者，咸在自食其力”自力更生、发奋图强的自强不息精神；“天时不如地利，地利不如人和”“己所不欲，勿施于人”“礼之用，和为贵”以和为贵的团结友善、热爱和平的精神永远散发着人类最美的光芒。冰心老人曾说：“美的真谛应该是和谐。这种和谐体现在人身上，就造就了人的美；表现在物上，就造就了物的美；融会在环境中，就造就了环境的美。”的确，不论是一个人抑或是一个民族一个国家，也是这个道理，具有高尚道德理念的民族，一定散发着迷人的魅力。自古以来，中华民族的先贤志士发出的呼喊，留下的足迹，奉献给我们的一系列精神观念和伟大思想，一直激励着民族前进的脚步，构成中华民族独有的文化内涵,成为我们百世传承的民族精髓。“发愤忘食，乐以忘忧，不知老之将至云尔”“有志者事竟成”“老骥伏枥，志在千里；烈士暮年，壮心不已”不畏艰险、勤劳勇敢、知难而进、砥砺前行的奋斗精神；“路漫漫其修远兮，吾将上下而求索”探求真知的理念；“富贵不能淫，贫贱不能移，威武不能屈”“千淘万漉虽辛苦，吹尽狂沙始到金”的坚毅精神；“天变不足畏，祖宗不足法，人言不足恤”与时偕行、革故鼎新、日新又新的革新精神等诸多精神，以及积淀下来的“民惟邦本，本固邦宁”

的治国理念,“天下大同”“天下为公”的理想信念,传承着“爱国如家”“先忧后乐”的家国情怀……这些精神思想和文化情感，成为中华民族优秀传统文化的最重要组成部分，一直起着凝聚民心、鼓舞斗志、构筑道德城墙的巨大作用，对推动民族的发展、国家的进步起着重要作用。

中华精神构筑起了中华民族最牢靠的集体意识，它让中华儿女的情感空间、思想意识空间有了最大的公约数。中华思想文化，给我们每个人最初的原始记忆烙下了一个非常深刻的共通的文化符号。正是因为有了千百年来形成的中国传统文化，才有了我们中华民族大气磅礴、包容中和、诚信守正、清雅洒脱、浪漫温和以及正气凛然的精神气度，它是我们每个中华儿女的骨气、底气、血脉，也是我们当下所提倡的文化自信的精神动力、思想源泉。我们抱着深入挖掘中华优秀传统文化蕴含的思想观念、人文精神、道德规范的态度，结合新时代要求，试着让中华文化尤其是核心的思想观念展现出应有的永久魅力和时代风采。

中华民族的思想观念、精神文化绚烂多彩，由儒法道为主干汇聚各家各派思想，其中儒家思想作为中国传统文化的主导思想或叫主流思想，润泽中华民族数千年，是中华民族发展壮大的深厚土壤，为中华文明的发展和辉煌作出了不可磨灭的贡献，以儒家为代表，道家文化、法家文化为两翼的中华传统文化，吸收了春秋战国时期诸子百家各家各派的原点文化，及后来以佛家为代表，包括伊斯兰文化的外来文化，构成了包容百家之长的中华文化，成就了中华文明的一统江山。正是有了中华民族统一的精神文化，不管遭遇怎样的外力冲击，中华文明的进程都未曾中断。

经过春秋战国的百家争鸣，秦朝法家一统江山及汉初黄老之道的社会实践，至汉武帝时的董仲舒融合了各家思想的儒家文化最终被选定为国家治理、社会管理的指导思想，成为国家意识形态，儒家文化与法家文化、道家文化、墨家文化、释迦文化、农家文化、兵家文化等诸多文化的融合极大地丰富了儒家文化的内涵外延，确定了以礼治国、以德立国的治国方略，确定了积极的国家安全政策。正是有了中华精神和渗透民族骨髓的礼仪道德和自强不息的观念，才使我们中华民族在强大的时候以礼待人，以德服人，文明共享。在弱小的时候，不屈不挠，坚忍不拔。

中华民族灿烂的思想文化和精神观念，深深地影响了中华民族数千年，影响了中华民族的走向，成就了辉煌的中华文明，涵育了中华民族的品格，最终使中华文明成为世界最久远文明的唯一幸存者，在人类数千年的发展史中，中华文明成为农业文明最典型的成功标本。

人类从农业文明跨入工业文明步入近代社会以后，曾经引领世界潮头千余年的中华民族，又为什么成为了任人宰割的羔羊？马克思经过观察研究得出的结论令人清醒："一个人口几乎占人类三分之一的大帝国，不顾时势，安于现状，人为地隔绝于世并因此竭力以第一天朝尽善尽美的幻想自欺。这样一个帝国注定要在一场殊死的决斗中被打垮。在这场决斗中，陈腐世界的代表总是激于道义，而最现代的社会的代表却是为了获得贱买贵卖的特权——这真是一种任何诗人想也不敢想的一种奇异的对联式悲歌。"这样的情景的出现，既反映了人类东西方价值观念的冲突，也暴露了当时清朝政府昏聩、不顾世事变化盲目自大，没有以变化的视野来看待世界看待自己，来考量自己的国策，长时间丢掉了"天行健，君子以自强不息"的传统核心价值观念，丢掉了"海纳百川""兼容并蓄"，丢掉了对信奉丛林法则国度侵略野心的警惕，丢掉了"知己知彼，百战不殆""有备无患""忘战必危"的思想观念。

从 1644 年到 1796 年是清朝历史上的辉煌时期，史称"康乾盛世"，也是中国古代最后的强盛时期。在这个时期清朝的经济文化水平在世界上是领先的。直到康乾盛世末期，清朝的经济总量仍然位居世界第一，人口占世界的三分之一，当时的对外贸易位居世界第一位，与主要国家的贸易长期顺差。然而由于政治制度的落后，国家实施的政策错误，当权者夜郎自大，闭关自守，不接受先进的科学技术。将传统的包容精神、开放观念、师学态度抛诸脑后，结果在短短的 100 多年时间里，就大大落后于西方国家。最终，高尚的文化在野蛮炮舰的面前失去了往日的容颜。从人类历史发展史考察，应该说在野蛮面前，文化即使是无比的高贵也常常无法在短时间内发生效力，这就像宋朝当年遭遇比自己文化低得多的民族入侵时的情景一样。汉文化在武力政治打压下受到了重重的一击。不过这一次由于时代的不同，与以往中华文明遭遇低于自己文明民族的武力侵略不同，诞生于农业文明时代的中华传统文化所经受的打击与考验因来自于工业文明的国度，就表现得更激烈，影响更大，损失也更惨重。毕竟成熟于农业社会的中华传统文明要实现跨越，必然需要有新的超越工业时代的思想观念来引领，才能焕发新的生命力。尽管原有文明的思想观念的基本内核也具有永恒的内在属性。

总的来说，当时统治阶级不顾时势，目光短浅，无知昏庸，安于现状，夜郎自大，固步自封，幻想自欺，丧失警惕，放弃军备，又极力地要维护已经十分腐败的统治，使中国沉沦，成为了任人宰割的羔羊。八方来朝的大一统帝国，在外国的坚船利炮打击下，就这样被动地从天朝大国的宝座上被掀落下来。只是这一次是输在了秉持强权政治，依持坚船利炮横行霸道，以掠夺他国肥壮自己为荣的西方列强国家的面前。这一次惨败的严重后果，更在于一些国人没有看到这场惨败的善恶本质，没有看到统治者和政权性质腐败，没有看到统治者长期丢掉传统文化，丢掉优秀的思想观念造成的恶果，而倒向了全面否定中华传统文化与价值观的立场。

我们认为，是由于政治体制已经落后的封建专制统治，遏制了中华民族继续前进的脚步，遏制了传统文化与新的思想文化的结合，遏制了思想文化观念的创造更新，遏制了科学文化教育的创造更新，使中华传统文化最为核心的精神文化无法与时代相结合，无法焕发新的生命力。100余年内耗的结果，造成了国家的羸弱。此时，在外来军事政治的打击下，国内的许多人迷失了对中华传统文化核心价值的判断，古代传统的文化受到西方外来文化的强烈冲击，遭到空前怀疑甚至一度被全盘否定。尽管如此，我们看到在整个近代史中，深入中华民族骨髓的核心价值观念，中华传统文化的力量仍然在发挥着强大作用，一批有识之士发出了“中学为体，西学为用”的呼喊，尤其是一批深谙传统文化精髓的学者，深知传统文化的重要，他们尚荣知耻、慎独自律。但这一理性的思考，是在迅猛过激的洪流之下，难以发生扭转大势的革命性效果的。

应该看到，在中华传统精神与核心观念的作用下，屈辱的近代史仍然是一部不屈不挠反抗外辱，前仆后继开拓新路的历史。中国人为挽救民族危亡，曾掀起一系列大规模的图存图强，强兵富国，反帝反封建的斗争。

涌现了主张革除弊政抵制外国侵略的龚自珍，主张师夷长技以制夷的魏源，提倡鼓民力、开民智、新民德、自强自立救亡图存的严复，领导维新运动改革儒学的康有为，领导维新变法倡导文体改革的梁启超，主张大力发展民族工业的维新志士谭嗣同，兴办洋务的张之洞，反抗帝国主义的林则徐，民主主义先行者孙中山等杰出的思想家、政治家，苦难的中华民族越挫越勇，不断抗争，不断探索，避免了中华民族亡国灭种的危险，这正是中华传统文化的核心精神与观念和包容创新的力量在支撑着中华儿女顽强探索。也正是有了这样的历史实践，也才有了后来接受新思想新文化的崭新创造，也才有了 20 世纪初马克思主义在中国的畅然通行，也才有了以马克思主义为指导思想的中国共产党的诞生，也才有了后来的马克思主义中国化的创新成果。

进入 20 世纪 20 年代，在马克思列宁主义旗帜下以马克思主义为指导，以社会主义和共产主义为理想目标，建立了崭新的中国共产党。这个开天辟地的大事变，恰恰证明了传统文化中的包容开放观念的生根发芽，埋藏在中华民族心灵中优秀思想观念的开花结果。从此，中华民族在中国共产党的带领下以开天辟地、敢为人先的首创精神，点燃了中华民族自强自立复兴的火炬，在开始了新民主主义革命的征程中，实际上也燃起了传统文化焕发新生的火炬，诞生了五四精神、井冈山精神、长征精神、延安精神……中国共产党自建立之日起，坚持一切从实际从发，实事求是的思想路线，因时而变因时而动，逐步形成了马克思主义中国化的第一个成果——毛泽东思想，毛泽东思想成为了革命的行动指南，完成了思想理论的巨大转化。同时中国共产党人用全心全意为人民服务的宗旨重新阐释了传统文化重民本的核心理念。中国共产党一切为了人民，一切依靠人民，一切以人民为中心，带领人民从上海兴业路 76 号到嘉兴南湖上的红船，开启了中华民族天下大同梦想航船扬帆的征程。马克思主义的传播，中国共产党的成立，毛泽东思想的产生，无不渗透着中华传统文化的核心观念。中国共产党人历经千难万险流血牺牲，带领中华民族冲破了封建势力、帝国主义势力的重重阻挠，最终以昂扬向上的姿态站立在了东方大地。从思想文化的意义上说，毛泽东同志所说的“古为今用，洋为中用”的观念得到了充分发挥与印证。

随着中华人民共和国的成立，不仅帝国主义凌辱欺压中国的历史一去不复返，而且中华民族优秀传统文化得以在新的起点上传承弘扬发展，中国特色社会主义文化随着社会主义事业的推进健康发展。依靠马克思主义中国化不断取得的新成果，毛泽东思想、邓小平理论、习近平新时代中国特色社会主义思想，依靠首创的革命精神，依靠坚定理想、百折不挠的奋斗精神，立党为公、忠诚为民的奉献精神，依靠雷锋精神、铁人精神、航天精神等取得胜利的中国共产党，以新的精神风貌，带领人民进行了社会主义革命和建设，进行了改革开放的伟大事业，历经短短 70 年，在毛泽东思想、邓小平理论、“三个代表”重要思想、科学发展观、习近平新时代中国特色社会主义思想的指引下，中华民族从站起来到富起来再到强起来，取得了令人瞩目的成就，走出了一条中国特色的社会主义道路，建立起了中国特色的社会主义文化，建国以来建立起来的思想观念逐步为世界各国所接受，在国际舞台上再一次回响起中华民族充满人文精神的声音。

尤其是 20 世纪 70 年代末，中国高举起改革开放的大旗，敞开胸怀放眼世界，坚定地走中国特色社会主义道路，短短 40 年，成为了世界经济政治文化大国，被世界各国称之为中国道路、中国现象、中国力量、中国模式。如果要问，这些成果为什么能在这么短的时间内取得，这富于戏剧化甚至是神奇的变化又是为什么？这些变化，个中原因众说纷纭，如果单就精神文化来拷问，无疑，思想观念的指引起到了重要的作用，思想、文化、精神成果在其中扮演着十分重要的角色。当然，现代中国的思想观念都与传统文化有着不可分割的渊源关系，扮演着重要角色。用习近平总书记的话说，中华优秀传统文化是中华民族的血脉，是中华民族长盛不衰、日益强大的精神动力，中国特色社会主义从优秀传统文化中汲取了丰富的营养。

中国文化的核心思想观念是基于天、地、人三者关系之上产生的，几乎所有的哲学思想与道德观念，都源于此。当时的认识水平，天就相当于现在人们认识到的宇宙，也代表了人世间的天下。我们的祖先当时就确立了以天为本，以天为生命精神源头的最高天道法则。

几千年的精神文化发展，中国的精神文化没有离开过天道、人道和地道。唐虞时代讲“天叙有典”“天秩有礼”，讲“惟精惟一”；夏朝讲“归其有极，会其有极”的“皇极大中之道”；商朝讲“惟一惟和”的天下为治之理；周《诗》讲“维天之命，于穆不已”“行仪文王，无声无臭”的最高存在，都是讲天道法则，是从天道形而上学的存在，获得自然法与国家的观念，获得真理、正义、大美、崇高、庄严、神圣的存在与伦理道德精神。中国几千年来依据天道的信仰，从中获得生命精神，中华民族的价值观、文化理想与政治制度，都由天道本体存在引申开拓而来。伏羲时代的祭天图便是最古老的遗存。

中国古代经典学说中，“人道”与“天道”相对应。《周易·谦卦》中说：“天道亏盈益谦，地道变盈流谦……人道恶盈好谦。”“谦”的本意是一种不自满，永远进取的精神。这就是中国人为什么将谦（虚）视为是美德的最初来源。“谦”的反义词就是“盈”，就是满。只要保持谦虚我们就不会自满，也正是因为不自满，所以才有进取的空间。因此，郑国子产才从现实的角度提出：“天道远，人道迩，非所及也。”孟子曰：“仁，人之心也，义，人之道也”。这里所说的人道即为义道，是贯穿历史的做人之道，也是与人们的思想、行为准则最近的道理。就是上面子产说的，天道很远、很大，人道很近、很实在。天道是高于现实的信仰，那么人道就是现实中做人的准则。后来，董仲舒补充了二者之间的关系，谓之“天人感应”。在古代中国的社会实践中，如果做伤天害理的事，就是违背天道与人道，就是所说的天理难容，就会天怒人怨，就是所说的天诛地灭，这就是天然感应。这是中国古代最典型的观念，许多观念都由此产生演化而来。中国古代还讲究地道，地道的观念常常用在日常的社会民众之间，成为百姓评价人的为人处世行为准则，成为了一种约定俗成的道德品格评价标准。如，不讲信誉，毁约赖账，大家就会说这人做事不“地道”。又如，在一个家族之中，大家都很努力，都很积极地为家族做事，只有一个人在偷懒耍滑，这人就很不“地道”。再如，为官一方的官吏本该为当地民众谋福利，但是他却无所作为、贪图安乐，甚至贪赃枉法、营私舞弊，为一己之私谋利益，对这样的官吏，当地的百姓就会说这个官吏更不“地道”。

因此，在中国古代的礼治体制下，天道、人道、地道都是应该遵循的不可违背的理念、规矩、准则。古人一直宣称违背天道必受天谴，违背人道天理难容，违背地道必受世人谴责。正是由此，人们才将老子那句著名的文字“天行健，君子当自强不息；地势坤，君子当厚德载物”视为极高的精神追求。

中国古代思想家名家辈出，名作涌现，具有独特的风格。从伏羲作八卦，炎黄作二易，夏、商、周三易完成，形成了完备的天地人之间的道德礼仪观念。老子作《道德经》，孔子作《春秋》定“六经”，庄子作《逍遥游》，韩非作《韩非子》，孙子作《孙子兵法》，吕不韦作《吕氏春秋》……不胜枚举。但所有这些著作的基点，都源于对天、地、人的认识。这也就是后来人们所说的宇宙观、世界观、人生观等各种观念的成果体现。

二、中华民族核心价值观的发展脉络

从时间的视角来看文化，现实的文化就是历史文化成果的延伸与未来文化的开始。现实文化作为历史文化与未来文化的连接点，凝固着历史发展进程中本民族文化的精髓，并孕育着新生文化的萌芽。思想观念作为文化的核心，是引导社会前进的精神力量，其历史、现实、未来同样有着这样的逻辑关系，研究梳理历史观念，能够找到现代观念的根脉，找到现代观念的源泉，因此，伟大的政治家们不断地从历史中寻找经验补充力量，伟大的思想家们从历史中寻找源泉，启发自己的大脑补充思想能源。

中华民族从古至今，从思想文化来考察走过了古代、近代，又跨入了现代，构成了三个大的精神文化时代，三个精神时代的文明历史、文化思想、杰出人物所描写的生动故事，构成一幅幅绚烂的精神画卷，道出了中华民族的精神追求和理念梦想。应该看到，无论是古代还是近代抑或是现代，中华民族的基本价值观一直在不断地传承发展，其核心价值观的基本内核始终没有改变，体现了中华民族稳定的精神世界。

在前面我们已经谈到，中国古代的精神文化发展历程源远流长，传统精神文化发展的起点，始于炎黄二帝时期，基本定型在西周时期，成型于东周时期。成型的思想观念在两汉时期深入到成为大一统封建帝国社会的各个领域，成为成熟的用于指导引领社会实践的思想观念，随着社会的不断发展，基本思想观念的内涵更加丰富，这些观念一直影响着成长壮大的中华民族，成为中华文化的核心内容。这些思想观念在国家动荡时期，成为凝集民族文化，凝聚民族力量，感化外来力量，融化外来文化的核心动力，使中华民族在春秋战国时期形成，在两汉时期指导社会发展的传统文化、思想，越来越具魅力，越来越强大。到了文化发展鼎盛的隋唐时期，中华民族的优秀传统文化为许多民族国家所吸引，成为其学习仿效的楷模。

炎黄时期创造了仰韶文化、羌戎文化，发明了文字、发展了农耕，开启了农耕文明，弘扬了八卦太阳天文学，将本民族带入了彩陶利器时代，中华礼仪开始萌芽，整个炎黄时代创造了亚洲中部、中国西部及黄河流域辉煌的上古文明。所以，从周朝开始将炎黄二帝作为了中华民族的原点标志性文化符号，即“文化始祖”。炎黄二帝成为中华民族祖先崇拜、英雄崇拜观念的源头，成为华夏民族的形象代表，成为中华民族生生不息凝结壮大的民族象征，成为以祖先崇拜英雄崇拜为基本文化特征的中国人构建统一民族最具凝聚力的文化观念。由此“炎黄文化”成为凝聚中华民族的精神纽带。后来形成的中华民族的核心精神就是从这里始发，可以说炎黄二帝是中华民族的根，是中华文明的源，是炎黄子孙顶礼膜拜、追本溯源的目的地。因此我们说，炎黄二帝作为文化标志是中华民族的珍贵遗产，是民族记忆最生动的科教书，是民族亲情唤醒的凝聚点，是民族团结最悠久的象征，是民族振兴最深情的呼唤，是海内外中华儿女寻根、铸魂、筑梦、聚心的民族文化情结。

千百年来，无论海内外，中华民族都始终铭记这样一个信条，炎黄二帝是我们的文化始祖，炎黄二帝是我们的共同祖先。从远古历经夏、商、西周三代，到春秋战国时期，进入了中国历史上的第一个思想文化发展高峰，也形成了中国传统文化基本的核心观念。这些观念在形成大一统的汉代以后，便成为了中国社会核心的意识形态，成为了指导人们日常生活和社会实践的基本观念。远古和夏、商、周三代不仅产生了宗教意识还产生了公有观念、私有观念、宇宙观念、道德观念和礼制观念。此时的英雄观念、祖先观念更加成熟，一说到英雄人物和祖先，我们的先人后代除了炎黄二帝外，言必说禹、汤、文、武。

以形成的文化思想高峰时期的核心特征为标志，从上古到春秋战国，两汉到隋唐王朝，从北宋到南宋，从明朝到康乾盛世，是中国古代思想文化最辉煌灿烂的几个历史时期，也是中国精神文化大的历史时期中的几个重要的递进转折期，在这几个历史时期形成发展了中华民族的思想观念。在这个大的历史时期，春秋战国的百家争鸣时期，两汉的经学繁盛时期，魏晋的玄学流行时期，唐朝的佛学鼎盛、三教合一时期，两宋的理学昌盛时期，明清新儒学一统天下时期，组成了一幅古代精神文化的灿烂画卷，思想观念不断成熟发展。在这漫长的数千年里，春秋战国到两汉时期形成的以德为上，以礼为上，以和为目的的民族观念便没有改变。在文化繁盛的这几个时期涌现了一批重要的思想家哲学家，撰写了一批重要的思想著作，形成了深深影响中国思想文化走向、精神观念的思想流派，产生了影响中华民族发展最重要的思想观念、精神文化。即使到了工业时代，人类开启了十分残酷的竞争时代，但从文明与野蛮的分界来看，中华传统文化的价值观念具有永恒的魅力，代表了人类终极价值的目标追求。

在这个大的历史时期内，中国成为了世界范围的文化观念的精神领袖，引领世界的发展潮流。中国这种以自然哲学的身份展现的极具宏观视野与微观关照的思想观念，在人类的未来发展中发挥着独特的作用与影响，并不断为西方思想家科学家所厚赞。包括李约瑟、达尔文、诺贝尔奖获得者瑞典物理学家 H. 阿尔文、诺贝尔奖获得者比利时科学家 I. 普里戈金、美国科技史家 N. 席文、现代物理学家 F. 卡普拉、美国建筑大师 F.L. 赖特、美国生态学家 R.L. 林德曼等都对此盛赞不已。关于这一点，我们将在后面叙述。

中国古代思想文化的发展呈现明显的阶段性特征。思想文化的发展是政治经济的反映。中国古代各个历史发展阶段，因不同的政治、经济发展水平、特征，造就了各具时代特征的思想文化成就。

夏代的家天下私有观念逐步强化，并且把宗教观念作为统治的手段，而且夏代也可能有了青铜器和文字，《国语》和《左传》中都引用过《夏书》。商代的敬天尊神，用上天统御人间，将处理人神关系作为社会治理的手段。

商代作为典型的奴隶制社会，氏族血缘纽带关系特别牢固，伦理观念十分浓厚，德、礼、孝观念开始流行。值得一说的是，中国古代主要的观念之一的五行观念，随着宗教文化的发展，即占卜与八卦哲学粗具规模，五行观念开始萌芽。西周时代在尊神敬天中加入了人的身份，主张“以德配天”，中国文化中的天、地、人在这一时期基本上结合在一起。商代的甲骨卜辞、钟鼎彝铭，奠定了汉字的发展。直到西周末年《诗》《书》《易》的问世，周“因于殷礼”承继中华民族道德文化的长河，大思想家周公制定了一套完整的周礼，从道德标准到统治原则，从家族关系到政权形式，从社会到个人，周人还形成了“以德配天”“天命有德”“敬天保民”等思想观念，标志着当时的人们开始有了较为成熟的思想体会，主要有宗教性质的上帝观念，政治伦理性质的德礼孝天观念等，这些观念对后世人们产生极大的影响，尤其是《周易》《尚书》中的唯物论因子和朴素辩证法观念的出现，标志了人们的思想意识开始向哲学理性迈进，这个时期为春秋战国灿烂的思想文化的出现打下了基础。

夏、商、西周时代是中国文化含苞欲放的发展孕育阶段，在这个时期有了十分成熟的文字，殷墟甲骨文、商周金文增进了思想的交流，促进了思想文化的传播与进步。科学与技术有了较大发展，夏商天文历法有了《夏小正》和《干支纪日法》，有了最早的日食、月食记录。商周的科技成就有医药学常识的发展，扁鹊神医在西周末年出世，当时的人们已经掌握了动植物的习性，并作了记述标明，已经意识到自然与人的紧密关系，并对保护环境有了初步认识。

在史学和哲学方面，这一时期留下了我国最古的史书《尚书》和最早的哲学著作《周易》。《今文尚书》为上古文化《三坟五典》遗留著作，是中国上古历史文献和部分追述古代事迹著作的汇编？为古代《历书》，是我国历代统治者治理国家的政治课本和理论依据。其中一部分是西周真实史料，一部分是春秋战国编写的古史资料。

《尚书·大禹谟》记载十六个字的中华心法，是尧传给舜，舜传给禹的三代修养治国口诀，其内容是："人心惟危，道心惟微；惟精惟一，允执厥中。"即著名的"十六字心传"，强调要兼顾认识人心和认识客观世界的运行规律，掌握好两者的内在关系。是中华民族的文化生命科学和认知科学的核心与灵魂。《尚书·洪范》提出了"五行"学说，将自然的万物和社会的万象以及人们的生活行为用五行学说加以解释。

《周易》具有朴素辩证法，蕴含丰富的传统思想观念。在阴阳二元论基础上对事物运行规律加以论证和描述，乾卦要求君子具有自强不息的奋斗观念；坤卦提倡君子厚德载物的道德观念；巽卦强调君子要谦虚行事，顺其自然；震卦强调君子要心怀恐惧之心修身自省；坎卦要君子以常德行习教事；离卦要求大人以继明照四方等。

商周时期的青铜铸造技术闻名于世，雕塑和青铜铸造技术达到高峰。西周时期的教育已经十分受重视，国家控制教育机构，实行国家教育。通过教育培养治国人才。西周的社会管理主要是制定了礼乐制度，社会呈现仪礼有序秩序井然的状态。礼乐制度对后世的影响极其深远。西周废除了殷商时期的鬼神论，以敬人若神，代替了以前的敬神。这是中国几千年来没有真正的宗教崇拜，而是圣人崇拜的根本所在。

春秋战国时期是社会大变革时代，经济上，随着铁器的使用和牛耕的推广，促使井田制逐步瓦解，奴隶制经济崩溃。随着社会剧变和封建经济的迅速发展，为学术文化的繁荣提供了物质条件。官府垄断文化教育的局面被打破，科技文化发展，学术思想异常活跃，诞生了诸子百家，儒家、道家、墨家、法家等成为大家，出现了"百家争鸣"的局面，是中国思想文化发展史上第一个精神高地，为后来文化的发展奠定了坚实的基础。当时，政治上，"礼崩乐坏"周王室衰微，诸侯、士大夫崛起，英雄辈出。这一时期，诸侯割据，各种力量在争衡、较量。不同势力对社会的现实和未来变化纷纷发表不同的看法，为了壮大自己，各诸侯国需要改革时弊，提出切合本国实际的富国、强兵、富民的各种方案，这样的社会环境就为不同思想流派的传播搭建了施展才华的舞台，于是出现了观点各异思想纷呈的局面。由于诸侯国林立，没有一个统一的国家，人们的思想也就不受大的条框的束缚和制约，尽可以畅所欲言。阶级关系上，因诸侯国争霸，广揽人才。那些有思想、有文化的“士”阶层地位提高，他们在社会生活中十分活跃，一些人常常因为一个观点、一个主张便被拜将封相，受到各诸侯国统治者的重用，并且这些人还可以随时按照自己的意愿转到别的诸侯国那里宣传自己的主张，这样在各个诸侯国间因诸侯采纳不同的治国方略而呈现思想上的异彩纷呈局面。

也正是在这些思想家、改革家的影响推动下，出现了“百家争鸣”，最终呈现了“春秋五霸”“战国七雄”的局面。在思想文化上，从孔子开办学堂开始“学在官府”的教育体系被“学在民间”所打破。私学的兴起，造就了一大批知识渊博和阅历丰富的文士，同时也为学术繁荣思想活跃提供了舆论阵地。伴随着社会剧变和经济大发展，官府垄断文化教育的局面被打破，科技文化发展，学术思想异常活跃，出现了“百家争鸣”的局面，成为中国思想史上最辉煌的时期。春秋战国时期出现的百花齐放，思想解放，以及在“百家争鸣”中涌现的百家思想和著作，为后来中国思想文化的发展奠定了坚实的基础，后来历代的思想观念都是在这些思想基础上产生，直到如今成为中国思想文化不断发展的源泉。这一时期儒家、法家、道家、墨家、兵家、农家、阴阳家、杂家、小说家等成为最重要的思想学派，这些主要学派的思想，成为后世中国社会最重要的精神指引。

春秋战国时期正是中国封建文化的发祥期，这一时期的思想文化奠定了2000多年古代中国社会的基础，尤其是在思想、文化领域，是中国古代第一个思想文化高峰，也是中华民族思想观念从幼稚走向成熟的标志。在这一时期，思想纷呈，百花齐放，诸子百家彼此诘难、相互争鸣，盛况空前，各种思想观念在争与鸣中走向融合，成为中国历史上诸子百家政治、学术思想大融合的重要时期，形成了具有典型代表意义的学派，史称诸子百家学说，这些学说中的思想观念如德治观念、礼制观念、天人合一观念、兼爱、非攻、尚贤、道法自然观、法治观等后来成为指导中华民族社会实践、生活方式、行为方式的主要精神。由于这些思想观念具有极大的影响力，不仅影响指导着中国民众还深深地影响了东南亚许多国家，成为人类精神宝库的宝贵财富。应该说从这一时期开始构成了中华民族稳定的价值观念，开启了中华民族辉煌灿烂的历史进程。

这一时期，从春秋战国时代开始，站在思想制高点的中国思想家政治家们，道出了中华民族一系列精神理念、文化思想，法家的法治思想，道家的无为而治思想，儒家的仁政思想，墨家非攻理念，杂家的融汇精神，农家的勤恳务实作风，等等，形成了中华民族的第一座精神高地。他们探讨自然、社会，阐述世界观、人生观、价值观、社会观，构想了一幅由精神理念、文化思想支撑的理想蓝图。也正是由于这些思想家政治家们的描绘与推动，引领了中华民族开辟了人类典型的东方文明类型，建立起了一统的封建国家意识形态体系，开创了人类史上以儒家的仁爱道德核心思想为指导，以和合同一为社会治理目标，以礼法道德为主要治理手段，贯穿整个从家庭到社会，从个人到社会组织，以法家法治和道家无为而治为辅的国家治理模式。也正是在融汇各家之长以儒家思想为主导思想的指导下，中华民族走向了辉煌，封建的汉王朝成为引领中华民族走在世界前列的文化强国，诸子百家思想，尤其是占统治地位的儒家思想，成为了深入中华民族每一个成员骨髓的精神基因，而正是这样的文化，使中华精神文化成为滋养亚洲东方的区域性文化范式，也成就了中华文明千年续存的历史神话。

其中的儒家学派，由孔子立宗，经过孟子、荀子等对儒家思想的阐发和改造，形成显学。这时的儒家强调教育的功能，主张重教化、轻刑罚。主张仁爱，施行仁政，是国家安定人民幸福的光明大道、必由之路。在孔孟看来“仁”就是爱人，是一种宽容忠恕的精神。无论是自身修养实践，还是家庭管理维护，抑或是投身到社会生活之中，“仁”都是核心的精神内容。

儒家主张因材施教、有教无类的思想观念，通过系统的伦理道德教育等方式使上到君主下到平民百姓都受到礼德教育及知识教育，使全国上下都成为道德高尚知识丰富的人。政治上，儒家学派主张以礼治国，以德服人，主张“民为贵，社稷次之，君为轻”的重民思想，呼吁恢复像“周礼”那样的秩序，并认为“周礼”是实现理想政治的康庄大道。至战国时，儒家分有八派，重要的有孟子和荀子两派。先秦儒家思想学说奠定了整个儒家学说的基本格局，也奠定了中国政治观念、道德观念和历史观念的基础，对中国传统文化思想的形成和发展，产生了决定性的影响。

道家经老子立宗和庄子的阐发改造，形成学说体系，历经数千年而不衰。道家以“道”说明宇宙万物的本质、本源、构成和变化规律。深入到社会之中则认为，道也是人们在社会生活中应该遵守的信仰与准则。提出了“道生一,一生二,二生三,三生万物”的宇宙观点。认为道是独一无二的世界本原，本身包含阴阳二气，二气相交为和，万物由此产生。认为天道无为，万物自然化生，主张道法自然，顺其自然，否认上帝鬼神主宰一切，提倡清静无为，守雌守柔，以柔克刚。提出了包含丰富辩证法思想的“反者道之动”的命题，主张“无为无不为”，看到了一切事物都有正反两个方面并相互对立转化。政治理想是“小国寡民”“无为而治”。老子以后，道家内部分化为不同派别，著名的有四大派：庄子学派、杨朱学派、宋尹学派和黄老学派。道家学说深刻地影响着中华民族心理状态、思维方式和精神风貌。道家学派开创了中国自然主义哲学。

墨家学派当时与儒家学派双峰并立,同时被称为显学。墨家以“兼相爱，交相利”作为学说的基础,认为只要做到了兼相爱,社会才能稳定和谐。兼，视人如己；兼爱，即爱人如己。“天下兼相爱”，就可达到“交相利”的目的。政治上主张尚贤、尚同和非攻。强调治理国家要任贤使能，任人唯贤。要由天子来统一天下的大义。经济上主张强本节用;思想上提出尊天事鬼。同时，又提出“非命”的主张，强调靠自身的强力从事。

法家是先秦诸子百家中最重视法律作用的学派，代表人物有商鞅、韩非子等，主张以法治国，“不别亲疏，不殊贵贱，一断于法”，法家学派，经济上主张废井田，重农抑商、奖励耕战；政治上主张废分封，设郡县，君主专制，仗势用术，以严刑峻法进行统治；思想和教育方面，则主张禁断诸子百家学说，以法为教，以吏为师。其学说为君主专制的大一统王朝的建立提供了理论根据和行动方略。法家之所以主张运用法律手段治理国家，是因为他们主张人性性恶论，认为人的本性是自私的，是贪婪的，人性的恶是不可能用礼乐育化的，只能依靠法律手段加以制止。韩非子主张用赏罚两种手段治理国家，用严刑重罚治国，通过法、术、势的结合来巩固政权的统治。法家的历史观念是不承认有一种普遍的行得通的基本法则，只有根据时代的实际情况采取相应的手段。

春秋战国时期由诸子百家所倡导的许多思想观念，闪耀着人性的智慧之光。如儒家“仁者爱人”的仁政，“己所不欲，勿施于人”的恕道；孟子的古代民主思想；道家的辩证法；墨家的科学思想；法家的唯物思想；兵家的军事思想等，在今天依然闪烁光芒。即便是那些“诡辩”的名家，也涉及了中国哲学史上的逻辑学领域。即使是用今天的眼光来看待当时的百家思想，我们可以、也应该借鉴儒家的刚健有为精神，来激励自己发愤图强；借鉴儒家的忠心为国精神，来培育自己的爱国情怀；借鉴儒家的以义制利精神，来启示自己正确对待物质利益，借鉴儒家的仁爱精神，来培育自己热爱人民的高尚情操；借鉴儒家的气节观念，来培育自己的自尊、自强的独立人格;借鉴墨家的“兼爱”“尚贤”“节用”等思想,道家的“少私寡欲”“道法自然”等思想，法家的“废私立公”等思想，能够为人类的许多未解课题找到通向正确答案的路径。

总的来说，诸子百家给后代留下了深刻的启示，宝贵的精神遗产，也为世界各国的思想家政治家们提供了许多启示。尤其是随着时代的变迁，人类社会的前进，中国传统文化，尤其是孔子学说为世界有识之士所景仰，被认为是解决世界问题最有力的学说。我们也认为儒家学派开创了人类精神世界的一个新时代，这个新时代具有穿透时空的威力，向世人展示着它闪耀真理的光辉，影响着当代以至未来人与社会的发展趋势和目标。因为他的学说透过理性，对社会、对人类、对生命做了透彻的了解，他以尊重、平等、仁爱、和合等核心观念，温暖着人类以至万物，从而引发出一种新的思想观念、生活态度和人生精神。

秦汉时期，国家统一，生产发展，各民族政治经济文化联系加强，对外交往扩大，科技文化进一步发展，奠定了中国科学文化在当时世界上领先的地位，秦汉文明对世界文明产生了重要影响。思想上适应专制主义中央集权和巩固统一的需要，秦朝推行了车同轨，书同文，统一度量衡的“三同”举措，实现了天下为一,万里同风的文化格局，这个举措的实施，使中国文化有了万古不断的根基。思想上秦有“焚书坑儒”,汉有“独尊儒术”,取代了“百家争鸣”局面，政治上秦依法家思想为宗推行法治集权，汉先是推行黄老学说，休养生息，后转为两汉经学，励精图治。西汉中期，董仲舒以先秦儒家思想为核心，糅合儒道，形成新儒学体系，宣扬“天人感应，君权神授”，为巩固统一的汉政权推出了切实可行的指导思想，汉武帝为了大一统的政治利益,欣然接纳了新儒学,推行“罢黜百家,独尊儒术”的文化政策，儒家思想自此成为中国传统文化的核心思想。

董仲舒认为，天人是相互感应的，感应的根据就是天人皆有阴阳，而阴阳消长的原因，在于五行的“相生”和“相胜”，五行相胜，才导致了万物万事的生成变化，诸如自然界的四时代谢，社会上王者的庆赏刑罚四政迭用，个人的喜怒哀乐四气的转换。

两汉经学是中国文化在先秦学术大发展的基础上以儒家为主，兼顾道、法、墨进行的一次综合，“天人感应”使儒家学说的“天人合一”思想罩上了神学的色彩，而“三纲五常”的伦理规范，一方面是对先秦儒家尚仁义，注重个人修养思想的继承；另一方面，则是从社会制度的角度，以明显的自觉意识，从社会控制的角度，对先秦儒家修养理论的衍生。阳德阴刑、独尊儒术的主张，则反映了儒家学说与封建国家王权治理相结合的深度，从此儒家学说成为正统思想，成为中国传统文化的主流思想，即成为了国家意识形态。

三国两晋和南北朝时期由于国家分裂、各民族人民的大融合，民族之间的交往丰富了中华民族的文化内容。北方经济的发展,江南地区的开发,江南经济得到了发展，为文化发展奠定了经济基础。外来佛教的传入，对中国建筑、绘画、文学等方面产生了重要影响，丰富了固有文化的内涵。吸收了异域文化的成果，是三国、两晋、南北朝文化发展的重要成果，这时期的文化，继承了秦汉时期的文化成就，并进行了有意义的改革、创新。南方田园诗与北方民歌对后世影响甚大。个中透出的文化观念、生活情趣与态度，反映了传统思想观念性的成果。

三国两晋和南北朝时期由分裂到民族大融合，江南地区的开发，士族政治的黑暗统治，必然有反映这一特征的思想文化，以道家为宗的玄学大行其道，以及佛教开始盛行，形成了与之相关的社会观念和《神灭论》的问世。魏晋南北朝时期科技成果突出，数学与农学取得了一些世界领先的成就，为哲学与思想的发展提供了基础。三国时期的刘徽最大的贡献是提出了计算圆周率的方法，并计算出圆周率，为计算圆周率和其他相关问题建立起相当严密的理论和完善的计算方法。伟大的数学家祖冲之运用割圆术对圆周率进行了计算，在世界上第一次将圆周率的值精确到了小数点之后的七位，比西方早了近1000年，标志我国数学研究的世界引领水平。他还著有当时数学领域最高成就的专著《缀术》，并在天文历法、机械制造等方面取得了大量重要成就，成为世界公认的文化名人。农学家贾思勰的《齐民要术》比较全面地反映了中国古代农学成就，总结了北朝时期的生产经验，是我国现存最早的完整农书，堪称世界农学史上的优秀巨著。北魏地理学家郦道元的《水经注》，是中国古代一部最早、最完整，全面系统的综合性的地理学专著，这部著作还具有十分高超的文学笔法，对后世文人影响深远。西晋裴秀著《禹贡地域图》提出绘制地图的六项原则等。陶弘景具有科学的探索精神，担负起“苞综诸经，研括烦省”的重任，提出新的本草分类法，而不囿于原来那种三品分类法，首创沿用至今的药物分类方法，将当时所有的本草著作分别整理成《神农本草经》及《名医别录》，并进而把两者合而为一，加上个人在这方面的心得体会，著成《本草经集注》，共收录药物730种，成为我国本草学博物学发展史上的一块里程碑。西晋太医王叔和撰著了我国现存的第一部脉学专著《脉经》，总结了自扁鹊到黄帝内经的脉学经验与理论。该著作隋唐时期已经传到了国外，14世纪波斯的一部著作中记述了这部著作与王叔和的名字，后又被翻译成拉丁文出版。

魏晋时期思想观念、精神文化因国家分裂、战乱频仍、士族政治的黑暗具有不同特点，反映这一特征的文化现象与思想涌现，思想领域异常活跃，精神空间开阔，玄学流行，佛教盛行，道教公行，成为最具特色的现象。形成一种区别于两汉时期的新的世界观和人生观，它的思想形态就是魏晋玄学。魏晋玄学的鼻祖是老庄哲学，其形成和老庄思想有明显的关系，融入魏晋南北朝特定的社会环境以后，发生了变异形成了新道学，东晋以后又汲取了佛学的成分，步入新的阶段。这是一种思辨的哲学，对宇宙、人生和人的思维都进行了纯哲学的思考。它和两汉的神学目的论、谶纬宿命论相比，是一个很大的进步。魏晋玄学提供了一种新的解释经籍的方法，对于打破汉代烦琐经学的统治也起了积极的作用。从两汉经学到魏晋玄学，是中国思想史的一大转折。改变了整个社会风尚，人们摒弃仕途，看重学术，追求精神自由。玄学有几个重要的论题：崇有与贵无、名教与自然、言意之辨、形神之辨、名理之辨。对文学和艺术有直接影响的是崇尚自然的一派、言不尽意的一派和得意妄言的一派。产生了《广陵散》《兰亭集序》等空前绝后的艺术杰作。东晋以后，玄学与佛学逐渐合流，玄学走向了衰微，隋唐以后儒、佛、道走向进一步融合发展的道路。

东晋道教学者葛洪将道教与儒家学说结合起来，得到官方认可，成为官方化宗教，使道家成为统治阶层治理国家的工具。进入到自然融合，佛道相互斗争中，儒、道、释三教开始出现合流的迹象。三国两晋和南北朝时期，玄学与佛教的盛行使得与之相关的建筑、绘画石窑艺术的繁荣。这一时期，尤其是佛教扮演了重要角色。

这个时期佛教盛行，寺院遍地，广占良田，社会矛盾严重，佞佛与反佛斗争十分激烈，范缜的《神灭论》问世，旗帜鲜明地宣传自己的无神论观点，认为“形存则神存，形谢则神灭”，大胆揭露统治者利用佛教对人民的欺骗。他不为高官厚禄所动敢于坚持真理，绝不随波逐流的精神十分可贵。佛教自西汉末年传入中国，其后并未得到大的发展。但到了这个时期，社会动荡不安，人民饱受战乱痛苦的巨大变化，统治阶级为了维护统治，大力宣扬佛教，甚至将佛教定为国教，为佛教的盛行提供了条件。

陶弘景把佛教教义与封建经济观念相结合，继承老庄哲理和葛洪的仙学思想，糅合进儒家、佛教观念，主张道、儒、释三教合流，并进一步整理道教经书，使道教体系逐步完善，对道教颇有贡献。也正是在三教斗争中，随着争斗地复杂深入，儒、道、释逐步实现融合。佛教汲取了中国传统文化的营养，变成了中国风格的佛教，变成了中国文化的一个组成部分。

这个时期的文学成就斐然，许多思想观念都通过文学诗歌表现出来。形成了雄健深沉、慷慨悲凉、心忧天下的建安风骨和建功立业积极进取的精神，以及以陶渊明和竹林七贤为代表的潇洒放旷、超然脱俗的隐士之风。陶渊明不仅是诗人也是哲人，他的思想和玄学有很深的关系。陶渊明的作品是魏晋玄学渗入文学之中所结出的硕果。

隋唐时期，是中国封建制度继续发展并达到繁荣昌盛的时期，对比世界其他地区国家，唐朝的社会制度提前进入封建时代早了近 1000 年。政治稳定，制度先进，经济发达，其宏大的文化格局、高度开放的气势、安详稳定和谐的社会秩序，为历朝历代所无法比拟，成为同时代世界上最文明先进、最繁荣发达、最富庶强大的国家。当时中国的粮食单产居世界首位，超出欧洲最先进的法兰克王国十倍之多，欧洲北非各国手工业、商业的发展程度，远远落在中国之后。经过南北朝的分裂战乱，希望国家统一富强已经深入人心，儒家的和合观念包容精神成为全社会的共同理念，加之唐朝一统江山的局面长达三百余年，是那个时代世界上唯一一个保持了长期稳定的国家。由此出现了科技文化具有兼容并蓄，经济政治科技文化全面繁荣的特点，许多方面都在世界遥遥领先。

隋唐时期采取开放包容的对外政策，在大量吸收外域文化的同时，将中国传统的文化传播到世界各地，中国文化成为许多国家争相仿效的模板。从隋到唐，陆上和水上的丝绸之路上不仅闪现着往来贸易的商船驼队，还有规模浩大怀揣各种理想不同肤色的东西方的文化学者，他们将中国文化带回本国，也将本国文化带到中国。当时长安、洛阳的人口中十之三四都是远来的异乡客。

隋唐时期发达的科学技术，为中华精神文化的发展展开了翅膀。隋朝李春设计并主持营建的赵州桥是现存世界上最古老的石拱桥。隋朝刘焯制定的《皇极历》，是当时最先进的历法。唐朝初年，发明了雕版印刷技术，公元 868 年印制的《金刚经》，是世界上现存最早标有确切年代的雕版印刷品。唐朝僧一行实测子午线，在当时世界上是第一次，他还是世界上第一个发现恒星移动现象的科学家。唐高宗时政府组织编写《唐本草》，这是世界上第一部由国家编定颁布的药典，比欧洲早 800 多年。唐朝中期的书籍里，记载了制造火药的方法，唐末，火药开始应用到了军事上。唐朝孙思邈编订《千金方》被尊为药王。唐贞观年间，政府主持创办分科医学校，早于西方 200 年。隋唐时期的城市规划建设领先各国，唐都长安是世界城市建筑史上的典范，不仅布局规整合理有效，而且拥有当时最完备的给排水及供热系统，对亚洲周边国家的城市建设产生了深远影响，纷纷效仿，亚洲一些国家的许多建筑至今仍保留着当时的风格。

由于唐代的经济发达，政治清明，社会祥和，这样的盛世景象必然有恢宏灿烂的文化。开放的胸襟开放的政策，前所未有的自信，“会当凌绝顶，一览众山小”的气概，使唐代思想文化具有极强的包容性。它不仅影响到亚洲文明的发展，成为“中华文化圈”的源流，而且泽被后世，在世界文明史上发生了巨大而深远的影响。丝绸之路由洛阳长安为中心，一路向西，西至罗马，东至东京，各种宗教文化和平相处。唐代体现了世界主义的文化精神，外国文化既大胆应用，又融入中华元素。中国文化不仅不惧来学，还主动走出去，融入各国之中。隋唐时期的文化思想，不仅继承了秦汉帝国的文化格局，还吸纳了魏晋南北朝的旷放风流。

中国的儒学在这一时期得到了很好的整理。道教文化在政府的扶持下有了发展。自汉代从印度传入的印度佛教，历经 600 余年的消化，受到中国儒家学说道家学说和礼俗的巨大影响而中国化了，成为了中国佛学。中国佛学渗透了中国的智慧，特别是道家、儒家和玄学的哲理，从而得到了快速发展达到了繁盛，佛学水平超过了印度，中国取代了印度成为世界佛教的中心。中国化了的佛教，带着中国文化的思想理念传播到了东亚蒙古，中国佛教形成了众多宗派，天台宗、华严宗、法相宗和禅宗是其代表，其中禅宗是中国佛教影响最大，流传最长，最具世俗化的宗派。禅宗认为，现实世界的一切都依存于心，法和佛也就在心中，禅宗的代表人物惠能在《坛经》中提出：“万法尽在心中，何不从心中顿见真如”“汝今当信佛之见者”“只汝自心，更无别佛”，强调向内心追求成佛的道路，他所说的“自性迷，佛即终生；自悟性，众生即佛”就是他“见性即佛”思想的经典概括。

中国佛教的人生观念中渗透了儒家的乐天知命、安贫乐道、顺应时势的人生观念，也包含着道家无为不争、安时处顺的人生观念。这些观念本来具有不少的积极意义。

这一时期的佛学曾十分盛行，但在融合思想和社会动力的推动下，三教形成了合流趋势，中国传统文化到了这里，呈现出儒、释、道三大文化的集合融合的特征，在许多领域如思想、学术、建筑、园林、文学、美术等均呈现有三家文化的影响，社会生活中也是如此。

唐代的文学艺术进步突出，诗词、散文、小说、音乐、舞蹈、书法、绘画等都有巨大成就。尤其唐诗寄托着中华民族心灵深处丰富的精神观念，表达着丰富逼真的人性情感，唐诗的世界博大，精神豪迈，力量充沛，它不仅影响到亚洲文明，成为中华文化圈的源流，而且在世界文学史上发生了巨大而深远的影响。中国成为当时世界，尤其是亚洲各国经济文化交流的中心，在促进各国相互交流，在文化丰富发展繁荣的过程中起到重要作用。

宋明时期，因社会相对安定，封建经济进一步发展，民族融合空前加强，对外交往更加频繁，我国科技文化达到高度发展的水平，三大发明在此完成和外传，教育、史学、文学和艺术均取得很高的成就，对人类发展作出了卓越贡献。

宋明时期是儒学发展的一个新阶段，被后世称为宋明理学阶段。顾名思义，这一时期的儒学，由此前的应用哲学上升为思辨哲学。原始儒学，主张入世，遵德守礼是为了立功建业，成就经天纬地的大事业是儒者的价值取向，既包含内圣又包含外王双重价值取向，强调内在仁义与外在事功的统一，将事功放在了与内在仁义同等重要的位置。宋明理学鄙视事功，重视内圣立心，主张“明心见性”。宋明理学家一方面借鉴佛教和道教在哲学本体论方面的成果，一方面在传统儒学中寻找能够利用的因素，创造性地提出了许多富有特色的儒学概念，例如“太极”“天理”“心性”等，从而使传统儒学的道德信条式的语录变成了哲学理论体系。同时，理学特别强调义理，其实就是强调儒学的伦理道德学说为思想核心。无论是哲学层面上的各种各样的本体论，还是作为道德基础的人性论、存理去欲的修养论、格物致知的认识论、成贤为圣的境界论、修齐而治平的功能论，都以伦理道德为核心。这一时期的另一特点就是儒学在隋唐吸收佛道的基础上，进一步纳入了大量的佛道思想，例如，吸收禁欲主义思想作为理学的核心思想，提出“存天理，灭人欲”的道德主张。

宋明时期以二程和朱熹为代表的思想家，融合佛道思想解释儒家义理，建立了以理气论、心性论为核心的道德形而上学理论体系，形成宋明理学，又叫程朱理学。程朱理学发端于北宋，创始人为周敦颐、邵雍、张载、程颐、程颢，成熟于南宋，朱熹为集大成者，建起了比较完整的的理学体系，顺应了封建等级秩序，成为儒学的第二个高峰期。南宋陆九渊提出“心即理也”，明朝王阳明主张“心外无理”物和理都是心中派生出来的观点，使心学形成体系，由此便成为了理学中的陆王心学，心学与理学成为了思想理论界两大对立派别。

朱熹是宋代理学的集大成者，他的理、气、性的范畴，不仅继承了孔孟、周程的思想，而且还吸收了道家佛家的思想内容。他将上述的理、气、性范畴确定为“天理”，又将儒家的伦理道德学说、道德规范、道德精神提升为宇宙本体，然后再通过理本气末、理一分殊来论证世界万物的产生及其统一性，以“性即理”为中心命题，从宇宙本体论中衍生出人性与物性，并以天地之性与气质之性来论证人性中的善恶问题，最后再通过居敬穷理的修养功夫，到达人性的完善，人性与天理的统一。

朱熹把理气论和心性论融为一体，形成了比较完整的理论思想体系，它适应了宋明两朝统治者重视纲常伦理，强化中央集权的需要，因此，成为中国古代社会晚期的国家意识形态。宋明理学对后来的中国政治、思想观念、文化精神，产生了深远的影响。

王守仁是宋明理学中“心学”的集大成者，其“心即理”“知行合一”“致良知”的学说，颇具特色。他断言“夫万事万物之理不外于吾心”心便是天理，否认心外有理、有事、有物，意指“心外无物”是说物不可离心而独立存在，“心外无理”是说理在心中，而不能独立于主体之外，从而凸显了“心即理”的本体论。

“知行合一”的知，是指人的意识，主要是指道德意识，行是指人的一切行为，包括主观见之于客观的践履行为和纯主观的心理行为。

所谓致良知，即是指扩充良知，一方面除去心中的自私念头和不正当欲望，保持心地善良。一方面在现实生活中接受磨炼，习行践履，把心中的善良意愿具体地表现出来，由此看来“致良知”实际上是一套修养德行的方法。

明清之际，虽然商品经济已很活跃，但资本主义的萌芽和封建制度的日益腐朽、闭关锁国相互矛盾。当时中国建立在自然经济基础上的科学技术虽仍走在世界前列，并出现了总结性的科学巨著。但随着在封建道路上高速运转的帝国列车惯性前行力量的减退，这种高速发展继而变为了停滞不前。表现在文化领域里专制色彩日益浓厚，出现八股取士、文字狱、教育专制、书院官办等现象。

明清之际，儒学价值观发生了转变，进入了儒学文化的转型期，但由于主张新思想的思想家与当政的政治家并没有产生共鸣，本应与时俱进的转型，并没有完成，从而失去了一次民族文化再次腾飞的机遇。这一时期，新儒学出现了走出内圣之境，强调经学的实证化的趋势。新儒学主张经学应用于社会实践与科学实验，反对理学一味地只知道格物穷理与穷理涵养，将儒学沦落为纯伦理学的思维，附着于专制政治的古旧倾向。一批如黄宗羲等新思想家崛起，在继承宋明理学基础上放弃过度重视内圣之境的修养，由心学向经世事功的价值目标转变，走出内圣之境，要经纬天地，要建功立业。新儒学强调经学的实证化，反对理学的只重视格物穷理与穷理涵养，致力于格物与质测的沟通，本质上强调明自然之理，以自然为考察对象探索自然强调实证精神。他们对宋明理学忽视具体科学的偏向展开了批判。再次将儒学主要应用于指导实践，使儒家思想更趋实事求是，与国计民生靠得更近，促使我国传统文化重新焕发了生机。同时，反封建的民主思想产生，文学艺术繁荣兴盛，古典小说和戏曲成为文学主流，很多作品具有反封建色彩。这样，这一时期出现了民主与封建两种思潮并立，封建势力压制了新思潮。

中国古代思想文化经过几次大的发展时期，到宋明理学已经达到了发展的顶峰，明清之际的新儒学的发展，对促进科学技术发展显示出了推动作用，成为对古代儒家思想的时代演绎。但新思想在高度封建专制与闭关锁国政策的统治之下，并没有燃烧成烧毁专制保守封建大厦的熊熊烈火，照亮已经沉睡多年的东方雄狮，未能成为主宰社会的主流思想，未能成为引燃科技之光的火炬，统治阶级思想的保守与政治的腐败，扼杀了新儒学焕发的思想光亮，失去了在新的时代门槛重塑中华民族传统价值观念的大好时机。

三、中华民族核心观念的基本特征与世界影响

考察中华民族价值观念的核心内容，其思想深沉境界高远，站在人类精神的高山之上，将和合、友善、包容等观念和人类的和谐相处，国家的和平发展的理念放在核心位置。放眼国内外，站在促进全人类发展的视野和立场上，传播中华民族精神、述说中华民族核心价值观、讲好中华民族传统思想文化故事具有十分重要的现实意义。

中华文明源远流长，孕育了中华民族的宝贵精神，培育了中国人民高尚的价值追求。自强不息、厚德载物的人文思想，刚柔相济、穷本探源的辩证思想，崇尚和合、以和为贵、天人合一和谐思想，和而不同的会通思想，经世致用、天下己任的责任精神，生生不息、愚公移山的奋斗精神，先天下之忧而忧、后天下之乐而乐的爱国理念，非攻兼爱、热爱和平、追求平等、向往美好自由的理念等，支撑着中华民族生生不息，薪火相传。故而习近平总书记说，传统优秀文化思想今天依然是我们推进改革开放和社会主义现代化建设的强大精神动力。

中国古代精神文化思想流派众多，自春秋战国以后所涌现的理论、思想、观念、学说众说纷纭，即使在各个流派之中，在许多问题上往往各有观点，但核心的价值观念却比较集中，从中探求可以见到中华文明的思想文化有着区别于其他国家的基本特征。

一个是站在了很高的人类道德制高点上，放眼人类的美好未来，重视人生观、价值观的阐述。这一特点贯穿于中国古代思想文化发展史的始终。中国的思想家哲学家们，常常从生活实践、社会实践出发，以道德为标准，以礼仪为规范，研究各种思想问题，因此特别注重人生观、世界观、价值观的阐述，考察各国的思想理论核心的价值观，中国的思想家们始终牢牢

把握和挖掘人性的光辉，将道德和礼义的温暖播洒人间，给予人类以正能量的终极关怀。像仁者爱人的道德观，中正尚义的正义观，天下一家的大同观，三才相合的和合观，遵礼行仪的礼义观，尊祖敬亲的孝道观，义字当先的义利观，舍生取义的生死观，贵和持中的心灵观，忠贞不二的忠义观，信义为本的诚信观，推己及人的仁恕观等，无不折射出人性的光芒。

儒家思想作为社会治理的指导思想，不仅至高无上，而且也博采众长，对中国文化和社会发展影响深远，是中国思想文化的内核，它的思想内容和它所倡导的行为准则，千百年来一直在影响着人们的生活和社会实践，尤其是儒家学说中的关于仁、义、礼、智、信、忠、恕、孝、悌、勇的论述对人生观、价值观、世界观的影响重大。仁，就是爱人，就是强调统治者管理国家的人要以爱人之心推行仁政，以和合思想当作统领治理国家追求和谐的目标。这个思想观念一经确立，就影响了中华民族数千年，成为儒家学说的核心观念。由于儒家思想在中国古代的核心地位，这样的思想观念便基本上成为了中华民族共同的思想观念。

儒家学说中以义作为人们行为的评判标准，将其视为是人们思想行为的道德原则，是整个社会共有的最高价值规范，甚至高于人的生命。因此孟子才说："生，亦我所欲也；义，亦我所欲也。二者不可得兼，舍生而取义者也。"当面临对生死两难取舍之时，舍生取义已成为了英雄主义者的人生目标。面对如何获取财富时，孔子也说道，"不义而富且贵，与我浮云。"将那些见利忘义见利趋贵的思想意识抛在身后，作为圣人的思想观念，经典书里的名言，对中国民众的影响不可谓不深，由此才有了许许多多或刚正不阿或直言上谏或秉笔直书或为民请命的股肱大臣。

儒家学说的真谛是礼德观念，礼与义相统一后是规范处理人们之间关系的标准,德便是善心与仁心。礼与德的核心"仁"结合就有了儒家的"道之以德，齐之以礼"的治国思想。二者互为作用，才有了儒家思想的长期精神地位。经过人类数千年的观察,德不仅是一个人最为重要的素养品质，始终在才的前面，捍卫德才品格，没有了德才，将给人带来更大的危害。同样，德对于一个民族和国家以及整个世界来说具有同样重要的作用，一个有才、有能力的国家，一旦没有了道德规范与礼义修养，同样会作出违背道德唯我独尊的恶事、坏事甚至是暴力事件来。

对心性人性的关注是先秦儒家思想的重要内容，儒家学说中有关心、性、情、气、意、良知等也都表达对人生、人性以及生命的一种认识。自从孟子第一次明确提出良知观以来，到宋代的二程、朱熹，一直到明代的王阳明，始终将良知作为人的人生观的重要支柱，关乎儒家重要的价值内容仁和义。在《孟子·尽心》篇中，孟子说“人之所不学而能者，其良能也；所不虑而知者，其良知也。孩提之童无不知爱其亲者，及其长也，无不知敬其兄也。亲亲，仁也；敬长，义也。无他，达之天下也。”良知的“良”，《说文解字》训曰“良，善也。”中国思想家强调人有善念、善端，只要有善心，“人皆可以为尧舜”。可见，在中国传统的思想观念中始终把人性修养看得十分重要，只有这样才能成为有理想、有道德、有责任、有作为的君子。而君子是讲究礼义廉耻，讲究道德高尚，讲究平等待人的。

墨家的兼爱与非攻体现了人类核心人性——善念，是处理人与人、民族与民族、国家与国家关系的重要观念。兼爱就是“兼相爱，交相利”，就是爱人，爱百姓，爱民族，爱国家，达到互爱互助，而不是互怨互损。大到国家，小到个人之间都要遵守这样的理念。提倡兼爱，自然就反对互相攻击侵略。“非攻”反对攻战，即“大不攻小也，强不侮弱也，众不贼寡也，诈不欺愚也，贵不傲贱也，富不骄贫也，壮不夺老也。是以天下庶国，莫以水火毒药兵刃以相害也。”“非攻”反映了墨家学派提倡平等、公平、正义，反对大攻小、强侮弱、众欺寡、富压贫、诈欺愚等一系列不义行径，反对发动不义之战的和平愿望。“兼爱”主张天下人互爱互利，不要互相攻击，与建立和平、和谐、和平发展的社会目标相一致。

道家上观天文，下察地理，面对人事。道家学说中对人生的追求上一方面体现在精神的逍遥与解脱，追求心灵的自由自在，蔑视权贵，坚持独立意识，热爱自然、亲近自然的出世态度。同时也是入世的，主张“济物利人”“扶危济困”“追求大同”。道家鼻祖老子当时曾对孔子说，“君子得其时则驾，不得其时则蓬累而行”，这个观念被儒家吸收，被孟子演绎为“达则兼济天下，穷则独善其身”。老子曾提出了“慈”“俭”“不敢为天下先”处事的三个原则，以善待万物，顺应天道，勤俭为上作为基本观念。庄子还为我们树立了“至人无己，神人无功，圣人无名”为人忘我，不求功名的高尚境界。

中国佛教作为中华传统文化的重要组成部分在促进各民族文化交流和文明融合方面发挥着独特的作用。中国佛教的价值理念始终秉承慈悲、圆融、宏博的主旨，慈悲包容，和合圆融。一方面人生终极目标是追求心灵的精华与超升，以达到“涅槃”境界为最高人生目标。同时也致力于追求人类社会的和平与福祉。佛教教义有很多对提升人类道德水平，促进社会和谐的积极内容。在佛教思想观念中，非常强调“无常”和“无我”，“诸行无常，诸法无我”。强调世界上万事万物都是以变化的形式而存在，存在不确定性和种种的可能性，启发引导人们踏实努力，希望事物朝着好的方面发展。正信的佛教徒面对人生的积极态度与努力进取精神，体现了积极乐观的敬业态度。佛教里的慈悲是建立在“无我”的世界观之上的。因为不再执着自身的种种感受，所以才能真正体会到他人的痛苦与快乐，包容他人，才会诚心诚意地善待和帮助他人。慈能予乐，悲能拔苦，充满友善。佛教的思想观念中也体现着家国理念，佛教思想中有非常鲜明的护国思想，出现了《仁王护国经》等多部佛教经典。护国，就是护佑国家富足强大。佛教认为，“植福富强”“造罪贫弱”。佛教大乘经典提出了“庄严国土”的思想。庄严国土就是建设一个物质生活丰富、自然环境美好、政治生活民主的富强、美丽的国家。《大乘本生心地观经》中提道：“世出世恩有其四种：一、父母恩，二、众生恩，三、国王恩，四、三宝恩。”在封建君主时代，家国一体，国王是国家的象征，其实强调的就是爱国爱家实际就是指报答国家的恩德。和合圆融，追求和谐是佛教最为显著的特质之一，是佛教的核心价值和主要精神。中国佛教重视融入本土文明，提倡以理性的精神，通过交流、对话等非暴力方式进行不同信仰的沟通与互鉴。在历史上，佛教曾以它慈悲包容的精神，深刻影响和塑造了南亚、中亚、东亚等广袤地域的宗教意识与文化形态，为促进不同文明的和平共处做出了重大贡献。

包容博大的中国精神和思想观念，5000 年赓续绵延、浩荡不息，襟三江而带五湖，从未中断过。中国文化以天理发展建立起来的伦理道德体系、春秋大义及其所提供的千年不被的伦理道德，尤其是儒家的和合观念和天下一统观念，墨家的“兼爱非攻”思想在今天演化为新时代人类命运共同体与和平发展理论，在当今的世界焕发出勃勃的生命力。这些思想观念在当时为绝大多数“重民本、守诚信、崇礼仪、尚和合、求大同”的人们提供不一样的人生哲理，在当代也为人类提供了走出工业文明带来的物欲横流的所谓丛林法则，改变西方所谓大工业文明、世界市场支配的利益集团与政治集团追逐物欲、弱肉强食、尔虞我诈、恃强凌弱、生杀掠夺、穷奢极欲的反人类反文明的霸权行径提供了新的理念。为建立起新型的“亲其亲，子其子”，笃父子、睦兄弟、和夫妇，有亲情共和睦的现代伦理社会，为建立起和平与共、共同发展、平等协商、和谐共生的人类命运共同体，提供了最为原初的思想武器。

中国思想文化的发展，从典籍上来说，主要包括在《四库全书》中，如果进一步划分区别一下的话，经书是源，核心是六经，史书、子书、集书是流。孔子讲政治史，断自尧舜时代，故《尚书》的第一篇即是《尧典》，孔子讲文化思想史，则是从伏羲时代开始的，故《周易·易传·系辞传下》第二章中说：“古者包牺氏之王天下也，仰则观象于天，俯则观法于地。观鸟兽之文与地之宜，近取诸身，远取诸物，于是始作八卦，以通神明之德，以类万物之情。”这段话说的是古时包牺氏在治理天下时，仰头向上观察天上日月星辰的运行演变现象，俯首向下观察大地高下卑显种种的法则，还通过观察鸟兽羽毛的文采和山川水土的地利，近的就取象于人的一身，远的就取象于宇宙万物，于是创作出八卦，以融会贯通天地神明的德性，传告神明的心意，参赞天地的化育，以比类万物的实际生长情况。伏羲八卦图，就是易经的最原始形状，是对天地宇宙运行法则加诸世间万物引发变化的思考与抽象，是中国思想精神的诞生。历经神农皇帝到夏、商、周，《易》有很大的发展，至孔子作传，成为群经之首，大道之源，帝王之术，政治家、军事家必修之术。

按照这样的记载描述，形成具有抽象概念的民族精神观念始于伏羲，在炎黄时代形成文化标识，至唐虞夏商周发展演变成熟，春秋战国形成精神文化的第一座高峰。秦汉以后形成一统天下的滚滚洪流，隋唐佛教中国化与精神创造，三教融合，宋元理学、本体论拓展与精神担当、明清新儒学，以至今日，中华文化精神屡经挑战，但赓续不断，成就了中华文明的永续不断，成就了中华民族团结统一，成就了东方的汉文化圈，并影响世界其他地区。当人类开始向往和平与发展的今天，人们开始清醒地认识到，中华文化的理念和精神是造福人类的宝贵财富。

中华文化不仅源远流长，先于其他地区，当古老文明国家无法赓续，几近消亡时，当人类大部分地区尚处在蒙昧时期时，中华民族的祖先在距今4300年前，就建立了阔域九州，道德高尚、彝伦攸叙、雍容和谐的唐虞帝国。此后约1000年，希腊人方建立斯巴达国，希伯来人才建立犹太国。欧洲引以为豪的罗马帝国的出现更是晚了1800多年。

中华文明史之所以连续不断，因为有强大的文化传统、观念维系贯通。反过来中华一统的历史，也为中华文化持续发力形成支撑。因此才有了夏朝400年，商朝600年，周朝800年的盛世。汉朝400年、唐朝300年、宋朝300年、元朝近100年、明朝300年、清朝200多年的统一王朝。

推动中华文明，凝聚中国力量的精神和思想，是中华民族的文化脊梁。正是在这样的思想观念的影响下，儒家思想对中国科技以及世界文明的贡献特别巨大。据《世界自然科学大事年表》记载，16世纪以前，影响人类生活的重大科技发明约有300项，其中175项是中国人发明的。正是这些重大的发明（包括发现），使中国的农耕、纺织、冶金、手工制造技术长期处于世界先进水平。而儒家也留下了一大批世界知名的科学著作，如《考工记》《天工开物》等。中国在明末之前一直保持着世界一流水平。

人类社会的进步与停滞，归根结底是文化的进步与落后，是文化底蕴的丰润与枯涸，是思想观念是否可以引领人心。今天的中国是传统中国的延续，现代的中国人是过去中国人的承传。同中国和中国人相伴而生结伴而来的中国传统文化，随着时代的变迁，也在不断地聚变，不断地衍生，不断地更新，是一个不断析解、扬弃、传承、发展以及综合利用的循往复的过程，但有一个不变的事实是，中华民族的核心价值观念自确立以后始终没有变。也正是这样一个无限的进程，才使中华民族繁衍生息，创造了辉煌的文明，并使这样的文明国度一直延续至今，使中国成为唯一一个拥有最古老文化又能不断地适应社会发展变化焕发生机活力的国家。

自人类诞生以来，走过蒙昧期，走过野蛮期，走进文明期，这中间可谓是跨过了崇山峻岭，翻过了沟沟坎坎，至少是在20世纪人类终于站在了现代文明的高地之上。然而现代的人类世界，仍充满强权，充满暴力，充满不公，充满了“文明”的野蛮，即利用文明的成果来实现其野蛮的目的。压迫、杀戮、战争、掠夺仍然是阻碍社会进步的重大问题。以大欺小，以强欺弱仍时时发生。文明的发展与现实的实践，明显表现出二律背反。

面对这样一种令人不解的现实，人们开始思考究竟是哪里出了问题，荒蛮时代人们用简陋的武器进行非正义的掠夺压迫，以满足其野蛮的欲望。文明的时代，人们依然重复着野蛮时代的行径，只是使用的工具有了变化。人们不禁要问，人类已经是文明的人类了吗？如果是文明的人类，为什么还做着野蛮时代野蛮人重复的行径。文明时代为什么还充满了暴力，人们还要不断地向武力、强权、暴力屈服呢？这到底又是怎么了，出了什么问题，是哪里出了问题呢？毋庸置疑，答案是肯定的，思想观念支配行动，思想观念指导行动，无疑是文化出了问题，思想观念出了问题。强权文化支配了人们的行动，达尔文主义占领了一些人们、一些国家的心灵。

遍寻古今，人们发现，在地球的东方，古老的文明古国中国，一直传承着一种以“和”作为行动的理念，以“大同”作为实现目标的文化——中国传统文化，核心是中国的儒家文化。这种文化主张和平、平等，主张和谐相处，主张和而不同，主张天下一家，天下大同。于是有了1988年诺贝尔奖获得者们回归中国传统理念的呼吁，有了法国法典的条款记载，有了人们较为一致的共识，和平与发展成了20世纪人类的主题，建设人类命运共同体才是我们的终极目的。

总之，回头瞭望，中华民族一直在坚守着和平友好的理念。当我们赞叹现代思想、科技的巨大进步时，仔细想想，又有哪棵当代文明的参天大树不是根植于传统文化精髓的沃土之中呢？我们不去僵化地恪守传统文化的所有，而要用“渊渊其渊，浩浩其天”营养丰富的文化精神和思想观念，激发中华民族昂扬奋起的生命冲动，浇灌、推动中华文明绵绵走过5000余年的精神花园。

我们将中国传统文化主要思想观念的产生到流变，进行有重点、有区别的纵向与横向的梳理。我们所说的精神文化和思想观念，作为某种文化思想体系的基本内核与活的精髓，这是我们必须了解的。同时，也指出作为某种思想文化观念或行为规范，至今仍有着重要意义，这是我们应该传承发扬的。我在撰写过程中，既注意传统思想文化的精华性，又确保传统精神文化流转的完整与科学。

伟大的民族需要伟大的精神，伟大的精神托举伟大的事业。5000 年中华民族精神文明建设挺起了中国脊梁、激发了中国力量、引领了中国风尚，为中华民族砥砺前行提供了有力的思想指引、精神支撑、智力支持，构建起中华民族 5000 年文明的精神坐标。

中国传统文化博大精深，学习和掌握其中的各种思想精华，对树立正确的人生观、世界观、价值观很有益处。

记得伏尔泰在谈及中国古代思想流派时曾叹言道："欧洲的王族同商人发现东方，只晓得求财富，而哲学家则在那里发现了一个新的精神与物质的世界。"

古代的精神文明是中华民族的重要特征，是中华民族不断发展壮大的精神指引，是中华民族完成辉煌文明建设实现中华民族长久引领世界文明的重要内容和重要保证。

人类从原始共产主义时期的思想观念，到奴隶制私有制时期的思想观念，到以农业生产封建制度为主要生存方式时期的思想观念，到工业化生产占主导地位的私有资本主义时期的思想观念，到公有制占主导的社会主义社会思想观念，走过了公有、私人占有、公有混合经济多种形态，与之相适应的精神形态，除了原始共产主义的大家共有外，封建时代、资本主义时代，大多数国家主要以私有利益为核心，围绕物的、金钱的争夺是其根本的目的。但不同国度所奉行的意识形态却并不相同。

在东方，以中国文化为代表，注重以人为中心，展开对私有欲望的斗争和修正，将"格物、致知、诚意、正心、修身、齐家、治国、平天下"作为个体和民族的最高理想，并从国家层面极力鼓励，致力在实践中践行个体理想，以达圣人君子。由此形成了一个满是谦谦君子的国度，形成了一个仪态万千的礼仪之邦，德化之国。中国传统的思想观念站在世界宇宙的高点向人类社会看，强调身心的修养，由外向内，由物向人潜心修炼。

在西方，长时间注重以物为中心，展开对物的开发与争夺，将争夺资源作为第一要务，由此，一些国家奉行达尔文主义、信仰丛林法则，强调优胜劣汰，主张弱肉强食，欣赏强权政治，鼓励巧取豪夺，因而形成了以占有更多金钱、物资、土地、人口……为英雄的竞争法则，形成了完整的以物为核心的思想观念。认为自然只偏爱那些所谓优势的物种和个体，对于劣势的一方，总会残忍地夺取他们刚刚得到的生命和宝贵的自由。认为羚羊生来就是要做狮子的食物，这是它的宿命，无从逃避。《圣经·马太福音》中说，“凡是有的，还要给他，使他富足;但凡没有的，连他所有的，也要夺去。”这成了一些走在时代前面的国家欺凌弱者的理论依据。这样的思想观念，推动了物欲横流的掠夺时代。

真理常常来的不早，因为认识需要一步一步艰难前行，更为严重的是人们经常会被利益蒙住了双眼，对真理视而不见，甚至被一些人不屑。真理常常不会一下子被人们认识和接受，是因为强权会给一些人带来极大的好处，而另外一些人为强权所吸引，为强权所胁迫。而真理常常并不以一时之强决定胜负。但人类毕竟不是野兽，真理终归是真理，具有永恒意义的真理绝不会被埋没，真理终会被人类所认识所欣赏。随着人类的进步，尤其是进入 19 世纪以后，中华民族的核心价值观念，正如真理一般，一天天被人类所欣赏。

19 世纪中期，达尔文就看到了中国古代思想的意义，他在 1859 年出版《物种起源》一书时，在第一章中讲到，他看到中国古代的一部百科全书（指《本草纲目》)，清楚地记载着选择原理，这成为他思想的来源之一。达尔文在他的创立进化论的三部名著《物种起源》《动物与植物在家养下的变异》和《人类的由来及性的选择》中，引用我国晋代戴凯之的《竹谱》、南北朝贾思勰的《齐民要术》、明代李时珍的《本草纲目》等中国古籍中的动植物（包括饲养动物、栽培植物）的形态、特性、变异、遗传等方面的资料近 100 处。

传统的自然国学在当代科学技术中作用则更为重大。当代科学已从近代的小科学发展为现代的大科学，从近代的分析性科学转化为现代的综合性科学，从近代的简单性科学进化为现代的复杂性科学，从近代的线性科学转入为现代的非线性科学。自然国学在本质上是综合性、复杂性、非线性的，故而如鱼得水，必将是21世纪科学技术创新的重要源泉。诚如诺贝尔奖获得者、比利时科学家I. 普里戈金所言："中国文明对人类、社会与自然之间的关系有着深刻地理解……中国的思想对那些想扩大西方科学范围和意义的哲学家和科学家来说，始终是启迪的源泉。"

从思想观念上说，中华民族创造的思想观念，关于天、地、人的整体观、综合观、有机观、和谐观、天人合一观等方面将在21世纪科学技术创新中产生重大作用。协同学的创始人、德国科学家H. 哈肯指出，协同学和中国古代思想在整体性观念上有很深地联系。并说他创立的协同理论是受西方的分析式思维和东方的整体性思维（比如中医）的影响。李约瑟认为，有机主义哲学不是欧洲思想的产物，它"起源于上古和中古的中国"，与古希腊的原子论同是"自然科学世界观的重要成分"。它所主张的世界上"各种现象都按照等级次序同其他现象发生联系"的观点，"比西方近代科学思想更为先进"。美国现代物理学家F. 卡普拉在《大转折——科学、社会和正在兴起的文化》中明确指出：整个西方文化必须来一个根本的转变，即摈弃过分强调"阳"的笛卡尔—牛顿的机械实在论，代之以中国传统强调的"阴阳"和谐的有机自然观。

从理论上说，阴阳学说、太极模型、五行相生相克说、天地人三才说、厚德载物学说、道法自然说、中庸学说、象数论、元气学说、有机建筑论、经络学说、因地制宜说、因人制宜说等，至今都有其科学价值。现代生态学研究表明，五行相生相克说要比著名的达尔文的生存竞争说科学，也更符合实际。达尔文的生存竞争说只强调竞争，相生相克说不但强调竞争（即相克），且同时强调了协同生存（即相生）。在达尔文的生存竞争说中看不到协同生存与生存竞争之间的辩证关系，而相生相克说则清楚地表明了两者之间的辩证关系，即生物之间既有协同生存又有生存竞争，相生中有相克，相克中有相生。

国际建筑界重要流派有机建筑学派吸收了中华自然国学中的有机建筑

论，现该学派已成为建筑学界最为流行的学派。1906 年和 1918 年该学派代表人物、美国建筑大师 F.L. 赖特分别访问日本、中国时说，西方应向东方学很多东西，自我第一次读到老子的文章，我就一直梦想着东方。不得不承认，我只是后来者，几千年前东方人对有机建筑论已做出了预言。中国建筑学家梁思成在美国访问期间去拜访赖特，赖特问他，你来美国的目的是什么？梁告之学习建筑理论。赖特当即把手一挥说，回去，最好的建筑理论是在中国。接着，赖特背诵了《老子》第十一章全部内容。有机建筑派的理论核心是老子的"道法自然"。据此，1936 年赖特在美国匹兹堡市郊设计了"流水别墅"，该别墅山水相通，内外交融，被尊崇为现代建筑界的"经典"，20 世纪的艺术杰作。

美国生态学家 R.L. 林德曼于 1941 年创立食物链学时说，受中国"一山不能容二虎"谚语的启迪，创立了金字塔营养结构学说，从而为现代生态理论体系的建立奠定基础。科学史学科奠基人、美国科学家 G.A.L. 萨顿指出，我完全相信，正如东方需要西方一样，今日的西方仍然需要东方……不要忘记我们的灵感多次来自东方。他还认为灵感再次来自东方是一定的。1974 年美国著名学者、科学史家希文（N.SIVRE）在第十四届国际科学史大会上指出：中国的传统世界观"距离目前系统理论的观点似乎比距离欧洲思想中任何其他主调更为接近"。

也许正是有了这样的思想家的提醒与认识，现代越来越多的有识之士开始清楚地认识到中国观念的世界性意义。

人类进入 20 世纪下半期尤其是 21 世纪初，普遍认识到先进的科技工业被物欲绑架，被战争利用，被野心家驱使，违背了人类的终极目的，违背了人类的美好愿望，违背了文明的主题。20 世纪 80 年代在和平与发展两大主题被旗帜鲜明地举起以后，经过 40 年和平力量地不懈努力，中国传统文化的魅力终于被越来越多的国家和人民赞同。

基于此，1958 年李约瑟指出，"中国思想，其对欧洲贡献之大，实远逾吾人所知，在通盘检讨之后，恐怕欧洲从中国得到的助益，可以与西方人士传入中国的 17、18 世纪欧洲科技相媲美。"李约瑟认为欧洲的现代哲学和自然科学的理论基础，受到庄周、周敦颐和朱熹这类人物的恩惠，这样的结论洞见了中国文化对世界思想文化的重要贡献。

1960 年李约瑟在《四海之内》一书中说道，西方必须认识，在中国人看来，科学并不是出于基督传教士的慷慨恩赐，并不是在中国自己文化里毫无根基的。相反地，科学的中国文化中有光辉灿烂而深厚的根基。在同一文中他还认为，事实上，世界上其他各国都需要虚心地向中国学习，不但向现代的中国学习，也要向历史上的中国学习，因为从中国人的智慧和经验中，我们可以获得医治现代病症的良药，以及推进今后全人类的哲学发展的必不可少的要素。1975 年李约瑟在《中国科学技术史》第二卷中郑重指出："现在该是我做结论的时候了。我曾极力主张的是，今天保留下来的各个时代的中国文化、中国传统、中国社会的精神气质和中国人的人事事务，在许多方面，将在日后指引人类世界做出十分重要的贡献。"他强调，"我再说一次，要按着东方见解行事。"不能不说，李约瑟的这个结论是基于人类发展的正途得出的，是对中国文化地深刻理解得出的，是作为一个顶级思想家作出的对人类负责任地判断。应该说李约瑟的见解是真知灼见，具有深邃的历史感和前瞻性。

正是因为有了对中国传统文化的深刻了解，才有了 1988 年巴黎召开的"面向 21 世纪"首届诺贝尔奖获得者国际大会会议上诺贝尔奖获得者、瑞典物理学家 H. 阿尔文发出的倡议："人类要在 21 世纪生存下去，必须回首 2500 年前，从孔子那里汲取智慧。"这一倡议获得众多诺贝尔奖获得者一致赞赏，认为，要想解决当代的和平发展问题，必须回到两千多年前孔子的学说上来。倡议内容被写进了大会的宣言。才有了联合国大厅对中国古代"己所不欲，勿施于人"理念的宣示。才有了 1998 年，全世界 100 多个组织代表集会发表"伦理宣言"，将中国儒家"己所不欲，勿施于人"思想写进宣言。

流传了 2000 多年，并一直指导着中华民族行为的这些思想理念、道德规范，蕴含着丰富而深刻的法理内涵，即尊重个体的平等观、符合人性的权利义务观和重视内省的自律观，又重视群组国家之间的和合相处。在霸权主义仍然存在、地区冲突和局部战争时有发生、文明断层线上发生的冲突愈演愈烈的国际格局中，人们相信"己所不欲，勿施于人"可以成为重构世界秩序的价值标准和规则渊源。人们相信在未来的世界里义务为核心，金钱至上，物欲横流的时代终将被人类所抛弃，以强权竞争为手段的时代早已不适应人类的需要，这样的观念与人类文明背道而驰，以掠夺为目的的时代更是为人类所不齿，依靠强权政治统摄欢愉的时代将被人类所摒弃。一个以对话协商共建共享，以“和而不同”处理纠纷矛盾的理念，以建设人类共同发展进步的人类命运共同体的设想终将成为人类共同追求的目标。

中华传统文化的精神文化、思想观念发展的基本史实是，一个具有强大凝聚力、包容性、开放性的儒家文化、道家文化、法家文化，以及自汉唐以来被中国文化融合发展了的佛教文化，使之成为汉传佛教，融合发展了的神学的上帝，使之成为中国人尊奉的神祇玉帝，从而构成了极具生命力的中华民族文化体系。即如近现代，中华传统文化重焕生机，让诞生于资本主义的马克思主义在中国生根发芽并与中国传统的思想文化、中国的基本国情相结合，使之中国化，成为毛泽东思想，如今在马克思主义旗帜下又有了马克思主义的最新成果——习近平新时代中国特色社会主义思想。

考察中华民族传统文化，可以得出这样一个基本结论。中华文明诞生以后，从汉代开始，海纳百川，雄踞东方数千年。中华文化，尤其是中华民族思想观念，作为人类文明的最高灯塔，它首先开化周边，其次沿陆海丝绸之路辐射亚非欧，照耀人类 2000 余年。751 年中国造纸术传入中亚西亚的阿拉伯世界（10 世纪由穆斯林传入欧洲），以中文记录的千余年文明成果，促进了阿拉伯文明的大发展，然后两者共同照亮欧洲，带领欧洲人走出了千年的中世纪黑暗。经过近代其后百余年的洗礼，中华文化中的思想观念正在迸发新的生机，它就像一颗埋在深山中的宝石，经过常年的洗刷打磨，焕发出了耀眼的光芒。我们相信，它所蕴含的威力，一定会指引人类走向美好的明天。

第二编

人类最古老悠久的精神文明使者

第一章 梦想、观念与精神

一、中华民族传统观念与精神动力

记得在20多年前读了中国著名当代文化学者余秋雨先生的《文化苦旅》，当时我就在想，透过《道士塔》《阳关雪》《柳侯祠》《莫高窟》《白发苏州》《江南小镇》《风雨天一阁》《上海人》《庙宇》《都江堰》《牌坊》这一个个文化遗迹，会给我们怎样的启示？遍观黄帝陵、炎帝陵、大禹陵、秦始皇陵、茂陵、昭陵、乾陵、明孝陵，一直到十三陵等历代帝王陵墓，又会让我们回想到怎样的历史故事？我们游览从北到南的长城、故宫、赵州桥、避暑山庄、苏州园林、杭州西湖、南京的秦淮河等数不清的辉煌古建筑群，探幽敦煌莫高窟、云冈石窟、龙门石窟、嵩山塔林等一个个融合各种文化凝聚而成的历史性建筑，是否会联想到儒家文化、道家文化、佛家文化等印刻在这些建筑上的印记？这些遍布中华大地大江南北的历史文化遗迹和浩如烟海的文化典籍，记载了怎样的思想观念，传播了怎样的中华精神？遥想追思引领人类精神潮流的思想巨子孔子、孟子、老子、墨子、庄子、孙子、韩非子、董仲舒、朱熹、陆机、王阳明等思想文化泰斗；透过这一系列物象线索和精神指引，如果细细地数来，并将其串成几个长线，诸如说文化中的思想家、精神价值、思想观念、梦想道路，各种历史建筑中渗透的文化意蕴对于中国文化、中华民族、中国历史究竟反映了什么？这些文化现象、文化人物、文化建筑又代表了什么？这些建筑里的人物给中华民族带来了什么？中华民族5000年的文明延绵，数千年引领世界推动世界的发展，长时间站在世界潮头之上，它的内在动因又是什么？

第一个闯入脑海的就是思想文化上的精神观念与梦想追求。从整个人类的视角来看中国文化的核心精神、观念与梦想，对中华民族对人类精神世界的构建，对中华民族以至人类进步所起到的作用，所居的地位和意义重大而深远。中国精神、中国观念早在春秋战国时期奠定中华文化基本框架时，就站在了人类“和合”思想观念的制高点上，为人类的真正幸福而呼喊。放下这个基本认识，详细内容我们留在后面论说。

由于最初学习与后来常年从事文化工作，数十年有了许多机会接触中国文化的源头遗迹与古籍文献，对中国的传统文化开始有了些许认识，并对中华民族的先贤哲人，以及他们的思想产生了浓厚的兴趣。透过他们的思想观念所产生的带有社会化、民族化的文化力量，尤其是有关民族人类的道德、精神、梦想、价值的内容产生了浓厚的兴趣。

梦想是什么，梦想靠什么指引，无疑是思想观念。透过中华民族的祖先们对梦想的描绘，我们清楚地认识到，梦想就是人类对理想生活理想社会的一种渴望，梦想加思想观念就构成了一个信仰，一种理念，一个憧憬，一幅蓝图，一种追求，一种行动，一种态度。考察人类社会的发展，正是这些信念、渴望、憧憬、蓝图、追求，引领人类走出荒蛮，走向文明，走向美好目的地，正是这些信念、渴望、憧憬、蓝图、追求，才是引领人类走向辉煌、走向和谐的永不枯竭的精神动力。中华民族数千年来沿着老祖宗们的指引，始终不渝地跋涉着、前进着，我们有理由相信，随着人类文明程度的提高，这样的努力会越来越多地被人们吸收，并逐步成为人类的自觉行动。

人类社会的进化与发展在思想的指引与精神的激励下，经历了由低到高漫长的历史过程，人类的价值理念、精神追求，包括梦想蓝图，梦想目标，梦想尺度，梦想追求也呈现由低到高的形态。

从人类学、哲学、社会学、经济学、政治学等诸多角度来观察，人类对梦想的追求包括物质与精神两个维度，至少包括人、民族、社会、国家、自然世界、宇宙六个层面，概括地说，就是天、地、人三个维度。自有人类以来，对物质的追求，总是先于精神的追求，精神的追求成果，又常常成为物质追求的内在动力和行为指引。物质的追求，往往低于精神上的追求，循环往复，不断向上。二者既矛盾又统一，相互斗争又相互促进。在人类社会产生以后，在人类社会的低级阶段，人类多呈现出动物的原初本性，强悍野蛮。为了获取物质与经济利益，常常是奉行后来人总结出的丛林法则，依据所谓的自然法则，进化理论而生存奋斗，没有将人与其他非人类区别开来，一些思想家、政治家甚至把人直接归为了动物，当人类出现问题、矛盾时，常常采用动物的手段，且很多时候必欲置对手于死地而后快。从人类发展进化的角度看，这些人类的初期表现，在当时似乎也无可厚非。尤其是在原始社会、奴隶社会，顺着原始的欲望与贪婪，靠着体力强悍、工具先进，进行掠夺、占有，被称为是一种能力，一种英武，甚至被说成是一种精神，一种追求，一种境界。然而经过了这一人类的蒙昧、野蛮与初级发展阶段以后，尤其是建立了完整意义的国家以后，优秀的思想家、政治家们开始思考自己、国家与人类的梦想与行为观念，思考个人与群体、国家和国家间等应有的关系。人类经过数千年的演进，到了人类社会公认的初高级阶段，至少是奴隶制后期，历经封建社会、资本主义社会，随着全社会思想境界精神需求的上升，基本的物质需求已经成为非主要需求，更高一级的精神需求上升为重要需求以后，一大批思想家政治家开始构划梦想蓝图，并为之努力。尤其是进入后资本主义、社会主义阶段以后，加之经过无数次反人类，反文明的掠夺战争流血牺牲以后，国家对国家，国家对人类，国家对人，包括人对人类，人对社会，人对国家应该采取何种态度，采取怎样的价值选择，这是整个社会必须要思考和解决的重大问题。

在全球化发展的大的历史潮流上，站在新的历史起点上，以历史的、现实的、包容的心态探求中华民族历史与现在的文明状态和思想观念，回望中华民族的祖先们创造的思想文化，尤其是思想观念，重新梳理中华民族所攀登过的人类精神长河，不仅对中华民族有益，也对世界人民有益。

任何一个民族，文化都是其民族发展的血脉，是其人民的精神家园，思想观念更是直接支配人们行为的直接精神源泉。对于其国家和民族的延续与健康发展，精神文化、思想观念是更基本、更深层、更持久的力量。久远的精神文化是其现实发展的根脉，不久的思想观念以及现实的思想观念，一定能够找到传统文化的影子。中华文化具有独具魅力的理念、智慧、气度、神韵，滋养着中华民族的成长进步，推动着中华民族在农业社会引领世界前行的脚步，也为未来世界打开了一扇永恒的福祉之门。

无论是一个民族还是一个国家，无论是一个群体还是一个个体，精神与思想乃是生命力所在，是一个民族国家可持续发展，成为引领潮头的核心动能。精神文化由一个民族的世界观、人生观、价值观等多个方面构成。一个民族的伟大，无疑是因为其具有了伟大的精神，一个民族的复兴，也应从优秀传统文化中汲取养分，从民族精神中获得力量。没有了思想和精神这个灵魂，任何一个国家、民族都有可能迷失方向，走向衰落。

中华文化源远流长、灿烂辉煌，精神文化成果卓然。在 5000 多年文明发展中孕育的中华优秀传统文化，积淀着中华民族最深沉的精神追求，代表着中华民族独特的精神标识，是中华民族生生不息、发展壮大的丰厚养分，是中国特色社会主义植根的文化沃土，是当代中国发展的突出优势，对延续和发展中华文明、促进人类和谐发展文明进步的脚步，发挥着重要作用。

中华民族在文化精神上所创造的成果，贯穿于中华民族 5000 年历史、积蕴于近现代中华民族的复兴历程，特别是进入 20 世纪以后，中国在快速复兴中迸发出来的具有很强的民族集聚、动员与感召效应的精神及其气象，是中国文化、中华文明绵延数千年的重要显示，是中华民族优秀思想观念的又一次升华与华丽转身。

人类来到地球上已有上百万年，人类的文明史也有数千年。在这个漫长的过程中，同在一个地球上生存的人类却走出不同的发展道路，走过了不同的发展历程，这符合社会发展的基本特征，但细细思考，其原因究竟怎样，内在的特质是否不同？在世界这个大家庭中，一些民族国家在人类的历史长河中长期引领潮头，走在他人的前面，一些民族国家却长期落后于别的民族国家，这又是为什么？总之，考察人类不同国家民族，之所以走出不同的道路，创造出不同文明。深层因素就是长期积淀在这些民族之中的思想、文化、精神观念的不同，以及这些思想观念文化精神的高度、厚度不同所致。思想是灵魂，是人类前进的指路明灯，明灯不亮，就无法照亮前进的道路。

在人类思想文明的星河中，闪耀着无数位熠熠生辉的思想大师，他们所创造的人类精神文明成果，引领人类走出蒙昧，走向文明与创造。

考察中国古代的思想观念成果主要包括了和实生物的宇宙观；仁者爱人的道德观；和而不同的文化观；己欲立而立人的人生观；贵和持中的心灵观；天下大同的社会观；己欲达而达人的发展观；协和万邦的国际观；天下为公的政治理想；尊老爱幼的孝道观；诚信为本的行为观，以及达则兼济天下，穷则独善其身的奉献观念等。舍己为国的爱国观念、独立自主的自强观念、厚德载物的道德观念、和而不同的会通观念、重民轻君的人本观念、天人合一的和谐观念、崇尚礼仪的礼治观念、持之以恒的永不言败自强观念、天下己任的责任观念、热爱生活的创造观念、推陈出新的改革思想、不畏艰苦的奋斗观念等。以德为先的道德思想、无为而治的管理思想、中庸之道的处世思想、以人为本的政治思想、以和为贵的处人思想、正人正己的修身思想、崇尚和合的和谐思想、天人合一的自然思想等这些民族思想观念文化精神深深地根植在民族的头脑中，融化在行动里。道德观反映了一个国家一个民族最重要的品格，谦逊礼让、克己奉公、利国为民、仁爱兼利、厚德载物、自强不息的诸多品格是中华精神文化的重要内核之一。

一个国家的终极前途，从根本意义和长远发展进程来说，不取决于它国库一时之殷实，不取决于它城堡一时之坚固，也不取决于它公共设施一时之华丽，更不取决于其强悍与野蛮的性情以及船坚炮利，而在于它先进的思想文化、高尚的社会道德素养与全体公民的文明，即在于整体社会文明程度，在于理想信念和思想观念的高低，在于全体公民的学识、开明和品格的高下，这些才是永久可持续的内在力量，没有了这些，一时一事的强大无以持续，而且会发生转变，甚至走向反面。

考察人类发展的历史，哪一个民族缺少了品格的支撑，道德的力量，那么，就可以认定它是下一个要灭亡的民族。哪一个民族如果不再崇尚和奉行忠诚、诚实、正直、公正的价值观念，不再追求人类的和平与平等，没有包容开放的心胸，没有孝仁义礼信等社会公德，那么这个民族必将背离人类的正常轨道，走向反面。

中国历史按照年代划分，1840 年鸦片战争以后，中国进入近代社会。在此之前，称为中国古代社会。这段历史长达 4000 年，按照大的历史王朝来说，依次为夏商周时期、秦汉时期、三国两晋南北朝时期、隋唐五代时期、宋元时期、明清时期等。其间所产生和发展的文化，称为中国古代文化。从文明的角度考察，夏、商、周之前还有一个缺少文字记载的史前文明期，即典籍中记载的三皇五帝时期，这一时期的先民们为中华文明的滋长做了长期的铺陈准备。中华文明其主要内容包括政治、经济、科技、文化、社会、生态、军事等各个方面。这一时期精神的、物质的发明创造，持续推动着中华文明走在世界前列，直到欧洲步入工业社会。其中的精神文明创造，是推动物质文明、社会进步的内在力量。按照精神文明成果，主要是指哲学和主导社会运行的文化精神和思想观念。

在封建社会早期，春秋战国时代产生了儒家、道家、法家、兵家、农家、纵横家、阴阳家、杂家等各家思想，形成了稳定的中国观念，推动了中华民族进入第一次思想解放时期，使中华文化思想达到了人类思想的高峰，思想文化界呈现了“百花齐放”的局面，古老的中国成为与欧洲轴心国文明时期最闪亮的元文化高度发达的国度。这时原有诞生于非洲、亚洲的世界四大古老文明国家的文明步伐已经中断，中欧两大文明中心，思想文化领域长时间呈现大师涌现、思想纷呈的局面。

进入大一统的秦汉封建帝国时期，“百花齐放”的中国思想文化界也归为一统，文字的统一为中国文化持续不断的发力起到了无与伦比的作用。先是秦王朝奉行法家治国，封建苛政，后在西汉早期推行黄老思想，重民、爱民、尊民、养民，采取与民休息的休养生息政策，国力日渐强盛。随着周边少数民族侵扰加剧，为了实现集权统一，在汉武帝时期推行了“罢黜百家，独尊儒术”的国策，思想文化高度统一，从此中国社会长期推行体制以法家为主，思想文化以儒家思想为主体治国理政的指导思想，儒家思想长期作为中国官方意识形态存在，并且深入地贯彻到了社会生活的方方面面。当然，这时的儒家思想经过“百家争鸣”和汉代经学家的改造，是一个以儒家思想为主，吸收了法家、道家、墨家、兵家、农家等诸家思想文化的思想体系。从此，融合了的儒家学说长期居于主流思想体系地位，其影响波及朝鲜半岛、日本、中南半岛、中亚、东南亚等地区，其后又吸收了佛教理论，并将其改造成了具有中国特色的中国佛学，形成了中国思想文化领域的儒、释、道三大思想教派。

儒家思想文化，其鲜明的特点是主张社会和谐稳定，讲求礼义孝廉，以积极的入世姿态，培养出了一大批“为天地立心，为生民立命，为往圣继绝学，为万世开太平”的知识分子社会骨干，他们不断地传播这一思想观念与文化精神，形成了整个知识界的为社会重建精神价值，为民众确立生命意义，为前圣继承已绝之学统，为万世开拓太平之基业的理想信念社会抱负。

儒家思想体系渗透到中国社会的方方面面，引领指导着人们的生活，使中国成为了一个以礼义文化为基，以仁义道德为本的礼义道德国度。整个社会形成了为了报国，为了救民，要不断进取，勇于进取作为的风气。同时，中国观念以宽容的襟怀拥抱外来优秀文化，以和合的理念处理民族与国家关系，汉代以后来自印度的佛家文化融入中国文化就是典范。隋唐以后儒、释、道的融合，成为古代中国具有世界文化视野观的一个典范，以释为代表的印度文化，是中华文化外来文化中离中华最近，接触最早的文化，也是最早的“洋为中用、中为洋用”范例，体现了中国文化开放、包容、宽容的胸怀。历朝历代的“和亲”政策，郑和下西洋，以友好平等、互惠互利走访东南亚各国。在这一系列思想观念的指导下，中华民族迅速走上了引领世界文明轨道。成为人类以农耕为主时期的文明先锋，引领世界发展的脚步近两千年，表现出了中华思想文化的强大力量。

不仅如此，中国古代所形成的思想观念、文化精神，如“讲仁爱、守诚信、崇正义、讲仁义、尚和合、重孝道、守礼道，求大同”的价值理念、“天人合一”的理念、“和而不同”的思想方略，仁、义、礼、信、忠、孝的道德观念等许多成果具有超越时代、超越历史、超越国界的生命力，成为人类共有的精神成果。

在中国文明社会走上正常稳定的轨道的时期，欧洲社会却陷入了思想困顿、社会动荡的时期，进入了被称之为黑暗的中世纪时期。中世纪的欧洲被神权笼罩，从贫民到国王所有人都是天主教徒，信奉耶稣，政教合一，教皇也就成为实际最高领导人。这个时期的欧洲没有一个强有力的政权来统治，各国分政，宗教思想宗教势力以一种扼杀其他思想文化的高压手段统治欧洲，由于宗教教派的分裂和反抗力量不断涌现，封建割据带来频繁的战争，欧洲陷入了长期战乱的非统一、非稳定时期。人们的生死命运掌握在教会手中，所有的人都不敢违背教皇的意愿和教义的宗旨。人民生活愚昧无知，而且备受压榨，再加上教士的贪婪无道，不停从人民手中索取，人民处在水深火热之中，各国人民生活在毫无希望的痛苦中，宗教思想严重桎梏了人们的心灵，由此造成科技和生产力发展停滞。另一方面，人们在诸如“凡是有的，还要给他，使他富足；但凡没有的，连他所有的，也要夺去”的宗教指引下，争做强人，拼命争夺他人的财富成为了目标。

正因如此，中世纪在欧美普遍被称作“黑暗时代”，一千年的中世纪，由于思想文化和政治动乱等原因，成为欧洲史上发展比较缓慢的时期。也许正是在思想高度禁锢的高压之下，经过长期痛苦的挣扎，欧洲思想文化终于有了历史性的转折，欧洲的启蒙运动打破了思想的禁锢，新思想喷薄而出，为新的生产力的诞生开辟了思想通道。然而在达尔文进化学说错误理解与应用的引导下，欲望膨胀、野心爆发，弱肉强食、优胜劣汰的观念占据主导意识，为了自身利益的不择手段的观念占了上风，思想文化遭受了一次严重的污染，造成了科技进步，道德文化倒退。宗教统治的腐败之风，贪婪欲望充斥着人们的心灵，在这样的思想观念支配下，进步的科技力量成为了欲望横行的帮凶。

文化思想是国家和民族的灵魂，道德观念集中体现了国家和民族的品格。文化的力量，观念的渗透，深深地熔铸在民族国家的历史之中，更印刻在民族内心深处。

中国传统文化的道德观念深入到社会之中，讲求“道之以德，齐之以礼”。重视孝悌忠信、礼义廉耻等道德观念的培育，形成了独具风采的礼仪文化和自强不息、厚德载物的民族观念。造就了一代又一代“苟利国家生死以，岂因祸福避趋之”的仁人志士。中华民族形成了以仁义为中心，以和合为目的的民族心理。不做不义之人，不为不义之事，不行不义之路。

在历史的长河中，中华民族虽然饱经忧患，历经沧桑，但始终屹立不倒、延绵不绝，就在于这里的人民受优良传统文化精神思想观念的熏陶，在血液中流淌着仁义孝勇刚健的精神，在心灵的深处凝结着正义的思想，古圣先贤们提倡的“富贵不能淫，贫贱不能移，威武不能屈”的高贵品格，“志士不饮盗泉之水，廉者不受嗟来之食”的高尚气节，这些观念深深印刻在中华民族的身上。

如果放在世界的范畴来看待这个问题，中国在传统的思想观念与文化精神领域的成就与西方精神领域的成就有着内涵以及时空等方面的差异。中华文明的思想观念是早熟的，高远高尚，无私平和，强调道德修养，主张平等对人，主张调和平衡，往往从整体辩证角度看待事物处理关系，因此，中国的核心观念中不主张进攻性不提倡强权更反对战争与掠夺。无论是思想著作还是科学著作，都具有以上特征。三易是一门古老的科学，因为从它衍生出许多门类的科学思想，从阴阳学说、五行运行学说、天人合一这些思想观念是从人类社会与自然社会的整体观照来出发，探讨天地万物，包含了天文、地理、物理、数学，以及军事学、医药学、社会学等学理，既包括了古代的自然科学、也包括了社会科学、思维科学。

开放的视野，包容的态度，平等的心态，和合的目的，自我反省的精神，阴阳五行相生相克的思辨，构成中国传统思想观念的基本特征。

如果简单地对比一下东西方思维观念的特点，东方国家是一种整体的世界观，天人合一、和合观念、天下一家、阴阳五行甚至中医都是从整体来看待事物，如中医是对人体整体关照，并不是头疼医头，脚疼医脚。西方则以实用哲学为基本特征，方法是实证。如中国传统阴阳五行理论与西方的地心说、日心说是两个不同的体系。西方使用的方法是实证，应用与实物。中国的周易、阴阳五行是辩证，应用的是万事万物的一般原理。也许正是因为这样的差别，其思想观念行为观念也就有了天壤之别。

二、中华民族传统观念与民族梦想

观念产生梦想并统领指引梦想，中华民族自古以来一直在优秀传统思想的引导下走在寻梦筑梦的道路道上，正如前面所说的，这个梦想就是古代的“天下为公，天下大同”，天地人相合，就是反对一切违背义礼道德的行径，实现天下一家，实现和合梦想。就是近代的反对以侵略的方式践踏公平正义，践踏别国主权。就是中华民族百年来的救亡图存，强国富民，民族复兴的梦想。就是中华民族对当代美好生活的奋斗实践，是中华民族对人类未来和谐发展壮美蓝图的前景描绘与追求。就是为中华民族为全人类建设和平发展合作共赢，共建人类命运共同体美好愿景。

在前行的路途上，古代中国梦想曾引领人类历史文明。如今中国正处在新的历史起点上，走在新的寻梦筑梦的道路上。在这个过程中有必要从人类历史的角度梳理一下中华民族在不同历史时期勾画的梦想，追溯中华民族梦想的源头起点和发展脉络，厘清昨天、今天、明天梦想的内在联系，为中华民族的精神，今天的梦想寻找它的根脉。讲述中国梦是中华民族千年的梦想，从而组成了一幅贯通古今，纵横千年，一以贯之，畅想未来中华民族梦想的壮丽画卷，组成了历史的、今天的、未来的中国梦想长廊。

从纵向深度来看，中华民族自走出蒙昧时代，走过夏、商、周三代，进入春秋战国，千百年间经过无数次的和平与战乱，分裂与统一。许许多多先贤哲人从历史与现实中总结，开始思考民族的未来，国家的走向，开始勾画描绘现实与未来人类的美好蓝图。在中国，当中华民族的历史脚步跨进封建社会的门槛之际，就设计了一幅美妙的农耕时代梦想蓝图，这个蓝图成为民族的向往与追求，是人类梦想的重要组成部分，是迄今为止人类对未来社会最早的美好设计。完成这一美好社会蓝图构想的人是著名的政治家周公，伟大的思想家孔子、孟子、老子、庄子、墨子，以及田园诗人陶渊明，一直影响到洪秀全、康有为、孙中山等。

前面，我们已经讲到，中华民族的初始观念诞生于伏羲、炎黄时代，中华始祖们对自然、宇宙的观察描绘所表达的思想观念，引导后继者加深了对天、地、人的认识，产生了一系列思想观念。中华民族的传统梦想，在初始观念诞生以后的2000多年以后，就在春秋战国前后由一群睿智的思想家们描绘了出来，儒家、道家、墨家、法家的领军人物都在他们的著作中勾画了他们的社会梦想，后来由于他们的思想观念成为了主导社会主要意识，这些梦想就成为了社会各界人士为之奋斗的目标，从孔夫子到孙中山到当代社会，都把建设“天下为公”的和谐社会作为主要目标。

春秋战国时期，中国正处于新旧社会制度社会形态更替的剧变时代，如何看待社会的裂变，如何应对兼并，如何面对战乱，如何改革社会，如何让社会安定统一，如何让国家强盛，人民安居乐业，共享太平的幸福生活，一系列重大问题摆在了人们面前。诸子百家不同派别的代表，中国一群最伟大的思想家们提出了不同的社会改革思想、发展目标、理想蓝图。这其中最有代表意义，并被后世认同的思想学说，是儒家思想。儒家学说的创立者孔子及其后继者，他们系统地提出了改造社会的“仁政”学说与“和合”学说，在对立统一中和合发展。“讲仁爱、行仁政、重民本、崇正义、守诚信、重孝道、尊礼道、敬勤廉、尚和合、求大同”，向人们介绍了他们所向往并立志要实现的理想社会和实现这一理想社会的理念、途径。

儒家学派始祖，杰出的思想家、社会活动家、教育家、政治家孔子在《礼记·礼运》中的一篇和《论语》等经典著作中为人们描绘了一幅平等、互助、友爱、和谐社会的理想画卷，提出了“天下为公”“大同社会”思想，体现了他的大同社会观念，代表了儒家的社会理想，他在《礼运·大同篇》中说，“大道之行也，天下为公。选贤与能，讲信修睦。故人不独亲其亲，不独子其子。使老有所终，壮有所用，幼有所长。矜寡孤独废疾者，皆有所养。男有分，女有归。货恶其弃于地也，不必藏于己。力恶其不出于身也，不必为己。是故谋闭而不兴，盗窃乱贼而不作。故外户而不闭。是谓大同。”孔子用朴素凝练的语言，相当明确地刻画出了一个礼德有序、长治久安、友爱和谐、人人快乐、幸福安康的社会轮廓，描绘了一个不分彼此，各得其所，没有争斗的和谐社会。

孔子提出的大同思想，以及在其修订的经典著作中，提出了一整套实现大同社会、“天下为公”的思想体系。核心是出以公心的“天下为公”，出发点是仁爱，途径手段是礼治德教，和合是思想方法，大同是目标。这便是孔子代表优秀的中国人提出的最高理想。在孔子描绘的大同社会里，政治选举制度以公心正义为原则，要求实行选贤任能的民主推选制度，参照尧舜禅让制度，不以天下私于一家。在经济分配制度上，以公平正义原则为指导，社会财富为全体民众所共有，人人都可以享有这些财富。在大同世界里，每一个人都能自觉地完成自己应该做的事，尽自己的力量去劳动，即“劳动（力）不必为己”“力恶其不出于身也”。同样，在公平正义的价值体系中，大同社会里的每一个劳动成员，都可以享受共同的生活保障，“货不必藏于己”。在这个社会里，其所实行的分配制度，包含明显的社会保障思想。在孔子之后的儒家学派中，孟子又在《孟子·梁惠王上》中进一步说明在大同社会里，人们之间应该是“老吾老以及人之老，幼吾幼以及人之幼”。以使上下达到“与民偕乐，故能乐也”的状态，为儒家的仁爱学说找到了实现的社会环境。

“天下为公”的“大同社会”就是当时理想社会的梦想蓝图。作为一种理想社会的主张，政治民主、经济公平、友爱互助、积极敬业以及社会保障思想是贯穿其中的重要内容。这些思想成为中国传统文化“讲仁爱、重民本、守诚信、崇正义、尚和合、求大同、向乐学、行孝道、守礼仪、尊智勇、倡忠恕、敬勤廉”等思想观念的重要来源。大同世界，指当时最终要达到的理想社会，代表着中华民族对未来人类社会的美好憧憬和最高境界，是先秦思想家们向往的最高社会梦想。

这种“天下为公”“选贤举能”的社会，是儒家学者津津乐道的理想社会。大道之行，是一条光明大道，这条大道的实现，就会出现没有战争，人人和睦相处，丰衣足食，安居乐业的大同社会。整个世界都像是一家人一样，人人爱人如己，没有欺骗，以诚相待，互爱互助。对大同社会的描述，可以说一直是中国人追求平均、共有的理论纲领。从积极的方面看，它始终是引导人们争取社会进步的动力源泉，多少仁人志士为此而献身。尽管囿于当时的社会实际，这样的社会在当时要想实现并不现实，但不可否认它是当时人类历史上最为完整、最有前瞻性的社会构想。它启发和激励了一代代仁人志士为此而不懈努力，构成了以德治国的终极目标。

道家的理想社会在老子那里是小国寡民思想，主张建设清静无为无欲无求的小国寡民社会。即“小国寡民，使有什伯之器而不用；使民重死而不远徙。虽有舟舆（即车），无所乘之；虽有甲兵（指武器装备），无所陈（布阵）之；使民复结绳（人类未有文字的原始社会的一种记事方法）而用之。至治之极，甘其食，美其服，安其居，乐其俗。邻国相望，鸡犬之声相闻，民至老死，不相往来”。理想社会在庄子那里是至德之世的梦想。《庄子·马蹄篇》，描述了庄子的理想社会："故至德之世，其行填填，其视颠颠。当是时也，山无蹊隧，泽无舟梁；万物群生，连属其乡；禽兽成群，草木遂长。是故禽兽可系羁而游，乌鹊之巢可攀援而窥。夫至德之世，同与禽兽居，族与万物并。恶乎知君子小人哉！同乎无知，其德不离；同乎无欲，是谓素朴。"庄子的"至德之世"，没有政治与道德规范的约束，它是一种原始的、自然的、亲切的、超然的生活状态，没有生活的负累，更没有政治，没有战争，人的精神世界是原始的、朴实无华的。体现了对原始素朴、自然而平等、民众幸福的渴望，就其本质来说，蕴含着积极进步之思想。在当时来说，庄子的理想有些虚无缥缈，但庄子的安时顺命，乐天达观，或许是达生至乐的途径。

墨家要建设的理想社会，倡导"兼爱非攻"，反对战争与掠夺，主张建设和平的和谐社会。即是一个人人平等，法律严明，秩序井然，公民参政，贤人为政，人人得以温饱，公正和平的社会。最为鲜明的特点是，在这样一个理想的社会里主张倡导和实行"兼爱非攻"。倡导人人互相敬爱，互相扶助的精神，反对倚强凌弱，以暴力战争等手段处理各种关系，希求社会整个体系的同一化。同时，提倡人与人之间应平等均化各自的理想、喜好及各种物质财富和精神力量。墨家认为，在一个良好的社会里，全体社会成员，无论长幼、尊卑、贫富、贵贱，都应当遵守一套能够公平正义地保障每个社会成员根本利益的行为规则。这种行为规则就是法，类似现代社会所称的宪法和法律。"以天志为法仪""取法于天"，根据上帝的意志建立一套公正的法律体系，以法治国，法律高于一切个人和组织，这是墨家理想社会的首要内容。墨子说，"天下人无论长幼贵贱，都是天之臣"，上帝兼爱世人。因此，在上帝面前人人平等，在体现上帝意志的法律面前也应该人人平等。墨子认为，只有让德才兼备的贤人管理国家事务，才能充分平等地保障人民的利益。不肖之人当政，只会损害人民的利益。墨家还认为，一个理想的社会应当建立公正和平的社会制度，以保障社会成员间"大不攻小也，强不侮弱也，众不贼寡也，诈不欺愚也，贵不傲贱也，富不骄贫也，壮不夺老也"。《墨子》一书中多次指出，应由人民"选举天下贤能者，立为政长"，这类似于现代的选举制。国家的目的是保障人民利益，只有人民才真正知道什么样的官吏能真正保障自己的利益。墨子说，一个社会里应当保障“饥者得食，寒者得衣，劳者得息”“老弱有人养，幼小有人育”。因此，墨家的理想社会应当建立基本的社会保障体系。墨家还认为，墨子说，“官无常贵，民无终贱，有能则举之，无能则下之”。为现代行政选举与管理提供了思想源泉。

法家倡导的理想社会，是以法治国，君臣上下贵贱皆从法。法家主张以法律制裁暴力，主张“法不阿贵”一视同仁，为推行法律之力量，强调“布之于众”“不别亲疏，不殊贵贱，一断于法。”以此建立起一个百姓各司其职，安分守己的法治社会。法家先驱管仲在《管子明法》一文中最早提出了“以法治国”的概念，他说“威不两错，政不二门。以法治国，则举措而已”。商鞅进一步发展了这一思想，提出了“明王之治天下也，缘法而治，按功而赏”。其后法家主张法治是国家治理的根本方略，法家集大成者韩非子认为“国无常强，无常弱。奉法者强，则国强；奉法者弱，则国弱。”他通过举例说明后，得出了“今皆亡国者，其群臣官吏皆务所以乱而不务所以治也。其国乱弱矣，又皆释国法而私其外，则是负薪而救火也，乱弱甚矣！故当今之时，能去私曲就公法者，民安而国治；能去私行行公法者，则兵强而敌弱”。他进一步指出“故审得失有法度之制者，加以群臣之上，则主不可欺以诈伪；审得失有权衡之称者，以听远事，则主不可欺以天下之轻重”。他认为“巧匠目意中绳，然必先以规矩为度；上智捷举中事，必以先王之法为比。”“故绳直而枉木斫，准夷而高科削，权衡县而重益轻，斗石设而多益少。故以法治国，举措而已矣。法不阿贵，绳不挠曲。法之所加，智者弗能辞，勇者弗敢争。刑过，不避大臣；赏善，不遗匹夫。故矫上之失，诘下之邪，治乱决缪，绌羡齐非，一民之轨莫如法。”以法治国思想得到各诸侯国的赞同，尤其是在秦国作为国策彻底付诸实践，由此统一了国家意志，壮大了秦国国力，成为了战国后期最强大的诸侯国，最终战败了各诸侯国，建立了中国历史上的第一个统一的以法治国君主专制中央集权的国家。法家提倡的以法治国的封建体制一直在秦汉王朝实施。

与此同时和在以后的封建社会里，“大同社会”各种社会构想也陆续涌现。东晋时期的《抱朴子》一书中记述了鲍敬言的话说：“无君无臣。

穿井而饮，耕田而食，日出而作，日入而息。泛然不击，恢而自得，不竞不营，无荣无辱。”他描绘的就是一种没有阶级，没有压迫，没有君臣，人人平等的社会。受道家思想的影响，同一时期的陶源明在《桃花源记》中，也描绘出一幅自然、健康、快乐，人人平等，大家共同劳动、归园田居，友爱互助，安居乐业，身归自然的世外桃源的社会景象。这里的居民男耕女织，大人小孩均参与劳动，没有赋税和徭役，人们的关系十分淳朴亲切，没有战乱，没有欺诈，没有钩心斗角，到处是一片安乐祥和的气氛，与外面的世界隔绝。对精神的超脱和对绝对自由的追求，可以说是人生至境。

以上种种思想构成了一幅绚丽多彩的和美社会的动人画面，成为中华民族奉献给人类早期的美丽梦想。尽管在当时的社会条件下，在复杂的阶级社会里，这些梦想是超越时代脱离实际的梦，但它本身所包含的思想观念，以及梦想追求，却是人类应该有的充满善意和激情的合理诉求，从长远来说，随着社会的不断进步，实现这样的社会也许会越来越有实际意义。世界范围几乎都有类似的观念和设想，如西方的理想国乌托邦思想，都对后世有着巨大影响。而且从现代思想来考察，这样的思想无疑成为现代思想的渊薮。

随着汉武帝实施“罢黜百家”政策以后，儒家学说成为中国封建社会的统治思想，儒家思想深入人心。其思想观念，社会理想，成为影响整个封建时代的思想法统，正因如此，儒家所尊崇奉行的理想观念一直深深地影响着整个中华民族。此后，1000 多年的封建帝国，在不同的朝代，在以儒家为主的前提下，也融合了各家思想来作为治国理政的思想武器。

总之，代表了当时主要思想观念的儒家、墨家、道家、法家的社会梦想，成为了中国古代历代统治者的思想武器，这些思想观念经过数千年的丰富发展，成为了中华民族宝贵的精神财富。直到近代为孙中山、现代为中国共产党人所吸收成为了适应时代发展的新的思想观念。

中华文化源于黄帝时期，据说，伏羲以画作为交流思想的工具，最典型的就是用符号和画的形式创作了八卦，体现了先民对天、地、人观察思考后的思想表达。其后，黄帝命史官仓颉造字，汇聚当时和前人的绘画图形，进行归纳，抽象整理，形成了以象形文字为特色的汉字系统，由此，中国文化开始有了以文字记载人类生产、生活的历史。从人类学和文化学的角度考察，一个民族的文化，以文字的运用开始为标志正式诞生。经过颛顼、帝喾、尧、舜的发展，到了夏、商两代，开始出现陶刻文、骨刻文、甲骨文和铭文等。随着文字的成熟,思想观念也随之越来越成熟。《连山易》《归藏易》《三坟五典》等文化著作也出现了。我们知道，尧舜禹时代，产生了部落内部的民主制度，这就是以择贤为标准的禅让制，禅让制历经尧舜禹三代，在中华民族血液中埋下了平等、正义、公正、贤良、为民的种子，成为了后来中华思想第一个高峰期中“世界大同,天下为公”的基因元素。为中华民族先民提出“和合”思想、和谐社会建设的思想打下了印记。

正如前面所说，中华民族从古至今，构成了三个大的精神文化时代，三个精神时代的历史、思想、人物所描写的生动故事，构成一幅幅绚烂的精神画卷，道出了中华民族的精神追求和理念梦想。

我们清晰地看到，无论是古代还是近代抑或是现代，中华民族的基本价值观一直在不断地传承发展，其核心价值观始终没有中断没有改变，体现了中华民族稳定的精神世界，引领中华民族一直没有停下探索民族国家的命运，探索人类发展的脚步。

三、在中华民族核心观念引领下的梦想脚步

中华民族的前进步伐正是在以儒家为代表的思想观念的支配下，在儒家、墨家、道家、法家以及后来的释家各家设计的梦想蓝图的激励下完成的。几千年来，中华民族历尽艰辛，排除万难，朝着梦想奔走。在农业文明时代，很快成为世界上文明程度最高、综合实力最强的国家，为人类创造了辉煌灿烂的文明历史，长期引领推动着人类的发展。

在中古时代，公元 3 世纪到 13 世纪，也就是汉唐宋时期，被视为是最接近人类梦想目标的国家，成为世界各国学习仿效的典范。汉代被公认为是世界上最强大的王朝，与当时欧洲最强大的罗马帝国相比，汉朝除了疆域、国土、经济、军事、人口的远超外，思想文化上建立了一统的指导思想，形成了统一的汉民族一直延续至今，成为中华民族的基础。而罗马帝国只留下了供人参观的斗兽场。尤其是公元 7 世纪建立的大唐帝国，唐

都长安，成为了东西方重要的经济文化中心。唐朝大诗人杜甫在《忆昔》一诗中描写当时的繁荣景象时说："忆昔开元全盛日，小邑犹藏万家室。稻米流脂粟米白，公私仓廪俱丰实。九州道路无豺虎，远行不劳吉日出。齐纨鲁缟车班班，男耕女织不相失。"一派繁盛殷实、安乐太平的景象。史书记载，当时的唐朝是世界上最开放、最先进、最文明、最包容、最发达、最强大、最自信的国家。

盛唐时期民康物丰，社会祥和，秩序良好，夜不闭户。史载当时的社会"刀枪入库，马放南山，几致刑措"。首都长安是世界最大的城市，人口达到80万。当时，经由陆上和海上汇聚长安的商贾僧侣络绎不绝，每年有20余万外国人居住长安经商、学习和生活，也就是说有四分之一以上是外国人。东都洛阳是丝绸之路的起始城市，有三分之一的人来自不同国家。大唐王朝一派国富民强，繁荣昌盛，万方朝贺，四方来附的景象，故史称强汉盛唐。王维的一句"九天阊阖开宫殿，万国衣冠拜冕旒"，写尽了长安的恢宏霸气，道出了煌煌唐都的宏大气派，唐宫的堂皇伟丽，也道出了皇帝的威严气度，大唐的非凡气势和万国来朝的鼎盛气象。"长安回望绣成堆，山顶千门次第开"写尽了长安的富贵锦绣。一首首唐诗尽述唐朝风流，一时无双。尤其是大唐王朝的豪迈、开放、雍容、大度、自尊、亲善，其他国家概莫能比。大家最为熟悉的高力士的成长励志故事，讲述了外来民族底层移民高力士的成功，充分说明了大唐帝国的开放与自信，长安成为了草根一族、外来一族经商、淘金、学习、晋升、创业、奋斗的首选之地。

大唐王朝，携着民族融合之力，文化创新之风，经济繁荣、政治祥和，整个社会生机勃勃，充满活力，以气吞山河日月的磅礴气势，海纳百川的博大胸怀，一意求新的独创精神，缔造出盛唐社会的繁荣昌盛、自由开放、放任自侠，思想奔涌以及艺术的百花齐放。谱写了中华文明史上光彩夺目的篇章。

回眸历史，在人类的中世纪，中华民族文化繁盛，社会昌明，功业赫赫。秦修长城，宣示以和为主的防御思想。汉代张骞出使西域，开辟丝绸之路，贯通通往欧洲的经济文化陆路通道，打开了中西友好交流的大门。苏武持节匈奴，彰显民族气节。郑和带队七下西洋，将和平、友善、平等理念传播东南亚远至非洲各国。此外，轩辕黄帝发明指南车，毕昇发明活字印刷，葛洪、孙思邈发明火药，李冰主修水利枢纽，祖冲之精算圆周率，郭守敬准测公历年，张衡发明地动仪，蔡伦发明造纸术，宋应物撰写《天工开物》，李时珍著《本草纲目》，中华民族优秀儿女的发明创造，为本国以至世界科技进步、文化昌盛、经济繁荣作出了重要贡献。

古代先秦时期诸子百家思想交流形成的“百花齐放，百家争鸣”气象和形成的学术思想，影响深远。《孙子》的军事思想不仅成为军事哲学瑰宝，更扩大到了商战领域和人生领域。《易经》的哲学思想不仅成为中华文化的源头，包含丰富的宇宙观、发展观、终始观、唯物论思想，还被应用于现代计算机编制程序和现代数理逻辑，以及天人之间的各种关系。《老子》的天道、人道思想，以善待人、以善治国、以善求善、上善若水的善的理念，以及思辩哲学等被视为现代哲学、政治思想的来源。《四书五经》以德化人，以礼治国，涵育民族从善之心、高尚美德，塑造了中华民族的精神气质。

中华文化深深地影响着亚洲国家，韩国、日本、朝鲜及东南亚等国影响更大，这些国家形成了一个文化特色鲜明无法褪色的中华文化圈。不仅如此，中国思想文化还远渡重洋，影响了万里之外的欧洲各国。欧洲启蒙运动中，法国伏尔泰便利用了儒家思想，并将儒家的哲学思想、政治理论、道德伦理、人性观念、社会法则等加以综合研究，建构了一套对西方社会产生很大影响的新的社会学说。明代王阳明的学说还推动了日本的“明治维新”。第一本提到儒教的书《儒家道德》，1641 年便在伦敦出版。尤其是儒家思想一直以来被许多思想家、政治家认为是治理社会，解决人类纷争，实现世界和平，提高人生境界的良方。文化方面，唐诗、宋词、元曲广为流传，四大名著妇孺皆知，绘画、雕塑、舞蹈、歌曲独具风格，深深影响着东南亚各国。对世界文化科技的许多影响与贡献在前文已经提到，不再赘述。

中华盛世所呈献给人类的文化贡献、历史贡献和社会贡献，不约而同获得一片赞美之词。李约瑟在他写作的《中国科学技术史》中，对中国古代科技文化不吝笔墨，作出高度评价：“在中国完成的发明和科技发现，改变了西方文明的发展进程，并因而也确定改变了整个世界的发展进程。”中国古代的“四大发明”深刻地影响了世界，指引了世界文明的进程。火药推动了资产阶级的暴力革命，成为资产阶级砸碎封建城堡的利器。印刷术为人类的思想解放、文化传播、欧洲的文艺复兴、启蒙运动准备了条件。指南针使地理大发现成为可能，推动了世界的航海事业。造纸术方便了文化思想的交流与传播。在深入研究人类历史的基础上，英国著名历史学家汤因比十分向往大唐王朝，他十分真诚又饱含深情地说道，假如让他再活一次，重新选择出生的城市，他会毫不犹豫地舍弃20世纪的伦敦，选择7世纪的长安。

古代中国灿烂的文化光耀世界。隋唐时中外交往空前频繁，周边国家大多仿效我国的各项制度，日本大化改新使其进入封建社会，中华文化圈也在这时形成。中国的文化在明代以前一直领先世界各国。中国的城市发展对世界也有很大影响，宋代以前，世界上许多国家来宋朝学习城市建造。中国的开放为世界各国培养了许多各方面的人才。中国的文官制度特别是科举制度对西方文官系统的形成产生过很大的影响和推动作用。1570–1870年的300年间，西方国家出版的有关介绍中国文官制度与政治制度的书籍竟达70多种。

即使到了悠久历史的最后一个封建最后一个王朝，也形成了中华民族历史上又一个辉煌盛世，史称康乾盛世。这一时期，中国社会的各个方面在原有的社会形态下堪称楷模，达到了极致，又被许多国家称为中华帝国。根据统计数据，到了乾隆末年，中国再次成为世界第一大经济体，经济总量居世界第一位，人口占世界的三分之一，对外贸易长期顺差，即使是世界工业率先崛起的英国，也长期扭转不了对中国的贸易逆差。

中华民族在人类中世纪走在了世界的前列，中华文明引领世界文明的脚步至少有1000年，为人类作出了巨大的贡献。也许是我们的祖先太辛苦了，需要歇歇了，在人类进入到下一个社会阶段门槛的关键时间节点打了瞌睡，一觉醒来，人类前进的脚步早已跨进了近代社会的大门，进入了工业化的时代。面对新一轮的残酷现实，中华帝国先是浑然不觉，故步自封，夜郎自大，被动挨打，受尽欺侮。随后，保受传统文化浸润的先进中国人为实现民族复兴梦进行了百余年的奋斗，开始了五次重大的探索，历尽坎坷，百折不挠。在中国共产党的领导下，终于推倒了压在中华民族身上帝国主义、封建主义、官僚资本主义的三座大山，跨入了社会主义革命和建设新时代，为实现中华民族伟大复兴开辟了道路。从此，中华民族开始了百年复兴的奋斗历程。习近平总书记明确指出："实现中华民族伟大复兴，就是中华民族近代以来最伟大的梦想。"

中华民族寻梦追梦的脚步，到了封建时代晚期，也就是 17 世纪的中晚期，由于国体政治陈旧，统治阶层的腐败，国策的失当，思想的禁锢僵化，传统思想观念中的好思想被抛诸脑后等诸多原因，造成科学技术的停滞，生产力的下降，前行的巨轮变得沉重而缓慢，当世界的另一端开始文艺复兴思想解放后，一股新的精神力量推动他们迈入更高的社会阶段。开始落伍的中华帝国，在体制的制约下，新思想的火花没能燃烧起来，国家的既定国策没有改变，在旧体制僵化和思想禁锢之下，再也无力承担起推动人类追梦的车轮的责任，以至于后来面对强权和侵略无力还手而一蹶不振。

几乎是在康乾盛世的同时，在地球的另一端却发生了天翻地覆的大变革。到 17 世纪下半叶，在欧洲，一些国家新兴的资产阶级登上了历史舞台，英国率先掀起了一场挑战人类传统文明传统生产关系的革命和思想启蒙运动。在新的思想的传播中，弱肉强食理论、丛林法则等观念成为了野心膨胀国家的思想武器，他们挟着工业革命的文明成果，在资本利益的驱动下，开始干起了强盗者的勾当，他们将思想启蒙运动中伸张的公平正义学术思想抛诸脑后。他们四处窥测，向传统富裕的国家袭来，成为了挑战人类传统秩序的"洪水猛兽"。在新的生产力大幅提高和资产阶级野心及占有欲望的刺激下，一些国家开始了在新的更高社会形态下的掠夺之路，追求祥和安定，崇尚和合友好的东方大国，成为掠夺者觊觎的美食。

随着生产力革命到来，领导这场革命的新兴资产阶级，以比地主阶级眼界更高、野心更大、手段更猛烈，掠夺性更强的姿态冲上了人类历史舞台，一场以改造社会和生产关系为目标的资产阶级革命率先在欧洲爆发。这场革命的威力很快就显现出来，并开始向整个世界蔓延。此时，一个与此相生相伴的在思想文化领域冲决中世纪封建思想束缚的文化启蒙运动蓬勃展开。一个改变物质世界的革命和一个改变精神世界的运动，迅速将人类的面貌横扫了一遍，被称为全新形态的近代社会从此来到了世界各国的面前。这中间仅仅经过了100年左右的时间，就彻底改变了中华帝国在世界格局中的地位，中国由一个雄霸东方影响世界的天朝大国，迅速坠落到被动落后挨打的境地。可怕的是，这些影响世界的巨变，这个东方帝国却浑然不觉，没有准备任何可以应对的手段，这便导致了后来帝国大厦的轰然倒塌，中国古代追求田园式“和美”梦想的蓝图，在资本主义的血盆大口面前，被咬得粉碎。

在资本主义以我为中心观念的疯狂进攻下，改变了中华民族孜孜以求“天下为公，天下大同”古代梦想，改变了中华民族传统梦想的行走轨迹，近代历史的追梦主题变成了救亡图存、追求平等、强国富民、民族复兴，追梦的历程变得十分艰难和曲折，从1840年到1949年以1894年和1919年为分界线大致可分为三个追梦阶段。每个阶段呈现不同的梦想目标，任务不同，道路不同，最终的结果不同。既有地主阶级救亡图存改良目标，也有资产阶级的走资本主义道路的兴中梦，更有无产阶级的新民主主义的革命道路的选择与复兴梦。这一阶段，经过100多年的时间，中华民族经历了梦醒、挣扎、寻梦、追梦、挫折、再寻梦过程，形成了救国梦、富国梦、强国梦到改良梦，到资产阶级民主梦，直到无产阶级登上历史舞台，人民当家作主梦的实现这样一条历史轨迹，中华民族终于选择了正确的道路，并取得了成功的历史实践。

值得反思的是，这一时期人类社会大多数国家的寻梦路并没有因为社会的进步变得越来越人性，越来越美好，反而那些经过启蒙思想洗礼，步入工业时代的国家，在丛林法则、利己主义思想观念的支配下，将自己的富强梦，转变成了扩张梦、掠夺梦、侵略梦，并打着所谓为了民主的招牌，强加给了人类。将所谓自己的富强梦强加在了落后国家的身上，走上了一条掠夺他国财富，实现自己富裕的道路。地大而丰饶富裕，但军事科技衰落，正值封建社会晚期的东方中国便成为了他们觊觎的理想目标，成了他们野心实现的目的地。

1840 年前后最先走进工业文明的资本主义大国英国，为了掠夺中国的财富，麻痹中国人民的精神，采取了两种途径，一方面大肆宣传他们所谓的民主价值观，掩盖他们侵略的本质；一方面大肆走私鸦片，掠夺中国的财富。不满中国政府的禁烟，发动了鸦片战争，为了扩大侵略成果，又在 1856 年发动了第二次鸦片战争。美其名曰维护贸易的公平正义，维护民主，以蒙蔽中国人民。对于这两次战争，马克思、恩格斯站在人类正义的一边，多次谴责英国殖民者的侵略行径，指出这是打着保护贸易的幌子，人道和文明的旗号，发动的一次最不义的海盗式的战争。

也正是当时号称最文明的国家，发动了这样的一场侵略战争，将中国拖入了噩梦缠绕的深渊，成为中国历史的转折点，成为西方列强分割中国主权，掠夺中国资源的开始。此后各帝国主义国家联合起来，发动了一系列侵略，瓜分中国的资源，他们以武力相威胁，迫使清朝政府签订了一系列不平等条约，开始了对中国的鲸吞蚕食。鸦片战争后的半个世纪，特别是甲午战争后，日、英、俄、德、法等列强纷纷向清政府强索租借地和划分势力范围，掀起中国近代史上第一次瓜分中国的狂潮，致使帝国主义在华侵略势力的格局发生重大变化，即由原来的英、俄两国在华争霸，变为帝国主义列强共同宰割中国的局面。直到八国联军侵华，辛丑条约的签订。从 1840 年起，中国的领土、领海、司法、关税和贸易主权遭到严重破坏，一个独立自主的封建国家沦为了半殖民地半封建的国家，中国的古代末世结束，中国被枪炮裹挟着开始了令人悲叹又可歌可泣的近代历史。

这场爆发于 19 世纪中叶的侵华热潮，是一场在新的更高层面依托生产力的发展以所谓科技文明做后盾，反文明、反人类的野蛮侵略。在一系列的武力打击下，曾经引领世界朝着富强文明和谐前进的古老民族面临民族危亡和生死选择。

面对严峻的生存危机，鸦片战争后一部分知识分子开始抛弃陈腐观念，睁眼看世界，探求救国救民的新知，寻求强国御侮之道，涌起了一股图存救亡，向西方学习科技文化的新思潮，对封建思想产生了巨大的冲击。中国人民开始认识到，随着社会性质的变化，中国社会的主要矛盾也由地主阶级和农民阶级的矛盾，变成外国资本主义与中华民族，封建主义与人民大众的矛盾。从此，中国进入反侵略反封建的民主主义革命时期。

毛泽东在《中国革命和中国共产党》一文中说："帝国主义和中华民族的矛盾，封建主义和人民大众的矛盾，这些就是中国社会的主要矛盾……而帝国主义和中华民族的矛盾，乃是各种矛盾中最主要的矛盾。"

如何摆脱被奴役压迫剥削的状态，如何重新开创寻梦筑梦新道路，如何确立改造社会的新理念，如何找到让古老的中国焕发生机的新方法，成为关心中国命运前途的有识之士思考的问题。

救亡图存，实现民族复兴成为了那个时代最重要的任务。自强求富的洋务运动、变法图强的戊戌变法、民主共和的辛亥革命、民主科学的新文化运动在中国大地展开。

洋务运动为中国的近代化开辟了道路，戊戌变法加速了中国近代化的进程，辛亥革命推翻了清朝统治，结束了封建统治，民主共和观念深入人心，新文化运动，促进了近代中国思想的大解放。这一切先后由地主阶级的优秀代表、资产阶级的改良人物、资产阶级民主派和资产阶级激进派发起的救国运动，为民族的进一步复兴打下了基础。但是以上所有的运动，最终的结果都以失败而告终。当时的中国缺少真正能够引导中华民族完成伟大复兴的强有力的政党，缺少适合人类发展又与中国国情相结合的伟大的理论思想，恰在人们迷茫之际，俄国十月革命一声炮响，给中国人送来了马克思主义，马克思主义给中华民族指明了民族解放、民族复兴的前进方向，指出了一条通往人类美好社会的道路。

五四运动是中国现代史上一次由马克思主义知识分子指导的，广大工人学生参与的彻底不妥协的反帝反封建的，它标志着新民主主义革命的开端。这次运动中，无产阶级开始登上了政治舞台，起了主力军作用；青年学生发挥了先锋作用。五四运动发生在俄国十月社会主义革命之后，是当时无产阶级世界革命的一部分。五四运动促进了马克思主义在中国的广泛传播，促进了马克思主义与中国工人运动相结合，从思想上和干部上为中国共产党的成立做了准备。

中国共产党成立以后，率领中国人民开始了完成推倒压在中华民族头上的帝国主义、封建主义、官僚资本主义三座大山的革命 。中华民族在中国共产党的领导下，在新的起点上开始了向社会主义追梦、筑梦的历程。

自人类诞生以来，在很长的上古中古时期，不同地域不同民族不同国家，共同经历了原始社会、奴隶社会、封建社会等基本社会形态。

进入近代以后，世界各国由于地域不同，所有制形态不同等一系列的不同国情，加之怀抱不同的理想信念，分别走上了资本主义、社会主义等不同的发展道路，无论其所选的道路如何，建设文明世界，追求民主自由美好生活的愿望，追求世界的永久和平，建设和谐世界，追求人类公平正义的理念，追求世界大同的梦想，始终是人类的共同心声。

进入到近代社会或者说工业文明时代以后，随着社会的进步人类文明程度的提高，伴随着对扩张性掠夺性战争，对人类国家关系的思考，尤其是地球村学说的横空出世并被广为接受以来，孔子提出的“天下为公，世界大同”的观念与构想似乎离人类越来越近。以至于在以后的人类社会不同发展阶段中，不论是东方还是西方，几乎每一个阶段都会出现这样的思想观念，都会设想这样的理想蓝图。在 18 世纪末 19 世纪初，影响中国发展进程的两位伟大人物康有为、孙中山先后提出了“世界大同，天下为公”的主张。欧洲的伟大思想家马克思考察人类的发展史，站在人类进步的高度，在批判继承前人，从柏拉图、摩尔到傅里叶、欧文乌托邦思想的基础上，将他们设计的美好蓝图建立在历史唯物主义科学发展的基础之上并重新给予新的勾画。让未来人类社会梦想蓝图变得更加理性、现实和美好。

在中国，也正是在这样的理论指导下，在美好蓝图的引领下，加之有一大批将马克思主义理论与中国实际国情密切结合的革命家、思想家的领导，调动起千千万万革命者的积极参与，才诞生了新生的社会主义国家——中华人民共和国，并且仅用了 70 年的时间就将一个贫穷落后的国度，建设成举世公认的高速发展、和谐稳定的国家，使这个国家成为维护世界和平，维护公平正义，传递和谐理念可以依赖的中坚力量。

中国梦包含中国古代的梦想理念、近代的梦想追求、当代的梦想构建。古代中国的梦想理念主要是天人合一、天下为公、世界大同。近代的梦想追求主要是要实现中华民族的复兴，改变中华民族受欺凌不平等的地位，与世界各民族平等相处。当代中国梦想的基本含义既包括个人、民族、国家的一层含义，即国家富强、民族振兴、人民幸福，也包括世界范围的含义，即中国要与世界各民族平等和谐相处，努力维持世界和平、促进各地区国家间共同繁荣，建立新型国家间关系，建立各国各民族间平等互利团结共赢的利益共同体。由这些梦想构成的中华精神、中华思想，形成了古代的精神高地，近代的精神追求，当代的精神境界，构成了中华民族的精神思想长河。

中国梦所包含的基本理念由来已久，始于先秦时期。先秦诸子百家，用不同的表述方式和内容表达了对理想社会的渴望，勾划了心中天人合一、天下大同的理想梦境。儒家思想的创始人孔子最早提出大同世界和小康社会之理想，2000多年来，儒家思想一直是中华民族的精神脊梁，也正是这个脊梁支撑着中华民族的美好梦想。从孔子开始，实现天下大同一直是中华民族的先进分子的心中梦想。

"中国梦"一词的完整使用也有近千年历史，据专家考证，最早使用"中国梦"一词的是南宋著名爱国诗人、画家郑思肖。他在元兵南下，国家危亡之际写下动人诗篇《德祐二年岁旦》。诗中首次使用了"中国梦"一词，即"力不胜于胆，逢人空泪垂。一心中国梦，万古下泉诗。日近望犹见，天高问岂知！朝朝向南拜，愿睹汉旌旗"的句子，将中国梦与思贤治平时代的期望相结合，表达了作者忧国忧民的心情和人民希望收复中原祖国统一的渴望，字里行间思慕盛世贤臣的出现，歌颂太平之世，也透露了对南宋王朝不思励精图治的不满。这首诗词于2008年3月18日，由时任国务院总理温家宝在回答台湾记者关于台湾问题的提问时引用，时值十一届全国人大一次会议期间的记者会，表达了中国领导者励精图治、统一中国、复兴中华的心愿，立刻引起广泛关注。

进入近代以后，世界的格局发生了重大变化，古代文明古国逐步衰落。一些提前进入工业时代和资本运作的西方国家依仗着先进制造业尤其是军工产业，在欲望的驱动下发动了经济与军事的扩张掠夺。步入封建社会晚期，经济体量庞大，而近代工业、军事工业迟滞、力量整体羸弱的中国，在弱肉强食理论成为当时发达国家指导思想的支配下，成为了那些野心膨胀的西方资本主义国家增长财富的掠夺对象。

中国近代随着帝国主义侵略的不断加剧，民族危机日益加深，一些先进的中国人开始探索救国救民的途径。面对帝国主义列强的欺凌，民族复兴，国家富强，人民免遭涂炭，成了广大仁人志士为之奋斗的理想和目标。中共中央党校原常务副校长、中国改革开放论坛理事长郑必坚认为，近代以来的“中国梦”就是“救亡图存，强国富民”。正因为有这种独特的历史境遇，实现中华民族伟大复兴，才成为中华民族近代以来最伟大的梦想。才有了思想家的西学东用富强梦、农民起义的太平天国梦、洋务派的实业兴国梦、维新派的改革帝制梦、义和团的反抗侵略求得平等梦、资产阶级的共和梦等一系列救国复兴梦，这些梦想，凝聚了几代中国人的夙愿，体现了中华民族和中国人民的整体利益。涌现了魏源、严复、奕䜣、李鸿章、曾国藩、张之洞、龚自珍、洪仁玕、康有为、梁启超、孙中山、黄兴等一大批著名思想家、政治家、爱国人士，这些梦想构成了中华民族一条梦想长河，一次次梦想运动的发动为理想梦想的实现付出了艰苦卓绝的可贵探索。孙中山的历史贡献是推翻了统治中国200多年的清朝封建帝制，在旧中国魂飞梦断之后提出了振兴中华的伟大号召，使中华民族的美好梦想得以延续。

进入20世纪30年代，中华民族再次遭遇东方列强日本的侵略，面对民族危机，中国人民在寻求抗敌复兴的过程中，有一个以中国梦想命名的征文启示直扑主题，让人眼前一亮。1932年11月1日，《东方杂志》发起了寻找“中国梦想”的征文，该刊主编胡愈之以《新年的梦想》为题，向各界知名人士发函400余封，征集国家梦想和个人生活梦想两个问题的答案，一是“先生梦想中的未来中国是怎样（请描写一个轮廓或叙述未来中国的一方面）？”二是“先生个人生活中有什么梦想（这梦想当然不一定是能实现的）？”信函发出后得到许多热爱国家热爱生活的著名人士的回信。一个月后《东方杂志》从征集来的160多份答案中，选出144封刊登在了《东方杂志》第30卷，即新年第1号上。

时值1931年9月18日，发生了九·一八事变，东北迅速沦陷，全国正处于抗日战争的前夜，中华民族风雨飘摇，正处在民族危亡关头，许多著名人物在百忙之中表达了他们渴望民族复兴，国富民强的愿望。对个人、民族、国家的未来前途和目标给予展望。

最有代表性的有中央研究院总干事杨杏佛、实业家穆藕初、《现代》杂志主编施蛰存、《生活周刊》主编邹韬奋、清华大学教授朱自清、新闻记者楼适夷、教育家马相伯、作家郁达夫、诗人柳亚子、清华大学教授著名学者张申府、著名作家郑振铎、著名作家茅盾、著名作家老舍、著名文化学人梁漱溟等人。杨杏佛梦想未来的中国“应当是一个物质与精神并重的大同社会”；穆藕初认为未来的社会是“物质的享用应当普遍而平等”，他概括为“政治清明，实业发达，人民可以安居乐业”；施蛰存梦想的“是一个太平的国家,富足,强盛”;邹韬奋梦想的“是个共老共享的平等社会”；朱自清相信“未来的中国是大众的中国”“是真的大众”；楼适夷认为“未来的中国，将是新锐青年的中国，不是昏庸老朽的中国，将是勤劳大众的中国，不是剥削阶级的中国，将是中华民族自主的中国，不是帝国主义奴役的中国”。

回信中有些人对中国的未来抱有梦想充满希望，以饱满的情绪表达了他们的乐观意见。梁漱溟表达了心中的感慨，未来的中国“在我心中只是充满了希望和兴趣”；当时的外交部部长罗文干认为“政府能统一全国”，未来的中国和世界将会是“土匪绝迹，外患消除，四民安居乐业，世界共享太平”；郁达夫期望将来的中国“可以没有阶级，没有争夺，没有物质上的压迫，人人都没有，而且可以不要‘私有财产’”；马相伯认为未来的中国应该是一个法治民治国家“乃民治的国家，法治的国家”。

一些对未来看得更远的著名人士直接表达了希望迈入社会主义或共产主义社会的愿望，张申府认为“理想中的中国是能实现孔子仁的理想，罗素科学的理想与列宁共产主义的理想的”；国民党中央监察委员柳亚子希望“未来世界是一个社会主义的大同世界”；燕京大学教授郑振铎梦想的“将是一个伟大的快乐的国土”“我们将会把若干年帝国主义者们所给予我们的创痕与血迹，医涤得干干净净……军阀的争斗，饥饿，水灾，以及一切苦难,都将成为过去的一梦”“我们将建设一个伟大的社会主义的国家”。上海法学院教授朱隐青梦想未来的中国是“无阶级专政的共产社会”；银行家余寰澄梦想“未来中国，一定是联邦社会主义的国家”；裕丰纱厂老板毕云程希望未来“造成一个社会主义的新中国，以提高整个民族的经济生活和文化生活，并努力充实国防，以保障整个民族的安全”。

中华人民共和国成立以后，较早提到“中国梦”的是旅美学者孙惠柱、费春放夫妇，1986年11月他们共同创作了名为《中国梦》的英文话剧。《中国梦》包含了两个人的梦：中国演员明明移民美国以后放弃了艺术，经营餐馆挣钱，却天天思念祖国，这才意识到她心底里的梦其实是中国梦；她的男友美国律师约翰本是研究庄子的博士，因难找工作而放弃专业学法律，但一直还是做着他的中国梦。约翰劝明明放弃餐馆，要支持她继续从事中国艺术继续追梦；明明却劝约翰别当律师了，要支持他去向全世界更好地介绍、宣传中国梦。剧中的“中国梦”主要是热爱中国、热爱中国文化，也有希望中国发展、富强的主题。剧本发表后，出乎作者的预料，很快被上海人民艺术剧院选中，并于次年7月排演了这部话剧，该剧上演后，受到广泛关注，上海滩热评如潮，轰动全国。9月，在首届中国艺术节的舞台上再获佳评。后来，美国纽约百老汇、波士顿大学，日本东京阿里斯托芬剧团、新加坡等地也排演了该剧，成为在世界范围传播影响较大的一部舞台剧，借助这部剧，以中国文化为核心的中国梦想在另一个空间进一步传播。

此后，研究关注中国梦和撰写与之相关的文章日渐增多，文章中使用“中国梦”一词也越来越多，如《当代作家评论》1991年第6期，发表方克强的《从出国梦到中国梦——评长篇纪实小说〈我的财富在澳洲〉》《读书》1998年第8期发表了俞伟超的《考古学的中国梦》《学术探索》2005年第1期发表了张志平的《走在梦中的道路上——论沈从文和他的中国梦》《中国新时代》2005年第2期发表了袁卫东的《林希之：中国梦与美国梦》《经济导刊》2005年第3期发表了李培林的《社会流动与中国梦》《中关村》2004年第9期以及《大众电影》2006年第5期发表了北京大学中文系教授张颐武多篇含有“中国梦”主题的文章，即《实现新的“中国梦”——中关村给我们的承诺》《“中国梦”的两面》等，《商务周刊》2004年第22期还刊载了《100个中国梦》一文。

上述“中国梦”的文章从不同的角度不同层面论述了中国梦的主题，

既有美好愿望也有努力奋斗。有的指出一代中国人追求人生本质和梦想成功，有的梦想是追求中华民族真正获得尊严；有的含有希望中国富强之意；也有的指明中国人的梦想、愿望；有的表达的是通过个人的努力改变命运，实现梦想的选择之意。

作为领袖人物和作为党和国家领导人代表国家意志来阐述中国梦理念以及阐述中国梦，开始于20世纪初，尤其是中华人民共和国成立以后。从毛泽东、周恩来到邓小平都多次阐述中国国家梦想之理念。毛泽东作为政治家从年轻时期就胸怀远大理想，救民治国、为人民服务。2017年风华正茂的17岁的毛泽东在《心之力》一文中认为“博古观今，尤知人类之所以为世间万物之灵长，实为天地间心力最致力于进化者也。夫中华悠悠古国，人文始祖，之所以为万国文明正义道德之始创立者，实为尘世诸国中最致力于人类与天地万物精神相互养塑者也。盖神州中华，之所以为地球优雅文明之发祥渊源，实为诸人种之最致力于人与社会、天地间公德良知依存共和之道者也”。他发出以拯救人心为本的呼声，强调“强国之道首推荡涤恶私旧序，纵容平民之天心。万民身心志趣勃发，可育大国中兴之实。诸政党应体察入微，谋国民人均有职业，助大众妇孺可读书，倡百工除旱洪瘟疫，灭官僚随处耀淫威，令贪腐时刻有监督，练天兵全球勇神通。而机器之发明制造，皆为心力之无拘无束，借鉴自创尽可勃发”。指出，“若欲救民治国，兴中华英武，虽百废待兴，可铸奇造伟，成我辈绝伦。救国救民计，惟有自强国民心力之道乃首要纲领，然民众思维心力变新、强悍者是为首要之捷径！”从此以后，毛泽东将毕生精力投身到了强国兴国救民的社会活动之中。

理想指引人生方向，信念决定事业成败。周恩来从青年起就胸怀远大志向,他的两句名言“为中华之崛起而读书”和“愿相会于中华腾飞世界时”,激励他一生投身革命和建设事业,他的诗篇今天依然激励着我们追求梦想。邓小平青年投身革命，改革开放以后，作为中国改革的总设计师，最大的梦想是要让中国人实现小康梦,他的历史贡献就是使“中国人民富起来了”。

20世纪80年代以后，在新的条件下，“中国梦”发展了，变成了“和平发展，文明复兴”。在2003年11月初的博鳌亚洲论坛上中国学者阐释了中国开创的“和平崛起新道路”。2005 年 5 月，在美国布鲁金斯学会就中国的和平崛起与中美关系两大主题发表演讲时，郑必坚首度提出“中国和平崛起所做的只是‘中国梦’”，在 2005 年 11 月召开的“共济会三边委员会亚太会议”上，郑必坚重申“中国的和平崛起所做的只是基于中国国情、解决中国问题的‘中国梦’”，强调“中华民族的复兴是文明的复兴”。

进入新世纪，随着中国经济成为引领世界发展的动力引擎，2005 年中国 GDP 以 2.23 万亿美元首次超过英国的 2.03 万亿美元，成为全球仅次于美国、日本和德国的第四大经济体，对全球经济增长的贡献超过 20%。在这样的背景下，于 2005 年开始，国内学者，尤其是国家领导人，开始有针对性较为集中地描述“中国梦”，中国梦概念应运而生。

2005 年 9 月 15 日，时任中共中央总书记胡锦涛在联合国首脑大会上提出了建设“和谐世界”的理念。阐述中国的发展与理念是要走一条和平发展之路，要与世界各国共担责任共同发展共同进步。中国将坚定不移地高举和平、发展、合作的旗帜，走和平发展道路。中国将始终不渝地把自身的发展与人类共同进步联系在一起。中国的发展不会妨碍任何人，也不会威胁任何人，只会有利于世界的和平稳定、共同繁荣。两大主题发表演讲时，提出“中国和平崛起所做的只是‘中国梦’”的概念，同时声明中国在能源消耗上不会做“美国梦”，在人口流动上不会做“欧洲梦”，在 2006 年 4 月 2 日中国国际关系学会、北京外国语大学、天津外国语学院、外交学院联合在北京钓鱼台国宾馆举行了“中国梦与和谐世界”学术研讨会。主题是弘扬“中国梦就是建设一个和谐世界，中国的发展和机遇与世界人民一道分享”。100 多位与会者围绕“中国梦”的内涵与“和谐世界”的理念、“中国梦”的理想与实践、“中国梦”与“美国梦”的跨文化比较等问题进行了交流。中国学者将“中国梦”分为三种：第一种是针对在中国投资的国外投资商、机构和个人，“中国梦”是指期望在中国取得巨大成功的愿望和梦想；第二种针对许多渴望成功的中国人，“中国梦”是指希望凭借自己的勇气、智慧、创造精神，去争取美好生活的愿望和梦想；第三种是针对整个国家和民族，“中国梦”是指全中国的梦，中华民族的梦，是中国人实现强国富民的同时，为世界作出贡献的美好愿望和梦想。

大家认为，中国正处于迅速发展变化的时代，在发展的过程中，国家和个人都需要有理想和信念的支撑，每个中国人的成功、每个青年的梦想汇集到一起，国家和个人理想信念的结合就是“中国梦”。

“中国梦”理念的提出，意在提倡一种主流、健康和积极进取的社会意识，引导年轻一代树立正确的世界观，促进和谐社会建设；化解“中国威胁论”，加强中国的“软实力”，塑造中国负责任大国的国际形象，为创建和谐世界作出贡献。

“中国梦，就是实现中华民族的伟大复兴，建设一个富强、民主、文明、和谐的伟大国家。中国梦不仅是中国的，而且是世界的”。中共中央党校副校长李君如提出，“中国梦是一代又一代的中国人梦寐以求的现代化之梦”“实现中国梦，靠的是中华文明的伟大复兴”“中国梦就是要用文明的理念、文明的方式、文明的形象去实现文明的复兴”。就是对美好前景的期望和追求，是个人的，民族的，也是世界的。当今中国之梦，就是通过科学发展、和谐发展，实现人民富裕和国家强盛，更好参与经济全球化，在构建和谐世界中发挥更大作用。

“中国梦”是红色的，也是绿色的；“中国梦”的动力“就是我们这个民族在 1840 年鸦片战争以后要取得民族独立和人民解放，以及国家繁荣富强和人民共同富裕这两个历史任务”。

社会各界人士纷纷对“中国梦”发表自己的看法。如认为，“中国梦”有两个含义：“一是国家从贫穷落后迅速走向富裕先进，和平崛起，实现社会主义现代化，这是现阶段中华民族的共同理想，也是近代无数仁人志士强国富民之梦的延伸；二是改革和国家高速发展给个人提供了广阔的机会，让越来越多的中国人都能够拥有属于自己的一份梦想。”如认为“‘中国梦’是中国老百姓心中的梦，是成功之梦、富裕之梦、希望之梦。对老百姓来说，‘中国梦’既是对国家繁荣昌盛的期盼和希望，更是对幸福、美好生活的向往和追求，是一种乐观向上、积极进取的人生态度”。如认为“中国梦”是在“中国文化传统的根源基础上，结合中国 100 多年来的历程”，也包含很多代中国人不满现状，前仆后继进行道路的探索、作出改进的努力。

2012 年 4 月 27 日李源潮在《“我的中国梦”——海外高层次人才回国创新创业座谈会上的讲话》中谈到“中国梦”。他说，“‘中国梦’的内涵非常深厚、广泛。从历史来看，‘中国梦’是中华民族追求民族复兴的百年梦想；从现实来看，‘中国梦’是当代中国人追求中国社会主义现代化的共同理想；具体到海外回国留学人才，‘中国梦’是指期盼祖国富强、人民幸福的深厚感情和用自己的学识报效祖国、奉献社会的美好志向，是把自己的事业融入中国发展大潮，与祖国一起成功的故事”。他认为“中国梦”是真实的、进步的、长久的，“中国梦”是大家的。

就在国内学者开始讨论和热议中国梦的同时，中国梦也吸引了国外的目光。在国外，外国学者较早提到“中国梦”的是写过《欧洲梦》的美国经济和社会学家杰里米·里夫金，他认为，中国现代化的梦想，是对西方经验的综合性重新创作，既借鉴了美国式的竞争，又试图借鉴欧洲式的平等，似乎是想把美国梦的一部分和欧洲梦的一部分结合起来。他期待拥有悠久历史文化的中国能为人类的世界梦想带来积极贡献，并对整个人类的未来产生深远影响。

2008 年 12 月 22 日，法国《欧洲时报》发表评论员文章《30 年托出完整“中国梦”》，对“中国梦”做了较为完整的解读，认为中国传统文化的某些核心价值在“中国梦”中的凸显，中国改革开放形成的“与时俱进”的精神，当代文化对“中国梦”的决定性作用，使“中国梦”的概念更加完整，更加值得思考。另外，“中国梦”具有“集体信念”性质，之所以美，在于她找回了文化自信，其因中国速度而不容置疑。

中国梦作为国家最高层面的思想的提出，始于 2012 年 11 月 29 日中共中央总书记习近平在国家博物馆参观“复兴之路”发表的重要讲话。习近平在讲话中说：“现在，大家都在讨论‘中国梦’，我以为，实现中华民族伟大复兴，就是中华民族近代以来最伟大的梦想。”“我坚信，到中国共产党成立 100 年时全面建成小康社会的目标一定能实现，到中华人民共和国成立 100 年时建成富强民主文明和谐的社会主义现代化国家的目标一定能实现，中华民族伟大复兴的梦想一定能实现。”习近平对“中国梦”的揭示，深刻地道出了中国近代以来历史发展的主题主线，描绘了近代以来中华民族生生不息、不断探索、不懈奋斗的历史。此后，习近平又多次阐释“中国梦”。

2013 年 3 月 17 日，习近平在十二届全国人大一次会议闭幕会上指出，“实现全面建成小康社会，建成富强民主文明和谐的社会主义现代化国家的奋斗目标，实现中华民族伟大复兴的中国梦，就是要实现国家富强、民族振兴、人民幸福”“‘中国梦’归根到底是人民的梦，必须紧紧依靠人民来实现，必须不断为人民造福”，阐明了“中国梦”的核心价值，也指明了“中国梦”的动力源泉。习近平还坚定地表示，实现“中国梦”必须走中国道路，实现“中国梦”必须弘扬中国精神，实现“中国梦”必须凝聚中国力量。此后“中国梦”成为全民热议的话题，成为各级政府开展工作的主题，实现中国梦真正成了复兴中华民族，富国强民的动员令。

21 世纪人类仍走在新的寻梦筑梦的路上。以马克思主义为指导，从中国的实际国情出发制定符合中国国情维护中国人民和人类共同利益的发展战略，确立追求维护人类公平正义和平发展的外交政策，坚持爱国统一，致力改革开放，达成社会和谐，人民幸福，国家富强，诚信友善，民主文明，建成中国特色社会主义现代化强国是中华民族千百年来不变的梦想。

考察人类发展史，在人类行进的路上，始终没有逃脱伴随着战争，伴随着血和泪残酷争夺的生物属性的现实。无论是由原始社会进入到奴隶社会，还是由奴隶社会进入到封建社会，还是由封建社会进入到资本主义社会。在有阶级的社会里，似乎每前进一步都要付出血的代价。即使是被视为文明程度不低的资本主义国家，世纪规模的战争都是由这些国家挑起的。每一次人类经过不懈地努力，获得了生产力的提高，但提高了的生产力，都成为了掠夺的要件。每一次文明的提升都没有带来真正的和谐，带来持久的和平。人们不禁要问，这还算是真正的文明吗？科学技术的进步，生产力的提高，不应该让人类过上更富足、更稳定、更安全、更友善、更平等和谐的生活吗？这究竟是为什么？归根结底是价值观出了问题。

按照马克思主义的阶级分析理论，阶级压迫、阶级剥削就是阶级社会摆脱不了的渊薮。从迄今为止的历史可以证明，这个结论不是没有根据的。而正是在深刻研究了人类发展史的基础上获得的。与此同时，马克思又高瞻远瞩预见到的是，只有由社会主义到共产主义的形态过渡不会是依靠暴力来解决，因为这个时期的社会价值观是正确的正能量的，是为着全人类的美好和睦生活加油鼓劲的。社会主义是共产主义的低级形态，因为在这样的社会里，没有阶级压迫，人们的觉悟极大提高。这样的社会对热爱生活向往和平美好的人类来说，无疑具有善与美的吸引。尤其是像中国这样有着数千年以德化人、以礼治国的国度，更加期望这样的社会早日到来。

人类在经历了两次世界范围的战争考验以后，自进入 20 世纪 40 年代，正义力量战胜邪恶的掠夺势力以后，开始构建人类新的社会秩序，开始思考怎样共建人类美好家园。在中国，1949 年中华人民共和国成立，自此中华民族摆脱了受压迫受奴役不平等的历史，中国人民走过了饱尝欺侮的历史，开始了新生活的崭新创造。

中华人民共和国的建立，使人民当家做了主人，使中华民族摆脱了受人压迫的历史，使社会形态的性质发生了根本改变。社会主义国家的建立，是全体人民的胜利。经过社会主义革命和通过社会主义改造，在中国，实际上社会的主要矛盾已经是人民内部矛盾，所有这一切，为中华民族传统梦想与现实梦想的实现打开了一条通衢大道。

中国共产党人以人民为中心，不忘初心，牢记使命，努力奋斗，为建设繁荣昌盛的社会主义新中国描绘了一幅幅理想蓝图，为建设和平的世界秩序作出了巨大的贡献。在全球范围内主张和平共处，一贯强调国家不论大小一视同仁，反对倚强凌弱，以大欺小。主张国际事务无论大小平等谈判，不动用武力不搞核讹诈。毛泽东曾在一首诗中吟道“太平世界，环球同此凉热”。天下太平、世界大同是古往今来仁人志士梦寐以求的社会理想，毛泽东以此诗来表达彻底消灭称王称霸的帝国主义，消弭战争，消除一切不太平的事物，实现世界大同理想的坚强决心。

建国之初，作为正在领导恢复和发展国民经济的新生国家最高领导人，毛泽东把战争与和平的问题作为头等大事来思考。他认为，战争还是和平，这是一个根本性质的问题。1949 年 12 月，毛泽东访问苏联。这是毛泽东争取国际和平环境的重大外交活动。他对斯大林表示：目前最重要的问题是保障和平问题。在 1954 年 7 月 7 日和 8 日在中央政治局扩大会议和 8

月在全国政协常委会上的两次讲话中，毛泽东说："现在要和平的人多了，我们要跟一切愿意和平的人合作，来孤立那些好战分子，就是孤立美国当局，主要还是那里头急于要打仗的那一派。"毛泽东还提出了"与英国改善关系，争取建立正式外交关系""争取与法国改善关系，建立邦交""团结一切愿意和平的力量（包括政府在内），孤立和分化美国"等有关外交工作的设想。1956年，中共八大对世界局势作出了这样的判断："世界局势正在趋向和缓，世界的持久和平已经开始有了实现的可能。"进入20世纪60年代，世界形势有了较大变化，但毛泽东仍然坚持要争取和平，并提出了要争取和平，但不怕战争，要准备打仗，从物质上和精神上两方面做好准备等应对战争的战略思想。毛泽东代表中国人民庄严宣告，人不犯我，我不犯人，人若犯我，我必犯人。1969年毛泽东在审阅《庆祝中华人民共和国成立二十周年口号》稿时增加了一句口号："全世界人民团结起来，反对任何帝国主义、社会帝国主义发动的侵略战争，特别要反对以原子弹为武器的侵略战争！如果这种战争发生，全世界人民就应以革命战争消灭侵略战争，从现在起就要有所准备！"总之，毛泽东时代的中国对和平与战争的基本认识和采取的方针是，争取和平反对战争，防止战争不惧怕战争，用反战争准备制止战争。一句话，中国人民、中国共产党反对战争、争取和平、建设和平。由此制定了处理对外关系和平共处的五项基本原则。在这样的思想观念的指导下，争取到了相对稳定的和平环境。

改革开放以后，中国一直始终不移地走和平发展的道路，邓小平提出了世界的主要任务是和平与发展两大主题，强调中国要努力与世界各国发展友好关系，建设有利于和平发展的国内国际环境，在国际事务中，主张和坚持无论发生怎样的矛盾，都以协商谈判的方式解决。进入新时代，习近平代表中国提出了共建人类命运共同体的主张，并为此提出了一系列措施，中国共产党和中国政府为此作出了巨大地努力。正是由于中国的努力，世界上越来越多的国家反对霸权主义，主张和平发展，赞成开放包容。应该说，世界范围的和平理念的深入人心与中国的努力分不开，世界的和平环境的获得，与中国的努力分不开。

放眼和回顾中华民族成长发展的历史，中国特色社会主义进入新时代，习近平总书记倡导构建人类命运共同体的思想无疑吸收了中华民族历史和现代理念的思想精华。

建国以后在中国共产党的领导下，最初的几十年，中国人民在没有任何可资借鉴参照的成功经验的条件下，怀抱着美好的愿望，远大的理想，鼓起了冲天的干劲儿，以极大的勇气，不畏艰难地开始了社会主义的探索。获得了社会主义革命和建设重大成果。截至1978年底先后实现和完成了西藏和平解放、土地改革、第一部宪法颁布、第一颗原子弹爆炸成功、第一颗氢弹试爆成功、第一颗人造卫星成功发射，支持亚非拉各国的和平发展平等互利，为世界的和平起到了重要的平衡作用。继而中华人民共和国得以恢复了在联合国的合法席位，中日、中美、中英建立了外交关系，社会主义革命和建设使中国建立起了独立的、比较完整的工业体系和国民经济体系，为实现小康和实现社会主义现代化的强国梦，为中国在世界上获得更大的发展空间，打下了坚实的基础。

然而，最初社会主义革命和建设30年的实践证明，如何在这条大道上顺利前行，如何描绘美好的梦想蓝图，确有着不同以往的玄机。经济与社会发展并不完全以人的意志为转移，在一个半殖民地半封建社会的基础上建设社会主义，建设现代化的社会主义国家，其艰难程度超过以往任何历史时期，不可能有成功的经验，也不可能一帆风顺。不过，这一时期的探索，为后来制定正确的路线方针政策留下了宝贵的经验。前30年创造的财富和积累的经验为国家改革开放后的爆发式发展奠定了基础，毛泽东的许多有益思想是当今全面建设小康社会过程中，在构筑中华民族伟大梦想的实践中应该加以继承的宝贵精神财富。尤其是独立自主自力更生，和平共处基本原则的伟大思想。

新中国经过了近30年的探索，时间指向了1978年底，在党的十一届三中全会上，中国共产党在认真总结以往国内建设的经验和教训的基础上，站在国际的大视野中思考未来，从国内的实际国情出发，结合人类已获得的成功经验，找到了一条适合国情，为人民所向往，振兴中华民族的中国特色社会主义道路，揭开了中华民族伟大历史转折的序幕。从此，中华民族在中国共产党的带领下，在中国特色社会主义理论指导下，以科学发展理念为统领，坚定地朝着中国特色社会主义现代化梦想蓝图迈进。这一梦想道路的选择，这一梦想蓝图的描绘，这一梦想的实践取得了令世人瞩目的成就，为人类向着美好梦想迈进创造了可资借鉴的中国模式。

“人间正道是沧桑”改革开放40年来，共产党带领全国人民在发展经济、改善民生方面取得了辉煌成就，一步一个脚印地接近小康社会和现代化强国的梦想。40年来，党和政府从解决人民群众的实际生活问题出发，把经济建设作为党的工作重心，把解决人民群众的温饱问题作为最大的民生问题。提出了改善民生的一系列举措，初步建立起效率优先、兼顾公平的民生发展模式。提出了以改革开放为动力，以共同富裕为目标，以“三个有利于”为评价标准等一系列有关民生建设的重大战略思想。把全面建设小康社会作为民生发展的战略目标，把全面创新作为民生发展的动力，指明了民生发展的新“三步走”战略途径。着力解决收入差距过大和分配不公等群众反映强烈的问题，统筹解决社会各利益主体之间的关系和诉求。注重扶贫开发，建立和完善了社会保障体系。党的十六大以来，继续大力推进民生建设，并把它与社会主义和谐社会的构建有机统一起来，系统描绘了和谐社会的发展蓝图。改善民生被确定为社会建设的重点，公平正义被确定为社会建设的目标。习近平总书记多次强调，民生连着民心，民心关系国运。要坚定不移走共同富裕之路，使发展成果更好更公平地惠及全体人民。他还说，我们的人民热爱生活，期盼有更好的教育、更稳定的工作、更满意的收入、更可靠的社会保障、更高水平的医疗卫生服务、更舒适的居住条件、更优美的环境，期盼孩子们能成长得更好、工作得更好、生活得更好。人民对美好生活的向往，就是我们的奋斗目标。实现中华民族伟大复兴，就是中华民族近代以来最伟大的梦想。全面建成小康社会便成为21世纪头20年的中国梦。

从1978年开始，40年来我国的社会主义现代化蓝图越来越清晰，建设事业取得了辉煌的成果，在政治、经济、民生、科技文化、生态等各个方面都取得了新进展。我国政治稳定，政治影响力提升，先后实现了香港回归和澳门回归。多年来，我国的经济快速发展，1999年至2008年神一至神七飞船先后成功发射。2003年，我国首次载人航天飞行获得圆满成功，

"神舟"五号载人飞船安然着陆。2005 年 10 月，发射"神舟"六号载人飞船。2007 年 10 月，发射"嫦娥一号"。2010 年 10 月，搭载着嫦娥二号卫星的长征三号丙运载火箭在西昌卫星发射中心点火发射。2010 年 11 月我国在西昌卫星发射中心用长征三号丙运载火箭将第六颗北斗导航卫星送入太空，这是我国当年连续发送的第四颗北斗导航卫星。基础研究和前沿技术研究取得一批重大成果，探月工程的嫦娥三号成功登月，神舟十号遨游太空，蛟龙深潜再创纪录，第三代核电技术取得重大进展，国产 C919 大型客机总装下线，屠呦呦获得诺贝尔生理学或医学奖。卫星应用、超级计算机、高速铁路等重大科研项目取得新突破，第一艘航母"辽宁舰"入列。

2017 年全年成功完成 17 次宇航发射。首颗高轨道高通量通信卫星实践十三号、首颗大型硬 X 射线空间探测卫星"慧眼"卫星成功发射；北斗导航全球卫星系统组网首发双星成功发射；天舟一号货运飞船成功发射，完成与天宫二号交会对接。"墨子号"量子卫星成功实现预定科学目标，暗物质粒子探测卫星"悟空"发现反常电子信号，C919 大型客机、2000 预警机、"鲲龙"AG600 水陆两栖飞机首飞成功。大型计算机太湖之光的速度比天河二号高出三倍，纳米技术创造了新的世界纪录等。科学技术的发展，为产业转型升级提供了强有力的技术支撑，表明中华民族完全有能力、有智慧实现建成创新型国家的目标。创造了世界经济百年史上的空前奇迹。党和政府把越来越多的"真金白银"用于改善与人民生活息息相关的交通、教育、医疗以及社会保障等领域。越来越多的贫困地区、偏远地区人民的生活状况得到改善，占全球 1/5 人口的吃饭穿衣问题基本解决，使我国城乡居民生活水平实现了从贫困到温饱再到总体小康的历史性跨越，为全球反贫困事业作出了重要贡献。2015 年党中央明确提出了精准扶贫的任务和 2020 年全面建成小康社会的目标。

截至 2017 年底，中国各项经济指标实现了六个第一。即经济增速在世界主要经济体中名列前茅，实际使用外商直接投资世界首位，粮食产量史上最高、世界第一，高速铁路运营里程世界第一，宽带用户全球最多，全民医保覆盖人数世界第一。

回首过去的 40 年，我国政治经济社会发展经受住了各种重大挑战和考验，所取得的成就是在更高起点上取得的。经济保持中高速增长，转型升级和改革创新稳步推进，人民生活持续改善，社会事业全面进步，综合国力和国际影响力显著提升，社会主义核心价值观念深入人心，公民的道德水平显著提高。

40 年来的实践表明，在中国共产党的领导下，社会主义核心价值观深入人心，中华民族通过不懈努力，在全面建成小康社会的征程中迈出了坚实步伐，谱写了中国特色社会主义事业新篇章。正朝着梦想目标快速迈进，中国特色社会主义现代化目标必定会在不远的将来实现。

第二章　中华民族精神观念的第一缕曙光

当地球上绝大多数地区尚无人类文明，甚至没有人类活动的遗迹之时，四大文明古国之一的东方古国——中国，诞生在黄河长江岸边，她像冉冉升起的太阳，发出了人类文明的第一缕曙光。这束曙光跃出东方地平线以后，发出了耀眼的光芒，随着文明之光的强大，不仅照亮了中华大地，还影响着世界。这道光芒是从什么时候开始发出的呢？我们的基本结论是它从这个民族先祖伏羲、炎黄那时开始孕育。中华民族的原点思想观念，从那时开始萌芽，历经夏、商、西周三代的发展升华，到春秋战国时璀璨绽放，形成了代表东方文明最高水平的稳定思想体系，成就了指导中华民族开创东方文明的精神之源。

一、炎黄时代人文初祖，精神观念之源

一个不记得来时路的民族，是没有出路的民族。一个没有根的民族，忘记先祖的民族，是没有标志的民族，也是没有希望的民族，这样的民族不会将文化传承，也不会将精神文明延续。

迄今为止，人类的文明发展历史，举世公认有过几个典型的文明类型，包括古埃及文明、古巴比伦文明、古印度文明、中华文明和晚一些的欧洲古希腊罗马文明。在这些人类遥远的文明时代，都曾创造了灿烂辉煌的、让后人追忆的早期文明类型。不过，遗憾的是，只有中华文明成为了人类典型文明的永续承继者。自炎黄以降5000年以来，中华文明未曾中断，成为了四大文明古国唯一一个上古文明火种一直延续至今的国家，中华文明不仅在中华大地盛开不败，还深深地影响了东亚、东南亚各个民族，以

至欧亚国家，形成了具有鲜明中华文明特色的亚洲东方文化区域。究竟是什么力量造就了这样的奇迹呢？

追溯历史，将时间推到5000年前，不得不说，伏羲、炎黄时代为中华文明的诞生与延续做了良好的发端，炎黄二帝不仅成为了中华民族共同认可的文明先祖，文化标识，而且他们所开创的文明成为了中华文明5000年辉煌的序曲，成为中华文明永续发展的精神动力和凝结力量。

考察世界范围的古人类文明，或许是必然，也可能是巧合，皆发端于著名的河流两岸。因为无论是早期的人类还是现代的人们，水资源是他们不可或缺的最为重要的生存条件，河流跟人类生存和文明的关系，可以说是如影相随，与生俱来，息息相关。

从10000年前到5000年，先后诞生了四大文明古国，古埃及文明位于尼罗河畔，古巴比伦位于幼发拉底河和底格里斯河畔，古印度文明位于印度河、恒河两岸。在遥远的东方，发端于青藏高原的黄河、长江两岸也开启了中华先祖早期的炎黄文明时代。那时的人们在丰饶的河畔，开启了他们开疆辟土征服融合的文明传奇，树立起了人类早期文明的旗帜。在这个时代，从气候环境来说，整体处在地球的大暖周期中，炎黄二帝生活的时代也处在这个周期中，黄河流域温暖湿润，基本的生存资源比较丰富，是人类最适宜的初期文明大发展时期。

在这个时代里，中华远古具有标志性最著名的代表人物是三皇五帝，首推炎黄二帝。炎黄时代是中华精神文化的开端，是他们或者说是他们所代表的部族吸收了东方这片土地上众多部族的伟大创造，开启了中华先祖所创造的早期文明时代。最为鲜明的是代表文化意义的文字符号在这个时代诞生了，代表人类生产生活的基本工具也在这个时代诞生了，而且形成了具有庞大规模的族群和管理领导这个族群的组织机构。

中华民族的传统精神文化，产生于中华民族的远古祖先炎黄二帝，炎黄时代奠定了中华民族的精神意义，成为中华民族刻在心底的文化标记与文化符号，炎黄时代所展现的精神观念，成为后世中华民族核心理念核心精神的基础。可以肯定地说，炎黄二帝是中华民族的人文初祖，是中华传统思想文化之源。

中华民族的梦想与精神，最为核心的部分就是以仁爱、和合、诚信、正义为核心的一系列观念，以道德为核心的一系列礼仪规范，以爱国为核心的一系列精神，以自强为核心的创造与奋斗精神。这些思想观念和文化精神在5000年的历史长河中不断丰富发展。

中华民族的初始形态华夏族即源于炎黄二帝，其二帝后裔建立了夏、商、周三代，华夏民族在这个过程中形成了完整的民族形态、民族观念，并以炎黄时代的核心理念核心精神为指引，建立起了具有民族特色的庞大精神世界。

在亚洲大陆板块的东方，一片广袤肥沃的土地上，流淌着两条大河，一条叫黄河，一条叫长江。绵延数千里，裹挟着这块土地的芳香奔流到辽阔的大海，是这块土地的母亲河，孕育了古老的华夏民族，早在5000年前在这两条河域诞生了以炎黄二帝为代表的华夏族的先辈们。

炎帝及部族是中华农耕文明的创造者，也是早期社会公仆的杰出代表。炎帝神农氏是中华民族的始祖，他创造的炎帝文化是中华民族精神的源头。炎帝是中国上古时期姜姓部落的首领尊称，传说他是最先使用火的首领，因此得到王位，称之为炎帝。

据历史传说，从神农起姜姓部落共有九代炎帝，传位530年，最初部落的活动范围在黄河中下游。后与黄帝部族联合后，分管南方天下，南方属火，所以号称“炎帝”。炎帝部族以牛为图腾，传说炎帝牛首人身，其实，据《周易》《吕氏春秋》等先秦文献记载，以及对长江流域发掘古文化遗存的考证表明，炎帝部族教民垦荒种植粮食作物，制作耒耜以利耕耘，始种五谷以为民食，遍尝百草以治民恙，治麻为布以御民寒，陶冶器物以储民物，日中为市以利民生，剡木为矢以安民居，削桐为琴以怡民情，炎帝率部落人民所开创的农耕文明，堪称我国民族的第一次产业革命，也正因如此，炎帝被道教尊为神农大帝，也称五穀神农大帝。中国是世界粟物生产最早的国家。

炎帝施行仁政，受到人们拥戴，开启了炎帝文化。后来，炎帝神农为了驱瘟除病，造福人类，亲自尝百草，制百药，发展用草药治病，制伏了瘟疫。而他自己却因吃了毒草“火焰子”，不幸死于莲花峰下。传说其子孙后代，为了纪念他们的先祖，便以“三味生奇花”为缘由，把天台上的莲花峰称为“中华”（古代：“华”与“花”相同）。世人为纪念炎帝神农的功德，便沿用此称，把中国叫作“中华”。

炎帝神农开创的精神光耀千代。关于炎帝精神，有学者概括为：敢为人先的实践精神，百折不挠的创造精神，脚踏实地的务实精神，自强不息的进取精神，无私无畏的奉献精神；有学者概括为：向往光明、奋发有为的自强精神，心怀天下、为民谋利的公仆精神，勇于探索、巧于创新的原创精神，不畏艰险、百折不挠的献身精神，含弘光大、品物咸享的厚德精神，通神合天、怡情悦性的乐天精神；还有学者概括为：自强不息、厚德载物、民为邦本、创造创新和爱国精神等。无疑，炎帝文化，成为中华的肇始文化，炎帝时代的精神观念为中华的最初观念。与炎帝几乎在一个时代发展起来的黄帝部族，同样有了与之比肩的辉煌创造，产生了一系列引领中华前进的文化精神。

黄帝部落分布在黄河中上游，随着部族的壮大，发展到黄河中下游今河北一带。与炎帝部落集团融合以后，黄帝部落成为中原盟主，继续发展了炎帝所创始的原始农业、原始手工业，不仅如此，黄帝部族还发明了文字、衣裳，发明了冠冕，建立了衣冠制度、财产制度和职官行政制度，开始正式进入文明时代。

中华精神文化之所以说源于炎黄二帝时代，正是因为有了这些发明创造有了顺应人类适时发展的这些精神力量。

关于黄帝部族的精神观念，有学者概括为：自强不息的创造观念，建功立业的有为精神，为民利族的奉献精神，身体力行的实践精神，勤俭修身的自律精神等；有学者概括为“创造、奉献、团结、进取”。当然，不管概括为几条，其核心是“创业”“奉献”“团结”，正如《周易大传》所概括的“自强不息”“厚德载物”。这既是对黄帝精神的集中表述，也是对中华民族精神观念的集中表述，是中华民族精神风貌的基因与内核。

炎黄融合，成为中华民族始祖。那时，各个地盘都是以部落为群体，其中以炎帝、黄帝和蚩尤为首的三个部落最强。在当时，为了扩大势力范围，蚩尤部落和炎帝部落发生战争。最初，炎帝部落处于下风，于是炎帝向黄帝部落求助。炎帝和黄帝组成了联盟，共同抵御蚩尤。经过多次激战，最终打败了蚩尤部落，炎黄部落联盟遍及黄河中下游。

不过，后来由于争夺资源与王权等各种原因，在这之后炎帝部落和黄帝部落间又发生了战争。最终，以炎帝部落的失败而告终。黄帝部落胜利之后，炎帝部落统一在了黄帝部落旗下，黄帝采取融合发展的怀柔政策，以和平的方式对待炎帝部落，没有杀戮炎帝部族，而是允许他们留守本部落，让他们在自己的领土上自由生活，并让炎帝巡守蚩尤的领地。黄帝吸收炎帝部落的农业技术，没有采取彻底消除炎帝的影响的做法，而是弘扬炎帝的业绩，这样两大部落最终融合在一起，部族范围遍及黄河长江流域，以炎黄部族融合为标志，中华祖先早期得到了迅猛发展，为中华文明发展打下了最重要的基础，后来的人们自称是炎黄子孙。

此后黄帝一族绵延发展，历经的颛顼、帝喾、尧、舜帝，进一步统一了周边部族，各个部族互相融合，从部落向奴隶制过度，由此也诞生了强大的华夏部族，它以夏朝的建立为标志，诞生了中华大地上第一个奴隶制国家。

炎黄时代不仅有一系列生产实践的发明创造，如改造发明了耒耜、制作瓦器、陶冶技术、斧斤制作、治麻为布、发明医药，而且是中华民族精神的最早开端。知行合一，在实践中产生和发展了中华民族的基本精神，建立了在伦理基础上的道德主体自觉，对中华民族精神形成产生了重要影响。从历史发展的大视角来观察，炎黄精神是中华民族精神的最早体现，中华民族精神又是炎黄精神的继承与发展。

中国现代哲学史家张岱年先生曾指出，中华民族是一个延续了5000年的大民族，必定有一个在历史上起主导作用的基本精神。这个基本精神就是这个民族延续发展的思想基础和内在动力，是维系中华民族统一、独立、自主的“精神支柱、精神力量”。从物质文明和精神文明总体看，炎黄二帝是中华文化的象征。

中华炎黄文化研究会副会长任大援认为，炎黄精神可以总结为三个方面，分别是建立在伦理基础上的道德主体自觉；着眼于现实社会的“利用、厚生”的创新与奉献精神；知行合一的实践精神。有人将之概括为“利民精神、首创精神”等。我认为炎黄时代最重要的思想还在于奠定了中华民族的和的观念，德的思想，不畏艰难困苦，自强不息的民族品格，追求和平，追求以德服人的统一融合发展，共同进步。炎黄子孙的血脉认同，铸就了中华民族的爱国主义思想观念，这是中华民族最核心的思想观念和精神追求。

“自强不息”最早见于《周易》，“天行健，君子以自强不息”。说的是天体之行，昼夜不息，周而复始，从不懈怠。人也要像天那样，生生不息，刚健有为，不断进取。这种精神则始于炎帝及以其为代表的先民。远古之时，混沌初开，生产力极为低下，为开辟人类生存所需求的环境，炎帝率领先民勇敢向大自然作斗争。吃野果多疾病，就努力探索；制耒耜种五谷；打野兽危险，就克服困难；驯养牲畜；为了身体健康，就不怕艰险，采集草药；为避风寒，几经试验，兴建原始住宅，等等。历经千辛万苦，终于告别茹毛饮血的时代。这种百折不挠、自强不息的精神，贯穿于中华民族数千年历史之中。在改革开放的今天，我们仍要弘扬炎帝自强不息、百折不挠的精神。在民族感情上，维护尊严，奋发图强；在人生道路上，不怕挫折，努力进取；在工作生活上，不畏艰难，艰苦奋斗；在人际关系上，互相勉励，共同进步。这样才能保证我们的改革开放事业健康发展。

大一统的思想在中国有悠久的历史和深厚的文化底蕴。中国古代大一统的观念出现颇早。据古籍记载，在原始社会走向解体的三皇五帝时代，中华民族的始祖就提出了“万国和”的主张。“万国和”即天下各国统一于德者、道者、仁者，实现天下大同。这种“万国和”的思想为后来的大一统思想打下了基础。大一统历史的形成，经历了血缘认同、政治认同与文化认同这一由浅入深的发展过程。炎帝和黄帝在这一历史进程中，起到血缘纽带、政治纽带和文化纽带的巨大作用。在我国的古籍记载中，炎帝和黄帝被视为中国绝大多数民族的血缘始祖。历代统治者自认是炎黄后裔，56个兄弟民族同属炎黄世胄，即使是远离中原的藏族，也能找到“藏黄帝之苗裔”的历史考证依据。

自强不息精神最初的形象表达就是龙的精神，代表了中华民族奋发向上的精神，龙在炎黄时代之前就已经出现，出土文物中以内蒙古翁牛特旗三星他拉村出土的红山文化晚期大型玉龙最有影响，距今5000多年，与炎黄时代同期。龙与中华民族、中国文化同步诞生，象征着中华民族的先祖。早在8000年前，甚至是10000年前，龙就已经出现，这种共有图腾文化如此久远，在世界上绝无仅有。而且龙的传播认可空间覆盖整个中华大地及所有华人存在生活的地方。龙标志着中华民族的文脉，龙在中国文化中，是美好和威力的象征，代表兴盛和发达，吉祥和幸运。龙联系着中华民族的感情，无论是生活在何地的华人华侨华裔，在人文意义上都认可是龙的传人。龙最初作为氏族部落的标志出现，反映出中华民族祖先对于生物、天文、气象等自然现象的认识，包含着中国文化重视自然的科学精神的萌芽。随着氏族部落之间的交流融合，龙的形象在糅和中发展得更加丰满，反映出中华民族祖先的恢宏气象，以及探求自然奥秘的精神。可以说龙文化，既是一种精神，也是一种符号，具有根源和代表意义。

由于炎黄时代的贡献以及时代的久远，现存的陕西黄帝陵和湖南炎帝陵，从某种意义上说，也是中华民族的精神符号，人们从参拜祭奠中表达思想寄托感情。此后以德感人、德泽众生的舜帝作为民族模范、社会公仆的形象深入人心。他带领家人谦让礼行，与人方便，诚信待人，以德服人的高尚道德情操，吸引人、感染人、折服人，以至于“一年所居成聚，二年成邑，三年成都”，开创了国家雏形，在他的治理下，政治清明，呈现千邦和合的盛世景象，受到炎黄子孙的敬仰，成为后世学习敬仰的德的化身。其后的大禹，继承父志，三年如一日治理水患，三过家门而不入，天下为公的思想境界、奉献精神深深影响了整个中华民族。

总之，中华民族来源于以炎黄部族为主体的华夏族，中华民族文化是炎黄文化的继续和发展。炎黄二帝对中华民族凝聚力的形成和发展起了重要作用，主要表现在：炎黄二帝具有的文化纽带作用，是中华民族凝聚力形成的思想基础。这是因为，炎黄二帝不仅仅是中国原始社会“一个氏族”的“人物”，而且是中国古代文化、文明的一个符号、代号和象征。炎黄二帝具有的精神感召作用是中华民族凝聚力形成的精神基础。在精神基础上则表现在：炎帝神农氏是中华民族的始祖，他创造的炎帝文化是中华民族精神的源头，“自强不息”“厚德载物”即是对黄帝精神的集中表述。

以华夏族为代表的中华民族精神，根基是深远而悠久的，勤劳、朴素、吃苦、耐劳、勇敢、无私、为百姓谋利益及善于发明创造等民族精神，均可以追溯至炎黄时代。

炎黄文化是中华民族凝聚力形成的情感基础、思想基础和精神基础。含有亲情、乡情、民族感情和国家感情的爱国主义思想，等等，促进了中华民族的民族凝聚力的形成和发展，使中华各族人民产生出强烈的民族认同感，从而凝结成为一个牢不可破、密不可分的整体。

然而，人类初级文明的推进过程，并不都是和风细雨，阳光明媚的，每一次大的社会进步，往往都伴随着恢宏的战争，在血与火的洗礼中拉开序幕。炎黄时代所开创的这个时代，就伴随着两次最著名的部族联盟融合。两次的融合，经历了著名的两次大战，一个是黄帝与炎帝之间的阪泉大战，一个是炎黄联盟与蚩尤之间的涿鹿大战。两次大战之后，大战的三个部落联盟组成了一个更庞大的部落联盟，统一了黄河从上游到下游以至于长江以西广阔的土地，并延伸到了长江南岸，最终形成了华夏族和中国的雏形。因此，至今地球上约五分之一的人将自己视为炎黄的子孙，把炎黄二帝奉为共同的祖先，尊黄帝为中华民族共同的人文初祖。

已知年代最久远的黄帝形象，出现在东汉时期的武氏祠汉画像石刻。而关于黄帝的文字的描述，则产生于2100多年前，著名的史学家司马迁所著述的《史记》之中，司马迁为了真实地描摹黄帝的形象，曾亲自巡游各地，仔细考察古老文献中记载的有关黄帝、炎帝以及蚩尤的重大历史事件，去繁就简，去伪存真，司马迁认为黄帝炎帝都是少典的儿子，黄帝名叫轩辕。当然，后来的古代历史学者也有人认为，黄帝之所以叫轩辕是因为他发明了推动农业发展的“木车”。“轩”是木车上的栏杆，“辕”则是前面驾车的木杆。这与司马迁所说的，黄帝是因为居住在一个叫轩辕丘的地方因此叫轩辕的说法，并不一致。不过，司马迁又说，黄帝“生而神明，弱而能言，幼而徇齐，长而敦敏，成而聪明”。高度评价了黄帝具有灵性、善于言辞，聪明而机敏，诚实而勤奋，广博而透彻的品质。正是因为具有这些品质，黄帝才成为了伟大的人物。

循着司马迁的笔触，在以后的中国历史研究中，中华民族对其先祖黄帝神奇经历的探索、研究从未间断。此后的一系列发现中，让人震撼的是，黄帝从传奇人物逐渐愈发明晰，似乎活生生地站在了我们面前。最令人信服的一次次发现在20世纪以后陆续呈现，比较典型的一次发生在20世纪20年代初，当时，一个名叫安特生的瑞典考古学家，在中国的河南发现了大量的身上印有美丽图案的陶器——这些陶器的时代，正与传说的黄帝时代重叠。由此，一次伟大的文明探索开始了。它就像是一把打开历史时空的钥匙，让久远而模糊的黄帝形象、黄帝时代，生动地呈现在了我们面前。这一次被发现的遗址，被命名为“仰韶文化”。

这个文化时期的农业有了很大的发展，手工业也有很大发展。位于黄河中上游，世界四大著名古都之一的西安，已有3000多年的历史，2004年至2008年在西安城以北高陵县杨官寨发现了距今5000多年的仰韶文化遗址，这个遗址发掘出了初具规模的城池建筑，出土了大量的远古文物，这些发掘发现，让我们对一直视为是传说的黄帝部落黄帝形象有了更为直观的想象。

这些发现与黄帝时代相近，它间接地证明了，与其同时期的黄帝时代具有了很高的农业技术、手工业技术，足以证明这个时代已经开启了中华文明的最早篇章。这里的发现证明了黄帝时代并非凭空而来，它一定融合了数千年原始文明的发展和积累，进入了一个早期文明集成的时期。

几乎在同一时期，甚至更早，中华大地的北方发现了龙山文化、红山文化、半坡文化，而在南方又发掘出了河姆渡文化，由此可以证明，这个时期的中国文明是广阔的、多元的。在黄河和长江流域，都迸发出了文明的火花，呈现出了满天星斗和百花齐放的格局。而使这些文化形成一种标志性的统一符号的力量，成为这一时期的标志性的人物就是炎黄二帝。应该说，由于有了诸多的发现，中华文明的起源从神秘走向现实。中华文明自炎黄二帝开始，又自炎黄二帝汇集绽放，呈现了中华文明的第一次盛开。

从古代文献和众多的考古实证中，我们依稀已经可以破解5000年前的文明，并进入黄帝时代的生活，进入中华文明起源的时代。历史曾记载，黄帝发明了釜甑，这是一种用来蒸煮食物的陶器，他让人们可以获得精细的熟食，使人变得更加健康强壮，生命力旺盛。而让人欣喜的是，这种釜甑在距今6000千年的陕西半坡遗址中被我们所发现。同时，让人吃惊的是，古籍《清·源鉴类画》中记载的“黄帝做宫室以避寒湿”的文字，在1978年甘肃天水大地湾出土的距今七八千年的建筑遗迹中呈现了类似的宫室。在其建筑地面上发现的土质成分，竟与今天的混凝土十分相似。

古文献《汉书》中还曾记载了黄帝“做舟车以济不通”。十分欣喜的是，在浙江河姆渡文化遗址中，也发现了已有7000千多年历史的独木舟。也许这是巧合,但足以证明那个时代的人已经在利用舟船来便利交通。《史记》还曾记载，“昔黄帝令伶伦以为律”与其相互印证的在上述的河姆渡文化中，发现了7000千年前人类祖先中鹤骨制作的笛子，这支笛子至今还能清晰地发出7个音阶的声区，与现代的笛子几乎没有区别。与此同时，在遗址中发现的一只残留了药物的陶罐里，经过残留物检测，有多种药物的成分。这些足以充分地让人相信，战国《世本》上提到的，黄帝时代已经发现和使用药物的记载。在河姆渡以及上述的仰韶文化、龙山文化、半坡文化、红山文化等一系列文化的陶器刻画图形，尤其是龙山文化遗址出土的大量的骨刻文，在3000千余个骨刻文字中，出现了炎、黄、蚩、禹等文字，并且文字形制与甲骨文、金文几乎一致。经过研究，骨刻文是黄帝时代至商代早期使用的文字，是甲骨文的早期文字，这种文字从骨刻文到金文一脉相承。骨刻文的发现，既可以间接证明上古时期这些英雄人物的存在，同时也印证了这些刻画文字符号就是中国文字的雏形——这也与黄帝使仓颉作书的记载相符。这一系列的发明创造，充分印证了后世中华民族将炎黄二帝视为人文初祖的历史渊源。

史书记载，黄帝出生的部落叫有熊氏，可以说明当时的黄帝部落极有可能是以狩猎为主要生活方式的部族。有熊氏的来源还记载着一个有趣的传说。远古时期，一个叫少典的大力士到山林中狩猎，遇到了一个很大的熊。这只熊被一只怪兽追杀，巨熊来到他面前求救，少典拉开强弓射杀了追赶巨熊的怪兽，巨熊得救了，它感激地匍匐在少典的脚下，从此以后巨熊一直守护着少典氏族。就这样，少典氏族就有了一个新的名字——有熊氏。这个英雄的传说,无疑勾画出了黄帝先祖们在绿林中狩猎的矫健身影。也昭示了黄帝部族的彪悍强大。有关这个传说的故事，流传久远，即使是在今天的陕西、河南、山西的许多地方都流传着黄帝和有熊氏的故事。据说，当时撰写《史记》的司马迁，也曾走访了这些地方，记下了一个个美丽的传说。当然，这个故事的本身，也印证了黄帝时代生存环境的险恶与危险，那是一个布满着种种危险的时代，也揭示着我们的先祖需要面对着险峻的生活考验。一些专家们认为，这实际上是在讲两个部落之间的争斗，而其中的一个部落被黄帝氏族所拯救，那个时代，部落之间的争斗，以及人与兽之间的拼杀时时刻刻都可能上演。如何让人们有安定的生活，就成为了当时部族领袖所思考和追求的事情。经过实地考察，司马迁将关于黄帝的种种记叙和传说，归纳成这样一段文字，“轩辕乃修德振兵，治五气，艺五种，抚万民，度四方”，在司马迁的笔下，经黄帝的治理，氏族集团中呈现了一派兵强马壮、五谷丰登、太平祥和农耕生活的强盛景象。

中华古代文明，属于农耕文明。农耕生活给人类带来很多好处，他使原来游牧的生活处于一种稳定、安定的状态，他又可以提供、保证充足的粮食，农耕生活的发展，使我们的先祖不必再为食不果腹而费神，食物的增加，使一些过去依附于土地但有技艺的人，可以脱离土地从事他们擅长的活计，手工业者开始脱离了土地。农耕生活带来的这种稳定的生活，使他们有了更多的精力去思考和创造更多的事情，由此，更多的发明创造和文化物质应用有了更多精神和物质上的保障。因此，人们无可争议地得出了这样一个结论，正是人类走入了农耕时代才开始了人类文明的孕育。农耕文明与游牧文明、渔猎文明的优势显而易见，它强调的是稳定，它讲究的是人和自然的统一和谐，可以满足人们的生活所需，它可以让人们长时间地依附并满足于农耕生活，产生持久的稳定感。因此人们说，中华文明之所以能够延续 5000 年不断，原因之一就是农耕文化的高度发展。

关于中国农耕发明的初始，也有一个十分美丽的传说，这个传说与炎帝有关。据说，炎帝又叫神农氏，5000 多年前的一天，神农氏正在一片田野中漫步，一只美丽的小鸟在天空飞过时看到了地下的神农氏，它张开嘴巴情不自禁地叫了几声，口中衔着的谷穗便掉在了神农氏的身边。神农氏认为这是上天的赏赐，他将谷穗拾起，埋在了他居住的房前，并悉心照料，半年以后埋着谷穗的土地上居然长出了很大的一片谷子。由此，神农氏成为了中国种植粟谷的第一人。在他的带领下，我们的祖先学会了种植和耕种。炎黄部族联盟的建立，使当时的农耕技术有了进一步的发展，因此有的学者认为，黄帝称号的来源也与农业的发展有密切的关系。司马迁在他的著述中就曾这样解释黄帝称号的缘由，即黄帝有土德之瑞，也就是说他作为氏族首领，有土这种属性的祥瑞征兆，因为在黄河流域的土呈黄色，所以才号称“黄帝”。黄土高原的土色与黄色相对应，这似乎神奇地印证了中华民族文明诞生在黄土高原之上。自炎黄以来，随着农耕技术的日渐成熟，富足的食物、稳定的生活、抵御外侵的能力增强以及对未来的思考，都对中华民族未来的发展创造了条件。史料记载，黄帝居轩辕之丘，而娶了西陵之女嫘祖，嫘祖是中国栽桑养蚕的始祖，被尊称为先蚕娘娘。并创造了纺织技术，从 5000 至 7000 年的中华文明遗址中发现的麻布碎片看，印证了这一点。直到今天，中国有些地方还保留着供奉嫘祖的习俗。在那一时期的许多传说中，除了养蚕织丝，黄帝时代还有许多发明创造。如，制作骨针、纺轮，发明夯墙技术，认识天文、医学、音乐等等。尽管这些发明创造不一定都为黄帝一人所创造，但足以说明那个时代、那个时期已经有了这些发明创造，并应用了这些技术。

炎黄二帝是中华民族的始祖，而上溯到 5000 年前左右，他是华夏民族的祖先。华，在上古时期与“花”同音同字。距今 8000 年到 10000 年的华胥氏，据说就是这个“华”字的来源。华胥氏被视为是中华民族的老祖先，“花”在自然界中是种族繁衍的象征。在后来的一本叫《字汇》的字典中，就曾这样解释黄帝的“帝”字，说帝是天之神。从黄帝的帝字最初造字中可以看出端倪，帝字在甲骨文中，其字形像花蒂的全形。上面像花的子房，中间像花萼，下边下垂的像雌雄花蕊。当然，这也只是一种说法，但文字的源流确实是文化最重要的渊源。也许黄帝可能不是一个具象个体的人，或是一个时代的代表，或者说是一个长期存在的部落群组领袖的代表。但这个部落群族一定是生活在黄河长江一带，这个群族一定是孕育了中华文明的初始。他之前的有巢氏，用木头筑巢穴居住，这无疑是房子的雏形。燧人氏发明钻木取火，使人类始祖的生活质量有了极大地提高，加快了人类迈向文明的步伐。伏羲氏思索自然万物间的规律，发明八卦，改变了人类思维逻辑方式。而进入了神农氏时期，农耕带来的富足稳定的生活，成为文明诞生的重要物质基础。正是经过了以上的文明创造的积淀，中华先祖文明创造由量到质的发展，到了黄帝所在的时代，进入了文明创造的大爆发时期。今天，众多属于这个时代的考古证据印证了史书中关于炎黄的记载。就这样，炎黄二帝成为了中华民族史前时期发明创造的集大成者，也成了后来炎黄子孙的先祖。这些发明创造伫立起了中华民族文明创造的一座山峰，代表了人类文明的一种范式。炎黄二帝成为中华文明代表，这一事件的本身，就说明了炎黄二帝凝结着中华民族的智慧，同时代表了人类的一种文明精神。就这样，经过了数千年的口口相传、文献记载，以及近百年来的考古发现，炎黄二帝成为了我们的人文初祖，成为了中华文明的开拓者、发明家，也成为了中华文明延续5000年的精神力量。

二、形成一统民族，统和观念初成

炎黄子孙、华夏民族，历经数千年的融合发展形成了今天的由56个民族组成的占世界五分之一人口庞大的中华民族，中华民族肇始于华夏民族、炎黄二帝，中华民族精神也肇始于华夏民族、炎黄二帝，炎黄二帝缔造了华夏民族，也缔造了华夏民族精神。自然华夏民族精神的代表性标志文化符号是炎黄二帝。由此，全球华人都有一个共同的名字——炎黄子孙。在中国历史的传说与记载中，炎帝是农耕技术最早的发明者，黄帝则是奠基了中华民族的文明精神的初创者，他们被后世尊称为人文初祖。

据史料记载，“昔少典娶有蟜氏，生黄帝、炎帝。”这一说法出自2000多年前春秋时代史学家左丘明所著的《国语》之中。从这段记载中可以看到，炎黄二帝同宗同源，血脉相通，各守一方。然而，在相同的文献资料中却留下了两个兄弟部落刀兵相见大战于阪泉的记载。两位先帝刀兵相见，又怎么样缔造了一个炎黄部落，又衍生出了华夏民族了呢？由此，可以印证，华夏民族的诞生，也充满了曲折与磨难，既有刀兵相见，又有血脉相融，且最终融合发展成为了主流。回望、追溯5000年前的历史传说，重新梳理那一段惊心动魄的血与火的场面，才能真正地找到民族团结一说的由来，以及炎黄子孙诞生、繁衍、发展壮大成为华夏民族的历史面貌。从中真正感悟到中华民族的先祖，在开创我们民族文明发端时留下的足迹。据司马迁所说，炎黄二帝之所以发生战争，是由于在黄帝之时，炎帝的影响和势力开始衰落，其影响和统领的各个部落，趁机反抗，出现了相互混战的局面，部族的百姓因战争深陷困顿之中，而炎帝却没有能力平息战乱，此时的黄帝部族已经逐渐强大，并深得民心。于是，黄帝站出来平定四方，安抚百姓，发展农耕。许多部落纷纷前来归顺黄帝，处于当时领导地位的炎帝部落十分不满，两大部落矛盾渐深，最终二帝在阪泉之地进行决战，黄帝部族依靠众部落的拥戴支持打败了炎帝部落。这段史籍记载，源于《太史公书》。

可喜的是，阪泉大战虽然是兵戎相见，但却没有由此造成两个部族的大分裂。相反，两个部族重新融合，亲如兄弟，形成了一个更为庞大的炎黄集团。这个结果开创了中国历史上由战争而起，由融合而终的和合局面，这在其他的文明国度里十分罕见，这究竟是什么原因呢？几千年来，许多文化历史学者不断探究其中的奥妙，绝大多数学者认为，黄帝部族从实际的生产生活中所获得的精神感悟以及炎黄部落先天的血缘关系加之黄帝部族的民心所向成就了新的炎黄部族的诞生。另一方面，战争的起因可能还有司马迁受制于当时历史条件的限制而无法得到的一些实证，即当时人类生存条件在全球气候巨变的状况下发生了重大的危机。

在现代的考古工作中，许多遗址的发现有了意外的收获，那就是深埋在遗址地下的植物孢子和花粉透露出了史前环境的秘密，由此开展的研究使后来的我们可以比较清晰地感受到当时人类先祖生活聚居的自然条件，这些古老生物化石由年代所构成的链条真实地反映了气候、环境发生的巨变过程，在距今 1.1 万年以前，地球进入了一个温暖湿润的时期，中国的中原华北被茂密的森林草原所覆盖，山峦密布，河流纵横，形成了迤逦的亚热带风光，为远古人提供了良好的生存条件。后来，考古学者们发掘的具有代表性的陕西半坡遗址、姜寨遗址中，都发现了距今 7000 年左右的窖藏粮食，显然当时的收获不但能够满足日常需求，而且，还能有大量结余。生物学专家们通过对动物骨骸的研究，发现了当时人们圈养的家禽家畜，甚至也吃上了粮食一类的食物。然而，随着地球冷暖周期的变化，到了 7500 年左右，气温开始下滑。依据气候变化的规律，气温每下降一摄氏度，南北半球的亚热带植被就会向赤道方向退缩300公里。自5000年前开始，到3000年左右时，亚热带植被退缩了600公里以上。黄河流域变得寒冷干旱，由亚热带气候转为了温带大陆性气候，此时正是黄帝时代时期。

由于当时人们的生产力水平不高，气候发生巨变以后，水资源减少，虫灾增加，这些气候引起的史前的灾难，当时的人类很难适应，生产遭到了破坏，食物减产、紧缺，寒冷地带的人们随着气候的变化，心情也变得不安烦躁，性情也变得暴烈，在这之前，气候比较适宜的黄河流域人口经过了爆发式的增长，而在全球气候转寒的环境下，黄河流域的生产所得已经无法充分满足当时各部族的生产生活所需。也许这就是这场战争爆发的最重要的原因之一。而据史料记载，这场战争最初的起因是因为炎帝攻伐两个不能按时供奉财物的部族，因为当时叫作斧和燧两个部族不愿将东西供给炎帝部落，所以炎帝发动了进攻。大灾之年，炎帝以武力胁迫部族纳贡的做法引起了很多部落的不满，因为很多部落拿不出炎帝所要的贡品，又担心遭受攻伐，于是前来投靠已经十分强大的黄帝部族。炎黄之间的矛盾就此进一步激化，战争便一触即发了。据西安半坡遗址发掘，该遗址的地层文化最早可以追溯到仰韶时代的早期，考古工作者发现，环绕半坡人的聚集之地有一条宽6米、深4米的壕沟。这样的壕沟，已经远远超出了防范洪涝灾害和野兽入侵的需求，无疑具有了防范同类人进攻的功能。当人类在物质极度匮乏，物质利益矛盾冲突，特别是生存发展资源奇缺的条件下，为了争夺这些资源，战争就成了一种用暴力来解决矛盾的形式，这在人类发展的初始阶段十分普遍。从迄今为止古文明遗迹的考古发现来看，原始部落的人们相互之间的争斗、战争从来就没有停歇过。1995年，陕西临潼遗址距今7000年的远古人墓地发现了一位少女的遗骸，遗骸骨骼上竟带着36处创伤，还残留着18件凶器。如此残忍的虐杀行为应该不是出自于少女相识亲近的族人，极有可能是部落间仇杀战争的结果。

回溯炎黄二帝战争的发端，由于斧、燧两部落受到了炎帝的攻击，其他部落担心也受到攻击纷纷投向黄帝。面对炎帝的咄咄逼人，黄帝只好军备整肃，以战平乱。据司马迁记叙，黄帝曾一直期望，能够通过和平的手段解决这场纷争。但似乎炎帝并没有领情，导致炎黄大战爆发了。据说，黄帝统帅了熊、貔貅、虎豹等部族投入了战斗，最终，黄帝取得了完胜。可喜的是，阪泉大战成为了华夏民族诞生的一个标志性的符号，也是中华民族精神诞生的一个重要的历史事件。炎黄大战的故事自此只是中华民族生生不息、繁衍发展的序幕。阪泉大战后，炎黄两大部落和睦相处，加强生产，带领庞大的部落联盟共抗灾害，共建家园。斧、燧等部落也加入了新的联盟队伍。按照上古时代人们的命名习惯，斧应该就是一个善于打造石斧等工具的一个部族，就像后来形成的石匠村一样。而燧部落显然是指善于取火用火的一个部族，他们加入黄帝的部族之后，增加了炎黄部族生产生活的能力，制造出了大量的用于农耕生产的工具，而神农氏炎帝和他的部族加入了新的部落联盟之后，他们的农耕技术得到了进一步的发扬，据史料说，神农氏掌握的种植粟谷、粮食技术在此后发展成了种植五谷。他推算历法；教导百姓播种五谷；融合以后的炎黄部落联盟在皇帝的带领下发明指南车，造舟车弓矢，兴文字，作干支，制乐器，创医学，开创了新的发展时期。在中国，据近期发掘的7000年至5000年的所有遗址中，考古学家都已经找到了耒耜、石铲、石刀以及舂米用的石臼等农耕工具。这些工具的发明制作使人类步入了新石器时代的中晚期，显然那时的人们已经逐步进入了精耕细作的农耕时代。

后来的事实证明，这场战争体现了中华文化以战之和、包容兼蓄的思想观念。这种思想观念，在此后中华文明的5000年的发展历程中一直不曾间断。如果说，华夏民族的祖先是炎黄集团，那么，如果没有当时这个经过融合、经过交流以及农业技术的刺激、碰撞，就不会有后来的华夏集团的兴盛，也不会有中华大地多元一体中华民族格局的形成。在今天，河南省新郑市有一座具茨山，当地民间数千年来一直不曾中断流传着这样一个故事，诠释着这场战争的核心的意义。炎黄阪泉大战之后，兄弟二人登上具茨山，握手言和。十分巧合的是，这一年中原大地风调雨顺，广袤的大地里竟然长出了很多双穗的谷粟,人们就把这神奇的双穗谷子命名为“和睦草”。也正是如此，中华民族最早的雏形和核心的观念由此诞生了，我们这个古老的民族因此有了“炎黄子孙”的名字。

在中华5000年的发展史中，中华民族由小到大，因战而和，因和而融的故事不断在中国的历史上出现。无论是朝代的更迭，还是不同民族间的纷争，中国的历史和文化，一直在炎黄所开创的包容兼蓄的思想观念中发展传承。从原始部落到一个部落联盟，从一个部落联盟到一个民族，从1个民族到今天有56个民族的大家庭，文化的宽容和融合始终在中华大地绵延不绝。和睦草的传说，表达了后人期望和平，远离战争，由怨而和的美好期望。当然，这样美好的愿望与行动一定会在一个民族的不断发展壮大中产生巨大的作用，形成促进这个民族走向凝聚走向强大的核心动力。不过，炎黄时代以后，民族的发展路程上不可能没有硝烟与战火，战争一定还将发生，因为人类的生存危机并没有化解，有时会遇到更加惨烈的矛盾冲突，人类的精神文化的困惑与冲突远没有厘清，如何解决矛盾和冲突，古代、近代甚至是现代人仍然没有找到彻底摒弃对抗的方式。然而，从黄帝时代起所留给我们的和谐相处、包容兼蓄的思想观念至今给我们以巨大的启示，成为中华民族流淌进血液的宝贵精神财富。

与此同时，在这块遥远的东方的中华大地，黄河的中下游以及长江一带又崛起了两大集团，也就是史籍中所记载的，在黄河中下游地区活动的以蚩尤为领袖的九黎部落，活动在今天的山西、山东、河北等地，随着时间的推移和各自活动范围的扩大，这两个集团间在史前时代看似巨大的空间距离所产生的交流障碍逐渐被打破。据说，蚩尤集团依托着黄河流域的水系，也在不断地创造着属于自己的文化。另外，还有一个在东部沿海的东夷集团，随着蚩尤集团的不断壮大，对外的扩张步伐也逐渐加快。它开始不断向周围的部族发动进攻，正像《史记·五帝本纪》中记载的，“蚩尤最为暴虐，莫能伐”。关于这位远古的英雄，东汉武氏祠堂，保留着他的石刻画像。在这个祠堂里生动地刻画着上古时代几十位领袖的画像，这些栩栩如生形态各异的上古英雄的石刻画像静静地在那里躺了足足有数千年，它的发现才使我们有机会从文字里的理解到形象上的辨识，究竟这些形象是否真实，起码它是迄今为止对那个时代的英雄们最为久远的刻画。但这些画像是否就是那些英雄们真实的形象，没有人能知道。细细观察，这些画像里的蚩尤与黄帝、炎帝的形象反差很大。蚩尤，耳鬓如戟，头有角，手持戈矛，足登弓矢，一副战神的模样。史传，“九黎之君，号曰蚩尤。”蚩尤既是九黎部落的首领，而九黎族是对当时居住在南方部族的总称。蚩尤是一位骁勇善战，无所畏惧的英雄。他和炎帝、黄帝一样，凭借着过人的胆识和勇气，带领族人一步步走向强大，九黎族人因此尊崇蚩尤为部族的最高领袖。

面对蚩尤向外扩张的侵略步伐，《史记·正义》记载，“黄帝以正义不能禁止蚩尤。”司马迁在《史记》中，也将战争爆发的起因归结为蚩尤的残暴，“蚩尤残暴作乱，不为帝名。于是黄帝乃征师诸侯，与蚩尤大战于涿鹿之野。”也就是说，黄帝最初开始试图用仁义来感化蚩尤，用正义去说服蚩尤，化干戈为玉帛，然而蚩尤对此无动于衷，这或许是因为蚩尤部族的强大，开始对黄帝的统领地位心存不屑，也可能是因为蚩尤和他的九黎部族已具有了和黄帝一争天下的实力。蚩尤选择了武力进攻，黄帝也不得不以武力对抗，据《太平御览》记载，黄帝与蚩尤九战九不胜，相同的记载也见于《路史后记·蚩尤传》。黄帝统领着熊、貔貅、虎豹等部族，与蚩尤殊死一搏。《管子》一书的说法是，“昔者，黄帝得蚩尤而明于天道。”《史记》中记载，蚩尤被皇帝捕杀，这两种说法道出了蚩尤的两种命运，众说纷纭，莫衷于是。蚩尤部落战败以后的命运从后来的传说中可以窥见一斑。一是，在今天的贵州毕节地区苗族有一种芦笙舞蹈，从古至今保留着一个舞名为“大迁徙”的民族舞蹈。舞蹈表现了苗族先民，迁徙过程中的种种经历。当地苗族民众至今依旧相信，他们的祖先是从当年的山东、河北一带逐渐迁徙到今天的贵州等地。芦笙曲传播着古老的歌谣，表达了苗族民众对历史的追忆，对先祖的怀想，也是一曲对英雄的礼赞。二是，在今天山西的解县，上岁数的老人依然能够讲述关于黄帝大战蚩尤的传说。当地人普遍传说着蚩尤被抓以后，并不服输，最终被杀。他的头就悬挂在解州城头。在今天的河北涿鹿，也有许多地方被当地人认为是当年黄帝与蚩尤大战留下的遗存。

这是数千年前两位英雄部落间战争的传奇，这场战争无疑成为了中华民族成长壮大一次文明进程的展演，一次对决。可喜的是，黄帝打败蚩尤部落后，并没有将这个部族赶尽杀绝，而是共同组成了一个更为强大的联盟组织。炎帝部族仍然居住生活在陕西、湖北等地，随着联盟的发展，炎帝部族的后代生活在江南广阔的地域。因为战争让黄帝部族明白，也许依靠武力可以让天下部族平定，但要长治久安还有赖于治理天下的智慧。这个“平”与“治”的智慧思想，构成了中国传统文化政治思想与个人修身、修为的终极目标。这样的思考来源于《史记》中记载的，“天下有不顺者，黄帝从而征之。平者去之。披山通道，未尝宁居”的境况。由此，他采取了与炎帝相争之后相同的策略，以战促和，以和促融。将蚩尤部落的部众，安居河南中南部，以及洞庭湖、鄱阳湖一带，从此形成了更为强大的黄帝部族联盟。

总之，两次英雄间的传奇对决，促成了黄河流域以至长江流域各地文明之光的碰撞交融，也正是在这些碰撞交融中，甚至经过了流血牺牲后奠基了一个华夏民族成长的全新时代。

黄帝炎帝也好，蚩尤也罢，加之伏羲女娲所代表的南蛮，用当今的眼光来看，他们都是中华民族的优秀先祖，共同创造了中华民族早期灿烂的文化。黄帝战炎帝，黄帝战蚩尤的神话，虽然早已落下帷幕，但三位神话中的英雄人物，两位成为了世界五分之一人口的共同祖先，另一位则成为了这个民族象征着力量和勇气的战神。也正是这两次传说中的大战，成为了炎黄部族、华夏部族诞生的礼炮。在这绚烂的礼炮声中，统一了华夏各个部落，成为了开创中华文明的先声。据《史记》记载，黄帝打败蚩尤后继续带领部族东进，征服了东夷集团，一直抵达泰山附近，在泰山举行了规模宏大的封禅仪式后，凯旋西归。《史记》记载黄帝“东至于海，登丸山，及岱宗。西至于空桐，登鸡头。南至于江，登熊湘。北逐荤粥，合符釜山，而邑于琢鹿之阿”。就是说黄帝臣服了炎帝以及其他一些部落，势力东达勃海，西至甘肃，南到长江，北到幽陵，并在今河北省涿鹿县建了“帝都”，形成了一个势力强大、相对稳定的早期“国家”。人民生活安定。随着时间的推移，历史的发展，黄帝及其后裔的华夏集团与其他部落不断融合。有虞氏虞舜与陶唐氏帝尧的两个女儿的通婚，意味着华夏集团与东夷集团的进一步融合。舜帝征服三苗，就意味着一个亲善大于仇视，友好大于争夺，联合大于离乱，世世代代通婚，不断繁衍生息的民族大融合的共同体——

华夏族基本形成了。虽然，这些传说并没有完全得到实物印证，但从近百年来发现发掘的各类文化遗址、遗迹来考察，这个时代无疑标记着中华文明全新时代的开启，标志着中华民族主体的诞生。也使中华民族先祖的模样逐渐清晰地伫立在了世人的面前。

五帝之后，到了夏商周三代，有黄帝时代所形成的统一的一统民族华夏族建立起了统御四方真正意义的国家。从黄帝的后裔大禹立夏，建立奴隶制国家开始，历经夏、商、西周三代1000余年，中华民族的思想观念行为观念基本形成。到了春秋战国时期，终于形成了思想文化的百花盛开，中华民族的思想观念行为观念走向成熟，随着大一统封建制国家的建立，以儒家为主体，兼容并包道家、法家、墨家的诸子百家，以及吸收改造融合佛家等外来文化观念的中华民族核心思想观念成为国家意识形态，指导熏染中华民族2000余年，形成了独具魅力的中华民族思想观念。

三、开创民族文明，形成德治初始观念

现代历史学家、人类学家、社会学家们普遍认为，人类文明的标志至少要有以下特征，文字的发明使用，具有城市功能的建筑群的出现，具有国家性质庞大的部落组织存在，并有一套治理这个组织的观念、制度和文化。

对照以上条件，炎黄时期能够清晰地看到文明的曙光，以及印证这一曙光的各种映像。据史学家、考古学家、社会学家、文字学家等对炎黄时期的文献考古资料的研究，这一时期形成了庞大的统一部落，核心势力范围在黄河中下游及淮河并达到了长江流域。为了统治庞大辽阔的疆域，黄帝建立了古国体制，确立了较为完备的为政举措，包括政治、经济、文化社会等诸多方面，形成了以德治国的初始观念。

史学家们经过多年的研究与挖掘，认为炎黄时代对中华文明的贡献巨大，概括地说，炎黄文明包括了十六个方面：宇内一统、铸鼎开疆、踪迹六书、文典辉映、设官司职、政体滥觞、创制指南、舟车四方、五谷丰登、蚕桑美桑、初定甲子、历算星象、肇造华章、修德养兵、律吕谐音、教民岐黄。

首先，我们前面已经记述了黄帝实现了宇内一统，这为部落联盟的文

明创造打下了基础。为了更好地实现联盟治理，黄帝创造了“分土建国”的政治经济制度。据《汉书·地理志》记载：“昔在黄帝……方制万里，划壄分州，得百里之国万区。”颜师古注曰：“方制，制为方域也。画，谓为之界也。壄，古野字。”《路史·后纪一》：“黄帝始分土建国。”有史料称黄帝“命风后方割万里，画野分疆，得小大之国万区”，为此，在荆山（位于陕西中部）铸鼎，分华夏为九州。甚至连耕地也有了划分，即实行田亩制，黄帝以步丈亩，以防争端，将全国土地重新划分，划成“井”字，中间一块为“公亩”，归政府所有，四周八块为“私田”，由八家合种，收获上缴政府。还穿土凿井，发明了凿井取水。据说后来的井田制就是从这时萌芽的。

典籍中记载的黄帝所建立的古国体制，基本情况大致如下：划野分疆，八家为一井，三井为一邻，三邻为一朋，三朋为一里，五里为一邑，十邑为都，十都为一师，十师为州，全国共分九州。设官司职，置左右大监，监于万国，设三公、三少、四辅、四史、六相、九德（官名）共120个官位管理国家。《左传·昭公》记载：“昔者黄帝氏以云纪，故为云师而云名。”司马迁采纳了这个结论，《史记·五帝本纪》载：“（黄帝）官名皆以云命，为云师。置左右大监，监于万国……举风后、力牧、常先、大鸿以治民。”应劭曰：“黄帝受命，有云瑞，故以云纪事也。春官为青云，夏官为缙云，秋官为白云，冬官为黑云，中官为黄云。”黄帝任用“四辅、三公、六卿、三少、二十有四官，凡百二十官，有秩以之共理，而视四民”。从中可以清楚地看到，后来国家体制的影子。

官职设置上，设立了六相，也就是传说辅佐黄帝的六位联盟部落都大臣：蚩尤、大常、奢龙、祝融、大封、后土，分掌天地四方。《管子·五行》：“昔者黄帝得蚩尤，而明于天道；得大常，而察于地利；得奢龙，而辩于东方；得祝融，而辩于南方；得大封，而辩于西方；得后土，而辩于北方。黄帝得六相，而天地治，神明至。”唐张说《祭崔侍郎文》：“故令名不离其身，方齐六相，助明三辰。”清钱谦益《炼丹台》诗：“六相资辅弼，五贼收狂癫。”

黄帝时代部落联盟的运转十分重视社会管理方式的发明与创造。由于农业技术的进步，农作物丰收，农业有了较大地发展，长时间的定居成为可能，整个部落国家以稳定的农业生产生活为主要生活方式，这就使得社会基本单元比较稳定，易于管理。黄帝发明了适合于部族居住的宫室，与炎帝、蚩尤战争之后将都城建于涿鹿之阿，即今之涿鹿县黄帝城遗址。黄帝时期开始出现了与平原农业水平相关的社会管理制度的萌芽。

从历史上的一些典籍记载可见，黄帝治国有方，为了管理好统一的庞大部落，黄帝任用贤人良将辅佐国政。关于选拔官员，还有一个传奇的故事。《帝王世纪》以文学语言记述了黄帝求贤的传说。相传，黄帝思贤若渴，达到了梦寐思求的程度。有一天，睡梦之中，狂风骤起，满天尘垢都被这场大风刮得一干二净，整个天空十分清静纯净。随后见到一人手执千钧强弩驱赶着数万只羊群。见此情景，他顿开茅塞：风刮去尘污，就像是一位治国安民的贤人，尘垢的垢字去掉土字偏旁就是后字。是不是世间有一位名叫风后的人？那个手执千钧之弩的人，力气一定特别大，能自如地驱赶着数万只羊，此人一定很有办法，是一位会训练军队的良将。那这个人是不是一位叫力牧的人呢？醒来以后，黄帝立即下令在各个部落中寻找名叫“力牧”与“风后”的人。果不其然，后来竟然在一个居住在海边的部落中找到了风后，而且风后果真是一位贤能之士，于是立即任命他为相。不久又在一片沼泽之地找到了力牧，力牧竟然也与黄帝所梦一样，是一位足智多谋、精通用兵之道的将才，于是黄帝马上任其为将。这个故事可能是后人的附会臆想，但从这个故事中也反映了一位光耀历史的贤王用人识人的事迹，因为取得如此大的业绩，不可能是一个人的作用。正是由于黄帝能够任贤用能，推行良好的社会管理政策，使得当时的社会生产获得了进一步的发展，人们的社会生活质量大为提高。司马迁在《史记·历书》中给予高度的赞扬“无是以能有信，神是以能有明德。民神异业，敬而不渎，故神降之嘉生，民以物享，灾祸不生，所求不匮。”《韩诗外传》卷八也说：“黄帝即位，施惠承天，一道修德，惟仁是行，宇内和平。”可以肯定，黄帝曾经想了许多办法进行部落联盟的管理，后世一些重要的社会管理制度可能就起源于黄帝时代。

当然，在黄帝时代诸多发明创造中居功至伟的当属文字的发明。文明的起源，发端于文字的发明创造，没有文字的时代，即使发生了惊天动地的大事，后人也无从知道，换句话说，没有文字发明的时代，说明人类还处在连自己做了什么都无法真实、完整、准确地保留下来的蒙昧时期，即使是口口相传，到了一定的时间，没有了文字的记载，也会失真亦或是失传。黄帝发明了人类最早的文字，从古籍中可以找到记载，《拾遗记》卷一记："黄帝……始造书契。"这里的"书契"即指文字。不过，战国、秦汉人的著作则一致认为是黄帝之臣仓颉发明了文字，即通常所说的命仓颉始制文字，具六书之法，形成了以象形文字为特色的汉字。如《韩非子·五蠹》说："古者仓颉之作书也，自环者谓之私，背私谓之公，公私之相背也，乃仓颉固以知之矣。"《论衡·对作》篇："造端更为，前始未有，若仓颉作书，奚仲作车是也。"《论衡·订鬼》："及仓颉作书，鬼夜哭。"徐干《中论·治学》："仓颉视鸟迹而作书，斯大圣之学乎？"

由此，中国文化有了以文字记载开始的历史。文字的发明使用，使中华民族的发明创造得以承继绵延创新，从人类学和文化学的角度，文字是记录语言的符号，生产生活实践与精神文明活动皆仰赖于文字的记载传承，是证明人类文明存在的最有力证据，文字的发明和使用，标志着一个民族的文化正式诞生了，思想传播观念传承正式开始了。

炎黄时代出现的刻画符号有一定的意义和相对固定的形状，虽没有读音，却是文字的前驱。文字诞生的最切实的证据，来自近些年的考古发现，龙山文化晚期的山东邹平丁公村发现的陶器刻纹，距今有4300年以上的历史，比殷墟甲骨文的时代要早800多年，有力地证明了这一结论。

与陶刻纹相近，龙山文化遗址出土的骨刻文进一步证明了文字的真实存在，根据社会科学院认定，全国各地出土的骨刻文大约距今在4600—3300年。发现于大汶口龙山文化遗址刻在兽骨上的骨刻文，被证明是黄帝直至商代早期使用的文字，距今大约4500年左右，为传说中的五帝时期。骨刻文是甲骨文的早期文字。中国境内发现的远古文字从骨刻文到金文是一脉相承的。在出土的3000余个骨刻文字中，出现了炎、黄、蚩、禹等文字，且与甲骨文、金文几乎一致。骨刻文可以间接证明上古时期有这些人存在，从陶刻纹到骨刻文再到甲骨文一脉相传，是黄帝直至商代早期使用的文字，与甲骨文相衔接。骨刻文与甲骨文两者风格相近，骨刻文后期，几十字成行布局大量出现，为甲骨文的章法布局奠定了基础，二者都是在象形和指事基础上发展起来的，由此可以证明中国拥有世界上最古老的炎黄文明。

文字的发明是人类社会进入文明时代的重要标志。考古发现证明，在黄帝时代稍前，中国境内已经出现了文字的雏形，它是人类在长期生产生活实践中形成的。而且从考古材料可以看出，在新石器时代，可能有黄河中下游乃至长江中下游等不同的文字发展系统。黄帝时代仓颉造字的传说表明，仓颉是在以前刻画符号的基础上为文字的发明作出了重大贡献的人。《荀子·解蔽》中记载："故好书者众矣，而仓颉独传者，壹也。"此后汉字形体演变过程为甲骨文、金文、篆书、隶书、楷书，此外，还有草书、行书两种辅助字形。由于文字的发明，中国历代的文明才能通过文字的载体而世代相传。中国的历史从未中断过，中华民族的悠久文明连绵不断，这些都和文字的发明有着密不可分的关系。

为了进一步讲述清楚黄帝对中国文化的贡献与影响，将历史文献中的记载和考古的发现梳理一下，黄帝在位时间很久，国势强盛，政治安定，文化进步，有许多发明和制作。

相传尧、舜、禹、皋陶、伯益、汤等均是他的后裔，因此，黄帝被奉为中华民族的共同始祖。黄帝为中华民族创造了丰富灿烂的中华文化。黄帝无疑是人类进入文明社会的第一批奠基人之一。当然，具体的发明创造实际是黄帝部族共同完成的。

除此之外，黄帝时代还在数学、天文、历法、度量衡、音乐、医药、制衣、打井、弓矢、舟车、宫室、房屋和指南车等都有发明。文化方面。除了前面着重提到的发明文字外，黄帝还以神蓍推算和制定了历法，作历法，作干支都在这个时期。《黄帝历》是中国最早的历法，传说是黄帝命人所制。通过观察推算星月变化，月亮阴晴圆缺形成历法。《黄帝历》是先秦时期的历法。与《夏历》《殷历》《周历》《鲁历》《颛顼历》合称古六历。《史记》卷二十六《历书》记，盖黄帝考定星历，建立五行，起消息，正闰余，于是有天地神祇物类之官，是谓五官。各司其序，不相乱也。民是以能有信，神是以能有明德。民神异业，敬而不渎，故神降之嘉生，民以物享，灾祸不生，所求不匮。《黄帝历》是一种阴阳合历以建子之月（北斗斗柄指子，包含冬至之月）为一年开始。开观象授时之起点，创制十天干与十二地支

（组成六十干支），表达阴阳五行，以闰月定四时，成岁。

纪时：传说黄帝使大挠作甲子，以十天干配合十二地支以纪时沿用至今农历（甲子、乙丑以至癸亥，共六十年为一周期），即道教之六十元辰。数学：隶首作数，定度量衡之制。音乐：伶伦取谷之竹以作箫管，定五音十二律，合于今日。衣服：元妃嫘祖始养蚕以丝制衣服。医药：据传说，黄帝与岐伯讨论病理，作《黄帝内经》。铸鼎：在荆山（位于陕西中部）铸鼎，分华夏为九州。

农业经济生产方面。总结农业种植经验，教导百姓播种五谷；黄帝在农业生产方面有许多创造发明，其中主要《史记·五帝本纪》中记载的“艺五种”。对农田实行耕作制，及时播种百谷，发明杵臼，开辟园、圃，种植果木蔬菜，种桑养蚕，饲养兽禽，进行放牧等。所谓“艺五种”郑玄注释说为“黍稷菽麦稻”即五谷。《诗经》中有，后稷种植的大豆、谷子、麻、麦等农作物已经非常成熟。可以佐证的是考古发现的西安半坡遗址已经有小型粮窖，距今6000余年。长江流域的河姆渡遗址河南裴李岗文化遗址也同样有水稻遗存。说明黄帝时代农业生产水平已经达到相当高的水平。

在生产与社会生活的各个方面的创新和发明发现都可以体现其水平。发明丝织业，发明机杼，进行纺织，制作衣裳、鞋帽、帐幄、毡、衮衣、裘、华盖、盔甲、旗、胄。制造碗、碟、釜、甑、盘、盂、灶等。炼铜，制造铜鼎、刀、钱币、钲、铫、铜镜、钟、铳。这些手工产品制作在磁山文化、裴李岗文化、河姆渡文化、龙山文化遗址中都有体现。《史记·封禅书》中记载有“黄帝采首山铜，铸鼎于荆山下。”西汉时刘向《列仙传》也有类似记载。丝织业在唐代的《嫘祖圣地》碑中就有记述。秦汉时期史官记述的《世本》就明确记载了“黄帝作旃冕，胡曹作冕，伯余作衣裳，于则作扉履”，《拾遗记》：“轩辕始造书契，服冕垂衣，故有衮龙之颂。”

黄帝时代在其他方面的贡献也具有划时代的意义。建造宫室、銮殿、庭、明堂、观、阁、城堡、楼、门、阶、蚕室、祠庙、玉房宫等。交通方面，制造舟楫，推高了人类行走运输能力。制造刀、长矛、弓矢、弩、六纛、旗帜、五方旗、号角、鼙、兵符、云梯、楼橹、剑、射御等。据说风后衍握奇图，始制阵法。日常生活熟食、粥、饭、酒、肉、称尺、斗、规矩、墨砚、几案、毡、旃、印、珠、火灯、床、席、蹴踘等。

中华民族的传统观念就其形成阶段来说，存在着萌芽期，初步形成确立期，发展确立成熟期，延展升华期几个历史时期。从炎黄到夏、商、周是萌芽期，先秦的春秋战国时代是初步形成确立期，秦汉到隋唐以前发展确立成熟期，隋唐以后是延展升华期。炎黄时代是中华民族传统价值观念的萌芽期。这个萌芽期对后来的影响与作用意义重大，因为没有因哪有果，没有种子的落地发芽哪有后来的开花结果。

这一时期萌芽了一系列的基本观念，就政治观念来说，自黄帝采取了禅让制以后，五帝延续了这个原始民主选拔制。可以说正是由于黄帝本人无私的高尚品质，他开始的禅让制影响了此后的几代人以至几十代人，这种带有原始民主选贤的形式和理念深深地影响了中国以后的政治生活，以致于在封建时代为了有利于统治也不能不将这一观念以制度的形式传承在几千年的选拔官员的制度之上。这在历史的典籍中有着很早的记载。《尚书》又称《书》或《书经》，以记言为主，是中国上古历史文献和部分追述古代事迹著作的汇编。其中有不少关于选贤任能的记载，如“三载考绩，三考黜陟”。从先秦的乡里举荐制，到汉代察举制，再到魏晋南北朝九品中正制，直至隋唐出现科举制度，中国古代选贤任能的官制一步步走向成熟。细细考量这些制度原始思想观念的萌芽即始于黄帝时代的禅让。

施行德治，形成了初始的道德观念，开辟了以德治国的传统，形成了许多体现以德治国思想观念的基本体制雏形。廉洁勤俭观念是这一时期德治的一个主要的观念。黄帝时代形成了庞大的城邦似的族群，生产能力也有了很大地发展，无论是物质财富还是政治权力对于有些人来说都有了较大的弹性空间，各级管理人员的道德素养问题开始凸显出来。黄帝面对这样的现实，对各级官员提出“六禁重”，“重”是过分的意思，即“声禁重、色禁重、衣禁重、香禁重、味禁重、室禁重”，要求各级官员禁止声色犬马，禁止沉迷女色，禁止锦衣玉食，禁止铺张浪费，禁止豪华奢侈，主张节简朴素，反对奢靡。

为了将德治顺利开展下去，还设立了“九德之臣”统御管理百姓官员的所有德行，任命即担任法官、后土担任狱官，对犯罪重者判处流失，罪大罪极者判处斩首等。为此，提出以德治国，“修德振兵”，以“德”施天下，一道修德，惟仁是行，修德立义的思想。教养百姓依照九德行事，是指努力成为有德的贤人。所谓九德，就是指贤人所具备的九种优良品格，现存典籍中有不同的记载。《尚书·皋陶谟》皋陶曰：都，亦行有九德，亦言其人有德，乃言曰载采采。禹曰：何？皋陶曰：宽而栗、柔而立、愿而恭、乱而敬、扰而毅、直而温、简而廉、刚而塞、强而义、彰厥有常，吉哉！《左传·昭公二十八年》中的说法是：“心能制义曰度，德正应和曰莫，照临四方曰明，勤施无私曰类，教诲不倦曰长，赏庆刑威曰君，慈和徧服曰顺，择善而从之曰比，经纬天地曰文。九德不愆，作事无悔。”《逸周书·常训》中直接用九个字来概括，九德即“忠、信、敬、刚、柔、和、固、贞、顺”。这些内容无疑成为了被后世儒家吸收的重要思想内容。

就哲学与世界观来说，这一时期处在哲学观念阶段，巫术与原始宗教占重要地位。主要表现在对大自然、天地的观察，产生了万物有灵、天明与鬼神、阴阳五行等观念。就近些年的研究与发现来看，对文字的考证发现尤其是对《连山易》《归藏易》的考证研究，成就了这一时期的哲学贡献。

四、确立阴阳对立统一的易学世界观

形成阴阳对立，易与不易，变与不变，对立统一的“易学”思想观念。西周初年，一部伟大的著作由伏羲始创八卦经过千百年的时空变迁，历经炎黄二帝，夏、商、周三朝的千锤百炼横空出世，书的名字叫《周易》。《周易》是在伏羲的八卦，炎黄时代的《连山易》《归藏易》两书的基础上形成的。三易的记载始见于《周礼》，《周礼·春官·大卜》：“掌三易之法，一曰连山，二曰归藏，三曰周易”。郑玄于《周礼注》称：“名曰连山，似山出内气也”。虽然后人中也有人认为《连山》和《归藏》与《周易》不同，否定它们之间的传承关系，像顾炎武《日知录·三易》：“连山，归藏非易也。而云易者，后人因易之名以名之也。”但根据近年的研究与发现，《三易》的存在确凿无疑。

《周易》的横空出世，标志中华民族的先祖华夏族发明确立了阴阳对立的易学世界观，使中华民族的哲学思想跃居人类认识世界改造世界、精神能力的前沿。《周易》是中国传统思想文化中自然哲学与人文实践的理论根源，是古代先民思想、智慧的结晶，被誉为“大道之源”，是华夏传统文化的杰出代表，亦是中华文明的源头活水。以此为基础形成的光辉著作《易经》被公认为世界最伟大的哲学著作，囊括了天文、地理、军事、科学、文学、农学等丰富的知识内容，被认为是中国古代百科全书的根，中华各种古代思想文化观念的源泉，对中国几千年来的政治、经济、文化等各个领域都产生了极其深刻的影响，并给予世界文化以广泛影响。

《易经》内容分经和传两部分，《经》是《易》的原文，是《周易》的核心内容，《传》是解释说明《经》的，经包括重叠而成的六十四卦和三百八十四爻，即六十四卦每卦有六爻，爻分阴阳，共三百八十四爻，卦和爻各有说明（卦辞、爻辞），作为占卜之用。传包含解释卦与爻的卦辞和爻辞的七种文辞，统称《十翼》，是孔门弟子对《周易》经文的注解和对筮占原理、功用等方面的论述。

《周易》问世以后，经过长期不断的社会实践，大约从春秋战国开始，一些思想家、政治家开始以义理阐释易理及卦辞、爻辞的专门文章，最早、最具权威性的是相传孔子所作的《十翼》。《十翼》包括《彖上传》《彖下传》《象上传》（又称“大象”）、《象下传》（又称“小象”）、《系辞上传》《系辞下传》《文言传》（文言是解释二卦经文的言语）、《序卦传》《说卦传》《杂卦传》等。由此《周易》才能据文通释，使《易经》成为占筮、义理兼而有之的典籍，也就是我们今天所看到的《易经》。经过阐释以后的《易经》，由过去的一部为满足当时人们生产和生活预测需要，为人们提供行动的准则的筮书，转变成为一部主要以安邦治国、修身养性为主的哲学典籍。

随着社会的发展，《易经》更加受到后人的重视。经过一代又一代人的阐释，对我国古今的哲学、思想、政治、经济、军事、人文等各个领域产生了极其深远的影响。无论对于中华民族精神的铸成，还是对于安邦定国，和谐稳定，人本理念的形成，都起着不可估量的作用，成为后世治国安邦的思想理论源头。

《易经》以科学辩证的思想提醒人们如何以辩证思维趋吉避凶，以道德思维安邦治国修身养性，以和合思维思考天、地、人三者的关系。《易经》

以其内容的广泛性、哲理性和对自然、社会的独特认识为后世学者所推崇。其宗旨在于以阴阳对立变化来说明阐释宇宙大自然万物的一切现象，阴阳刚柔动静的变化，变易而不易，复杂而简易，在变化中生成发展，于反复中保持统一与和谐。认为这一刚健中正，无穷无尽，生生不息的永恒生命力，正是宇宙精神所在。

《易经》以八卦方式概括了宇宙间八种时空存在模式。即用八来代表方位、季节、事物等，对天、地、人进行说明吉凶祸福。远古时代的先人信奉天道，通过占筮的形式，来启示天道、人道、地道的变化规律，为的是把握事物得出成长变化规律，确立人生立身处世之本，以趋吉避凶，推知过去，预见未来。

《易经》里面用阴阳卦爻两种符号构建成自己的体系，体现对宇宙一分为二，对立统一的认识。《系辞·上传》中说："是故易有太极，是生两仪，两仪生四象，四象生八卦，八卦定吉凶，吉凶生大业。""生"在这里不是产生而是演变。就是说，八卦由四象演变而来；四象由两仪演变而来；所以，八卦即四象，四象即两仪，阴阳即太极。"太极"是宇宙由阴阳构成的原始状态，从《易经》的本义去探索，唐代孔颖达《正义》中说："太极是天地未分前，混而为一的元气。"这一混沌不分的元气，或者成为阳刚、或者成为阴柔，变化无穷；并且以阳统御阴，以阴追随阳。"两仪"在法象上指的是天地，也就是阴阳的对峙，由"两仪"生出"四象"就是阴阳向背的四个方面。方位上看，"四象"是上下左右，或东西南北；从季节上看，是春夏秋冬。"四象"生"八卦"，"八卦"为乾、震、坎、艮、坤、爻、离、兑。"八卦"产生以后，"因而重之"，把两个爻卦重叠起来，六爻为一卦，产生六十四卦。六十四卦演化出三百八十四爻，这样对立统一循环往复，展示了天地的演化，社会的变迁，生命的循环等复杂的自然现象和社会现象，这就是《易经》所要阐明的主旨。

《易经》通过卦象既展示事物发展变化的绝对性——太极、道，又肯定事务的相对性——阴阳对立相互转换，包含深刻的哲学道理。其中包括了日月运行、天文历法、治国安邦、婚丧嫁娶、吉凶祸福等自然科学、社会科学、人文科学以及后天产生的思维科学、系统科学诸多方面的基本素材。一部《易经》犹如汪洋大海，包罗万象，它以罕见的深度、广度和精度而传承于世。

《易经》的中心思想是宇宙的无始无终,生生不息。自然界的阴阳对立、衍生万物，人类的刚健有为、厚德载物。告诫人们要适应自然规律，自强不息。要厚德载物，与自然和谐相处。我们只有常修身，明哲理，才能立于不败之地。只有不断地学习、掌握和积累新知识和新技能，与时俱进，才能适应社会发展的需要。孔子曰："易与天地准，故能弥伦天地之道。"

《易经》以乾坤即阴阳为统领。乾代表了天，天是行云施雨的空间和万物生成之根源，是造化万物的阳气，天的功能是大阳。坤代表了地，地是承载万物生生不息的本源，是滋润万物的阴气。天是大阳，地为大阴。天是阳，是主宰，是动能；而地是阴，是顺从被动追随的。"系辞上传"中说："天尊地卑，乾坤定矣！"这是《易经》的根本观念，这种观念影响了数千年。

天的法则是变化无穷的。阳刚与阴柔交互作用，使万物生成；同时阴阳保持和谐,才能使万物顺利地发展变化、进化。因此"归妹"卦的"彖传"中说："天地不交，而万物不兴"。"系辞上传"中说："生生之谓易"。"下传"中说："天地之大德曰生"。

《易经》认为天地的阴阳刚柔、动静的变化生成作用，为天地的大德。然而,"系辞上传"中又说:"阴阳不测之谓神"。这里认识到了天地阴阳交错，使万物生成发展生生不息的作用的巨大威力，天地阴阳的交互作用十分微妙，难以预料。因此又说道："形而上者谓之道，形而下者谓之器。"这就要求人类认识天地间的变化，阴阳的互动不只是具体的、有形的现象，应该以抽象的思维去思考，这也就是思想家们总结的阳刚阴柔，形而上的内涵了。

《易经》也兼说生死，而且以两者综合，来阐扬天地的大德及无穷的生命力。总之，天地阴阳刚柔动静的微妙作用，是万物生成发展的根源，阐明这一原理法则并广泛应用到宇宙与人生的一切变化现象上，使人能够知变、应变、适应，去恶向善，避凶就吉，也就是所说的《易经》的两大核心主旨之一的变易。

《易经》对天地生成发展的作用，最重视的是刚健中正，而且是恒久不已的刚健中正。宇宙间可以效法的最大形象就是天地；所以，天地生生不息的变化与作用法则，恒久运转，其运行规律永生不变。也便是人类社会要遵循的行为规范。这便是《易经》的另一个主旨。

《易经》强调以天地运行规律为准则，以阴阳变化之道为规范，以自强不息的宇宙道德精神为榜样，即于阴阳、刚柔、动静，于循环无穷的变化作用中，使宇宙生成，发展，进化，调和，在统一运动中确立人生规范，以宇宙恒久无穷而又秩序井然的精神，规诫人生要自强不息，适应发展变化，努力修德，以造福社会。

《易经》中的乾坤，放到社会管理之中，阴阳相对，但尊崇阳，阳兼有阴：阳为君，阴为臣，阳是主宰，阴为从属；君王像天一样应具有绝对的尊严，臣应该像地一般对君王要绝对地遵从卑下，这是《易经》阐明的君臣关系。国家、社会的根基在家庭，家庭的基础为夫妇，《易经》并非仅仅主张男尊女卑说，而是要男女夫妇，各自发挥本身的职责，尽各自的本分。当家庭发生混乱时，应当尊重父子的亲情，但并非家长就可以滥施横暴。先正家然后天下才能安定，家庭是国家、社会的基础。《易经》的思想，是家族主义、国家主义，进而是致力于世界和平，谋求人类共同富裕的大同世界。

《易经》中的六十四卦，几乎都以盛极而衰，物极必反，它就是用这样的道理谆谆告诫，以提示人生必须时刻谨慎处世，警惕犹过不及的作为，强调适可而止的重要性，认为这样才能确保万事平衡发展，达到长久安泰。

道是《周易》之体，卜是《周易》之用，本质是在道。其道可概括为“阴阳”。《系辞·上》曰：“一阴一阳之谓道。周易以道阴阳。”也就是认为宇宙的根本规律就是阴阳两方面对立统一的运动变化。《易经》把适应自然、社会、王道的生活作为美好生活，强调要适应社会，适应天道，只有这样才能趋利避凶。“知吉知凶，知进知退”“与时偕行”，是《易经》的最伟大的思想观念。道家的“祸兮福之所倚，福兮祸之所伏”也从利弊两个方向来引导人们判断思考，具有极强的思辨作用。

总之，《易经》至少有三大核心思想观念，分别是易、简易与不易，以及天尊地卑，人尊天道。变易，易。“易者日月也，日月变也。”阐述的是世间一切变化的规则和类象。也就是说这个世界永远在变，我们要顺应时代发展变化，以变应变，以变制变，变到变易的前面去，有先见之明，才能生存发展。简易，《周易》以阴阳、太极作为表达思想观念的根本，八卦六十四变，由简到繁，以至无穷。用极简的表达方式，表达了宏大的世界观念。《易经》的另一个核心思想是“不易”，是说在千变万化中，总有一条不变的定理或规则，是指自然界的基本规律和基本法则是不变的。如道分阴阳，阴阳既对立又统一，因为统一所以有发展，因为对立所以物极必反，盛极必衰。世间一切，规则不易，无极不易，两者同出，异名同谓。无极是一切的根本，规则就是一切，这是一种体用关系。不易的另一个意思是，自然万物的变化是不以人的意志为转移的。天尊地卑，人尊天道的观念，将自然融入到了社会之中，起到了统一意志、统一思想的作用。

《易经》是四书五经中的首经，素称“群经之首，百科之源”。这部著作和著作中的思想观念的应用，造就了先秦时期的思想灿烂局面，被公认为是中华文化的根本著作。故思想界一直认为中华文化来源于易经，《易经》是文明的源头。《易经》作为群经之首，一直被看成是中国传统文化的起源。对中国的政治、经济、思想、文化、社会、科技、军事、中医以及后学道教、儒家、墨家、法家等诸子百家和古代哲学等方面产生了深远的影响。

道家学说的思想直接来源于易经。儒家把它奉为“群经之首”。《易经》的阴阳观是中医阴阳学说的基础。东汉时期的《神农本草经》运用八卦取象的观念，明确了中医用药的原则。因而在今天的很多领域人们还在研究和运用《易经》。《汉书·艺文志》在介绍“六艺”时指出：“六艺之文，《乐》以和神，仁之表也；《诗》以正言，义之用也；《礼》以明体，明者著见，故无训也；《书》以广听，知之求也；《春秋》以断事，信之符也。五者，盖五常之道，相须而备，而《易》为之原，故曰：‘《易》不行见，则六合或简直息矣。’言与六合为始终也。至于五学，世有变故，犹五行之更用事焉。”这就是说，“六艺”中的《乐》《诗》《礼》《书》《春秋》皆为专门之学，即所谓“五常之道”，各有详细内容与详细用处，将跟随着时代的改变而失去其本来的效果与价值，而《易》是归于“形而上”之道理，为《乐》《诗》《礼》《书》《春秋》的理论依据，即所谓“五学”之原，其效果与价值是无限的，即其“言与六合为终始也”。

我国古代哲学重要的观念是“天人合一”，也源于《周易》。《易传·系辞下》中所说的伏羲氏“仰则观象于天，俯则观法于地，观鸟兽之文，与地之宜，近取诸身，远取诸物，于是始作八卦，以通神明之德，以类万物之情。”道出了《周易》是我国古代的天人之学，世界观之源。先秦各家，皆汲取《周易》的思想观念，通过阐释《周易》的思想建构各自的思维理论体系。

孔子为代表的儒家就是汲取《周易》的思想观念，将其伦理品德思想提升为品德哲学。儒家品德思想源于《周易》之品德内涵，道家哲学思维则源于《周易》之道理。

孔子创立的儒家学派是以伦理品德为核心的学术派系，其理论思想来源之一，就是《易经》。孔子思想轨迹经历了两个大的阶段，50岁之前，“祖述尧舜，宪章文武”建构以仁与礼为核心的伦理品德思维体系。50岁以后，经过研《易》涉及天命之学，为其伦理品德思维供给理论依据，将其提升为品德哲学。根据《论语》所载，孔子直接承继的是周代文明。孔子说：“周监于二代，郁郁乎文哉，吾从周。”孔子承继周文王创始的周代文明，那么，周文王推演而成书的《易经》必定是其重要的思想根由。况且，许多典籍十分清楚地记载了孔子与《易经》的关系。《史记·孔子世家》中说：“孔子晚而喜《易》，序《彖》《系》《象》《说卦》《白话》，读《易》，韦编三绝。”《论语·述而》中说，“子曰：加我数年，五十以学《易》，能够无大过矣。”魏时何晏《论语》注、北宋邢疏，皆以《易》为解。何晏注曰：“《易》穷理纵情以至于命，年五十而知天命，以知命之年，读至命之书，能够无大过。”邢疏曰：“此章孔子言其学《易》年也。加我数年，方至五十，谓四十七时也。《易》之为书，穷理纵情以至于命，吉凶悔吝，豫以告人，使人从吉不从凶，故孔子言已四十七学《易》，能够无过咎矣。”据最新考古发掘出的帛书《易》中的《二三子问》《易之义》《要》等篇，皆记载孔子与《易》的联系。帛书《易》的《要》篇记载：“夫子老而好《易》，居则在席，行则在囊。”孔子在回答其弟子的提问时明确说出了他研究易经的目的是“我观其德义耳也”。

西汉史史学家司马谈《论六家要旨》中对儒家谈论是："儒者，博而寡要，劳而少功，是以其事难尽从。然其序君臣父子之礼，列配偶长幼之别，不行易也。"又说："夫儒者以六艺为法。六艺经传以千万数，累世不能通其学，当年不能究其礼，故曰：博而寡要，劳而少功。若夫列君臣父子之礼，序配偶长幼之别，虽百家弗能易也。"司马谈是站在崇道贬儒的态度谈论儒家的，对儒家的点评不如道家那么高。著名东汉史学家、文学家班固在《诸子略》中对儒家的谈论是："儒家者流，盖出于司徒之官，助人君顺阴阳，明教化者也。游文于《六经》之中，留心于善良之际，祖述尧、舜，宪章文、武，宗师仲尼，以重其言，于道最为高。"司徒之官为主管教化之官，儒家是以品德教化为业的学术派系。班固对儒家的点评比较公允。

儒家以尧、舜为崇拜的圣人，孔子言行汇编的《论语》中有《尧曰》章，记叙尧传舜，舜传禹的告诫，特别讲道"允执厥中"。这一告诫是孔子《中庸》思维的来源。因而，说儒家"祖述尧舜"是有所据的。

唐代孔颖达在《正义》中所说："太极是天地未分前，混而为一的元气。"这一混沌不分的元气，或者成为阳刚、或者成为阴柔，变化无穷；并且以阳统御阴，以阴追随阳。将世间万事万物和谐一体，这就是《易经》所要阐明的主旨。这一宇宙根源的两种元气我们称作"太阳"也就是太极，也以━来表示，也称作"月亮"月亮，也以━表示，儒家崇尚刚健有为与崇尚道德的思想观念就来源于此。

老子将《周易》的思想观念如阴阳、变化、刚柔、进退、祸福、吉凶以及天、地、人观念等精华融入《道德经》中，创造了一个以辩证思维为核心的哲学体系。他在《易经》经卦阴阳相抱、三爻成卦的组合方式的基础上，构造了一个"道生一，一生二，二生三，三生万物"的万物起源学说，揭示了事物内部所包含的种种元素的对立统一关系。

老子所说的"万物负阴而抱阳，冲气以为和"阴阳相抱这一思想，显然也源于《周易》，阴阳并立，相生相合的思想。《周易》无疑启发了老子，老子将八卦中的符号，引用到了自然界和社会之中，并做了不同具体事物的形象分析。老子流传后世对中国哲学影响最大的命题莫过于"祸兮，福之所倚；福兮，祸之所伏"的著名论断，由此还引发了一系列的有无相生，难易相成，长短相形，高下相倾，声音相和，前后相随的论说。矛盾对立的双方，必有一方为主，另一方为次。物极则反，对立面相互转化的思想，在易经是通过爻辞，对爻象在卦体中的不同位置使用吉凶等结语加以反映的。而在老子这里，已经到了社会、政治、伦理等一切方面，曲则全、枉则直、洼则盈、蔽则新、少则得、多则惑、认为委曲总是由保全转化。屈枉总是向伸直转化，卑下总是向充盈转化，蔽旧总是向新奇转化，这种辩证思维方式，是老子从《周易》六十四卦中反映的至高而下，至盛而衰的图形中得到的观察世界的方法。圣人抱一为天下式，他运用这条物极则反原理，对世间万物进行着辩证概括，兵强则灭，木强则折，坚强处下，柔弱处上，他又用这一条法则，提出了一系列处理问题的具体办法，老子这些从易经中得到启发而形成的辩证思想谱写了中国哲学史上颇有特色的一页华章。

《易经》这门古文化，不但是一种哲学文化，也是一门宏观的科学原理著作。易学蕴藏着唯物观点和朴素而丰富的辩证法思想，其象数义理更是我国古代一切科技思想之源，反映了易学的科学价值。《易经》的阴阳对立统一法则，它包罗万象，把宇宙间一切事物尽揽其中，中医理论是依据《易经》中五行生克原理而来。现代最尖端的科学发明如计算机，应用中国《易经》阴阳对立统一原理，把数理变成二进制，用 0 代表阴，1 代表阳，把计算信息数字化才诞生了计算机。

不但中国传统重视八卦风水，亚洲一些国家也十分重视。现今韩国人更重视八卦风水，连国旗都采用八卦图。中国人运用《易经》中八卦体现的对立统一原理来优选符合人类生存的环境，不管是地理位置，还是建筑物，凡采用八卦风水气势优选组合，能使气、气流、光、水、微粒子势与人体相吻合，使人类的生活和工作都能得到最佳效应。孟凯韬教授创立了“阴阳五行数学”，是当代数学中提出的一种新型数学理论，建立了反映以《易经》的规律性推演出的数学模型。

《周易》易卦反映事物运行规律的分类，爻反映各类的不同发展阶段，这相对应宇宙信息发生使天、地、人、事的演变和发展规律。20 世纪 80—90 年代曾邦哲从系统综合理论发展了结构论提出“太极图是元气本原、阴阳变易、卦序组织和道、器观念的综合”，认为是中国文化特有的一种同型、同构数学模型的图式逻辑体系，涉及到宇宙的本原论、演化论与建构论以及“道”精神与“器”物体观念的模型化逻辑思维方法体系。

《易经》出现在西周，大家公认在《易经》出现之前，还有两部与之密不可分的作品，就是《连山易》和《归藏易》。关于二易的成书年代，一直有不同观点，并几经波折。

最初的说法见于《史记》，其中有“文王拘而演周易”，周文王推演周易，周公制礼御人。显然，司马迁认可了《易经》的发端始于炎黄时代。由此，历朝基本采纳太史公的说法。即《易经》的最初版本被认为是在新石器时代萌生的，当时正值炎黄时代。炎帝黄帝时代发明了易学思想，为易学世界观的确立开辟了思想之途。就连作为古代启蒙教学的《三字经》，也将炎黄创造写进了古代课本。《三字经》写道:“有连山,有归藏,有周易，三易详”。就是《周易》经过了连山、归藏的发展推演之后，到了西周时，内容达到了详备。

但过了几千年后，一些学者又有了一种新的说法，宣称易学著作始于夏朝，历经商周，形成完备的易学思想观念，最终形成了彪炳在中华思想文明里程碑上的《周易》一书，即夏朝的《连山易》和商朝的《归藏易》和周朝的《周易》，而且分别是由夏朝创立者大禹的儿子启，商朝的开创者商汤和大臣伊尹，周朝的周文王所著。

这样，关于这部伟大著作的成书年代就有了不同观点。我们抛去相关学者认定《连山易》《归藏易》为夏商所著这一说法，据相关的一些资料梳理，有些文献中明确记载了《易经》之前的《连山易》在农皇神农氏之时就存在了，而且明确说此后经黄帝整理又形成了《归藏易》的情况。特别是最近一些考古发现，民俗传统和史料发现，又将成书年代追回到了太史公的说法，而且生动形象，言之凿凿，令人神思。当然，学者们除去年代问题，一致认为这两部著作，就是《易经》的发端之作，是最终形成《易经》的前期成果，故有人形象地说前两易是《周易》的根。

按照这样的成果展示的结果，《易经》最初成果的诞生并不能排除产生于炎帝黄帝时代，因为按照起于夏朝的说法，人们无疑会问，伏羲作八卦，经过了如此漫长的岁月，就没有一点儿新的成果呈现？夏有《连山易》这样深邃的哲学著作，此前除了八卦就没有了其他成果？即使之前不是《连山易》，也一定会有对八卦进行丰富的东西存在。《连山易》不会是凭空降生一蹴而就的，一定会有创作思考的过程和基础。按照正常的逻辑，这样的著作一定是汇聚了许多前人的思想成果。况且，按照伏羲作八卦来推测，伏羲之后为中华文明作出卓越贡献被称为中华民族人文初祖的炎黄二帝时期，不可能没有发展。另外，从黄帝一统炎黄两大部落，继承发展了两大部族的成就，开创了华夏部族高速发展的历史，而开创夏王朝的大禹是黄帝的后代，周王也是黄帝的后代，他们传承弘扬祖先的文化遗产亦属情理之中。而商王朝迷恋鬼神之说，与《归藏易》的主旨似有不符。故有的学者至今仍然坚持认为《连山易》为农皇所创，《归藏易》为黄帝所创。

那么，二易的产生究竟是怎样的呢？我们不妨来看看最新的发现。当然，我们还是以炎黄二帝作为这部著作开创者来进行表述。因为人们普遍认为，作为《易经》主要内容和表现方式的八卦是在伏羲时代产生的，此后的炎黄二帝依其发明阐释表述有其合理性。况且最近的考古发现与民俗考察都说明产生于炎黄二帝时代是有据可查的。

为了了解来龙去脉，在此之前有必要了解一下二易的鼻祖伏羲与八卦，也就是与《周易》发生关系的第一个人和事。史书记载，伏羲作八卦。大约 5000 年前，新石器时代早期，人类已经从蒙昧走向认知，开始对刮风下雨、电闪雷鸣以及四季交替等自然现象进行深入地观察和思考。中华民族心智先启者，人类从原始状态步入文明时代的探路人伏羲，上仰观天象，下俯察地理，在长期对天地宇宙万物的观察和思考后，根据四季的变化、日月的交替等这些自然现象变化的规律，用“—”代表天，用“— —”代表地，认为世间的一切都是由“一”这个整体衍生出来的，于是有了“一画开天”之说。此后，伏羲又根据天地万物的变化，用 8 个符号首创了八卦，形成一幅完整的八卦图。八卦图的创造，开辟了中国古文字发明创造和思维表达的始端，结束了“结绳记事”的历史。通过八卦这种形式进行占卜祭祀，希望借此得到上天神意的显示，这正是人类对世界的初步认识和把握的方式，孕育了中国哲学思想观念的萌芽，开启了中国乃至东方文化思想的大门。

《连山易》云："至伏羲统八卦四季分明，分五宫，论六气生息一统，从炎帝定八节分阴阳休咎一辨，设六甲立值符吉凶明矣，论诰词指事所行，定训语值事所主，司贵践而所行，多凶早亡九五难定矣"。短短不足百言，尊卑贵践，吉凶祸福，论诰行事……阐述得非常清楚。《连山易》八卦中，震卦的诰词是：雷履、正邦、功禄。其喻意是治国安邦需要法典。同时，"震"也指有权力的官吏和东家奴隶主，他们也掌握着类似于皇家的权力。

诰词告诫掌权者在执法执纪时，要审时度势，公平正义，量力而行，不然也有触犯天网的可能。"人生似铁非是铁，法律如炉非是炉，今日昂首人前威，明日则成阶下囚"。

八卦本身的意义跟天文和地理有着密切的关系，是对自然界的一种认识。史书记载之后的神农炎帝在伏羲八卦的基础上完成《连山易》，与后来黄帝时期的《归藏易》和周文王时期的《周易》形成了历史上的三易。从这个演变发展的历程来考察，八卦成为《易经》的起源也是其核心内容。

当我们仔细观察八卦图就可明了，八卦是由九个抽象的图案和符号构成。中间的阴阳鱼代表着日月交替形成白天和黑夜这两种最基本的自然现象，所以中国古人认为宇宙间所有事物都存在着阴阳的变化，因此形成了阴阳二元的哲学思想。围绕太极图的八个符号分别代表着天、地、雷、风、水、火、山和水泽八种自然现象，主要用于农耕作业之需。

《连山易》《归藏易》《周易》也皆以八卦来展现标识万物。神农因发明农耕技术而号神农氏，史籍中他又被称作炎帝和连山氏，据说他创造的《连山易》就是以他所居住的地方命名的。后来，在一个叫作连山的地方至今还保留着传统习俗。

神农氏生活的时代，大致就在5000年前，这个时候中国的农业已经相当成熟了。八卦的产生也正好在这个时期，说明古人在这一阶段已经完全掌握了气候变化的规律，为农作物的栽培和管理提供了科学的依据。这从八卦图上立的立春、春分、立夏、夏至、立秋、秋分、立冬、冬至这八个点就会明白。此后的几千年，中国人一直在遵循八个节气的规律来种植农作物。而且八个节气的定制非常精确，甚至在今天都丝毫不差。八卦最初代表了八个节气，以及前面所说的天、地、雷、风、水、火、山和水泽八种自然现象，两者相对应，提供借鉴。以至到了后来，随着人们社会生活的丰富，它所引申的含义就变得复杂多了，亦属正常。

《连山易》的新发现。2005 年贵州荔波县发现了一部水书版连山易，封面有水书连山易三字。水书文字不仅是象形文字，而且更多的是画和符号，这种文字非常古老。据有的学者考证，水书文字距今有 6000 多年的历史。

地处长江流域的连山，是湖南会同县下属的一个乡，连山的这些地名与庙宇会和八卦相对应，连山附近的一些古庙宇和地名，诸如火神坡、艮山口、盘古庙、土地庙、雷公庙、风神庙、镇江庙等八庙与八卦中的卦象名完全吻合。且至今庙宇所见之处与卦的含义相同，风神庙是连山风力最强的地方，常常是山下无风，山上庙顶的瓦片都会被掀落下来。所以古人在这里建了座风神庙。雷公庙，就是经常出现打雷闪电的地方。

会同县的连山是一处盆地，渠水河从中流淌而过。面水靠山的优良环境非常适合渔猎、采集和种植，是古人类生存、繁衍的理想之地。这里发现了距今 5000 至 1 万年前左右的打磨石器，有些石器磨制得非常精致，甚至超过了现代人的理解范围。有象征着权力的石钺，表明那个时期严格的部落等级制度已经出现。一件只有五六公分高的小陶罐，底部有清晰的太极图案。经怀化文物考古所鉴定,陶罐的年代至少在 5000 到 6000 年前。而这个时候正好是神农炎帝所处的时代。

八卦对中国的影响巨大，不仅表现在思想文化上，也深深地影响着中国百姓的生活，在湖南省西部怀化市会同县，至今还保留着结婚走九宫八卦的礼俗，当新郎的迎亲队伍到了院坝外时，新郎被迫停了下来，接下来他将和新娘一起履行一个仪式，穿越一个古老的时空之门——八卦。等新郎披上喜庆的红绶带后，两位长者领着这对新人从各自的卦位进入卦列。原来这九朵花是按照九宫八卦的方位摆放的。也许这两个年轻人还不十分理解这个仪式的真正含义，但是他们必定会感受到这九朵花所带给他们的一种祝福。踩这个九宫八卦定乾坤，意思就是乾代表男，坤代表女，男女达到结合的最高境界。

这种古老的婚礼在3000年前的周易中就有类似的记载，它似乎带有一种纪念与巫术的色彩。至今连山还保留着很多带有巫术性质的祭祀和习俗。并且与神农炎帝和八卦有着密切的关系。

史料上记载，相传神农炎帝牛头人身，可能是以牛为图腾的氏族首领。这种传说在会同连山以一种真实的情景体现了出来。四月初八连山当地举行牛神节日，制作大型的牛神像，据说是神农的化身，传说四月初八这天是神农把野牛驯化成家牛的日子，于是当地老百姓就把神农看成是牛王菩萨。在会同，与西方的牛文化不同，这里的人把牛看得似乎比人还要珍贵。牛神节所有的牛都停下来休息。在节日里的斗牛仪式上，人完全代替了牛，目的是为了更好地保护牛不受到伤害。表演开始后他们果然按照太极八卦的路线走位。八头牛走完太极后，九个持纸灯的人进场站成八卦阵。

在晋代一部史书《帝王世纪》中记载，连山易中的八卦以艮卦为首，艮代表山，山上山下，是名连山。以艮卦为首，这与连山举行牛神节时村民在牛舞八卦时所走的路线以艮卦为首相符。在连山的杜家团，举行一种只有男性参加的祭祀活动，这种活动在深夜举行，男人们赤身裸体，抬起祭品开始向神秘的祭祀场所出发。难道这是数千年前古人遗留在连山的一种原始祭祀形态吗？祭品以稻穗为主，说明他们所祭拜的人跟农业和丰收有着密切的关系。这个人就是相传发明了五谷和农业技术的神农炎帝。农业种植的出现，使得古人解决了食物匮乏的生存基础问题，使更多的人得以存活了下来。为了纪念这位伟大的农皇，不知从何时开始这种代表洁净和崇高的祭祀就开始了。仪式进行到最后，每个人都必须将手中的稻穗敬献给他们的神灵，以表达这种延续了数千年的感激之情。

连山的这些村民事实上用这种难得一见的古老仪式传承并记录下了中国早期农业的一种状态。似乎让我们看到了5000年前中国农耕文明发展的历史缩影。有关神农的许多其他传说，在连山都能找到与之相关的证据。

一个古老的祭祀活动与深含着自然宇宙观念的八卦相联系，这之间必然有着深刻的含义。牛代表着农业，八卦则是与自然和气候有关，为了按季节栽培稻作，掌握天气的变化规律，神农炎帝创制了连山八卦，相传这让他成为中国最早的历法发明者。

舞龙的第一道程序是举八卦纸灯的人聚拢站成太极位。接着龙开始围绕着太极游走，随后进行龙穿阴阳，也就是按照太极生两仪，两仪生四象，四象生八卦，完成九宫八卦阵势。当八卦人阵站好位后，和先前的牛舞八卦一样，一位老人举着龙珠引领着青龙竟然又从代表着山的艮卦开始。以八卦里面的生门进，生门就是艮卦，这是老祖先几千年流传下来的，会同的民俗也是一代接一代地流传下来的，神农上西天，即纪念他是从生门出去的。

我们已经知道《周易》是以代表天的乾卦开始，《归藏易》以代表地的坤卦为首，而《连山易》则以代表山的艮卦为首。黄帝和文王八卦都创制于中国北方，那里的自然环境以平原为主，直观的特征就是天与地，所以黄帝和文王八卦分别以天地为首。连山八卦以山开始，说明炎帝创八卦的地方多山，这恰恰符合了会同连山的盆地特征。

2009 年 4 月 20 日，怀化市考古人员对会同县连山乡坛子墙进行考古发掘，发现这里是一处旧石器遗址，从出土的一些打制石器判断至少距今在 5 万年左右。这证明连山在同一时期就已经有人类在这里过着刀耕火种的生活。

随着坛子墙遗址的出现，几十公里外的高庙文化遗址群不再是孤立的。2004 年高庙遗址开始大面积发掘，整个过程出土了大量的石器、陶器和一部分玉器。甚至发现了一个面积达 1000 平方米左右的大型祭祀场所。考古人员通过对出土陶器和多样的堆积层判断，高庙文化遗址的年代距今 7800 年，最晚的文化层在 6000 年左右。

随着高庙遗址的发掘，在会同县周边形成了一条由 5 万年前延续至 6000 年前的完整遗址文化群带。陶罐上的图案是个长有双翅的獠牙兽，这是中国最早的凤鸟图案。雄伟的宫殿，七层的通天神塔。82 岁高龄的人类和民俗学学者林河认为这些有规律的符号很有可能是文字的前身，他还大胆地指出其中许多抽象符号与神农炎帝有关。如图中的三尖冠就是火焰冠，再如高庙遗址的一个古塔，全世界最早最高。八卦中山代表火，四周有山，供奉在敬奉炎帝高台上，就是敬奉炎帝。

高庙遗址出土的另一个有趣的图案是一个八角星。这是北方大汶口遗址出土的八角星，时间比高庙遗址晚了整整3000年。包括贺刚和林河在内的一些学者认为，高庙八角星图案可能与自然和星象有关。如果是这样，那么它一定和八卦也有联系。

炎帝所首领的是用火来作为历法纪年的部族，炎帝这个称号也含有对火的崇拜，所以在古代更通俗的话就可以称他为火神。

5000年前正是中国原始农业发展的高峰，我们的祖先已经熟练掌握了使用火的技巧。由于人口的增加需要大量的土地来种植庄稼，但当时还没有相应的工具，于是充满智慧的炎帝放火烧山，不仅开垦了大面积的土地，而且植被燃烧后的草木灰使土地更加肥沃，炎帝因而被称为火神。综合以上来分析，《连山易》极有可能就产生于炎帝时代。此后，也如史书记载，黄帝又发展了炎帝的《连山易》形成了《归藏易》，由此三易形成的脉络基本清晰了。

史书记载周文王演《周易》，周文王姬昌的作用就是，改变六十四卦的名称，重新排列顺序，并填上新的卦辞，然后将新的六十四卦体系命名为《易》。姬昌死后，姬发继位，然后高举灭商大旗，经过艰苦卓绝的战争，终于灭亡商朝建立周朝。周朝建立不久，周武王姬发就因病去世，所以他不仅没有能力更没有时间去写《周易》。姬发临死前，让一个年龄较小的儿子继位，这就是周成王。然后，姬发将儿子托孤给周公姬叔旦，让周公和召公一起执掌朝政，共同辅佐成王。周公和召公一同执掌朝政，史称"周召共和"。然而共和没有多久，召公便淡出，周朝的一干大事小事就都落在了周公肩上。这样，周初的主要决策几乎都是出自周公之手，包括周朝的一系列规章制度建立和变更也都与周公有关，周公美名由此彪炳史册。成王成年并且思想成熟、熟练朝政后，周公便完美隐退，总结商灭周兴和自己执政过程中的经验教训编撰成书，沿袭文王姬昌的《易》之名而流传后世，此《易》也就是我们常见的《易经》。如果《易经》仅止于此，那么它的影响力还没有那么大。问题是，孔子晚年喜欢上了《易经》，并且到了爱不释手的程度。《史记·孔子世家》就记载："孔子晚而喜《易》，序《彖》《系》《象》《说卦》《文言》。读《易》，韦编三绝。曰：'假我数年，若是，我于《易》则彬彬矣。'"《彖》《系》《象》《说卦》《文言》，再加上后来的《序卦传》和《杂卦传》，共计十篇，后人称为“十翼”。《易》加上“十翼”，才合称《周易》。据说“十翼”均为孔子所作，所以孔子也是《周易》作者之一，至此，我们基本上可以断定，《周易》的作者至少有周文王姬昌、周公姬叔旦、孔子及他的学生，如果再加上八卦的发明者伏羲，《周易》的作者就至少有五个人了。所以说，《周易》是一部集体著作，而且成书年代前后跨越非常久远，其影响力影响之大就可想而知了。

随着社会的发展，到了西周末年，《周易》被以孔子为代表的思想家注解阐释，《周易》成为了由经和传相结合新的著作——《易经》，真正成为一本治国理政，化育人心，上察天文，下观地理的经典，成为中国传统文化走向百花齐放的精神之源。

考察中华民族文明的脚步，作为中华文明早期思想文明的标杆，无疑深深地印刻着黄帝和夏、商、周三个王朝，被中华民族称之为中华始祖的炎黄二帝和夏、商、周三个朝代，将中华民族的思想文明逐步推上了人类文明的高野，使中华文明之树从萌芽开始走向蕴含花蕾并至枝繁叶茂的重要时期。在这个高野之上飘扬着中华民族先祖们指导后人正确认识自然认识社会进行社会实践，引导先人们奋勇向前的精神大旗。那是中华民族形成的关于宇宙、自然与人类最重要的世界观，成为中华民族一直信奉的关于自然、人类社会变易、不易的基本观念，一直追求的天、地、人和谐的内在关系。

中华文化有着指导科学研究的思想贡献，这在《易经》上得到了广泛认可。到了近代，《易经》这一文化瑰宝的作用被更多的国家和人们发现并对人类作出了巨大贡献。《易经》“八卦”在许多国家应用服务于科学技术，包括天文学、气象学、医学、生命科学、预测学和工业、商业等方面。太极生两仪和八卦的阴阳两极道出了计算机应用的二进制，被誉为“计算机之母”。

《易经》包含着许多放之四海而皆准的思想观念。这部著作中包含的思想被世界普遍认为具有世界性意义。受到世界许多思想家的高度赞同。比如，美国哲学家克里斯多朵夫·巴特克就曾说：“易经令人惊奇地接近真理，更令人惊奇的是地球所有的生命秘密同易经的结构紧密吻合。”美国的 Cayyfbaye 为《易经》作的序则认为，“人类唯一的智慧宝典，便是中国《易经》。”诺贝尔奖获得者查理·威尔海姆也认为，《易经》中包含的信息论、二进制等思想，启发科学家们发明了计算机，现代知识经济革命也正受惠于此，并拥有西方人日常生活决策指南的巨大现代价值。莱布尼茨赞叹《易经》是宇宙语言，认为《易经》中的“阴阳”思想与自己的二进制不谋而合，是他的二进制思想的“中国版”。且知道《易经》的核心思想正是二进制后，一直以为二进制是自己独创出来的莱布尼茨，也受到了更大地鼓舞。拉普拉斯在他的《概率的哲学探讨》中这样评价道：莱布尼茨在他的二进制算术中，看出了创造万物的影像，他想象：一代表上帝，零代表混沌。上帝由混沌中创造出世界万物，正如在他的记数法中用一和零代表一切的数一样。这些话，到处飘荡着易经术数及其神秘内涵零无极，太极一的影子。在法国皇家科学院备忘录上，莱布尼茨发表了《二进制运算的解释》，所用的例子里，他用伏羲八卦图 8 个对立数字表示二进制的对应。黑格尔对《易经》的赞叹是超时代经典。他在论述易经哲学的一开始，不无惊讶地说道：“第二件须要注意的事情是，中国人也曾注意到抽象的思想和纯粹的范畴。”而《易经》就是这类思想的基础。

著名心理学家荣格对《易经》也给予特殊的评价，他说：《易经》的精神对某些人，可能明亮如白昼；对另外一些人，则晞微如晨光；对于第三者而言，也许就黝暗如黑夜。不喜欢它，最好就不要去用它；对它如有排斥的心理，则大可不必要从中寻求真理。20 世纪量子物理学大师玻尔，做了一件极有代表意义的事，将“太极图”作为自己的族徽。当时，玻尔由于在量子力学上的巨大贡献，丹麦国王决定破格授予他通常只颁发给王室成员或外国元首的荣誉勋章，而他需要提供一个族徽图案。这个图案，他选择了太极图。因为太极图最能反映他一生最得意的成就——“并协原理”，这个原理与《易经》中的“阴阳互补”相生相克协调互补，构建良性循环可持续发展原理，有着内在的深刻共通性，而且这个原理的别称正是“互补原理”，玻尔的这个举动，被称为是对世界本源认识的心灵相通。

英国科学史学家李约瑟认为《易经》的太极图显示了宇宙力场正极和负极作用，美国高能物理学家 F. 卡普拉认为太极图的运动变化原理与动力学术类型一致。科学易经派还创立“一元数理论”“分形分进理论”“模糊群子论”、地球经络穴位说等，为人类科技发展作出了伟大的贡献。

五、基本形成了华夏礼制思想

中华民族在5000年的历史长河中，创造了灿烂的文化，形成了高尚的道德准则、完整的礼仪规范和优秀的家国传统美德，被世人称为“文明古国，礼仪之邦”。讲究礼仪、讲求礼义是中华民族重要的精神特质。中国古代的“礼”和“仪”，实际是两项不同的概念。“礼”是制度、规则和一种社会意识、思想观念、精神价值，即所说的“礼义”。如《诗》序中说：“变风发乎情，止乎礼义。发乎情，民之性也；止乎礼义，先王之泽也。”《礼记》又说：“凡人之所以为人者，礼义也。”“仪”是“礼”的具体表现形式，它是依据“礼”的规定和内容，形成的一套系统而完整的程序，是社会生活的一种方式。

中国自古享有“礼仪之邦”的美誉，中华儿女素有文质彬彬的精神风貌，这是因为自周秦以降，历朝历代关于礼制、礼仪的种种规定，礼义的导向，与治国方略之设计、社会秩序之构建、伦理道德之培养紧密相连。在这个意义上，中国传统文化，特别是政治文化，伦理文化和社会文化，就其表现形式而言，可以简称为“礼制文化”。

礼制思想观念始于夏朝经商朝，在西周时达到完善。历朝历代的礼制与礼仪，都与治国方略的实施、社会秩序的规范、伦理道德的培养有密不可分的关系。春秋战国时期国家裂变，周朝以来的礼制观念和礼制秩序遭到破坏，以儒家为代表的思想家极力主张建立新的以仁爱为核心，以仁政为手段，以礼义为思想指导精神支撑，以礼仪为规范的大一统国家，到了秦汉一统以后，儒家的礼制思想礼制观念完整形成，礼仪道德思想蔚然成风。治民先治心、齐民先齐心，“礼仪”实则是立国安邦的基础。

中华礼制源远流长、绵延不绝，是中华文明的重要内容和载体，是治国理政的核心要件。遵守礼仪是天经地义的事情。《左传·昭公二十五年》云：“夫礼，天之经也，地之义也，民之行也。”《礼记·礼运》篇中说：“夫礼，先王以承天之道，以治人之情，故失之者死，得之者生，诗曰，相鼠有体，人而无礼，人而无礼，胡不遄死，是故夫礼，必本于天，肴于地，列于鬼神，达于丧祭射御，冠昏朝聘。”礼是以仁政为基础的社会秩序治理的一种根本制度，礼既是沟通天人的一种仪式，也是社会等级的一种约束，社会活动的一种礼仪，更是一种立身处世的准则。它为中华民族构造了一种精神品格、精神气质。诸如尊老敬贤、仪尚适宜、以礼待人、与人为善、礼尚往来、容仪有整、尊师重教、尊老爱幼等对增强中华民族的凝聚力和向心力起到了重要作用。礼的道德与精神支撑的核心是仁义道德，就是仁政。《礼记·仲尼燕居》中说：“治国而无礼，譬犹瞽之无相与！”《论语·为政》中说：“道之以德，齐之以礼，有耻且格。”这是礼的实质。“礼”为“仁”之用。“仁”为“礼”之体，体现了仁和礼的内在关系。礼在中国古代是文明程度、社会风尚、道德水准等软实力的重要标志。著名的史学家钱穆先生说：“中国传统文化的核心思想就是礼。”无论怎样说，礼是中华民族重要的遗产，其中的礼义是中华民族重要的思想观念。

炎黄以后，大约在公元前 21 世纪前，出现了三位伟大的人物，中国进入到了尧舜禹时代，这时期产生了部落内部的民主制度，这就是以择贤为标准的禅让制，禅让制历经尧舜禹三代，在中华民族血液中埋下了平等、正义、公正的种子。大禹，由他完成了治理水患的重任，将华夏大地的九州重新勘定，即史书记载的勘定九州，发展水利。建立起了一个叫夏的部落联盟城市国家，并将国家的权柄传给了自己的儿子启，开辟了中华第一王朝。从夏到商再到西周，大一统的国家政体，以礼治国，以德立国方略的施行，成为了后来中华思想高峰中“世界大同，天下为公”的最重要元素。

从此，华夏民族就在亚洲大陆生存、繁衍、发展、壮大起来，历经夏、商近千年的进化与兼并融合，终于诞生了以礼治、宗法、道德培育为核心的西周国家，这中间涌现了以周文王、周武王、周公为代表的建立宗法礼仪制度的代表人物，由此奠定了华夏族以道德礼法为核心价值理念，管理社会的基本宗法制度。从此，中华民族迈向了一个思想、文化的繁盛时期，为中华民族未来数千年的文明打下了坚实的基础。

历经夏、商、周三代，华夏民族开启了创造更为灿烂的文化和文明的历史，中国成为了世界上最古老的文明国家之一。

华夏民族所创造的思想文化，到了春秋战国时期，涌现了一大批杰出的思想家、政治家，群英荟萃，熠熠生辉。他们的思想，凝结成中华民族精神文化的核心，他们的理想愿望，谱写成了人类对未来憧憬最美好的蓝图，成为中华民族5000年文化的原点文化，形成了人类的精神文化高地。正是在这些思想家、政治家的推动下，这些思想文化的核心，成为引领中华民族长时间走在人类前列的内在动力，并为全人类的文明作出了举世公认的伟大贡献。

中国文化作为一条从未断流的古代文明的长河。其内在的核心力量，就是它创造了具有中华民族特色的精神文化体系。而这个文化体系的核心内核，就是礼制的思想观念。以礼为核心的思想观念精神文化，在中华民族辉煌的历史中起到了最重要的作用。

回眸中华民族5000年的历史，真正能够起着引领支撑作用的思想和精神，那就是——和、仁、义、礼、智、信、忠、勇等一系列礼义精神文化符号。这些精神文化符号，浸透在了中华民族血液之中，成为中华民族和以后数千年主导社会生活的主体精神。而成就这一文化的核心人物，镌刻在历史的纪念碑上的，就从炎黄肇始，历经尧、舜、禹、文、武、周公，完成于孔子、老子、孟子、庄子等一系列思想家、政治家，也正是他们的推动和引领才使得这些思想精神成为中国社会中具有大众化、社会化含义的文化。

中华民族是具有崇高理想的民族，中国古代文化典籍中闪射出无尽的社会理想光华，从朦胧的憧憬到鲜明的构思，从抽象的概括到形象的展示，从局部的勾勒到整体的描绘，从天堂的向往到人间的追求，中华民族的文化理想与中国社会历史的演进发展一道前进一同向上，对理想社会的憧憬与追求，是中国古代文化史上的一个恒久而鲜明的主题。古代神话中女娲补天、后羿射日、鲧禹治水、愚公移山等神话传说就寄寓了原始时代的中国人征服自然的强烈愿望和崇高的理想。

毋庸讳言，在中华民族发展过程中，诸民族之间有过矛盾与冲突。但他们能在认同中华礼制的前提下逐渐缓和矛盾、化解冲突，形成共存共荣的良好关系。例如，在我国历史上，无论魏晋南北朝时期在北方建立的少数民族政权，还是之后建立辽朝的契丹族、建立金朝的女真族、建立元朝的蒙古族以及建立清朝的满族，无一例外地认同并服膺于中华礼制，从而能使民族融合不断向前推进。在这中间，礼义观起着主要的凝聚作用的，无疑有着礼义观念和道德观念。

中华先民并不只是讲究礼仪“进退周旋，威仪抑抑”的外在形式，而且注重探求礼仪的内在精神实质。孔子说：“礼云礼云，玉帛云乎哉！乐云乐云，钟鼓云乎哉！”《礼记·郊特牲》称，“礼之所尊，尊其义也”。所谓尊其义，就是追求道德境界、强调道德践履。孔子称颂那些能够修身立德、行礼律己、道德高尚的前代圣贤，反复强调“不学礼，无以立”。坚持知礼行礼、知行合一，追求高尚的道德境界，体现了中华先民的主流价值观。中华礼制注重道德修养与道德实践，强调知行合一，这使它起到了塑造道德人格、促进社会和谐稳定的重要作用。

可以说，中华礼制自诞生之日起就具备了教化功能，并在演化过程中逐渐将道德教育与理想教育紧密结合，强调自幼及长、礼教终生，提倡仁爱精神、忠恕之道，注重培养道德人格、建设礼仪之邦。所谓礼仪之邦，就是有高度道德自觉的社会，是诸族和谐、政治清明、社会稳定、经济发展、民众富庶的社会。中华礼制提出的愿景，是中华先民们向往和着力构建的社会。中华礼制所倡导的仁爱精神、忠恕之道、和谐社会等学说，能为今日构建和谐世界贡献中华民族的智慧。

作为一种制度，中华礼制在历史上曾为各种政权服务。在封建社会，它强调封建等级，包含一些糟粕。然而毋庸置疑的是，中华礼制能够与时俱进、吐故纳新，不断改革与变迁。孔子提到三代礼制传承中的“损益”，便是一种改革；《礼记》进一步提出“时为大”这一与时俱进的礼制改革原则。适时变革是中华礼制演进的重要原则，这使它成为与中华民族同生共长、传承久远的文化传统。

由孔子创建、孟子加以发挥的儒家礼制观，在战国时期曾饱受其他思想家的批判，那是因为这种礼制观仅仅重视礼的道德层面，而对礼的制度规范层面关注不够。秦汉之后，我们的先人力图将礼与法结合起来，融礼入法、礼法合一成为中华礼制变迁的重要转折。礼法合一要求人们遵礼守法，违礼即违法。礼既是道德要求，又是法律规范；礼制既有教化功效，又有法制规范之用。《礼记·经解》认为“礼禁乱之所由生”,可以起到“止邪也于未形，使人日徙善远罪而不自知也”的作用。古人通过礼来“止邪于未形”，使人们“徙善远罪”，达到“禁乱”和教育人的目的，对我们今天推进国家和社会治理有一定启示意义。

礼仪是生活方式，礼义是精神价值。无论古代中国，还是现代社会，礼制、礼仪、礼俗对于社会生活的影响都是无时不有、无处不在的。自古以来，礼仪规范着中国人的生活方式，礼仪背后的支撑力是几千年累积沉淀而成的精神价值，这就是礼义。讲究礼仪、讲求礼义即是中国人之为中国人的内在特质之一。就在 20 世纪三四十年代的偏僻农村，“儒家文化虽已处于十分衰落的状态，但仍然支配着日常的社会生活：一些人伦关系，从婚丧礼俗到岁时节庆，大体上都遵循着儒家的规范，而辅之以佛、道两教的信仰与习行”。显而易见，儒家的文化观念连同礼制规范早已融入中国人的血液之中，礼制、礼仪连同其背后的礼义诉求也已内化为国人性格的重要组成部分。

传统儒家的治国理政之道向以“仁政”“礼制”为其核心要素。《左传·成公二年》载孔子言:“名以出信,信以守器,器以藏礼,礼以行义,义以生利,利以平民，政之大节也。”

可见,“仁政”“礼制”四字，已经足以概括传统儒家的治国理政之道。若就施政理念而言，是德治主义的仁政；若就制度形式而言，则是等级分明的礼制。礼制可以说是中国人的一种生活方式。上至国家典章制度、朝廷礼乐设置，中到社会礼俗和民间风尚，下及家庭伦理和行为规范，无不或多或少地体现了儒家礼制的种种影响。

因此可以说，“从长远的历史观点看，儒家的最大贡献在于为传统的政治、社会秩序提供了一个稳定的精神基础”。传统礼制、礼俗研究的确有助于窥得传统社会之特质和中华民族之性格。

前面已经说到，“礼”文化的内核是“仁”文化。毋庸讳言，自西汉中叶汉武帝“罢黜百家,独尊儒术”以来,在长达 2000 余年的历史进程中,传统礼制，连同礼教、礼俗不免与“乾纲独揽”的帝制官僚体制纠缠扭结,形成一套自上而下的社会控制体系。历朝历代均用政教相维、纲常名教等理念和说教来维护统治阶级的利益，于是礼教天理化，礼制教条化，最终成为禁锢臣民思想、束缚百姓手脚的镣铐和枷锁。

但对于个人来说，礼及礼制又是立身处世的一套准则；对于群体来说，礼和礼制又是人际交往的文明规则；扩而大之，对于整个社会来说，礼和礼制则是为构建稳定的社会秩序和制度而设计的。因此，礼制中蕴含着中华先民的生命经验和生活智慧，其核心就是一个“仁”。这在诸子百家的著作中有十分清楚的论述。《礼记·仲尼燕居》载：“治国而无礼，譬犹瞽之无相与！”又说：“礼者，理也。”即统治者以“礼”来治事理政，也就是以“理”来治事理政。

在儒家文化中，政治上主要的思想观念，就是要施行以德治国，实行“仁”政。孔子在《论语·为政》中说：“为政以德，譬如北辰，居其所而众星共之。”又说：“道之以德，齐之以礼，有耻且格。”即在仁政中，德与礼相互为用，不可分割。

在孔子看来，仁政有非常丰富的内容，其中主要的具体表现内容，国家在施政过程中必须具备。仁政的具体表现有五，即“恭”“宽”“信”“敏”“惠”，此即“恭则不悔，宽则得众，信则人任焉，敏则有功，惠则足以使人”。对此，孔子在《论语·阳货》中又说：“能行五者与天下，为仁矣。”概而言之，便是庄重、宽容、诚信、勤勉及惠人。这些准则亦是各种具体而微的礼制规范由以制定和实施的内在理念。因而仁、礼关系又可以简要地表述“礼”为“仁”之流，“仁”为“礼”之源。

“仁”是儒家学说中最重要的哲学思想，是指导社会运行的重要道德准则。它的原初含义是指人与人之间的亲善关系。我国最古老的政书《尚书·仲虺之诰》就认为“仁，爱也”，仁的含义就是爱。《诗经·郑风·叔于田》提道“洵美且仁”，说的是民风淳厚古朴和美仁义。《周易·乾卦》及《左传·襄公九年》中都提到君子有四德，即“君子体仁足以长人，嘉会足以合体，利物足以和义，贞国足以干事，君子行此四德”。意思是君子躬行仁道，就会作出对人有益的事。这些理念原本是炎黄时代以后族群社会普遍提倡与存在的血缘亲情关系的天然反映，成为在华夏民族发展壮大中的凝结思想感情的纽带。

仁者爱人，施行仁政可以凝聚人心，可以激发民众的向心力，能够调动焕发人的发自内心的热情和才能。这种以家庭、家族、宗族为基本组织的族群社会观念被新儒家称为“熟人共同体”。也有学者认为，西周的宗法共同体就是以小共同体为特征的族群“封建”体制。在这样的“族群”社会中，“由天生的血缘亲情推出人性本善，由伦理上的长幼尊卑推出一种‘人各亲其亲、长其长，则天下太平’的政治秩序”。从而形成了费孝通在研究乡村经济后得出的“差序格局”。在这种基于血缘关系的小共同体中，由长者（族长）主导的权利义务之间的关系，表现为父权和父责相统一，即《礼记·礼运》说的“父慈、子孝，兄良、弟悌，夫义、妇听，长惠、幼顺，君仁、臣忠”。显然，这是一种对君臣父子双方都有约束力的权利义务关系。因此，“君君、臣臣，父父、子子”的最原始的基本含义是：君主要像个君主的样子，臣子要像个臣子的样子，父亲要像个父亲的样子，孩子要像个孩子的样子，各自按照自己应该做的样子行事，各种身份的人对自己的身份负责。在这个问题上儒家的观念是圣道高于君命，儒士为王者师，信仰高于权位，顺着这样的思维，孟子才有了性善论，才有了“民为贵，社稷次之，君为轻”之类的民本思想，荀子在《荀子·子道》才有“从道不从君，从义不从父，人之大行也”这样的道德原则。

可喜的是，从最初的血缘亲情中产生的仁爱观念，经过儒家的阐释推广，进一步延伸到了整个社会领域，演化为“忠恕之道”。孔子说：“吾道一以贯之。”这句话曾子在《论语·里仁》中解释，“夫子之道，忠恕而已矣”，“忠恕之道”的正解在《论语·雍也》中就是“己欲立而立人，己欲达而达人”，其反解就是《论语·颜渊》中所说的“己所不欲，勿施于人”，其基本精神都是将心比心，推己及人，也就是孟子在《孟子·公孙丑上》中所说的：“不忍人之心。”“所以谓人皆有不忍人之心者，今人乍见孺子将入于井，皆有怵惕恻隐之心。非所以内交于孺子之父母也，非所以要誉于乡党朋友也，非恶其声而然也。”为了进一步说明这个问题，孟子提出了人与人之间的交往相处，要有“四心”，即“恻隐之心”“羞恶之心”“辞让之心”“是非之心”，他将此作为“仁”之“四端”。孟子所言，实质就是人区别于动物、人之为人的根本特征，故可简称为“人性”，也就是“仁”

的具体表现。古今中外，概莫如是。

由此可见，传统文化中的“礼”文化沉淀着深厚的精神品格与高尚的道德情怀，是中国道德文化精髓所在。

礼文化的形成，为中华精神高地的呈现打下了坚实基础。在儒家理念中，礼义德治具有两层目标，修身和平天下，途径是齐家、治国，出发点是诚意、正心。要想实现仁政的“外王”，首先要成为君子，君子要“外王”首先要通过修身做到“内圣”。也就是说要达到“外王”的唯一基础便是“内圣”，即统治者必须加强自身的道德修养做到诚意正心，成为君子，成就“圣贤气象”，由此才能担负起治国理政的责任。《大学》要求：“自天子至于庶人，一是皆以修身为本。”

而衡量道德高低的一个重要标杆即为是否合乎礼制，既要合乎礼仪，又要合乎礼义。《礼记·曲礼上》说：道德仁义，非礼不成；教训正俗，非礼不备；分争辩讼，非礼不决；君臣、上下、父子、兄弟，非礼不定；宦学事师，非礼不亲；班朝治军，莅官行法，非礼威严不行；祷祠、祭祀、供给鬼神，非礼不诚不庄。

所以孔子特别强调要透过礼制的具体安排来体会礼制背后的精神价值。他在《论语·八佾》中说：“礼云礼云，玉帛云乎哉？乐云乐云，钟鼓云乎哉？非也。”玉帛、钟鼓只是礼制的表现形式，需要认真体会的是礼制设置背后的精神实质。这个精神实质就是“仁”。也就是说“人而不仁，如礼何？人而不仁，如乐何？”（同上）“礼”是用来表现“仁”的工具和手段，“仁”是施行礼制形式的目的和价值。人们应该在习礼、行礼的具体实践中体会、领略“仁”的精神所在。这就是先秦儒家的“礼表仁里”论，亦可称之为“仁体礼用”论、“仁源礼流”论。

由内圣达致外王的具体途径就是《大学》里规定的八个步骤，即格物、致知、诚意、正心、修身、齐家、治国、平天下，说明实行仁政首先要注重自身的道德修养。而“内圣”的核心就是“仁者爱人”。前述孔子关于“仁”的恭、宽、信、敏、惠五个特征，其实也是处理人际关系所应遵守的行为准则。

综上可见，在实践“仁者爱人”“仁爱”理念的过程中，中华礼制的内涵宏大，包含了诚心正意为基，修身正己为本、智德并重、忠正廉洁、行己有耻、礼让谦和、忠恕待人、和而不同等基本内容。正是在这种“内圣”学说的引导之下，中华民族自古以来特别注重个人道德品质的完善、家庭伦理关系的协调以及社会人际关系的和谐。经过数千年的积淀，在中华大地上形成了一系列值得继承和发扬的优秀思想观念、精神品格。

从周代制礼倡德开始，将慈、良、恭、义、仁、惠、柔、敬、和、友、中、懋等列入社会道德教化的核心内容以后，形成了至德（道）、敏德（行）、孝德（家庭、国家）三德，指导社会实践，形成了学友行，以尊贤良；学孝行，以亲父母；学顺行，以事师长的三行道德。随着社会的发展，又形成了知、仁、圣、义、忠、和六德，以及孝、友、睦、姻、任、恤六行。孔孟时代以后，道德思想观念又有了发展，孔子提出了“六艺、四教、三大德”使之知者不惑，仁者不忧，勇者不惧。孟子提出“四德五伦”，即仁、义、礼、智，即四心和父子有亲、君臣有义、夫妇有别、长幼有序、朋友有信。强调要“明人伦，知仁义”。秦汉以后主张道德教育为“为政之首”，形成了“三纲五常”即“君为臣纲、父为子纲、夫为妻纲”和仁、义、礼、智、信等。唐宋以后，在吸收儒家思想的基础上，融合了佛道两家的思想，将道德修养的内容目标更加丰富起来，构成了一整套系统、严密、哲理化的道德教育思想。朱熹提出了孝悌忠信、礼义廉耻。包括修身、接物、为学的具体内容，并将教育分为小学、大学，小学学习“洒扫、应对进退之节”，遵守孝悌忠信。大学以明明德，来“修身、齐家、治国、平天下”。到了近代，孙中山先生提出了八德，忠孝、仁爱、信义、和平。

中华民族的道德品格表现大致可以列举如下：“君子不党”“和而不同”的独立人格；“仁以为己任”的道义担当精神；“富贵不能淫，贫贱不能移，威武不能屈”的坚毅意志；“杀生成仁”“舍生取义”的道德勇气；“智者不惑、仁者不扰，勇者不惧”的坦荡胸怀；“己欲立而立人、己欲达而达人”“己所不欲，勿施于人”的忠恕之道；“厚德载物”“博施济众”的人生取向；“其身正，不令而行；其身不正，虽令不从”的表率作用；“先天之忧而忧，后天下之乐而乐”的使命感、责任感；“为天下立心，为生民立命，为往圣继绝学，为万世开太平”的求索精神。

第三编

中华民族传统价值观

第一章　中华民族的传统哲学观念

一、知行合一的知行观

知行观，是中国古代哲学中的重要思想观念，是中国古代哲学史上认识论和实践论别具特色的命题之一。是一种人生的认识哲学，强调知行合一，知为行用。知行观念的确立，体现了中国古代哲学思想与社会治理、社会生活相结合的一大特色，将中华民族创造的一系列思想观念付诸社会管理与生活实践之中，形成了数千年来一以贯之的文化体系与民族传统，使思想观念、社会管理社会生活浑然一体。

在中国哲学中，认识和实践的关系表述为知与行的关系。知，是指认识、知识、道德意识等。行，本义为道路，引申为行动、行为、践履之义。在中国古代，知行问题涉及到认识论，也涉及到伦理道德等其他哲学范畴。因有《大学》的"知止于至善"主要是关于道德修养、道德实践方面的。中国古代哲学家认为，知的最高要求是强调善，行要按照知的指引去做，无论是社会管理还是社会生活，不仅要认识，尤其应当实践，只有把"知"和"行"二者统一起来，才能称得上真正的"善"，做到了言行一致，表里如一。关于知行合一，思想家们主要有以下观点：行先于知，由行致知；知之明也，因知进行；以行验知，以行证知；知行并进，相资为用等。

知行观无疑是哲学的重要认识论问题，贯穿了整个中国哲学史。西周时期的《易经》就有涉猎，到了春秋时期，许多思想家都开始重视这个问题，他们从不同的角度探讨了认识的来源、认识过程和求知方法等问题。宋明时期，由于理学、心学的分歧，知行问题的研究到达高潮，程朱、陆王都对知行问题有许多精妙的研究。总体上来说，由于儒家学说的统治地位，中国古代的知行观的运用和普及是以道德为基础的，也是与道德的实现互为一体的，知与“为圣”相统一。

春秋战国时期，最早提及知行问题的见诸于《左传》的“非知之实难，将在行之。”《古文尚书》里也有“非知之艰，行之惟艰”都表现出了重视“行”的基本态度，即知易行难。孔子非常重视知行在认识社会以及道德修养中的作用。孔子首先认为知十分重要，“知者不惑”。孔子说过，“知之者不如好之者，好之者不如乐之者。”即对于学问和学业，知道它不如爱好它，爱好它不如对其有浓厚的兴趣。“学而时习之，不亦说乎”更是一句家喻户晓的名言。强调学到待人处世的道理并适时实践练习，不是一件令人心生喜悦的事吗？包含着知行的哲理。儒家的知主要是处事为人的道理，行是将学到的道理应用到社会实践。认为人的道德修养是一个学习和锻炼的过程，即从学习道德知识到确立道德信念，再到认识和把握规律、进行实践、实现自由的过程。而这个过程也正是知行的过程。强调“不知命无以为君子也，不知礼无以立也，不知言无以知人也”。孔子强调知的来源在于后天的学习，虽也承认有“生而知之”者，但认为“学而知之”。兼重学与思、知与行。孔子的知行思想中，在知行的关系上，他倾向于先知而后行，故讲知要多于讲行。第一，“慎言”“慎行”“知之为知之，不知为不知，是知也”的客观对待事物的态度。在《论语·为政》一文中记“子曰：‘由！诲汝知之乎？知之为知之，不知为不知，是知也。’子张学干禄。子曰：‘多闻阙疑，慎言其余，则寡尤。多见阙殆，慎行其余，则寡悔。言寡尤，行寡悔，禄在其中矣。’”第二，一个人的道德品质是否高尚，不能凭其言论，要看他的实际行动。他在《论语公·冶长》中说：“始吾于人也，听其言而信其行；今吾于人也，听其言而观其行。”第三，知而后行的知行观。《论语·学而》中讲“有子曰：‘礼之用，和为贵。先王之道，斯为美。小大由之，有所不行。知和而和，不以礼节之，亦不可行也。”《论语·八佾》又记“子曰：‘不知也。知其说者之于天下也，其如示诸斯乎！’指其掌。”第四，人的认识不同，故行动的结果也就会不一样。在《论语·公冶长》说道，“子谓子贡曰：‘汝与回孰愈？’对曰：‘赐何敢望回。回闻一以知十，赐闻一以知二。’子曰：‘弗如也！吾与汝弗如也。”

墨家的知行观有较强的认识论的成分，十分强调实践中的经验对认识的作用。强调实践是知识的检验标准，成为实践是真理的检验标准的最早的表达。墨家从纯认识论角度提出三表，以作为判断言论是非的标准。后期墨家把认识分为“闻知”“说知”“亲知”，注意到它们各自的特点和在认识中的作用。墨家主张，直接的听闻见等感觉经验为认识的重要来源，即在《墨子·明鬼》说的“天下之所以察之，有与无之道者，必以众之耳目之实，知有与亡为仪者也，请惑闻之见之，则必以为有，莫闻莫见，则必以为无。”《墨子·耕柱》中墨子曰：“言足以复行者，常之；不足以举行者，勿常。不足以举行而常之，是荡口也。”这里的言，可以理解为是口中说出得知，强调言行一致者值得崇尚。

孟子的知行观认为，知和行对人认识主观世界、客观世界都有着重要的作用，但二者均要听从于天命的安排。他在《尽心篇》开篇便讲，人要充分发挥心知的作用。这样就可以知本性、识天命。但人还是要努力地探求，不探求就得不到。最终能不能得到，还是由天命决定的。孟子在《孟子·尽心上》中认为，大多数人是行而不知的，他说：“行之而不著焉，习矣而不察焉，终身由之而不知其道者，众也。”他还主张，人既要知又要行，人可以知道许多，但要行当前最紧迫的事。“孟子曰：知者无不知也，当务之为急；仁者无不爱也，急亲贤之为务。尧舜之知而不遍物，急先务也；尧舜之仁不遍爱人，意亲贤也。”孟子区别“耳目之官”与“心之官”的不同职能，指出“心之官则思”“思则得之”。

在知行观上，荀子对认识的来源和方法进行了较为深入地研究。既注重感性认识又肯定思维的能动作用，对先秦哲学的认识论进行了总结。荀子是中国哲学史上较早明确提出了知行关系问题的人。他不仅提出要重视学习，而且非常强调道德实践的重要性。《荀子·儒效》“不闻不若闻之，闻之不若见之，见之不若知之，知之不若行之。学至于行之而止矣。行之，明也；明之为圣人。圣人也者，本仁义，当是非，齐言行，不失毫厘。无它道焉，已乎行之矣。故闻之而不见，虽博必谬；见之而不知，虽识必妄；知之不行，虽敦必困。”这样，荀子把学习的过程分为闻、见、知、行四个阶段，以闻为始，以行为终。在这个过程中，行要高于知，因为行使所知的更加明确，即“行之，明也”。荀子的知行观发展了孔子、孟子的知行思想。孔子、孟子讲行，着眼点是把内心的道德观念加以实现，成为行动，而荀子的着眼点在于使观点的东西更加清楚，以及着重论证知行二者的关系。

孔子时代，社会处于频频战乱之中，在当时，某一社会个体的生存价值绝大部分是由其蒙昧的实践观、是原始的实践能力所决定的。身强体健的勇士是那个时代当之无愧的英雄。在孔子之后，中国开创了一个社会个体追求知行观的漫长的历史时期。无论“格物致知”“学而知之”，还是当时的“君子观”，都是扬弃蒙昧的实践观，试图将知性和行为相统一的理论形态。在古老的东方，中国的大思想家们却是偏向于认知同行为的协调，即所谓“知行合一”，但这种协调与合一并不是落脚在知性之上，而是在行为的社会实用性或经世致用之上，在道德修养上。

隋朝著名儒者王通继承了荀子的知之不如行之的思想，并提出行要持之以恒，不要半途而废。他在《中说·礼乐》中有“文中子曰：其名弥消，其德弥长，其身弥退，其道弥进，此人其知之矣。子曰：知之者不如行之者，行之者不如安之者”。强调了实践的重要。他还在《中说·述史》说“子曰：天下未有不劳而成者也。贾琼问正家之道，子曰：言有物而行有恒”。强调了办事说话要言之有物，实践上要持之以恒。

到了宋明时期，在知行观问题上以个人为主体，主要围绕着知行的先后、分合、轻重、难易展开讨论的，这可以看作中国古代知行观的范式。明末不表初思想家王夫之综合了这一范式的发展内容，成为中国古代知行观的集大成者。

朱熹主张知行并重，不可缺一，如论先后，知在先，如论轻重，行重于知。《朱子语类·经上》中说“知与行，工夫须著并到。知之愈明，则行之愈笃；行之愈笃，则知之益明。二者皆不可偏废。如人两足相先后行，便会渐渐行得到。若一边软了，便一步也进不得。然又须先知得，方行得。”他认为，人之有知，须亲修实践，其知乃深，才可为真知。人做到知行同进，方能二者相互启发、促进，才能使人的认识进入一种高的境界。所以，他非常重视行的作用。在《朱子语类·力行》中说：“学之之博，未若知之之要；

知之之要，未若行之之实。”但人若做到知得行得，并由此达到至圣境界，须过致知、诚意两关。朱熹知行观强调知难行易、知先行后，与传统知行观形成鲜明对比。

真德秀继承了朱熹的知行观，认为学者须过致知和诚意两关，使学有所用，根基则立。在《西山先生真文忠文集》中说“朱熹之说以为致知、诚意乃学者两关，致知者，梦与觉之关，透得此关，方是觉，不然则梦。诚意者恶与善之关，透得此关，方是善，不然则恶。大学之道惟此两节为最难，故熹以关譬之。过此两节则根基已立，有用力之地矣。”再一次强调了致知的目的是向善的道德思想修为。

北宋著名理学家张载认为人的道德是先天的，而人克服各种欲念，最后成为圣人，则是通过学习才能达到。在《张载集张子语录》中有“生之有大小之殊，如贤不肖莫不有文武之道也。‘忠信如丘’，生知也；‘克念作圣’，学知也。仲尼谓我非生知，岂学而知之者欤？以其尽学之奥，同生知之归，此其所以过尧舜之远也。”他还主张，行对人十分重要，如人离开行则一事无成。“人之事在行，不行则无诚，不诚则无物，故须行实事。”

程颢、程颐提出“格物致知”，不是认识客观事物的法则，而是借格物在人的内心恢复“天理”，即所谓按天的运行规律办事，天理是人类改造自然和社会的法门。即所谓“天理昭昭”“天理不容”。天理一说，最早见之于庄子，后被儒家视为是至高无上的道德。《庄子·天运》：“夫至乐者，先应之以人事，顺之以天理，行之以五德，应之以自然，然后调理四时，太和万物。”在知行关系上，他认为以知为本，先知后行。人不行善，是因为人不知。《二程集遗书》中说：“知至则当至之，知终则当遂终之，须以知为本。知之深，则行之必至。无有知之而不能行者。知而不能行，只是知得浅。饥而不食乌喙，人不蹈水火，只是知。人为不善，只为不知，知至而至之。知几之事。故可与几；知终而终之，故可与存义。”

程朱理学包括陆九渊都主张“知先行后”，将知行分为两截，认为必先了解知，然后才能实践行。

明代心学集大成者王守仁首先在理论上反对传统知行观中对知行分先后轻重，而提出了“知行合一”的理论。明武宗正德三年（1508年），王守仁在贵阳文明书院讲学，首次提出知行合一说。所谓“知行合一”，不是一般的认识和实践的关系。“知”，主要指人的道德意识和思想意念。“行”，主要指人的道德践履和实际行动。因此，知行关系，也就是指的道德意识和道德践履的关系，也包括一些思想意念和实际行动的关系，知行一体，内圣外王。到了这里，知和行完全走上了道德修为的道路，失去了求知科学数理的内容，进而失去了人们对科学探索的引导作用。

王守仁主张“知行合一”论。他在《王文成公全书·传习录》中认为“知是行的主意，行是知的功夫。知是行之始，行是知之成”。他在《王文成公全书·答友人问》中认为，知行是很难分开的。“知之真切笃实处便是行，行之明觉精察处便是知”。人如知之而不行，便等同于不知、未知。不做便是不知。这是王守仁的知行结论。他说“未有知而不行者。知而不行，只是未知”。也就是说没有知道而不去做的事情。知而不行，就是没有真正了解与明白。他的意思是说我们自己以为懂得了一个很好的道理，但却未能付诸行动。王阳明认为，原因只有一个，你只是知道了这个道理，却并未真正用“心”去体悟它。无独有偶，根据这种观点，一个人如果真的知道了什么是好的、善的，那他一定会去做。如果他没有付诸行动，原因只有一个：他并未真正认识到善；同样，坏人作恶，原因也是对于善的无知，或者没有真正认识到善。所以他在《王文成公全书·答硕东桥书》中得出“知行功夫，本不可离”。

王守仁的“知行合一”思想包括以下两层意思：一是知中有行，行中有知。王守仁认为知行是一回事，不能分为“两截”。他说：“知行原是两个字，说一个工夫”。从道德教育上看，他极力反对道德教育上的知行脱节及“知而不行”突出地把一切道德归之于个体的自觉行动，这是有积极意义的。因为从道德教育上看，道德意识离不开道德行为，道德行为也离不开道德意识。二者互为表里，不可分离。知必然要表现为行，不行不能算真知。道德认识和道德意识必然表现为道德行为，如果不去行动，不能算是真知。王守仁认为：良知。无不行，而自觉的行，也就是知。这无疑是有其深刻之处的。二是以知为行，知决定行。王守仁进一步提出“知行合一”的观点，不同意把知行分开看成先后的关系，他说：“知是行的主意，行是知的工夫；知是行之始，行是知之成”。意思是说，封建道德是人行为的指导思想，按照封建道德的要求去行动是达到“良知”的功夫。在封建道德指导下产生的意念活动是行为的开始，符合封建道德规范要求的行为是“良知”的完成。他的知行合一说，一方面强调道德意识的自觉性，另一方面强调道德实践，要言行一致。但混淆了意识活动与实践活动的界限，甚至认为一念发动处即是行了，这就陷入了唯心论。

王守仁的知行合一说主要针对朱学而发，与朱熹的思想对立。王守仁提倡“知行合一”正是为了纠朱学之偏。

王守仁的知行合一说，强调知行原是两个字说一个功夫，“知之真切笃实处便是行,行之明觉精察处便是知。”“知是行的主意,行是知的功夫。”一念发动处，便即是行了。圣学只一个功夫，知行不可分作两事。王阳明极致地强调诚意，务求慎独笃实的、彻根彻底地实际做到，反对空谈性理和仁义。深化了道德意识的自觉性和实践性的关系，克服了朱熹提出的知先后行的弊病，但是同时也抹去了朱熹知行说中的知识论成分。王守仁的观点虽然有利于道德修养，但忽略了客观知识的学习，这就造就了以后的王学弟子任性废学的弊病，清初的思想家甚至把明亡的原因归于王学的弊端。

明清之际的著名思想家王夫之认为知必须依赖于行，只有行才能使人们获得成功。行可以取得知的效果,而能知未必能行,知而不行,即无实效。由此，王夫之得出“行可兼知，而知不可兼行”的结论，认为在知与行的关系中，行是主要方面，行是两者统一的基础。他的这一观点是反对王守仁混淆知行差别，取消先后之序的“知行合一”说而提出的，批评这种抽象的绝对同一，认为知行有区分，才能相资以互用。

“知行合一”给我们的启示是，所有的成功都来自行动，所有的真知也来源于实践。只有行动才能改变你自己，改变你的思想认识。就如王守仁所说，“慎思之，笃行之”。

所谓“三思而后行”，要思考在前、行动在后，必须经过多番仔细周密的考虑才能有所行动，如此才能取得最好的效果，避免不必要的错误和麻烦。思考与行动，就如同是知与行。对于一个正常人而言，是人生至关重要的一件事，小到处理家庭琐事，大到掌握国家命运，轻率与认真的效果都将立竿见影。所以要走向王阳明主张的“知行合一”，使知真能经得住三思的考验，行真能成为一种功夫，那么知行就自能成为智慧与功业的完美合一。

明代中叶卓越的思想家王廷相在知行关系上，主张“知行兼举”“见闻之知与德性之知”。他在《王廷相集·王氏家藏集》中认为，讲得一事即行一事，行得一事即知一事，所谓真知矣。强调指出，人的认识来源于人的思考与亲身见闻，即“夫圣贤之所以为知者，不过思与见闻之会而已”。他把人的认识分为“天性之知”和“人道之知”，反对理学家提倡的“德性之知”。他还反对“不于实践处用功，人事上体验”的空寂寡实之学，强调“力行”的重要性。在认识论上，他坚持从物——感觉——思维的路线，提出“见——思——行”的认识公式，并详细论证了实践在认识过程中的地位和作用。王廷相根据他唯物主义的认识论，提出了反对偏重内省静养的方法，主张内外交养、动静结合、心虚气和、因时制宜等方法。王廷相的知行观，具有十分重要的意义，尤其是他将知分为“天性之知”和“人道之知”，打破了固有的以人道之知蒙蔽整个知的内涵外延的认知，有利于将人们认知的视野，从单一的道德修养研究向自然的“天性之知”观瞻用心。他在明代社会逐渐走向衰落、程朱理学一统天下、王守仁心学刚刚兴起之际，批判程朱理学和王守仁心学严重脱离社会实际，倡导“为有用之学”和“治己之学”，以成就“内圣外王之业”。

明末清初思想家陈确在知行关系上主张知行并进，他很重视行，强调知与行的紧密联系。他批判地继承了王阳明“知行合一”的观点，阐发了“知无穷，行亦无穷；行无穷，知愈无穷”的知行并进的知行观。他认为言行就是知行。他反对朱熹的知行有先后的说法。

明末清初思想家黄宗羲认为，知行之间，知应在行之先，知和行是有区别之处。二者既不可离，又不可混。他在《答顾箬溪》中论述了自己的观点，他说“夫学不过知行，知行不可离，又不可混。《说命》曰：‘学于古训乃有获。知之非艰，行之唯艰。’《中庸》必先学问思辨，而后笃行。《论语》先博文而后约礼。《孟子》知性而后养性。始条理者知之事，终条理者圣之事。程子知所有而养所有，先识仁而以诚敬存之。若仆之愚见，则于圣贤常格内寻下手，应有自得处。故随处体认天理而涵养之，则知行并进矣。”

明末清初的思想家和政论家唐甄赞同王守仁的“知行合一”说，认为知行合一，才能有所成就。知行分开，学得再多，等于没学，做得再多，也等于盲目地行动。这个思想在其《潜书·知行》中作了表达即“知行为二，虽知犹无知，虽致犹不致。知行合一者，致知之实功也；虽弱者亦可能焉，虽愚者亦可及焉。何也？善如甘食暖衣，恶如郛食缕衣。知者甘者。知也；知其甘而食之，即行矣。知其暖者，知也；知其暖而衣之，即行矣。若知其甘而忍饿不食，以待明日乃食；知其暖而忍寒不衣；以待明日乃衣；天下岂有是哉？”他尖锐批判了程朱理学末流只谈心性、不重事功的空疏陋习。

作为清初北学代表人物的孙奇峰，一方面吸收朱王的知行思想，另一方面把朱熹的“格物致知”和王守仁的“致良知”一并列入“知行合一”思想观念当中，以此实践弘扬朱王学说和扬弃王学的重本体而遗工夫之弊，在注重躬行实践的基础上走向经世致用，开启新的思想观念。

中国近代著名政治家、思想家谭嗣同认为学习知识是最重要的，应以知为本。所以他主张贵知不责行。“难者曰：‘子陈义高矣，既已不能行，而滔滔然为空言，复爰益乎？曰：吾贵知，不贵行也。知者，灵魂之事也；行者，体魄之事也。孔子曰：‘知之为知之，不知为不知，是知也。’知亦知，不知亦知，是行有限而知无限，行有穷而知无穷也。且行之不能及知，又无可如何之势也。手足之所接，必不及耳目之远；记性之所至，必不及悟性之广；权尺之所量，必不及测量之确；实事之所肇，必不及空理之精；夫孰能强易之哉？僻儒所患能知而不能行者。非真知也，真知则无不能行矣。教也者，求知之方也。”知行思想是中国哲学史上出现较早的一对哲学范畴，是古代人争论久远且又激烈的问题，乃至今日也是认识论中时常讨论的重要课题。历代的哲学家，在探索人的认识与实践的关系的过程中，提出了诸种看法，如“知易行难”“知难行易；知先行后、行先知后；知行兼举、知行相资；知轻行重，知重行轻；知行相分、知行合一”等。这些思想，对人们认识世界，改造世界，很多都有积极意义。

回顾中国哲学思想观念发展的历史，从孔子到孙中山，知行关系问题的探讨始终是中国哲学认识论探讨的主题。从古代《尚书》“知之非艰，行之惟艰”的论说，到孟子的知先行后的知行分离说、荀子的行先知后说，经过程颐、朱熹的知先行后、行重知轻和王守仁“销行以归之”的知行合一等宋明理学道德形而上学的知行观，再到明末清初王夫之的行先知后、“行可兼知”的知行统一观以及清代颜元重“习行”轻知识的观点，而后至魏源、谭嗣同、孙中山等人近代意义上的知行学说，知行关系的讨论是长盛不衰的。几乎所有的中国哲学家都在不同程度上，以不同的方式论说过知行关系的问题。无论是知行的先后、轻重、难易，还是知行合一或分离、知行的相资或相离，都被中国哲学家做过全面地阐述。

中国传统哲学不仅指出行是知的目的和基础，而且指出行必须以知为指导。朱熹说，“知行常相须，如目无足不行，足无目不见”，就是说知和行的关系就好比是眼睛和脚的关系，没有脚，眼睛不能使人朝前走，没有眼睛，脚就不知道该往哪里走。王夫之主张“行听乎知”，也就是说行必须接受知的指导，他认为只有“知之不昧，才能行之不移。”因此，对事物的认识越全面、越准确，行动也就越高明、越切合实际。因为懂得知和行相辅相成的道理，所以中国传统哲学主张，知行并进，相知为用。也就是要把知和行统一起来，使知和行互相促进。

考察中国古代思想家们的观点，尽管他们在知行观上百花齐放，但从主要的思想观点上看，主要包含以下几个方面的思想：一是非常重视“行”，但中国哲学史上的“行”这个概念，主流上或者是纯粹精神或主观的活动，或者是孤立的人类个体的日常活动以及个人的道德践履和实际经验。墨家强调实践是知识的检验标准十分可贵。二是注重“知”对“行”的引导和支配作用，突出了主观能动性。从程朱理学、陆王心学及至近代启蒙思想家梁启超的“新民说”、谭嗣同的“心力说”以及孙中山重视革命理论作用的“知难行易说”，都体现了中国传统哲学在知行关系中对主体性及其主观能动性作用的注意和强调。三是陈确的“知无穷，行亦无穷；行无穷，知愈无穷”的知行并进的知行观。四是王廷相提出了“天性之知”和“人道之知"，打破了固有的以人道之知蒙蔽整个知的内涵外延的认知，有利于将人们的认知的视野，从单一的道德修养研究向自然的"天性之知"观瞻用心。

总的来看，由于受中国传统直观的整体思维和传统哲学伦理化特征的影响，中国传统知行学说存在着以下两个主要的缺陷：一是中国传统哲学家对"知"和"行"的理解是直观的、笼统的和经验的，特别是缺乏对概念的逻辑分析和科学抽象，因而既不可能对认识的内部机制、认识辩证发展过程有深入、细致的研究，也没能真正摆正"知"和"行"的辩证统一关系。二是对知行关系的讨论没有脱离道德领域。"知"的主要任务是对道德原则的体认，而"行"主要是指躬行践履的道德实践功夫，即重视人的道德修养功夫。同时这里的人指的是离开了人的社会性，离开人的历史发展的单个人或某一特殊社会阶层的个体活动。其认识论是伦理化的，往往混淆了"求真"与"求善"、求知方法与道德修养的界限。由上可见，一方面，中国传统哲学中的重"行"思想和强调"知"对"行"的指导作用同马克思主义哲学强调实践观点以及马克思主义认识论重视理论对于实践的指导作用，正确处理认识与实践的辩证关系的思想也有着某种相同之处，这是马克思主义哲学能够得以中国化的文化契机之一。另一方面，由于中国传统"知行"观主要是在伦理范围内讨论"知"和"行"的关系，这也就决定了其内涵同马克思主义哲学认识论和实践概念有着较大的区别。

二、无为而治的无为观

无为观念是道家的哲学思想，最早由道家始祖老子提出。简单表述即是顺应时势适应自然变化之意。无为观念也是道家的基本政治思想，也是其修行的基本方法。老子认为，世界的本原是无，只有无才符合道的原则，即"圣人处无为之事，行不言之教"。老子哲学的中心观念是"道"，他的整个哲学系统都是由他所预设的"道"而展开的。老子认为凡是自然、无为、柔弱等观念都是"道"所表现的基本特性和精神。在老子看来，道不仅是宇宙、自然，即天的核心运动规律，也是影响和左右人类的规律，人类应该按照这个规律去做。其中,“无为”的观念,成为《老子》一书的中心思想,其他的重要观念都是围绕这个观念展开的。

老子认为宇宙万物本原是“道”,“是谓天地根”,“可以为天地母”。而“道”是“无为”而“自然”的,人法道,道法自然,顺乎自然以为治。从老子的一系列表述看,道是自然规律,道具有高尚的道德。因此,遵道就应做到“无为”,从而回归自然规律回归道德。回归自然的一项就是:“治人事天莫若啬”。啬,就是稼穑,即种庄稼,本意是收获和储藏的意思。种庄稼要顺应它自身生长的规律,而不能擅自改变它。对于修行道德的人来说,收获和储藏的东西应该是“气”或者是“德”。积蓄元气和玄德才是一切事物的根本。这里主要是在讲修行,对于修行者的“治人”和“事天”,“治”的“人”就是自己,“事”的“天”就是天道,也就是内修道德和外服天道。内修道德和外服天道也应该以“啬”——积蓄元气和玄德作为根本。

老子的无为观念是无为无所不为。老子的“无为”并不是什么都不做,并不是不为,而是强调不妄为、不乱为、不随意而为,不违背道而为,在这里的道,是规律、是秩序、是道德、是顺应客观态势,尊重自然规律的意思。就是不做任何违反自然规律、有损道德规范、违反社会法则,有害众生的事。但这里的“无为”并不是什么都不做,并不是不为,而是含有不妄为、不乱为、顺应客观态势、尊重自然规律的意思。老子说过“无为而无不为”,意思是说:不妄为,就没有什么事情做不成的。这里,“无为”乃是一种立身处世的态度和方法。“无不为”是指不妄为所产生的效果。老子还曾谈道,“为无为,则无不治”,意思是说:以“无为”的态度去对待社会人生,一切事情没有做不到、办不好的。因此,老子所讲的“无为”并不是消极等待,毫无作为的,而是“为无为”“为而不恃”“为而不争”,即以“无为”的态度去“为”,去发挥人的主观能动性。

相反,对于那种符合道的事情,则必须以有为为之。但所为之为,都应是出自事物之自然,无为之为发自自然,顺乎自然;是自然而为,而不是人为而为。所以这种为不仅不会破坏事物的自然进程和自然秩序,而且有利于事物的自然发展和成长。

无为观包含孔子所说的政治治理的仁义道德内涵。为什么说无为观是有道德的呢，或者说是遵行道德的呢？从《论语》中记载的故事可以窥见。尧执政之时，中原洪水泛滥，尧先派鲧去治理洪水，9 年后失败了，舜派德声极高的鲧的儿子禹去治水。禹果然不负众望，13 年后平息了洪水。舜和尧一样，对老百姓很宽厚，多采用象征性的惩罚，犯了该割掉鼻子罪的人，让穿上赭色衣服来代替；应该砍头的人只许穿没有领子的布衣。为了让老百姓懂得乐舞，舜派夔到各地去传播音乐。有人担心夔一个人不能担当重任，舜说："音乐之本，贵在能和。像夔这样精通音律的人，一个就足够了。"夔果然出色地完成了任务。对此，孔子赞叹道："无为而治者，其舜也与？"即无为而治，说的正是舜啊！他自己需要做的，只要安安静静坐着而已。

从老子的表述上也体现了"无为"是道德高尚的圣人之所为，即道德是最为高尚的人的行为。他说"是以圣人居无为之事，行不言之教，万物作而弗始也，为而弗志也，成功而弗居也。夫唯弗居，是以弗去。"老子还进一步阐述，"上德不德，是以有德；下德不失德，是以无德。上德无为而无不为，下德为之而有不为。上仁为之而无以为。上义为之而有以为。上礼为之而莫之应，则攘臂而扔之。"所以在老子看来，儒家所讲的仁、义、礼、智、信都是违背人的自然本性和道德沦丧的产物，是仁义礼乐道德堕落后的无奈选择。所以他接着说"故失道而失德。失德而后仁，失仁而后义，失义而后礼。""失礼者忠信之薄。而乱之首。""大道废。有仁义；慧智出，有大伪；六亲不和，有孝慈；国家昏乱，有忠臣。""绝圣弃智。民利百倍；绝仁去义，民复孝慈；绝巧弃利。盗贼无有。"所以，仁、义、礼、智、信正是人们有为而使天下混乱的结果，这里老子显然是针对西周末年群雄并起，天下大乱的有为有感而发。"为者败之执者失之"，办法只有一个，就是无为、无执。但是老子本人也认为无为很难做到，"无为之益，天下希及之矣"。所以，他提出"圣人之道，为而不争"。可见，这是老子道德原则中的无可奈何的一面。

老子认为天地万物都是由道化生的，而且天地万物的运动变化也遵循道的规律。那么道的规律又是什么呢？老子说："人法地，地法天，天法道，道法自然。"可见，道的最根本规律就是自然，即自然而然、本然。既然道以自然为本，那么对待事物就应该顺其自然，无为而治，让事物按照自身的必然性自由发展，使其处于符合道的自然状态，不对它横加干涉，不以有为去影响事物的自然进程。也只有这样，事物才能正常存在，健康发展。所以在道家看来，为人处事，修心炼性，都应以自然无为为本，避免有为妄作。老子说："是以圣人处无为之事，行不言之教。""上德无为，而无以为；下德有为，而有以为。""为学日益，为道日损，损之又损，以至于无为。无为而无不为。"严君平亦谓："有为之为有废无功；无为之为成遂无穷……览天地之变动，观万物之自然，以睹有为乱之首也，无为治之无也。"总之，根据道家的观点，在自然无为的状态下，事物就能按照自身的规律顺利发展，人生、社会亦是如此。如果人为干涉事物的发展进程，按照某种主观愿望去干预或改变事物的自然状态，其结果只会是揠苗助长，自取其败，因此，明智的人应该采取无为之道来养生治世，也只有如此，才能达到预期的目的。黄老道家也主张"以虚无为本，以因循为用"，所谓因循就是因循万物天性，即自然而然的状态，无为而治，让事物按照自身的必然性自由发展，使其处于符合道的自然状态，不对它横加干涉，不以有为去影响事物的自然进程。也只有这样，事物才能正常存在，健康发展。

放到社会实践上，"无为"也是不乱为，理解这样一层意思，就不能离开老子生活的时代，把老子的言论放到当时的时代背景中去理解，就不难理解了。此前的社会一片宁静和谐稳定礼乐如常，而当时老子所处的春秋时代，诸侯并起，礼崩乐坏，群雄争霸，各个诸侯都想有所为，都想成就一番伟业，结果老子看到的是你争我夺，一片战乱一片混乱，看不到美好的前景。诸侯混战，统治者强作妄为，贪求无厌，肆意放纵，造成民不聊生。在这种情形下，老子提出了无为思想，呼吁统治者要"无为而治"。

"无为"作为一种政治思想观念，在春秋时代已经被许多思想家、政治家提倡。使"无为而治"系统化而成为理论的是《老子》，他认为当时诸侯国的统治者的一些作为破坏了长期以来的自然秩序，扰乱天下，祸害百姓。要求诸侯国的统治者不乱为，遵守礼道，保护百姓自由发展。"无为而治"的理论根据是"道"，现实依据是变"乱"为"治"；"无为而治"的主要内容是"为无为"和"无为而无不为"，具体措施是"劝统治者少作为”和“不使民众欲望膨胀”。

所以在道家看来，为人处事，修心炼性，都应以自然无为为本，避免有为妄作。严君平说 ：“有为之为有废无功 ；无为之为成遂无穷……览天地之变动，观万物之自然，以睹有为乱之首也，无为治之无也。”

所以他在《老子》四十八章中说过，“无为而无不为”意思是说“不妄为”就没有什么事情做不成了。这里“无为”乃是一种立身处世的态度和方法,“无不为”是指不妄为所产生的效果。这从老子在第二章中说的“万物作而弗始，生而弗有，为而弗持，功成而弗居。”也能分辨出来。这里的“生”“为”“功成”从字里行间表述的是要人去工作、去创造、去发挥主观能动性，去贡献自己的力量，去成就大众的事业。“弗有”“弗持”“弗居”即是要消除一己的占有冲动。联系到当时的社会状态，也许老子就是告诫人们不要妄为、不要贪欲、不要争夺、不要占有、不做违背规律的事。

他在《老子》第三章中说的“为无为，而无不治”与第二章所说的意思逻辑是相通的。“为无为，而无不治”的含义是以“无为”的思维方式和行为方式去对待社会人生，不乱为，所有事情都能够走上轨道。对照他“为学日增为道日损”“辅万物自然而不敢为”“损之又损以至于无为”的说法，为道者损到最后，自然没有什么可损的了，自然达到老子的最高境界“夫莫争，则天下莫能与之争”，即水的境界了，也就是潜移默化的无为而治了。总之，道家的无为而治是说有所为有所无不为。比如，魏晋学者郭象点评庄子时认为“樵夫有为于斧，而无为于木 ；船夫有为于桨，而无为于水 ；上有为于臣”，而无为于具体事务。道家的无为而治是策略和手段，最终目的是无不为。认为“无为”就是“无违”，“无为而治”就是在不违背客观规律和自然天性的情况下，达到天下大治。

老子认为万事万物均有自身的规律，我们只能顺应规律，顺应时代的潮流，促其前进。不能违背规律，否则就是“有为”即乱为、妄为。“为无为”是讲从“无为”的状态去“为”，从中可见老子并不反对人类按照规律去做的努力。

老子认为靠万民的自为无为无不为，靠万民的自治无治无不治。这一点我们可以从《老子・德篇》“圣人之吾曰 ：我无为而民自化 ；我好静而民自正；我无事而民自富；我无欲而民自朴”。“好静”是针对统治者的骚扰而提出的，“无为”是针对统治者的苛政而提出的，“无欲”是针对统治者的贪欲而提出的。老子认为，为政者应当能做到“无为而治”，有管理而不干涉，有君主而不压迫。让人民自我发展，自我完善，人民就能够平安富足，社会自然能够和谐安稳。

此后的黄老道家代表作《吕氏春秋》“无智，故能使众智也。故能使众能也。无为，故能使众为也”等说法中得到证明。同时道家主张上无为而下有为，这可以从老子的“上德无为，而无以为；下德有为，而有以为”，庄子的“上必无为而用天下，下必有为为天下用”，黄老道家和法家则主张“君道无为，臣道有为”等说法中得到证明。“上无为而下有为”，这是道家和法家共有的观点，体现了一定的分权思想。

老子反对人为地干预社会发展，他主张“人法地，地法天，天法道，道法自然。”他主张，人们无为才能达到自然。故他说，道常无为而无不为，王侯若能守之万物将自化，“孰能损有余补不足，唯有道者”。所以统治者不要乱指挥、瞎指挥，按照事物客观发展规律执行就好了。“是以圣人处无为之事。行不言之教，万物作而不辞，生而不有为而弗恃，成功而不居。”“圣人之治也……常使民无知无欲。使夫知者不敢为也，为无为则无不治矣。”“成功遂事，百姓皆曰我自然。”又说：“不言之教，无为之益，天下希及之矣”，“是以圣人无为，故无政；无执，故不失”，圣人“能一片万物之自然而不敢为。”人无为，在老子看来，就能达到无不为。“天之道，不争而善胜。不言而善应，不召而自来，禅然而善谋。”《黄老帛书》中也有一段对话，说高阳问力黑：“天地已成，黔首乃生。莫循天德，谋相覆倾。吾甚患之，为之若何？”力黑对：“勿忧勿患，天制固然。”可见黄老道家也主张尊重客观规律不乱干预，顺其自然就好了。

一方面老子看不惯人的欲望横流，另一方面正是老子也许没有预见到春秋以后大乱之后可能出现的大一统格局，才使老子的理想社会观回归到了小国寡民。即“使民有什伯人之器而不用。使民重死而不远徙。虽有舟车，无所乘之；虽有甲兵，无所陈之。使民复结绳而用之。至治之极，民各甘其食，其服，安其居。乐其业。邻国相望，鸡犬之声相闻，民至老死不相往来”。可见，老子的无为观中的政治处世哲学有些无奈有些消极。自然观部分，他希望人始终应该像初生婴儿那样，完全处于原始的自然状态，这也并不现实，社会观部分在大乱大变革状态下回归到三代时期或者小国寡民时代，更是难以实现。

但是老子提出无为思想最有价值的地方在于他针对春秋时的天道有为的神秘主义思想而提出“天道自然无为”这一唯物主义原则，这在中国哲学史上有着划时代的作用。在老子的哲学体系中不承认天有意志，“天地不仁，以万物为刍狗。”意思是说，天地没有意志，无所谓仁与不仁，它让万物自生自灭。

老子极度赞美水的品格，认为水做到了“不争自有成”。他认为，“不争”是美好“水德”的一个品质。老子曾说“水善利万物而不争”。这里的“不争”，一是指无私，水利养滋润了万物，而又并不从万物那里争取任何利己的东西；二是指与世无争，不仅是在被自己滋润了的事物那里不争，面对世间一切，它都不争。“以其不争，故天下莫能与之争”是“立于不争而无忧，立于不争而有成”的典范。

老子提出“上德无为，而，无以为，下德有为，而有以为”以及“无执”“无不为”等概念。庄子发展了老子的无为思想，继承了老子提出的“无为而无不为”的命题。他在《庄子·则阳》一文中提出了“万物殊理。道不私，故无名。无名故无为，无为而无不为”的思想。

庄子认为“有为”和“无为”是天道和人道的上下差别。《庄子·在宥》中说：“何谓道？有天道，有人道无为而尊者，天道也；有为而累者。人道也。”人应该任其自然，不应有半点儿人为的痕迹，这样就符合天道。对于所发生的事情，不用去做半句解辩，而让事物本身去表明自己，这样就符合天德了。即在其《庄子 · 天地》一文中说的“无为为之之谓天，无为言之之谓德”。

庄子也接受了老子的“有为”而使天下混乱的思想。认为从夏禹开始。天下大乱，道德衰败，原因就是禹实行了赏罚，不采取无为而治的结果。“昔尧治天下，不赏而民劝，不罚而民畏。今子赏罚而民且不仁。德自此衰，刑自此立。后世之乱自此始矣！”

所以，庄子提出“帝王无为而天下功”。君主无为，臣下就自然尽责了。“静则无为。无为也，则任事者责矣。”

但是，庄子在主张君道无为时，还提出臣道有为。认为无为是首要的，但有为如仁义、法度、是非、赏罚等都不可废弃，甚至提出尊卑等级也是符合天道，这就说明庄子对老子无为的思想有所修正。“本在于上，末在于下；要在于主。详在于臣。三军五兵之运，德之末也；赏罚利害，五刑之辟。教之末也；礼法度数。形名比详。治之末也；钟鼓之音，羽旄之容，乐之末也；哭泣衰拉，隆杀之服，哀之末也。此五末者。须精神之运心术之动。然后从之者也。末学者，古人有之。而非所以先也。君先而臣从，父先而子从，兄先而弟从，长先而少从，男先而女从，夫先而妇从。夫尊卑先后，天地之行也，故圣人取象焉。天尊地卑。神明之位也；春夏先，秋冬后。四时之序也；万物化作，萌区有状，盛衰之杀，变化之流也。夫天地至神矣。而有尊卑先后之序，而况人道乎！宗宙尚亲。朝廷尚尊。乡党尚齿，行事尚贤，大道之序也。”

作为人来说，无为则能从容自得，能够长寿。“无为则俞俞。俞俞者，忧患不能处，年寿长矣。”在养生方面，庄子认为无为是养神长寿的最好办法。故曰：“纯粹而不杂，静一而不变。惔而无为，动而以天行，此养神之道也。”

在庄子看来无为就是：最大的快乐而无所谓快乐。最大的荣誉而无所谓荣誉，人应该忘记是非，任由是非自然存在，这才是最大的快乐和人最好的养生之道。“故曰：‘至乐无乐，至誉无誉。’天下是非果未可定也。虽然，无为可以定是非。至乐活身，唯无为几存。”

《吕氏春秋》主张把老庄的无为思想用到治理国家上。提出君道“无为而无不为”的思想。这就有别于老庄主张的无为，《吕氏春秋》主张君者无为而臣者有为。他认为为君者应效法天道自然无为，而让臣下守职尽能。如果君主喜欢任事自为，臣下就会来曲意奉承。这样久之，臣下就会擅权，君位就要被侵夺。尊卑就要颠倒。“天无形而万物以成。至精无象而万物以化。大圣无事而千官尽能，此乃谓不教之教。无言之诏……故善为君者无识。其次无事……人主好以己为。则守职者舍职而阿主之为矣。

阿主之为有过，则主无以责之，则人主日侵。而人臣日得。是宜动者静，宜静者动也。尊之为卑，卑之为尊。从此生矣。此国之所以衰，而敌之所以攻之者也。”

《吕氏春秋》有许多篇章论证了君道无为而不为的道理。“故反（返）其道而身善矣；行义则人善矣；乐备君道而百官已治矣，万民已利矣。三者之成也。在于无为。”“古之王者，其所为少，其所因多。因者。君术也；为者，臣道也。为则扰矣。因则静矣。因冬为寒，因夏为暑。君奚事焉？故曰：君道无知无为，而贤于有知有为，则得之矣。”“夫君也者，处虚素服而无智，故能使众智也：智反（返）无能。故能使众能也。能执无为。故能使众为也。无智、无能、无为。此君之所执也。”（《吕氏春秋分职》）“先王不能尽知。执一而万物治。使人不能执一者。物感（惑）之也……正则静。静则清明，清明则虚，虚则无为而无不为也。”“有术之主者，非一自行之也。知百官之要也。知百官之要，故事省而国治也。”

以上这些中心思想是说，居于最高位的君主，应该处于虚静无为的地位，而让臣民去有为，去恪守其职，各居所能。从表面上看，君主无为，实际上而无不为也。这同老庄的主张有别，因老庄主张人人均无为，均须应自然之变。这说明《吕氏春秋》既吸收了早期道家“虚静无为”的理论，但也吸收了儒、墨、名、法等各家学说并发展和丰富了道家自身的理论。

先秦道家无为思想到了西汉道家的黄老思想中则有明显的变化。老子的思想基本是以弱胜强、转败求胜之道。他的无为是等待矛盾自然转化。庄子的思想基本是逃脱现实，寻求自由，所以是逍遥无为，即无心无情，自我陶醉。黄老之学实际上是“君人南面之术”。

无为而治，不是指不为，而是不妄为，不胡作非为，结合西汉初的休养生息政策来理解就可以明白，这是这种思想的具体实践，顺其自然，减少暴政，减少对生产的干涉，因时而动因时制宜，结合具体实际给予指导，所以与放任不管并不相同。这一时期最为明显的是案法而治。这是黄老道家和法家的共同主张。比如，黄老道家代表人物慎到曾说：“官不私亲，法不遗爱，上下无事，唯法所在”，《黄老帛书》也说：“道生法。法者，引得失以绳，而明曲直者也。故执道者，生法而弗敢犯也，法立而弗敢废也。

故能自引以绳，然后见知天下而不惑矣。”

《黄老帛书·伊尹九主》批评“劳君”说：“自为其邦者，主劳臣逸，为人君臣之口……臣因主为知，倚事于君，逆道也。凶归于主。不主。”这就是反对主代臣劳，反对为君而代臣之职，认为臣事事依赖于君，就会主劳而臣逸，以致首尾倒置，君将不君。

司马谈批评儒者，“以为人主天下之仪表也，主倡而臣和，主先而臣随，如此则主劳而臣逸。”

西汉刘安及门客编写的《淮南子》把无为改造成“不先物为”和君臣之道的一些原则。认为人若达到“道”的境界，就是回复到虚静，这样方能究万物之理，而这些需人无为方可达到。作为君主治理国家，如养生一样，要注意根本的东西而不去注重枝节的事情。根本就是保养精神，收藏智虑，无意于作为但能收到无不为的效果。无心于治事就能无不能治，从而建立功业。无为，就是等待时机。不违背事物本性去胡乱行动，所谓无不为，就是顺应事物的自然本性而恰当行动；所谓无治，就是不改变自然之理，所谓无不治，就是遵循事物之理而适当行动。“达于道者。反（返）于清静，究于物者。终于无为。”“是故圣人内修其本而不外饰其末，保其精神，偃其智故，漠然无为而无不为也，澹然无治也而无不治也。所谓无为者，不先物为也，所谓无不为者。因物之所为。所谓无治者。不易自然也，所谓无不治者，因物之相然也。”

在《淮南子》无为的思想中，认为真正的无为并不是“寂然无声。漠然不动。引之才来。推之不往”“感而不应，攻而不动”。而无为应该是“循理而举事，因资而主功推自然之势”。同时，《淮南子》继承了老子“后而不先”的思想，主张“所谓后者，非谓其底滞而不发。凝结而不流，贵其固于数而合于时也”“圣人常后而不先，常应而不唱……有道者不失时于人，无道者失于时而取人。”

所以，《淮南子》认为无为是人在遵循自然后而适当的有为。而这种无为就是不违背自然规律。《淮南子》无为思想又较《吕氏春秋》的无为思想前进了一大步。

相传由神人授予方士于吉的典籍——《太平经》认为：上古社会“无

为而治”，社会能“得道意，得天心意”。中古以后渐渐滋生事端，下古则“大多端而生邪伪”。认为现实社会是“阴阳战斗,五行失序”的。它说“太阴、太阳、中和三气共为理……一气不通，百事乘错”。“一气绝不达。太和不至。太平不出”。怎样才能治太平呢？《太平经》反对无为，主张君、臣、民“并力同心，共成一国”，而致太平。

三国时阮籍，则提出至人无为、无欲不争，无善恶是非。人应该像静静的深山谷一样空虚，对于智巧的造作、是非的分辨、显洁的修饰、生活的追求一概弃绝，没有感情欲念，甚至不考虑生死存亡，自然也就用不着有什么作为了。“至人无事,天地为故”“至人以无为用。不以人物为事”。“求得者丧。争明者失。无欲者自足。空虚者受实。夫山静而谷深者，自然之道也；得之道而正者，君子之实也。是以作智造巧者害于物，明著是非者危其身，修饰以显洁者惑于生。畏死而荣生者失其贞。”

之后的道家学说，争将无为思想用于养生之中，主要代表作如《黄庭经》:“高拱无为魂魄安，清静神见与我言。”“高研恬淡道之园。”“恬淡闭视内自明。物物不干泰而平。”“扶养性命守虚无，恬淡自乐何思虑。”“恬淡无欲养华茎，服食玄气可遂生。”

道家的无为思想有一个发展演变过程,老庄提出的“无为”“无欲”“不争”等一系列无为主张，是逃避现实社会的消极哲学。这种自然无为主义不主张人有为，有进取性，对人类社会的发展是没有进步意义的。老子主张社会要回到“小邦寡民”的原始氏族制社会，人民安于“结绳而用之”的生活。庄子则走得更远，他要求人们回到与禽兽同居的蒙昧时代。

老庄以后道家的无为思想则用于治国之道上。这同老庄的无为思想有着明显的差别。尤其是西汉以后的道家黄老思想。他们虽然也讲无为，却不回避现实社会的矛盾，也不放弃斗争，所以是真正的“无为而无不为”。这在当时来说，起到了与民休息的作用，是有积极意义的。两汉以后，道家无为思想多用于人们养生之术上，这种思想对于人们调节身心有着十分重要的价值。

无为而治最初说的原型是指舜当政的时候，一切沿袭德政昭昭，政功天下的明主尧的施政主张，对其治理天下的主张和治理办法不做改变而获得成功。尧是明君德主，当政之时，施行德政，取得了广大民众的爱戴。鉴于舜品德高尚，尧派他来管理天下。舜继承尧的德政，也成为一代明君。后世便将舜的做法称之为无为而治，后泛指以德化民。

“无为”“有为”，是道家的哲学范畴。今天对个体尤其是领导者来说，处理好二者的关系。十分必要。它直接涉及到个人事业的成败，身心的健康。对于领导来说更要处理好二者的关系，这关系到一个集体甚至更大群体事业的成败。领导要处理好二者的关系，首先需要做到宽厚待民，与民共养。姜太公辅佐周王时就曾说过，“民之所欲，天必从之”。他还说到，天有经常运行的轨道，老百姓有自己的生活常规。君主如果能够遵守修养生息的规律，天下自然就平安无事了。汉高帝刘邦在建立西汉后遵从无为而治的黄老之术，表面上不算勤政，但实际上正是通过让人民修养生息，使农业、工商业等得到了迅速发展。明朝的冯梦龙说：“世上本无事，庸人自扰之。”宋初的宰相赵普每当收到士大夫之间相互揭发告短的文书，不看一眼便付之一炬，表面上像是不负责任，但实际上正是通过遏制勾心斗角之歪风，维护了当时的“安定团结”。面对诱惑与权力要尽力做到清心寡欲，淡泊名利。南北朝时期，傅昭一生经历宋、齐、梁三朝，任过州郡属官、地方长官、朝廷命官。当时，朝代走马灯似地更换，官场上混乱无序，危机四伏。傅昭之所以未遭受什么挫折并能保全自己的地位和名声，靠的就是清心寡欲，淡泊名利。据史书记载，他居朝廷，无所请谒；居家室，不蓄门生；不结党徒，不交私利。这些无疑是他得以善终并名垂后世的重要原因。

道家产生的历史背景是春秋战国战乱纷争的时代。在这个混乱的时代，根据周礼所建立起来的社会、道德、政治秩序，正在面临崩溃。用以维持这个秩序的周礼，成了徒有架子的形式。儒家想借仁、义来充实这个外在的架子，老子及庄子则认为文、礼、仁、义这些东西都是外在的形式。即使它们能够成就社会秩序，这个秩序也不是一个理想的秩序，在这个不理想的秩序中，人们受到束缚而不能得到真正的自由及解放。

无为观念，无为而治的思想在中国古代有很大的影响力，曾影响了多个朝代的国家治理政策的制定，也影响了许多民众的生活心态。汉初的黄老之学汲取了先秦道家无为而治的思想，适应秦末政治动乱经济凋敝之后，民心思定的形势，强调清静无为，主张轻徭薄赋、与民休息，对人民的政治生活和经济生活采取不干涉主义或少干涉主义，借以安定民心，发展社会生产。黄老之学的无为而治思想被汉初统治者视为是治世良方，汉高帝、惠帝、文帝、景帝四代皆奉行黄老之策，对汉初的发展起了巨大的积极作用。唐代初年和宋代初年的统治者都曾利用无为而治的思想协调处理当时的社会矛盾，并有所收效。魏晋玄学家则通过宣传无为而治，引导人们旷达、豪放、自由、遁世、清谈、消极、无所作为，对社会产生了双重的影响，对一些民众的心理起到了不小的熏陶作用，成为影响民族性格较大的一股思潮。

三、动静相宜的变化观

动静是中国哲学的一对重要范畴。在道家哲学中，其含义比较宽泛，主要包括运动与静止、变易与常则、有为与无为、刚健与柔顺等许多方面的内容。动静是物质存在的两种基本方式，动静相宜是一种意境，即动中有静，静中有动，动和静完美地交融在一起。

在道家看来，动和静本质上并不是同一层次的概念。动是对“道”的现实的直观，而静是对“道”的本质的把握。道家认为，宇宙万物的变动不居、生息转化是一个真实不妄的基本事实。事物在现象层次上的迁变流转便是“动”；而“动”又非任意妄作、杂乱无章的，是有其不易之则，总是遵循着一定的规律的，这个规律就是“静”。所以，动静虽然是相互依存的，但静是动的根本法则，也是动的最后归宿。故道家在动静关系上基本上都持主静说。他们认为，虚静恬淡是大道的根本属性，而人道与天道是合二为一的，所以“静”也是道德修养的基本准则。这样，动静问题就不仅仅是一个宇宙论问题，而且是一个人生论问题。

最早把“动”和“静”作为一对哲学范畴来考察的是老子。他在《老子》中提出“重为轻根，静为躁君”的命题。他认为，一切事物皆逝逝不已，宇宙之道便是一个生化流转的无穷过程，“大曰逝，逝曰远。”“万物负阴而抱阳，冲气以为和。”“周行而不殆。”“万物并作，吾以观复。”。他还认为，相反相成是宇宙大化的普遍法则，“反者道之动，弱者道之用。”。

故事物的运动变化最终都要复归于“道”之虚静，“致虚极，宁静笃。”“夫物芸芸，各复归其根，归根曰静，静曰复命，复命曰常。”。“躁胜寒，静胜热，清静为天下正。”

在虚静为本的宇宙论基础上，老子提出清静无为的道德修养原则。他说：“道常无为而无不为，侯王若能守之，万物将自化。化而欲作，吾将镇之以无名之朴。无名之朴，夫亦将无欲。不欲以静，天下将自定。”他认为，作为宇宙最高法则的道是无为的，人依循于道，故也应效法道之虚静无为。他主张，无为是一个损道过程：“为学曰益，为道曰损，损之又损，以至于无为。无为而无不为。”无为即符合自然。与自然相符，故虽无为而亦无所不为。“是以圣人之治，虚其心，实其腹，弱其志，强其骨。常使民无知无欲，使夫智者不敢为也。为无为，则无不治。”

那么，如何才能做到无为呢？老子认为贵在守柔。他说：“人之生也柔弱，其死也坚强。草木之生也柔弱，其死也枯槁。故坚强者死之徒，柔弱者生之徒。是以兵强则灭，木强则折，坚强处下，柔弱处上。”“天下莫柔弱于水，而攻坚强者莫之能胜，其无以易之。弱之胜强，柔之胜刚，天下莫不知，莫能行。”“天下之至柔驰骋天下之至坚。无有入无间。吾是以知无为之有益。不言之教，无为之益，天下希及之。”老子强调懦弱谦下，认为柔弱使人不伤己，而所以胜刚强，并提出一套以下制上，以后制先，以小胜大，以雌胜雄，以卑胜责，以辱胜荣，欲擒先纵，欲取先予，以不争为争的贵柔处弱的处世哲学。

老子还认为，最有修养的人，柔弱之极，犹如婴儿。他说：“专气致柔，能婴儿乎！”“含德之厚，比于赤子。”他把如婴儿般的柔弱之至看成是清静无为的最高表现，认为修养达到此种境界，才可以真正称得上是与天地玄同。

老子的这种动静观对庄子产生了明显的影响。庄子也强调主静，但与老子不同的是，他少言宇宙之动静，而主要言“心”静，他继承和发挥的主要是老子主静的人生哲学方面。庄子说：“圣人之静也，非曰静也善，故静也；万物无足以铙心者，故静也。水静则明烛须眉，平中准，大匠取法焉。水静犹明，而况精神？圣人之心静乎，天地之鉴也，万物之镜也。

夫虚静恬淡，寂寞无为者，天地之平而道德之至。”圣人之静，是出于自然的，而非勉强。以天地万物为镜，做到心中清虚寂静而不为外物所扰，则可明照一切，尽烛万有，而达到与天地为一的境界。

追求与天地万物为一体，与宇宙大化共存留，游心于四海之外，出入于有无之间的绝对逍遥的精神境界，是庄子的最高人生理想。由此出发，他主张“无为名尸，无为谋府，无为事任，无为知主。体尽无穷，而游无朕。尽其所受于天，而无见得。亦虚而已。”去名去谋，无事无知，就是彻底的无为，完全听任自然，如此才能体悟天道，与无穷为一。此即所谓“虚”，庄子又称之为“心斋”。他说：“若一志，无听之以耳，而听之以心。无听之以心而听之以气。听止于耳，心止于符。气也者，虚而待物者也。唯道集虚。虚者，心斋也。”(《庄子人间世》)不听之以耳，而听之以心，即舍外专内。不听之以心，而听之以气，即去知识而任自然。以虚灵明觉的内心去体悟感应寂寥空阔的外物，这就叫心斋。能做到心斋，则能忘乎一切。庄子在《大宗师》中说：“颜回曰：回益矣。仲尼曰：何谓也？曰：回忘仁义矣。曰：可矣，犹未也。他日复见，曰：回益矣。曰：何谓也？曰：回忘礼乐矣。曰:可矣，犹未也。他日复见，曰:回益矣。曰:何谓也？曰:回坐忘矣。仲尼蹴然曰：何谓坐忘？颜回曰：堕肢体，黜聪明，离形去知，同于大通，此谓坐忘。”坐忘即忘却一切，内忘其身，外忘万物，超拔俗务，不与物迁，荣辱不动于心，死生无变于己，解脱了一切束缚，就可以获得精神的最大自由。

庄子所追求的这种精神生活，在性质上是柔的，在工夫上是静的，在方法上是清虚无为的。这种修心哲学对于提高个人的心灵境界来说是必要的和有益的。但由于它“蔽于天而不知人”,过分强调因任自然而废弃人事，与社会生活的现实不完全合拍，因此，对于促进整个人类社会生活的进步来说是不充分的。老庄主静说的这种局限性，在《淮南子》中得到了一定程度的修正。

《淮南子·原道训》中说:“弱而能强,柔而能刚”“漠然无为而无不为也,澹然无治而无不治也”,在这点上,它与老庄是一致的。但它进一步又认为:“所谓无为者，不先物为也；所谓无不为者，因物之所为也。所谓无治者，不易自然也；所谓无不治者，因物之相然也。”这就是说，无为并不是指“寂然无声，漠然不动，引之不来，推之不往”，而是指遵循物的规律，依凭物的资质，随顺物的内在趋向的一切作为。只有那些不顾物的客观情势，只凭主观愿望的任意妄为才是有为。所以“无为为之而合于道，无为言之而通乎德。”只有做到“循理而举事，因资而立功”，那才是真正的虚静。“是故圣人守清道而抱雌节，因循应变，常后而不先。柔弱以静，舒安以定。”“得道者，志弱而事强，心虚而应当。”这种积极进取的动静观显然比老庄的消极主静说更符合人类生活之自然趋势，更顺乎社会生活的生发创进之流。

魏晋时期，玄学家们在“以无为本”的基础上，对老庄的动静学说做了新的发挥。王弼认为：“动不能制动，制天下之动者，贞夫一者也。”“天地虽大，富有万物，雷动风行，运化万变。寂然至无，是其本矣。”他认为，作为本体的“道”或“无”是虚静的，本体不动，所以万物才能动。故“凡有起于虚，动起于静。故万物虽并动作，卒复归于虚静，是物之极笃也。”“动复则静，行复则止。”“复者，反本之谓也。天地以无为心者也。凡动息则静，静非对动者也。”他把动起于静而又复归于静作为事物的根本法则，并以此来论人之性情。他主张，心性本静，感于物而动，则有喜怒哀乐之情。故须明乎终始之道，以静制动，以性制情，动静适中，才能均得其宜。

西晋玄学家郭象则认为，从现象上看，一切事物都是变动不居的，“出入者，变化之谓耳，言天下未有不变也。”“天地万有无时不移也。”但从本质上看，一切变中都有其静而不变者，“虽变化无常，而常深根冥极也。”如果把握住了事物不变的本性，尽其能而为，就是“无为”，率其性而动，就是“虚静”。“故对上下则君静而臣动，比古今则尧舜无为而汤武有事。”所以，“夫安于命者，无往而非逍遥矣。”只要尽其能，全其性，就可以获得体天地而合变化的逍遥之乐。

《列子》也基本上承庄玄之学，崇尚无为清虚，顺性体道。提出“在己无居，形物其著，其动若水，其静若镜，其应若响。”主张“默而得之，性而成之”以臻与道神契之境。

道家的动静学说至汉魏以来又成为道教的理论基础之一。道教主要注重得道成仙的修炼实践。一些内丹家认为，得道成仙的关键在于修心，而修心则在于主静。如，《周易参同契》提倡“内以养己，安静虚无”“委志归虚无,无念以为常”;《黄庭经》主张“高拱无为魂安,心静神见与我言”“扶养性命守虚无，恬淡自乐何思虑”；成玄英认为“静是长生之本，躁是死灭之原”“静则无为，躁则有欲。有欲生死，无为长存”；司马承祯认为“心者一身之主，百神之师。静则生慧，动则成昏。”故他主张去动、守静，并提出“收心离境，住无所有。不著一物，自入虚无，心乃合道”的修炼方法，认为通过修心内养而达到心静无物，万虑皆遗的境界，自然而然就可以长生久视而成仙了。其他如陈抟、张伯端、王重阳等也都以静心守一，内养成仙为宗。

道家和道教的这种主静学说着眼于生活的超越层面，强调内心的恬淡自适和豁达安宁，它教人不以务外逐物、恣意妄为而累形，不因得失福祸、毁誉穷达而扰心。这对于人们明净心性、养身全性颇具深意，在真我昏昧、物欲弥漫的现代社会中又具有救弊作用。这种思维方式强调超越感性的直观而把人们的思维引向对事物本质的反思，具有积极的意义。但是，由于缺少必要的逻辑环节，最终导致形而上学。

四、事物等分的齐物观

“齐物”是道家哲学的一个命题，反映了道家的认识论和宇宙观。是对老子“天道无为而自然”的哲学思想的补充和发展。齐物观主题思想观念来源于庄子的《齐物论》,《齐物论》是《庄子·内篇》的第二篇。全篇由五个相对独立的但故事主旨相互串联并列组成，故事与故事之间虽然没有表示关联的语句和段落,但内容上却有统一的主题思想。庄子认为“道”是“先天生地”的，是无界限差别的。道是万物的主宰，“天道无为”“天地与我并生，万物与我为一”。到此为止的话，庄子的思想给了人们相当意义的启发。但他还认为世界万物包括人的品性和感情，看起来是千差万别，归根结底却又是齐一的，这就是“齐物”。这与后来的世界万物的同一性观点有些相仿。庄子还认为人们的各种看法和观点，看起来也是千差万别的，但世间万物既是齐一的，言论归根结底也应是齐一的，没有所谓是非和不同，这有些像是走入了诡辩论的范畴，这就是“齐论”。“齐物”

和“齐论”合在一起，便是本篇的主旨。

“齐物论”即“齐同物论”，阐述万物平等观。分为物论、齐论、齐同物论。即人物论、万物论、齐同论、齐同万物论。齐，一，合众为一。物，人物、万物。庄子的笔法将这几层论述融合在“齐物论”三个字中，《齐物论》也是混融交合得物我皆忘。庄子认为，万物在作为个体的存在意义上，主要表现为差异性，也就是对立性；而在“道”面前则是统一的，均齐的，“道通为一”。他主张应该抛弃万物相对性的差异，而去把握道永恒性，绝对性的统一，“忘年忘义，振于无竟”。这些都是庄子对立统一观念的体现。

“齐物”是指对事物不加区别，同等看待。强调事物的共性、普遍性。事物归根到底都是相同的，没有什么差别，也没有是非、美丑、善恶、贵贱之分。庄子认为万物都是浑然一体的，并且在不断向其对立面转化，因而没有区别。用庄子的话说就是“物无非彼，物无非是。自彼则不见，自知则知之。故曰：彼出于是，是亦因彼。彼是方生之说也。虽然，方生方死，方死方生；方可方不可，方不可方可；因是因非，因非因是。是以圣人不由而照之于天，亦因是也。是亦彼也，彼亦是也。彼亦一是非，此亦一是非”。即大致意思就是天地万物在道体上不存在你、我、它的分别，天地万物在道体上也不存在你对及它错的差别。如果从万物存在的现象去看就不会认识到万物是道体之妙用的那个本质，只有从内明的大智慧上去看才能认识到万物同是道体之妙用的那个本质。一方出生的同时另一方也在死灭，一方在死灭的同时另一方也在出生。即万物随起随灭，随灭随起。正确就任由它正确，错误就任由它错误。即不去计较是与非。

庄子这一思想具有辩证的观点，但也常常陷入形而上学片面性观点之中。但庄子在论述这些思想观念时所涉及的宇宙观和认识论方面的问题，对中国古代哲学研究有重要的意义。

道家认为，由于客观上存在着种种差别，必然产生许多矛盾。因此，单纯无为而达到自然是很难的。道家有见于此，认为必须取消现实中的各种差别和矛盾，从而提出了“齐物”的学说：世间事物形色虽有万千，但都因道而生。故“以道观之，原属一体”。这样死生、贫富、贵贱、是非、荣辱、美丑等都可以等量齐观，听其自然，这叫作不齐之齐，齐之至。

庄子著《齐物论》,系统阐述了有关齐物的学说。但是,齐物理论的提出,并非自庄子始。《吕氏春秋·不二》篇列举先秦十家学说的要点。其中有“陈骈贵齐”之语。陈骈就是田骈。齐人，与庄子同时。《庄子·天下》篇也曾提到田骈。“齐万物以为首”是他的基本主张。田骈的老师是彭蒙，他也说过：“古之道人，至于莫之是莫之非而已矣。”可见“齐物”之说在庄子之前就已基本定型。庄子的《齐物论》是在继承前代思想材料基础上写成的，对“齐物”学说更加系统和完备了。

《庄子·秋水》中说：“以道观之，物无贵贱；以物观之，自贵而相贱；以俗观之，贵贱不在己。以差观之，因其所大而大之，则万物莫不大；因其所小而小之，则万物莫不小；知万物之为稊米也，知毫末之为丘山也。则差数睹矣。以功观之，因其所有而有之。则万物莫不有；因其所无而无之，则万物莫不无;知东西知相反而不可以相无。则功分定矣。以越观之，因其所然而然之，则万物莫不然；因其所非而非之。则万物莫不非；知尧桀之自然而相非，则趣操睹矣。”任何事物都有大的方面，也有小的方面。从大的角度去看,万物皆大;相反,从小的角度去看,万物皆小。同样道理,也可以说万物皆有或皆无，皆然或皆非。懂得了天地和米粒一样小，毫毛的末端就和泰山一样大，那么就认清了什么叫量的差别。懂得了任何事物都像东与西那样相反相成，就知道如何确定相反事物的作用了。懂得了圣君尧和暴君桀都在肯定自己而非难对方，就看到什么是主张的不同了。这就是说，空间没有大小的区别，方向没有正反的区别。主张没有好坏的区别，实际上是完全一样的，只是人在妄生分别而已。

《庄子·齐物论》中说：“是亦彼也，彼亦是也。彼亦一是非，此亦一是非。果且有彼是乎哉？果且无彼是乎哉？彼是莫得其偶。谓之道枢。枢始得其环中，以应无穷。”此亦就是彼，彼也就是此，彼和此又都有自己的与对方对立的是非观。这些矛盾说明彼和此都是不真实的。人们可以提出这样的问题:彼此果真存在着还是根本就不存在呢？答案当然是否定的。陷在彼此中就不符合道，道的中枢乃是超出彼此对立之上。抓住这个中枢好比占据了环的中心。不论环怎样转动，它的中心是不动的。这样，人就可以用无是无非来对付无穷的是非。

庄子看到了万物都是相对而存在的，但是庄子把这种相对加以无限制地夸大。对任何存在，任何真理，任意指出与其有关的矛盾，从而予以否定，这样就走上了错误的相对主义。而且，这种相对主义又必然导致不可知论和宿命论，这些都是“齐物”学说的消极因素。

“齐物”学说虽然最终归宿是相对主义，但是其中也有不少朴素辩证法的因素。“齐物”学说的基础，是认为世界万物是相对存在的，而且是处于永恒的变动之中。《庄子·秋水》篇说：“年不可举，时不可止，消息盈虚，终则有始，是所以语大义之万，论万物之理也。物之生也，若骤若驰。无动而不变，无时而不移。何为乎？何不为乎？夫固将自化。”这里所讲的“万物”，指的就是客观的物质世界；而且这里不仅明确肯定了万物的变化。又说这种变化是“若骤若驰。无动而不变。无时而不移”的，这不是表现出了鲜明的辩证观吗？

庄子还在时间和空间的有限与无限方面做了大胆探索。《庄子·养生主》篇说:“吾生亦有涯，而知也无涯，以有涯随无涯，殆已！已而为知者，殆而已矣！”庄子在茫茫无边的大自然面前，哀叹人生有限，认识对象无穷，把“有涯”与“无涯”的对立绝对化，这无疑是消极的，不足取的。但是，庄子第一个揭示了人类认识过程中有限与无限的矛盾，这对中国哲学思想的发展是一种推动力量。同时，揭示这种矛盾本身，就是认识论的一个重大发展。

《庄子·秋水》篇中。借北海若教训河伯的话说：“井蛙不可以语于海者，拘于虚也；夏虫不可以语于冰者，笃于时也；曲士不可以语于道者，束于教也。今尔出于崖溪观于大海乃知尔丑，尔将可以语大理矣！天下之水，莫大于海。万川归之，不知何时止而不盈；尾闾泄之，不知何时已而不虚。春秋无变，水旱不知。此其过江河之流，不可为量数。而吾未尝以此自多者，自以比形于天地，而受气于阴阳，吾在于天地之间，犹小石小木之在大山也，方存乎见小。又奚以自多？计四海之在天地之间也，不似垒空之在大泽乎？计中国之在海内，不似梯米之在大仓乎？号物之数谓之万，人处一焉；人卒九州。谷食之所生，舟车之所通，人处一焉。此其比万物也，不似毫末之在于马体乎？”这种对于宇宙的无限性与具体事物的局限性相对照的描写，就是在世界古代思想史上恐怕也是独一无二的。庄子说出了一个非常深刻的道理：人只有自知局限性，才能突破局限性。

庄子及其学派提出“齐物”学说是对当时思想领域所存在的神秘主义和绝对化倾向的有力抨击。在当时出现了许多学派，其中影响较大的有儒、墨、法三家。这三家都针对当时的社会提出了自己的主张，起过积极作用，对古代思想的发展做过贡献。但这些学派互相争辩，都认为自己代表绝对的真理，将自己的学说神圣化。就拿儒家来说，孔子把自己看作文王的继承人，是天下大道的承担者，其弟子更把他捧为人世间的太阳和月亮。在这种情况下，庄子及其学派针对日益夸大的绝对，提出一个有意夸大的相对。《庄子·齐物论》篇说：“即使我与若辩矣，若胜我，我不若胜。若果是也，我果非也邪？我胜若，若不吾胜，我果是也，而果非也邪？”其结果只能是“彼亦一是非，此亦一是非”。庄子学派还直接指斥孔子的仁义之说是“夫六经，先王之陈迹也，岂其所以迹哉”认为儒家的知识也不过是“古人之糟魄”。虽然夸大的相对也是一种形而上学，但是这也不失为打破思想禁锢的一种有力武器。只有在相对与绝对的对立中，人们的思想才能从对绝对的陶醉中清醒过来，获得重新发展的契机。在思想趋于僵化和静止的历史时期，产生认识上的怀疑主义、相对主义，是推动人类认识继续向前发展的有力杠杆。

庄子还以“齐物”的学说讨论生死，认为生与死都是“气”的聚合与离散，生死不分，死生齐一，因此，要超脱生死之念，置生死于度外。庄子将死时，弟子们打算他死后加以厚葬。庄子表示反对，说：“我把天地当作棺椁，把日月当作璧玉，把星辰当作珠玑，这样的陪葬品还不够丰厚吗？还需要什么厚葬？”弟子们说：“我们担心这样会让乌鸦和老鹰啄食先生的尸体。”庄子风趣地说：“尸体抛在荒野自然要被乌鸦和老鹰啄食。埋在地下自然要被蚂蚁啃食。你们是想夺过乌鸦和老鹰的食物去交给蚂蚁，你们为什么要如此偏心呢？”庄子这种对生死的达观态度，对我们今人也是很有启示作用的。

对“齐物”学说论述得既详尽又生动的，除了《庄子》一书外，就要数《列子》一书了。《列子·汤问》篇中，在论述万物齐一时列举了大量形态各异的具体事物，有高达数十丈的龙伯巨人，也有长仅九寸的诤人；有长广几千里的鲲鹏，也有集于眉睫间而不被觉察的小虫。通过这些生物在空间位置和时间形式上的悬殊差别的描写，突出道的普遍性。

其后，对“齐物”学说的宏篇巨论没有了，但它对后世潜移默化之功，在各代文献中都时有所见。三国魏时的文士阮籍信奉道学，他在《达庄论》一文中，阐述了庄子的“齐物”学说：“（万物）自其异者视之，则肝胆楚、越也；自其同者视之。则万物一体也。”“以生言之，则物无不寿；推之以死，则物无不夭。自小视之，则万物莫不小；由大观之，则万物莫不大。殇子为寿，彭祖为夭；秋毫为大，太山为小。故以死生为一贯，是非为一条也。别而言之，则须眉异名；合而说之，则体之一毛也。”其中深得庄子“齐物”学说的精髓。

晋朝以王羲之为东道主的兰亭盛会也是以齐物为主题的。王羲之的诗写道：“大矣造化功，万殊莫不均。群籁虽参差，适我无非新。”谢安诗有这样两句：“万殊混一理，安复觉彭殇！”王羲之是兰亭聚会的主持人，谢安是主要与会者，他们二人的诗篇奠定了聚会的基调，其他许多与会者均有吟咏齐物的诗句。在表现这一主题时，他们是宏观审视，正如王羲之《兰亭序》所说的那样，“仰观宇宙之大，俯察品类之盛。”在时间和空间上都是总体俯仰，着力突出千流百品的共同点，由此引出齐物的感受。

北宋文学家苏轼有《秋阳赋》，表现的也是齐物的观念。作品先写世人及自己厌恶炎夏而喜爱秋阳的普遍心理，然后议论说：“日行于天，南北异宜。赫然而炎非其怒，穆然而温非其慈。且今之温者，昔之炎者也。云何以夏为盾，而以冬为衰乎？吾侪小人，轻温易喜，彼冬夏之畏爱，乃群狙之三四。”最后一句用的是《庄子·齐物论》篇“朝三暮四”的典故，用以说明太阳还是同一个太阳，它本身没有本质的改变。只是由于四季的形态不同，致使人们或喜或怒，这和猴子滑稽的情态一样，是“名实未亏而喜怒为用”，完全是多余的分辨和无用的感慨。苏轼认为，四季不同，冷热各异，都是太阳的功能，并不是它有意为之。人对四季不应有偏爱，不能喜温畏暑，也不必加以分别，而应该无偏无私地看待四季的交替，顺应自然造化。谈论“齐物”学说的代有其人，可见这一哲学思想的影响之深远。

齐物论具有朴素的辩证法思想，它在宏观层面上道出了万物的一致性，体现了物质的根本属性，肯定了事物的客观规律性。同时，对于打破当时各家学派各执一端的极端做法有积极意义，对于促进各家学派的思想反思与交融有积极作用。但齐物论中的一些观点，模糊了物质与精神的区别，模糊了微观物质个体物质间的区别，否定了个体的差别，抹杀了个体的主观作用，走向了相对主义、不可知论和宿命论的泥潭。

五、天人合一的天人观

天人学说是中国古代哲学的重要组成部分，也是最重要的核心部分，天人学说将天、地、人这一自然和社会的主体物质看成是相互关联的物质关系与精神关系，并试图在社会实践中推行这一观念，实现从物质到精神的统一。其核心思想敬天，认为天具有无穷的威力和高尚的德行，普育万物，天是一切生命的主宰。强调天地气交，认为天、地、人本源于一气，阴阳之气。认为天地同律，时空合一。认为天人之中存在大宇宙和小宇宙，大小宇宙相互呼应。基于以上认识，主张人天同构，人与天地结构基本相同。认为人天同道，即天有规律有道德，与人类社会发展相呼应，所以天人合一。也就是说，从老子、孔子、孟子、庄子开始，到了董仲舒那里，由最初的自然界的物质合一，最后到了自然界与社会的精神合一，自然属性变成了社会属性。

作为一种观念，天人观从《易经》发端，可以说《易经》是这一观念的鼻祖。《周易·贲卦彖辞》中说，“观乎天文，以察时变。观乎人文，以化成天下。”将天文、人文并列看待。《易·恒》：“圣人久于其道，而天下化成。”作为一种思想观念形成思想体系，最早是由庄子阐述，后被汉代思想家、阴阳家董仲舒发展为天人合一的哲学思想体系，并由此构建了中华传统文化的主要哲学思想观念。汉代以后，不断将化成天下的思想进行表达。《汉书贾谊传》：“故化成俗定，则为人臣者主耳忘身，国耳忘家，公耳忘私。”到了唐代权德舆在其诗作《奉和圣制重阳日即事六韵》即事六韵中也说：“宸衷在化成，藻思焕琼琚。”宋代张世南《游宦纪闻》卷八：

“其要在于择善修身，至于化成天下。”明代钱谦益《尚宝司少卿袁可立授奉直大夫》：“制曰：我皇祖化成久道，遐不作人。摧挫有时，扶养无已。”这一思想一以贯之到了近代，著名文学家、思想家、民主战士鲁迅在《坟·文化偏至论》中也讲：“其蠢蠢于四方者，胥蕞尔小蛮夷耳，厥种之所创成，无一足为中国法。是故化成发达，咸出于己而无取乎人。”

作为中国古代核心思想观念，中国古代各家各派都有“天人”学说，主要有道家、儒家、佛教禅宗等。最初认识的天主要体现在各种物质自然世界，如季节、气候、日月星辰等，尤其是风雨雷电。认为这些自然现象对人类生产生活有影响，具有制约的作用，体现了农耕时代对外部世界的物质性认识。当然也将天的认识深入到了人们的思想意识之中，认为天有超越人力控制的意志性力量，认为天拥有至高无上的地位和权力，这体现了当时的人们对天与人之间的精神性的认识。到了春秋战国时期人们对人与自然界的关系开始了重新理性的认识，从商代时期的宗教性的认识上摆脱出来。

天人观念从最初出现一直到汉代董仲舒的天人合一说，成为主导观念以前，在天与人的关系上，其中有天人相分说和天人合一说两种。子产的“天道远，人道迩”的观点是天人相分说，儒家荀况的“制天命而用之”的思想是天人相分说，刘禹锡的“天人交相胜”的命题也是天人相分说。儒家孟轲的“尽心、知性、知天”和“万物皆备于我”的命题是天人合一说，墨家墨翟的“天志”为天人合一说，阴阳家邹衍的“五德终始”说也是天人合一说。董仲舒的“天人践应”也是天人合一说。道家的“天人”学说是天人合一说，但它又与儒家的天人合一说，墨家的天人合一说和阴阳家的天人合一说有所不同。但当时主张天人一致思想观念的占主要，即认为天人之间具有相同性或者是同一性。

在儒家来看，天是道德观念和原则的本原，人心中天赋地具有道德原则，这种天人合一乃是一种自然的，但不自觉的合一。但由于人类后天受到各种名利、欲望的蒙蔽，不能发现自己心中的道德原则。人类修行的目的，便是去除外界欲望的蒙蔽，“求其放心”，达到一种自觉地履行道德原则的境界，这就是孔子在《论语·为政》篇中所说的“七十从心所欲而不逾矩”。

孔子通过对生命的践履与体验来形容天命与人之间的关系。其中一段著名的话就有代表性，即“吾十有五而志于学，三十而立，四十而不惑，五十而知天命，六十而耳顺，七十而随心所欲不逾矩”将人的成长与天命与社会约束放在了一起。孟子也在《孟子·尽心》篇中说“尽其心者，知其性也；知其性，则知天矣，存其心，养其性，所以事天也”。认为人心根于心而禀受于天，充分表达了他的天人一体的观念。荀况的思想也具有代表性，主要包括“天行有常”“明与天人之分”“制天命而用之”，主要是说自然界的运行有其自身的规律，天人之间并不相同，人类可以全面地认识自然规律，进而掌握自然规律，遵循自然规律，既不要超过自然规律“与天争职”，也不能违反自然规律“倍道妄行”。

在春秋时期的显学墨家创始人墨子看来，人只有与天合一才能顺利，才能度灾免难，因为天是自然、社会和人民的主宰。天具有正义性，能够赏善罚恶。他在《墨子·尚同中》篇中说：“夫既尚同乎天子，而未上同乎天者，则天灾将犹未止也。故当若天降寒热不节，雪霜雨露不时，五谷不孰，六畜不遂，疾灾戾疫，飘风苦雨，荐臻而至者，此天之降罚也，将以罚下人之不尚同乎天者也。”强调天的主宰作用。

在禅宗来看，人性本来就是佛性，只缘迷于世俗的观念、欲望而不自觉，一旦觉悟到这些观念、欲望都不是真实的，真如本性自然显现，也就达到最后成佛的境界，因此，他们提出“烦恼即菩提，凡夫即佛”。真正达到觉悟后的境界是什么呢？从某种秤谌看，仍有点儿像道家的一切顺应自然之意。故禅宗语录有言：“悟得来，担柴挑水，皆是妙道。”“禅便如这老牛，渴来喝水，饥来吃草。”在道家来看，天是自然，人是自然的一部分。因此庄子说：“有人，天也；有天，亦天也。”天人本是合一的。但由于人制定了各种典章制度、道德规范，使人丧失了原来的自然本性，变得与自然不协调。人类行的目的，便是“绝圣弃智”，打碎这些加于人身的藩篱，将人性解放出来，重新复归于自然，达到一种“万物与我为一”的精神境界。

天人合一观念将天、地、人看成是一个互为依托的关系。在自然界和人类社会中，天、地、人三者是相对独立存在的，但在中国的思想家那里早已经看到了三者不可分的一种联系。《庄子·达生》曰：“天地者，万物之父母也。”《易经》中强调三才之道，将天、地、人并立起来，并将人放在中心地位，这就说明人的地位之重要。天有天之道，天之道在于“始万物”；地有地之道，地之道在于“生万物”。人不仅有人之道，而且人之道的作用就在于“成万物”。再具体地说：天道曰阴阳，地道曰柔刚，人道曰仁义。天地人三者虽各有其道，但又是相互对应、相互联系的。这不仅是一种“同与应”的关系，而且是一种内在的生成关系和实现原则。天地之道是生成原则，人之道是实现原则，二者缺一不可。

天人合一观念最早发端于汉字的发明。天人合一思想首先体现在汉文字的发明创造上，中华民族的祖先们在发明汉字的时候，就将汉字与自然和人结合。人们都清楚，自己民族的思想观念不是凭空而来，它首先来自于民族的语言文字、生活习惯。民族的语言文字是区别于其他民族最具有代表意义的符号、感情、思维、观念、智慧，是特定民族唯一的交流方式，它支配着这个民族的思想和行动，记载传承着这个民族的历史文化。中华民族发明的汉字特色鲜明，是象形文字，它以象形、会意等组成字义。它将这个民族最淳朴的感情融化其中，如孝子的孝字，从甲骨文金文追根溯源，就是一位孩子背负一位老者前行。比如不肖子孙、惟妙惟肖的肖字，就是一个带着血水的胎儿，带着血水和家族的基因、血缘。《说文解字》中解释为不似其先，故曰不肖也，也指没有继承家风的后辈。再比如贫穷两个字，一个是只能将钱分开花的人，一个是住在低矮无法直立的房子里的人。大家都熟悉的道路两个字，道是一个脑袋加一个走之旁，站在十字路口的人要想继续走下去，需要靠脑袋来判断怎么走，也许是不同人的不同判断，才有了各走各的路的产生。懒和惰两个字，实际产生懒惰的原因是心理在作怪，并非手脚的原因，故都有个竖心旁。可见，汉字从一开始创建，思想观念就是十分鲜明的，且这些内涵与自然与内心相关联，体现着天人合一的观念。

为了厘清各家的不同观念，我们以道家主张为主干，兼及各家。道家的“天人”学说属于天人合一说，其主要内容是说明自然、社会和人际之间的关系，天人合一，道法自然。即“人法地，地法天，天法道，道法自然”（《道德经》第二十一章）的关系。它的特点是以道、一、无为基本范畴阐述自然界的本原；以无知、静观、玄览等范畴论述人的认识能力；以无欲、无为作为人对社会和人际之间的行为准则；以人道无条件地顺应天道自然为解决天人关系的归宿。它的天人合一说的天，既不是墨家的天志，也不是儒家的天命，更不是阴阳家的主宰，而是自然规律；它的天人合一说的人，既不是墨子的“有力者疾以助人，有财者勉以分人，有道者劝以教人”（《尚贤》下）的功利主义的人，也不是儒家所说的仁义道德的伦理之人，更不是阴阳家的先天具备五德的人，而是无私无欲、无为无作、自由遨游、顺应自然的真人、神人或圣人。它的天人合一说的天人关系，既不是儒、墨的主宰和被主宰的关系，也不是阴阳家的天赋感应的关系，而是“天之道损有余而补不足，人之道则不然，损不足而奉有余”的顺应关系。道家的天人合一说既有肯定按客观事物规律办事的朴素唯物主义和朴素辩证法的积极因素，也有否定人的主观能动性的局限，我们选编的故事主要是要人们汲取其尊重客观规律办事的积极方面，而克服其无为而治的局限性。

中国原典文献《易经》以多学科、多角度思维讲天、地、人之间以及三者与万物之间的关系，强调天是万物的本原，天的元气是万物创始的根本，地承载万物，是万物的依托，人应顺天地而动，自强不息，厚德载物。认为天、地、人三才相合，达到天人合一，才能一切顺遂。天有元、亨、利、贞四德，地也有元、亨、利、贞四德，即天地有养生之德。人也是万物之一种，有君子之德大人之德。天地的养生之德与君子大人的道德相互结合，构成天人合一。天之四德的作用是涵育万物，即万物是随着天的运行而产生发展变化的，符合天的运行规律，万物就会茁壮成长。即，“大哉乾元，万物资始，乃统天”“乾道变化，各正性命，保合太和，乃利贞”。已经认为，君子有忧患意识、诚信品德、忠勇精神、谦虚态度。君子效法天刚健自强，发奋努力，又勤于思考就会像天道那样有为不息，避免危险。即“君子终日乾乾，夕惕若，厉，无咎。”“天行健，君子以自强不息。”又指出天的元、亨、利、贞是人的行动标准，元是善的首位，亨是美的集中表现，利是义的应和，贞是事物的主干。认为君子实行仁，就能做人的尊长，集合美就能合乎礼，对万物有利，就能与义相应和，坚持正道，就能办好事，君子实行这四种美德，大人实行“夫大人者与天地合其德，与日月合其明，与四时合其序，与鬼神合其吉凶”就可顺天而动，实现人与天合一。

道家的“天人”学说从老子到庄子有一个发展过程。

道家的天人合一说是先秦哲学家老子创立的。老子在其天人合一说中首先提出道是天的本原。他说：“有物混成，先天地生；寂兮寥兮，独立而不改，周行而不殆，可以为天下母；吾不知其名，字之曰道。”他认为：“道之为物，惟恍惟忽，忽兮恍，其中有象，恍兮忽其中有物；窈兮冥，其中有精，其精甚真，其中有信，自古及今，其名不去，以阅众甫。”就是说道是摸不到，看不见，不以人们意志为转移的，贯穿古今的自然运动本原或规律。宇宙的构成图则是“道生一，一生二，二生三，三生万物。万物负阴而抱阳，冲气以为和。”有时候，老子又把一等同于道。他说：“视之不见，名曰夷；听之不闻，名曰希；搏之不得，名曰微；此三者不可致诘，故而为一。其上不皦。莫下不昧，绳绳兮不可名，复归于无物，是谓无状之状，无象之象，是谓忽恍，迎之不见其首，随之不见其后，执古之道以御兮之有，能知古始，是谓道纪。”又说：“昔之得一者，天得一以清，地得一以宁，神得一以灵，谷得一以盈，万物得一以生，侯王得一以为天下贞，其致之，一也。”有时候，又把道说成无，“天下万物生于有，有先于无。”在老子的《道德经》中，有时说的天是天、地之类的自然天，但在总的观点上，他把天与道是等同看待的。他说：“天乃道，道乃久，殁身不殆。”“天之道，不争而善胜，”“天之道，损有余而补不足。”都将天等同于道，天道就是自然规律，人的活动要顺从天道自然，这是其天人合一思想的核心。其次，老子在天人合一说中强调人的无为，泯灭人为的能动作用。他认为“为学日益，为道日损，损之又损，以至于无为，无为而无不为矣。”人们要做到无为主要体现在人的认识能力、人的道德修养、人的治理国家等几个方面。

在人的认识能力上，他提倡绝圣弃智、绝学无忧，达到涤除玄览的境界。他认为“知者不言，言者不知，寒其兑，闭其门，挫其锐，解其光，同其尘，是谓玄同。”是说有知识即是无知识。他还主张人们没有从感性到理性的认识过程。他说：“不出户知天下，不窥牖见天道，其出弥远，其知弥少，是以圣人不行而知，不见而名，不为而成。”由于否定人的认识能力，同时也否定了人们的认识对象，所以说："五色令人目盲，五音令人耳聋，五味令人口爽，驰骋田猎令人发狂，难得之货令人行妨，是以圣人为腹不为目，故去彼取此。"这是说人的认识无为。在人的道德修养上也要无为。他认为人的无私无欲是修养的基础。他说："我无为而民自化，我好静而民自正，我无事而民自富，我无欲而民自朴。"同时也否定了人们所欲的对象："不尚贤，使民不争；不责难得之货，使民不为盗；不见可欲，使心不乱，是以圣人之治，虚其心，实其腹，弱其志，强其骨，常使之无知无欲，夫使知者不敢为也，为之为，则不治。"他还认为在道德修养上要做到绝仁弃义。他说："大道废，有仁义；智慧出，有大伪；六亲不和，有孝慈；国家昏乱，有忠臣。绝仁弃义，民复孝慈。绝圣弃智，民利百倍。绝巧弃利，盗贼无有。"还说："夫礼者忠信之薄而乱之首也。"在管理国家问题上，他主张无为而治。"古之善为道者，非以明民，将以愚之，民之难治，以其知多，故以智治国，国之贼，不以智治国，国之福。"他认为无为治国的国家最好的组织形式是小国寡民。"使有什伯人之器而不用，使民重死而不远徙，虽有舟车，无所乘之，虽有甲兵，无所陈之，使民复结绳而用之。甘其食，美其服，安其民，乐其俗，邻国相望，鸡犬之声相闻，民至老死不相往来。"这就是他主张的"天之道，利而不害，圣人之道，为而不争"的社会观。

在战国初期，道家的集大成者庄子继承和发展了老子的天人合一说，彻底地表达了天人合一思想。他在《庄子》一书中说，"天地与我并生，而万物与我为一"，强调要处理好天人关系，就要做到"不以心损道，不以人助天"，就要"无以人灭天，无以故灭命"。归纳庄子的思想大致如下。

庄子继承和发展了天道本原说。庄子和老子一样，也把"道"作为世界的本原。他说："夫道，有情有信，无为无形，可传而不可授，可得而不可见；自本自根，自古以固存；神鬼神帝，生天生地；在太极之上而不为高，在太极之下而不为深。先天地生而不为久，长于上古而不为老。""道不可闻，闻而非也；道不可见。见而非也；道不可言。言而非也。""夫道，覆载万物者也，洋洋乎大哉！"都是说的"道"是"无为无形""自本自根"，生天生地的本原。他还与老子一样，把"道"与"无"完全等同起来，认为世界就是从“无”中生出来的，因而在《知北游》中说：“有先天地生者物邪，物物者非物。”不仅道是非物，而且道还是一种超时空的绝对存在的精神实体，充分地体现了天人关系的同一性。在庄子看来，“道”就是“我”，“我”等同于“道”，“道”“我”合而为一，所以说“天地与我并生，而万物与我为一”。把世界万物的“天”和社会人的精神合而为一，深化了老子的天人合一说。

庄子继承和发展了老子的天人合一说中“玄同”思想。庄子在老子的“绝圣弃智”“闭目塞听”的基础上，认为人与天，即人与自然界是绝对同一的，形成了齐物论，构成了他的相对主义和不可知主义。庄子认为，作为客体天即一切事物都是相对的，是没有质和量的规定性的。他反复强调：“天下莫大于秋毫之束，而泰山为小；莫寿于殇子，而彭祖为夭。”“莛与楹，厉与西施，恢桅橘悟，道通为一。”就是说天道自然的事物是没有大小之分的，泰山与兔毛尖无大小之别；事物没有美丑之分，西施与丑厉是一样的；事物没有时间上的差别，殇子的短命与彭祖的长寿是相同的。这就是说，在天人关系中，他完全否认了作为人的认识对象天道自然的规定性，走上了相对主义。庄子还认为，在天人关系中，作为人的一切认识也都没有是非标准，否认真理的客观性。在他看来，世间根本没有是非界限。他说：“是亦彼也，彼亦是也。彼亦一是非，此亦一是非。果且有彼是乎哉？果无彼是乎哉？彼是莫得其偶，谓之道枢。枢始得其环中，以应无穷。是亦一无穷，非亦一无穷也。故曰莫若以明。”他还特别论述了是非不能断定的问题。他说，两个人辩论，你说你的观点对，我说我的观点对，无法断定谁是谁非。如果找个第三者来评是非，那么第三者站到你我任何一方也判定不了谁是谁非，第三者如果不站在你我任何一方，也更无法判定谁是谁非，所以是非永远搞不清楚，是非之争辩也就毫无意义。因此，人们就不要发挥主观能动作用，只好是保持“彼亦一是非，此亦一是非”，而不去追求客观真理。由于他怀疑人的认识能力，就把人生和认识都看成是梦幻，自以为有知的认识不过是一场大梦而已。他曾说：“吾生也有涯，而知也无涯。以有涯随无涯，殆已，已而为知者，殆而已矣。”这就是说，生命是有限的，知识是无限的，用有限的生命去追求无限的知识只能是一个疲劳不堪的结果，这就陷入了不可知主义。

庄子继承和发展了老子的天人合一说中人道理论。庄子是讲人性，讲道德，讲人的价值的。他主张自然人性说，庄子的自然人性论是以“天人合一”说作为理论基础的。庄子认为，人是自然物，“人与天一”的自然物。人就是天。天就是人。他说：“庸讵知吾所谓天之非人乎？所谓人之非天乎？”这就是说自然和人是同一的。人只能因顺自然而存在，才是他所主张的“真人”“神人”“至人”或“圣人”。他说：“古之真人，以天待人，不以人入天。”“古之真人。不知说生。不知恶死”，“不以人助天”神人“肌肤若冰雪，倬约若处子。不食五谷，吸风饮露，乘云气御飞龙，而游乎四海之外。”圣人则是“不从事于务，不就利，不违害，不喜求，而游乎尘垢之外。”他们说的这些人就是他的出世主义的绝对自由的人。庄子的自然人性论就是在天人合一的基础上建构的。在他看来，人性就是自然本性。就是无知无欲的自然本性。人物没有区别，万物皆出于机，皆入于机，所以人伦和果理也没有区别，因而在人的善恶标准问题上，他主张以自然的本性作为善的内容来衡量人的品行，自然无为就是人的道德标准。这样，他在道德评价上就完全否定了人的道德的社会基础和社会价值的作用，也就否定了人的能动作用。实质上是否定了作为行为规范的道德的存在，走上了道德的虚无主义。所以。他在伦理上极力痛斥儒家的仁义礼智信的道德价值，而主张追求个人生存和自由的价值。在他看来。给社会提供价值都是没有好结果的，诸如倏忽为混沌凿七窍的价值是使混沌致死，关龙逢、比干、伍子胥为社会提供价值被杀。人只有像社树那样不为社会提供舟材、棺椁材、器材、门户材、梁柱材的价值，才是无用之为大用，才能保持自己的全生。这就是庄子的个人主义的人生观。然而，他在人与自然的关系上也为后人留下了值得深思的一些道理。

庄子继承和发展了老子天人合一说中的无为而治的观点。庄子出于天人合一理论，主张无为而治。他既反对“君人者以己出经式法度”的法治观点，也反对“藏仁以要人”的礼治观点。他指出：“及至圣人，蹩受为仁。踝政为义，而天下始疑矣；澶漫为乐，摘僻为礼。而天下始分矣。”就是说，有了圣人的出现，汲汲于求仁，汲汲于为义，天下才发生迷惑；纵逸求乐，烦琐为礼，天下才开始分高。所以，他的结论是“圣人不死，大盗不止。”与有为的主张相反，他提倡无为而治，“汝滋、猕心于无淡，合全于漠，顺物自然而无容私焉，而天下治。”他的结论与老子一样。是“无为而无不为”。在他看来，老子的“小国寡民”思想是对的，他所主张的“至德之世”就是“小国寡民”思想的继续。这些至德之世是“昔者容成氏、大唐氏、伯皇氏、中央氏、栗陆氏、骊畜氏、轩辕氏、赫胥氏、尊卢氏、提融氏、伏羲氏、神农氏，当是时也，民结绳而用之，甘其食，美其服，乐其俗，安其居，邻国相望，鸡狗之音相闻。民至老死而不相往来。若此之时，则至治民。”还宣称，在这个至德之世，人们不分君子与小人，没有欲望和私念，“民有常性，织而衣。耕而食，是谓同德”。实际上，人人是劳动者，社会是人人平等的乌托邦。这虽然是幻想或倒退的消极理想，却也给人们一种追求的憧憬和启示。

在汉魏晋隋唐时期，道家的天人合一说为道教诸派所继承和发展。道教的丹鼎派继承道家的天人合一说，并作为炼丹的理论基础。魏伯阳在《周易·参同契》中认为，自然界是一个大周天，人体是一个小周天。自然界内部充满气体，蕴含着阴阳的消长变化；人体的小周天也像天一样内部充满气体和蕴含着阴阳消长变化。天和人是一体的。真元之气在大周天中运行的周期是以一年中十二星纪、二十四节气、十二辰、十二律和二十八宿的交替和运行为依据。小周天的消长变化则是大周天消长变化的缩影。据此天人合一的思想体现为炼内丹和炼外丹。在葛洪讲述炼丹术的《抱朴子》一书中所引述的“天得一以清，地得一以宁，人得一以生。神得一以灵”也是道家天人合一学说的继承。道教的符录派在其《太平经》中也提倡“一气为天。一气为地，一气为人。余气散备万物。”“夫天、地、人本同一之气，分为三体。各有自祖始。”同样认为天是一个大天地，人是一个小天地。并把天与人一一比符，形成了指导符录的天人合一的理论。后来的《黄庭经》中也认为天人为一体。人体真元之气的运行与天体的日、月、星辰的运行息息相通，成为气功、养生治病的理论根据。后来，道教的发展形成儒释道的合流，各自的天人关系学说也就合流，道家的天人合一说就没有什么突出的特点了。

道家和道教的天人合一说。在历史发展中有着相当重要的地位和价值。它对中国文化起到了先导和继往开来的作用。在哲学上也起到了自然规律学说形成的奠基作用。它既是道家的哲学最高范畴，也是道教炼丹术的理论基础。这个理论对中国的哲学、化学、医学的发展都起到过一定的推动作用。对现代的哲学、量子力学、气功科学及生命科学也有一定的积极意义。当然，也有其朴素的或神秘的一面。对这份古代文化遗产应当批判地继承。

中国哲学中的天人合一观念，发源于周代，经过孟子的性天相通观点与董仲舒的人副天数说，到宋代的张载、二程而达到成熟。张载、二程发展了孟子学说，扬弃了董仲舒的粗陋形式，达到了新的理论水平。张载、二程的天人合一思想，分析起来，包括几个命题，人是自然界的一部分，自然界有普遍规律，人也服从这普遍规律，人性即是天道，道德原则和自然规律是一致的，人生的理想是天人的谐调。

天人合一思想，是中华民族5000年来的思想核心与精神实质。在中国文明的哲学体系中，它是理论基石之一，它首先指出了人与自然的辩证统一关系。天与人是世间万物矛盾中最核心、最本质的一对矛盾，天代表物质环境，人代表调适物质资源的思想主体，合是矛盾间的形式转化，一是矛盾相生相依的根本属性。

天人合一是中国文明哲学体系的基本成分之一，它深深地渗透到我们的民族意识之中，扎根在人们的思维甚至遗传中，我们中华民族几千年昌明发达，和谐自然，是这一理论的最好的实证。天人合一思想所主张“三生万物”“天地人法”阐明人是万物的一部分，所以人应该也必须顺应自然规律。人类生生不息，无论是远求、近取、俯查、仰视还是类比、取象，都与天的完美主义和进取精神相一致。天人合一观念体现了中华民族的世界观、价值观的思维模式的全面性和自新性。天人合一的思想无处不在。以“仁”为核心，“礼”为外观表现的儒学可以说是一种人学，提出“血浓于水”“老吾老以及人之老，幼吾幼以及人之幼”“杀身成仁，舍生取义”等。

在天人合一价值成就系统中，天人合一是描述了事物的矛盾变化以及反应进程与指向的观察工具、思维模式。天与人各代表了万物矛盾间的两个方面，即内与外、大与小、静与动、进与退、动力与阻力、被动与主动、思想与物质等对立统一要素。

用天和人来代表万事万物中的矛盾，其主要原因是，如无人，一切矛盾运动均无法觉查；如无天，一切矛盾运动均失去产生的载体。唯有人可以运用万物的矛盾；唯有天可以给人运用矛盾的资源。总之，以天与人作为宇宙万物矛盾运动的代表，才能最透彻地表现天地变迁的原貌和功用。

天人合一构成了人类社会中最根本的矛盾对立统一体，在万物诸矛盾中，又按照由内到外的顺序，存在着四大层级矛盾，而人类活动的一切起点、指向与归宿，又全在这天人合一的四大矛盾运动之中。

应该强调的是，到了汉代董仲舒以后，儒家的天人合一说与道家道教的天人合一说早已不是一个概念，其观念大相径庭。董仲舒的学说完全为了政治统治，为了统治者的利益，忽视了自然与人类的独立并行的规律，将皇权与天道糅合在了一体。这既为维护封建的大一统作出了贡献，也起到了愚弄人民的作用。这样的思想观念在封建社会的上升时期，意义重大，到了封建社会的中晚期，无疑起到了影响社会进步、阻碍思想解放的作用。

哲学观念对个人和社会的成长进步提供了强大的精神支撑和思想指引，是个人和人类社会前进的核心动力之一。中国古语说："知（智）人则哲"，哲学就是智慧之学，即爱智之学。哲学的智慧表现在能让一个人、一个民族、一个国家甚至整个人类，对自然、社会和人生的正确认识，即让人们正确地看待人生看待世界看待宇宙。冯友兰认为，哲学的功用在于提高心灵的境界，指出了哲学"定位宇宙，安排人生"的本质特征。哲学的任务在于寻找光明的路径，在人类生活的路途上点起前行的明灯，指导人们正确地认识世界和改造世界。作为智慧之学，哲学可以指导人生活、指导社会、指导人类走向光明美好之途。中国古代哲学观念为中华民族提出了对立统一、知行合一、无为而治、动静相宜、事物等分、天人合一的思维观念，为中华民族的前行，指出了一条光明和美激越奋进的路径，具有永恒的借鉴意义。

第二章　中华民族传统政治伦理观念

一、仁者爱人的仁爱观

“仁”是儒家最重要的思想观念之一，是儒家学说的核心。儒家的思想观念的主体是德为基，礼为本。德的基本要义就在于“仁”。“仁”的概念由孔子时代给予了定位。儒家学派创始人孔子是春秋战国时期的思想家、教育家、社会活动家、政治家，他主张“仁者爱人”，强调与人相交要做到“己所不欲勿施于人”“克己复礼”以达到“仁”。孔子把“仁”作为处理人际关系最高的道德原则、道德标准和道德境界。

“仁”体现在统治者与被统治者两个范畴中。“仁”要求统治者体察民情，反对苛政和任意刑杀，提倡广泛地理解和体贴他人，施行仁政，以此调整统治者与被统治者之间的人际关系，稳定社会秩序。主张以爱人之心和谐处理社会人际关系，所以说“仁”即爱人，这无疑体现了一种人道主义的精神。同时，“仁”要求社会中的每个人按照礼仪规范去做，也就是按照当时的社会规范去做。“仁”的最核心点是强调以仁爱之心待人，这里的“仁”无疑讲的就是一种待人待己的豁达、惠人、自尊、自强，同时又胸怀宽广格局博大的人生境界，是一种正直而又不失灵动的人生观。如果把人生比作一部精致豪华的汽车，那么“仁”就是其核心部件——发动机，是其保证高速稳定的核心技术。假如没有了核心零部件的平稳运行，没有了关键技术作为基础支撑，无论如何华丽的外在驱壳，都将在日复一日的运行当中发生事故，漂亮的外壳也将不保。总之，“仁”是在处理各种社会关系中表现出来的一种大的格局和境界，也是一种坚固心志的高级的修养与修为。

“仁”在儒家的道德规范里包含了丰富的内容，核心是指孝、悌、忠、恕、礼、知、勇、恭、宽、信、敏、惠等一系列内容，“仁”是儒家全部学说的出发点、立脚点，是其学说的核心。自孔子以后，“仁”学经历代大儒阐释发展，内容十分丰富，并吸收了墨家等一些其他学派善、爱的观念,成为指导中国古代先民重要的精神观念。“仁”字在许慎的《说文解字》中解释为“仁，亲也，从人从二”。“仁”字，说的是两个人的关系。“仁”字很早就出现在了中国的语言文化中，甲骨文中就已有了“仁”字。随着社会的发展，“仁”字进入到了社会之中，成为处理人与人之间社会关系的基本范畴，成为了人们的道德规范。由于礼仪文化的确定，在西周时期，尤其是春秋时期受到社会的普遍重视。到了孔子创立儒家学派时,他将“仁”发展提高到社会大德的地位，有“全德之称”。“仁”成为社会道德的综合和道德的最高境界，成为了中华民族特有的仁者精神。

纵观中华民族思想精神的发展史，仁爱观念是中华民族最核心的价值理念之一，也是儒家的核心价值观，由于儒家思想在中国历史的主导地位，仁爱观念成为了中华民族普遍认可并遵循的基本观念中的核心观念，在中国士大夫阶层，许多人将孝、悌、忠、恕、礼、知、勇、恭、宽、信、敏、惠等看得十分重要，历史上的仁人志士甚至将其视为高于生命的最高行为准则，不少人为了捍卫这些准则，不惜舍弃生命，就是为了成全仁德，可以不顾自己的生命。这一思想观念后来指为了维护正义事业而牺牲生命。“舍生取义”，见《孟子告子上》:“生，我所欲也；义，亦我所欲也。二者不可得兼，舍生而取义者也。”“杀身成仁”，见《论语卫灵公》:“志士仁人，无求生以害仁，有杀身以成仁。”“舍生取义”“杀身成仁”在中国历史上演绎了无数可歌可泣的英雄故事。南宋末年，文天祥抗击元兵入侵，兵败被俘，拒降不屈，殉难于燕京。就义前在衣服上留下这样的绝笔：“孔曰成仁，孟曰取义，惟其义尽，所以仁至。而今而后，庶几无愧。”这里的仁，凝结了爱国主义的思想含义。放眼国内外，爱虽不是抽象的情感，但却是最为高尚最能激励人类前行的精神动力。在中国的传统文化里，爱凝结着历史与文化的传承。不同社会、不同文明形态中，爱的形式与内涵是不一样的。例如，儒家讲仁爱，墨家讲兼爱，佛教讲慈悲之爱，基督教讲博爱等。儒家提出“以爱己之心爱人则尽仁”，即爱人如己才能体现仁的本质，才是真正做到了“仁”。如今人类进入到了现代化的信息革命时代，经过人类数千年的努力，物质文化精神文化已经发展到了相当高的程度，十分有必要大力弘扬中华民族传统的仁爱观念，大力提倡赋予新时代仁爱观念的新内涵，这不仅对于中国建设和谐社会的目标有重要意义，对于建设习近平总书记提倡的建设人类命运共同体的目标更具有重要意义。借用毛泽东的一句“我们都是来自五湖四海，为了一个共同目标”，那就是建立新时代的全人类的命运共同体走到一起来了。所以说这种仁爱观念应该在现代社会大力弘扬。

儒家仁爱观念核心有二。一为孝悌。孔子认为孝悌是仁的本，孝不仅局限于对父母的赡养，着重对父母与长辈的尊重，认为缺乏孝敬之心的赡养，如同于饲养猪犬，乃大逆不道。悌指对兄长的敬爱之情，儒家十分重视悌的品德，把孝悌视为是“为仁之本”。《论语》载：“有若说‘孝弟（悌）也者，其为仁之本也。’”孟子说：“孩提之童，无不知爱其亲也；及其长也，无不知敬其兄也。亲亲，仁也；敬长，义也。”强调以孝亲敬长为人之本始。二为博爱。孔子说仁是爱人，无分亲疏远近。《论语》载：“樊迟问仁，子曰：‘爱人。’”到了孟子那里，似乎这种爱不仅仅是针对人而言了，包含了对万物的爱。孟子认为作为君子：应该做到“亲亲而仁民，仁民而爱物”。也就是说君子施恩应循先亲、次民、后物的次序。将“亲亲”推至“仁民”，即“老吾老，以及人之老；幼吾幼，以及人之幼。”又将“仁民”推至“爱物”，即爱万物，爱草木鸟兽，爱瓦石山水。这是儒家仁爱观念的核心，它是孔子、孟子社会政治、伦理道德的最高理想和标准，反映了他们对人类、对社会的思想观念，体现了他们的哲学观点，这一思想观念深深地影响了中华民族，也对世界思想文化界影响深远。以至于在今天还受到许多有识之士的认同。“‘仁以处人，有序和谐’是孔子思想的原发点，是儒家思想核心之核心。”

“仁”体现在教育思想和教育实践上是“有教无类”“不分贵贱，学者无分。”春秋时代学在官府，只有贵族才有资格入学。孔子首开私学，弟子不分贵贱敏钝，均可来受教，体现了他的仁爱思想。“仁”体现在政治上是强调“德治”，德治的基本精神实质是泛爱众和博施济众，孔子把“仁“引入礼中，变传统“礼治”为“德治”，他并没有否定“礼治”，他的“德治”无疑是对“礼治”的继承和改造。爱人既为“仁”的实质和基本内容，而此种爱人又是推己及人，由亲亲而扩大到泛众。宋朝理学家王守仁说：“仁者以天地万物为一体，有一物失所，便是吾仁有未尽处。”这种思想也与天、地、人三才一体，天地一家思想观念相契合，是现代人与万物自然和谐相处思想观念的源头。

儒家以“入则孝，出则悌”“父子有亲，君臣有义，夫妇有别，长幼有序，朋友有信”的礼仪规范，为中国人构建了一个以家庭为中心向朋友、社会、国家、天下放射的同心圆，每个人从家庭孝悌做起，通过孝敬父母、尊重兄长、关爱妻子，爱护子女，培育仁爱之心，陶冶宽广胸襟。以“己所不欲，勿施于人”“己欲立而立人，己欲达而达人”的仁爱原则，将尽己之心为忠、推己及人为恕的忠恕之心扩展到邻居、朋友，乃至国家和天下。沿着这一道德提升路径，儒家将修身、齐家拓展到了治国、平天下，将仁爱、友善从家庭延伸至他人、社会和国家。儒家的仁爱思想，不仅使其学说具有持久的生命力，而且将家国一体的意识深深植入中华民族的灵魂深处；不仅赋予了中华民族“修齐治平”的人生理想，而且培育了中华儿女牢固的爱国情结，始终把中华儿女坚强牢固地团结在一起。

我们再来看看孔子是怎样表述他的思想的。在《论语》一书中有一百多处讲到“仁”。归纳起来有以下几种含义：首先，“仁”是一种品德或道德意识。他说：“仁远乎哉？我欲仁，斯仁至矣。”这说明仁是一种道德意识，在人们大脑中存在和流动着。只有你有行仁的愿望，仁才会来到你的身旁。其次，“仁”作为一种道德意识，它的主要内容是爱人，是忠恕之道和克己复礼，是己所不欲勿施于人。《论语·颜渊》中记载：“樊迟问仁，子曰：‘爱人。’”在《论语·雍也》篇中说：“夫仁者，己欲立而立人，己欲达而达人。”在《论语·卫灵公》篇中又说：“子贡问曰：‘有一言而可以终身行之者乎？’子曰：‘其恕乎！己所不欲，勿施于人。’”《论语里仁》中，“子曰：‘参乎！吾道一以贯之。’曾子曰：‘唯。’子出，门人问曰：‘何谓也？’曾子曰：‘夫子之道，忠恕而已矣。’”《论语·颜渊》篇中，“颜渊问仁，子曰：‘克己复礼为仁。一日克己复礼，天下归仁焉。’颜渊曰：‘请问其目。’子曰：‘非礼勿视，非礼勿听，非礼勿言，非礼勿动。’”第三，“仁”是社会道德的综合和人的品格行为的最高道德境界。《论语·阳货》中，“子张问仁于孔子。孔子曰：‘能行五者，于天下为仁矣。’”君臣将“仁”行于天下就是实行“仁政”了。这个仁的基本要素就是，“恭、宽、信、敏、惠。恭则不侮，宽则得众，信则人任焉，敏则有功，惠则足以使人。”孔子认为具有了谦虚、恭敬、庄重、心宽、宽恕、诚信、信任、勤敏、敏捷、慈惠、惠德等这些品格的人才是仁人，行仁政就是靠每一个仁人志士用关爱、尊重他人的言行举止来对待社会，并加强自身修养，最后社会就实现了仁的社会了！“仁者静”仁者是一个沉静的人。“巧言令色，鲜矣仁！”也就是说品德高尚的人绝不是一个巧言令色的人。“唯仁者能好人，能恶人。”“桓公九合诸侯，不以兵车，管仲之力也。如其仁，如其仁。”“仁者，其言也讱。”

孟子继承了孔子仁者爱人的思想。他在《孟子·离娄下》中说：“仁者爱人，有礼者敬人。爱人者恒爱之，敬人者人恒敬之。”《孟子·尽心下》“仁者以其所爱，及其所不爱，不仁者以其所不爱，及其所爱。”在爱人之心的基础上，孟子在其《孟子·尽心下》篇中又提出，“爱人”之心就是“不忍人之心”，即不忍心看别人困苦危难之心。“人皆有所忍，达之于其所忍，仁也。”同时，孟子还发展了孔子的思想，《孟子·尽心下》提出“仁也者，人也。合而言之，道也。”这是说，人行仁德就是道。这是以仁德为人道的本质。这个发展，在认识史的意义在于将道德归结为人类生活的本质，对儒家伦理学起着很大的影响。

其次，孟子提出仁义道德规范和仁政的政治主张。孟子在《孟子·告子上》篇说，“仁，人心也；义，人路也。”在《孟子·离娄上》篇中讲“仁之实，事亲是也；义之实，从兄是也。”在《孟子·公孙丑下》篇中讲“齐人无以仁义与王言者，岂以仁义为不美也？其心曰，是何足与言仁义也云尔，则不敬莫大乎是。”这样，在儒家倡导的思想观念中，仁义便成为人类生活的最高准则。孟子的仁政思想是从“爱人”之心到“不忍人之心”发展而来的。他在《公孙丑上》中说：“皆有不忍人之心，先王有不忍人之心斯有不忍人之政矣。以不忍人之心，行不忍人之政，治天下可运于掌上。”

孟子的仁政学说，内容主要有，一是在经济上，“正经界”“夫仁政，必自经界始。”“行井田”。“方里而井，井九百亩，其中为公田。八家皆私百亩，同养公田；公事毕，然后敢治私事。”“薄税敛”，“孟子曰：尊贤使能，俊杰在位，则天下之士皆悦而愿立于其朝矣。市、廛而不征，法而不廛，则天下之商皆悦而愿藏于其市矣。关讥而不征，则天下之旅皆悦而愿出于其路矣。耕者助而不税，则天下之农皆悦而愿耕于其野矣。廛无夫里之布，则天下之民皆悦而愿为之氓矣。”二是在政治上，主张禅让制、尊贤使能、省刑罚。他说：“施仁政于民，省刑罚。”三是在军事上，反对争霸和兼并战争，提出“春秋无义战”的思想。

荀子继承了孔子孟子的“仁者爱人”的思想。他在《荀子·大略》中说“仁，爱也，故亲。”但荀子与孔子不同之处，孔子认为仁为全德之名，而荀子则认为礼是全德之名。在仁与礼的关系上，荀子在《荀子·大略》中认为“仁有里，义有门。仁，非其里而处之，非仁也。义，非其门而由之，非义也。推恩而不理，不成仁；遂理而不敢，不成义；审节而不和，不成礼；和而不发，不成乐。故曰：仁、义、礼、乐，其致一也。君子处仁以义，然后仁也；行义以礼，然后义也；制礼反本成末，然后礼也。”这就是说亲亲之仁，敬长之义，必须依据礼才能实现。仁，如果不立足于礼，就不能叫仁，仁义是以礼为标准的。即其在《荀子·劝学》所说，“将原先王，本仁义，则礼正其经纬、蹊径也。”

《周易》认为“仁”是人道的基本内容，也是仁人君子的道德品质。即《周易系辞上》所说：“仁者见之谓之仁，知者见之谓之知，百姓曰用而不知，故君子之道鲜矣。显诸仁，藏诸用……”

《大戴·礼记》引用孔子的思想认为“仁”是国家昌盛的根本，是治理国家的最好办法。《大戴·礼记·千乘》记“子曰：不仁国不化。”《大戴·礼记·盛德》又讲“自上古以来，莫不降仁。国家之昌，国家之臧，信仁。是故不赏不罚，如民成尽力，车不建戈，远迩成服，胤使来往，地宾毕极，无怨无恶，率惟懿德。此无空礼，无空名，贤人并忧，残毒以时省，举良良，举善善，恤民使仁，曰教仁宾也。”并认为人不孝是人不仁的结果。即是《大戴·札记·诰志》所说“凡不孝生于不仁爱也，不仁爱生于丧祭之礼不明。”认为能仁者，可遵循自然规律。“子曰：知仁合则天地成，天地成则庶物时。”

董仲舒在《春秋繁露·仁义法》中继承了孔子的“仁者爱人”的思想。“仁之法，在爱人，不在爱我，义之法在正我，不在正人。”不过，董仲舒在研究了黄老之学后在《春秋繁露·必仁且智》中认为，仁者还要有“无争”“节欲”“无忧”等含义，在某些方面是接受了汉初黄老之学的思想。“何谓仁，仁者，潛怛爱人，谨翕不争，好恶敦任，无伤恶之心，无隐忌之志，无嫉妒之气，无感恶之欲，无险被之事，无避违之行。故其心舒，莫志平，其气和，其欲节，其事易，其行道。故能平易和理而无争也，如此者，谓之仁。”

西汉刘向将仁分为大仁、小仁，而小仁需服从“大仁”。他在《说苑·贵德》中引用孔子观点，“孔子曰：里仁为美，择不处仁，焉得智？夫仁者必恕然后行，行一不义，杀一无辜，虽以得高官大位，仁者不为也。夫大仁者，爱近以及远，及其有所不谐，则方大小仁以就大仁。大仁者，恩及四海；小仁者，止于妻子。妻子者，以其知营利，以妇人之恩抚之，饰其内情，雕画其伪，孰知其非真？虽当时蒙荣，然士君子以为大辱。”

东汉政治家、文学家、进步思想家王符在《潜夫论·务本》一篇中认为，仁义是道德之本。他说“教训者，以道义为本，以巧辩为末；辞语者，以信顺为本，以诡丽为末；列士者，以孝悌为本，以交友为末；孝悌者，以致养为本。以华观为末；人臣者，以忠正为本，以媚爱为末。五者守本离末则仁义兴，离本守末则道德崩。”

隋朝大儒王通在政治上主张以恢复王道政治为目标倡导实行“仁政”，主张“三教合一”，在哲学上，王通致力于探究“天人之事”，围绕“天人”关系这个核心，阐述了他关于自然观、发展现、认识论和历史观等方面的思想，表现了朴素唯物主义的倾向和主变思想。在仁与智的关系上，他认为仁居于第一的位置，每个人不能以智代仁，他认为人不管如何聪慧，但离开了仁，智则无用。他在《中说·问易》中说，“薛生曰：智可独行乎。子曰：仁以守之，不能仁则智息矣，安所行乎哉。”他还主张，仁高于人的生命，在完成自己的使命时，在遇到危及生命关头，为了达到仁，应不惜牺性自己的性命。故他在《中说·事君》说“爱生而败仁者，其下愚之行欤。杀身而成仁，其中人之行欤。游仲尼之门，未有不适中者也。”

唐代思想家、政治家柳宗元不完全同意孟子所说的仁义忠信是天爵的观点。孟子提出了天爵和人爵的概念，他认为仁义忠信等到的品质是天赐予的爵位，而公卿大夫等爵位是人赐予的爵位，天高于人。人的最高价值在于追求天赐予的爵位，也就是说人的价值不在于权势地位而在于德行善行。柳宗元在《天爵论》一文中则进一步阐释了孟子的观点，他说“仁义忠信，先儒名以为天爵，未之尽也。夫天之贵斯人也，则付刚健、纯粹于其躬，倬为至灵，大者圣神，其次贤能，所谓贵也。”主张以刚健之气、纯粹之气，也就是志气和英明来诠释天爵，赋予了天爵思想一新的意义。认为仁义忠信是前人为了“宣无隐之明，著不息之志。”“故善言天爵者，不必在道德忠信。明与志而已矣。”

韩愈在《原道》一文中论述了仁和义继承了孔孟的“仁者爱人”的观点，并将仁解释为博爱。他说“博爱之谓仁，行而宜之之谓义，由是而之焉之谓道，足乎已无待于外之谓德。仁与义为定名，道与德为虚位。故道有君子小人,而德有凶有吉。”大意是说博爱叫作“仁”,恰当地去实现“仁”就是“义”，沿着“仁义”之路前进便为“道”，使自己具备完美的修养，而不去依靠外界的力量就是“德”。仁和义是意义确定的名词，道和德是意义不确定的名词，所以道有君子之道和小人之道，而德有吉德和凶德。

同时他认为孟子的仁和义在内涵上的狭小，对其给予了较尖锐的批评。即他在上篇中说，“老子之小仁义，非毁之也，其见者小也。坐井而观天，曰天小者，非天小也。彼以煦煦为仁孑孑为义其小之也则宜。其所谓道，道其所道，非吾所谓道也。其所谓德，德其所德，非吾所谓德也。凡吾所谓道德云者，合仁与义言之也，天下之公言也。老子之所谓道德云者，去仁与义言之也，一人之私言也。”大意是说老子轻视仁义，并不是诋毁仁义，而是由于他的观念狭小。好比坐在井里看天的人，说天很小，其实天并不小。老子把小恩小惠认为仁，把谨小慎微认为义，他轻视仁义就是很自然的了。老子所说的道，是把他观念里的道当作道，不是我所说的道。他所说的德，是把他观念里的德当作德，不是我所说的德。凡是我所说的道德，都是结合仁和义说的，是天下的公论。老子所说的道德，是抛开了仁和义说的，只是他一个人的说法。

周敦颐在《通书》中说道，"'诚无为，几善恶，德爱曰仁，宜曰义'"。认为圣人以'仁'使人迁善，恶无不劝，并参天地、赞化育，以仁育万物。天以阳生万物，以阴成万物。生，仁也。成，义也。故圣人在上，以仁育万物，以义正万民。"

王安石认为，五常之中，仁最为重要。"德以仁为主，故君子在仁义之间，所当依者仁而已。孔子之去鲁也，知者以为为无礼也。乃孔子则欲以微罪行也。以微罪行也者，依于仁而已。礼，体此者也；智，知此者也；信，信此者也。孔子曰：'志于道，据于德，依于仁。'而不及乎义礼智信者，其说盖如此也。"王安石又提出：仁者不害人。"不辱己，所以为有义；不害人，所以为有仁。"

程颢、程颐关于仁的解释与先秦诸儒不同。认为爱是情，仁是性，爱人不等于仁，故他们认为在他们之前未有正确地解释过仁的含义。"爱自是情，仁自是性，岂可专以爱为仁？""自古元不曾有人解仁字之义。"二程认为，仁是人的先验本性，浑然与物同体，义、礼、智、信都是仁的体现。孔子所说的欲立而立人、已欲达而达人比较近于仁之体。"学者须先识仁。仁者，浑然与物同体，义、礼、知、信皆仁也。识得此理。以诚敬存之而已，不须防检，不须穷索。苦心懈则有防，心敬不懈，何防之有？理有未得，故须穷索；存久自明，安得穷索？此道与物无对，大不足以名之。无地之用，皆我之用。孟子言'万物皆备于我'，须反身而诚，乃为大乐。若反身未诚，则犹是二物有对，以己合彼，终未有之，又安得乐？《订顽》意思乃备言此体，以此意存之，更有何事？'必有事焉而勿正，心勿忘，勿助长。'"

南宋理学一代宗师胡宏继承了孔孟的思想，认为仁是天地之心。"仁者，天地之心也。心不尽用，君子而不仁者，有矣。"仁是发自人的内心，是纯正的，仁者不能有一己私念。"黄氏所言仁之功也，须要见颜子居陋巷，一曰克己复礼，天下归仁处，方是真有所见仁人之心也。'心之不仁，私欲害之也？窃谓人有不仁，心无不仁，此要约处不可毫厘差。"仁也是修身立家治国的根本。"使天下后世晓然知强大威力之不可用，士所以立身，大夫所以立家，诸侯所以立国，天下所以保天下，必本诸仁义也。伟哉，孟氏之子！”作为人主，能否行仁政，是衡量其是否合格的标准。“万物备而为人，物有未体，非仁也；万民合而为君，有一民不归吾归，非王也。”

朱熹继承了孟子的仁政思想，他强调君主的职责在于治国平天下，君主的职责在于恤民。他说：“天下者，天下人之天下，非一人之私有。”“天下者，天下之大务，莫大于恤民，恤民之本，又在人君正心术以立纪纲。”同时，朱熹也认为，仁乃是人自身之品德，“仁者，心之德，非在外也，放而不求，故有以为远者。反而求之，则即此而在矣，夫岂远哉？”朱熹认为，在五常之中，仁为最贵，无所不统。“性情之德无所不备，而一言足以尽其妙，曰仁而已。所以求仁者盖亦多术，而一言足以举其要，曰克己复礼而已。盖仁也者，天地所以生物之心，而人物之所得以为心者也。惟其得夫天地生物之心以为心，是以未发之前四德具焉，曰仁义礼智，而仁无所不统。”朱子还分析说“不仁之人，失其本心，久约必滥，久乐必淫。”

南宋哲学家、陆王心学代表人陆九渊认为，只要人能从内心不断地培植德性，就可以达到仁的境界。“仁，人心也。为仁由己，而由人乎哉？我欲仁，斯仁至矣。仁也者，固人之所自为者也。然吾之独仁，不若与人焉而共近乎仁。与一二人焉而共进乎仁，孰若与众人而共进乎仁。与众人焉共进乎仁，则其浸灌薰陶之厚，规划磨砺之益，吾知其与独为之者大不侔矣。故一人之仁，不若一家之仁之为美；一家之仁，不若邻焉皆仁之为美；其邻之仁，不若里焉皆仁之为美也。”

南宋理学家真德秀则认为，仁的学说，到朱熹时才尽释仁之义。“仁之一字，从古无训，且如义训宜，礼训理又训履，智训知，皆可以一字名其义。惟仁不可以一字训。《孟子》曰，仁者，人也，亦只是言仁者乃人之所以为人之理，亦不是以人训仁，盖缘仁之道大包五常贯万善，所以不可以一言尽之。自汉以后，儒者只将爱字说仁，殊不知仁固主乎爱，然爱不足以尽仁。孟之曰，恻隐之心，仁之端也。恻隐者此一心恻然有隐，即所谓爱也，然只是仁之发端而已。韩文公言博爱之谓仁，程先生非之，以为仁自是性爱，自是情，以爱为仁，是以情为性也，至哉言乎。朱文公先生始以‘爱之理，心之德’，六字形容之。”

明朝理学家胡居仁认为无私而合理便是仁。“当理而无私心则仁矣。”又指出，人若不仁义，则人道废绝。“立人之道曰仁义，舍仁义，则人道绝而乱立至矣。”

明代文学家薛碹认为，人道的根本就是仁。“仁道至大是万善，皆仁也。看来天地之道只一元字都括尽。人道只一仁字括尽。”又指出，人能以爱己之心去爱别人，就是仁。“仁即道也，能以爱己之心爱人，则尽仁道也。”

王廷相认为，仁，是天之本性，万物之道“仁者，天之性也。”“仁者，与物贯通而无间者也。万物并育而不相害，道并行而不相悖，天地之仁也；老者安之，朋友信之，少者怀之，圣人之仁也。故物各得其所，谓之仁。”

明代哲学家王艮则提出求仁者要“反求诸己”“自修而仁”的主张。他在《王心斋先生遗集勉仁方书壁示诸生》中提出“夫仁者，爱人；信者，信人，此合外内之道也。于此观之，不爱人，不仁可知矣；不信人，不信可知矣。故爱人者，人恒爱之；信人者，人恒信之，此感应之道也。于此观之，人不爱我，非特人之不仁，己之不仁可知矣；人不信我，非特人之不信，己之不信可知矣。君子为己之学，自修之不暇，奚暇责人哉！自修而信矣，自修而仁矣，其有不爱我信我者，是在我者行之有未深，处处有未洽耳，又何责焉？故君子反求诸其身，上不怨天，下不尤人。”

陈确认为，人只要尽心为善，不断地知错必改，“仁”即“至矣”。“知过之谓智，改过之谓勇，无过之谓仁。学者无遽言仁，先为其智勇者而已矣。”“无不知，无不改之谓仁。”

黄宗羲认为，孝悌乃仁义之本。人只有做到孝悌，仁义才落到实处。“仁、义、礼、智、乐，俱是虚名。人生堕地，只有父母兄弟，此一段不可解之情，与生俱来，此之谓实，于是而始有仁义之名。”

现代社会，科学技术发展给人类带来诸多便利，但也带来了人与人、人与社会关系的紧张。一些人冷漠、自私、贪婪，人文精神匮乏，道德观念混乱；一些人只追求一己之利，完全不顾及他人，甚至造谣污蔑、损人利己，没有廉耻、不讲是非善恶，贪污腐化、精神空虚。这些社会问题，单凭技术力量是不能解决的。儒家的伦理道德观念尤其是仁爱思想，可在一定程度上发挥正本清源、振衰除弊的功能。“仁”是德性的实践和行动，是儒家文化的精髓，也是儒家道德价值的根本。孔子修身爱人的思想，理学家道德自律和爱人如己的观念，从人的自我完善意义上讲，具有个人安身立命之本的意义；就其更大的目标而言，可使社会完善、天下太平，陶冶良好的社会风气。结合新形势倡导儒家伦理、仁学思想，可使儒家注重修己爱人、强调设身处地为他人着想、讲求自省慎独、以礼待人、讲信用和尊重别人的精神发扬光大，从而对解决社会问题起到积极作用。

仁，作为儒家乃至中华民族文化中伦理道德的首要内容，历经几千年的发展，其地位历久弥坚，对中国社会和中华文化产生了深远影响。在整个中华民族的文化长河中，对人格的养育，心志的养成，待人待己、兴邦治世，起到了极为重要的规范、约束和导引作用。古往今来，众多名垂青史的伟岸人物，皆为大仁大义之士。历史如此，未来也应是如此。

仁爱是一种真挚的情感，仁爱观是人类社会的崇高价值观念，任何社会都应把爱仁作为基本道德、核心价值规范。儒家的仁爱思想在当今时代仍具有广泛适用性，应大力推广，以应对极端个人主义的社会弊病，维护世界和平。爱人者，人爱之。在今天，大力提倡“仁者爱人”“仁政爱民”，既是人的善良本性使然，更是时代的强烈呼唤。尤其是对培育和养成青少年健康的人格、高雅的志趣、博大的胸怀，将会起到不可或缺的功效。

儒家以“仁爱”为核心的伦理价值观重视个人对家庭、社会、国家和民族的责任义务，把个人价值置于社会价值之中，重视整体、社会、民族的利益，提倡群体和谐，强调民族团结和国家统一，提倡民族和国家利益高于个人利益、社会利益优先于个人利益，主张个人与社会协调发展，并以对社会、国家贡献的大小来衡量个人价值的高低。这种价值观具有应对西方极端个人主义的积极因素，并对东亚地区的现代化起到了促进作用。社会实践表明，个人主义发展到极端，就会为了个人利益而不择手段地损害他人和社会的利益，造成人际关系紧张，产生各种严重社会问题。儒家的“爱人”作为“仁”的内涵和体现，具有普遍的价值。它主张人们从内心深处去关心、爱护和帮助他人，为社会大众服务，而不是把个人凌驾于他人和社会之上。这种价值观在当今社会仍具有重要意义，应大力推广。

中国的对外交往观念中饱含仁爱智慧，充满仁爱情怀。对待周边国家，提出“亲、诚、惠、容”的周边外交理念，始终坚持“睦邻友好”“互利合作”。当代中国更是把和平共处相互尊重作为行动指南。习近平总书记指出：“中国周边外交的基本方针，就是坚持与邻为善、以邻为伴，坚持睦邻、安邻、富邻，突出体现亲、诚、惠、容的理念。”他说：“亲望亲好，邻望邻好。”他站在世界之巅，强调“中国梦”与“各国梦”相通，把中国人民的追求与世界人民的期盼连接在一起；他主张从“各国梦”走向“世界梦”的大同之路，他倡导世界各国共建人类命运共同体。习近平总书记指出：“当今世界，人类生活在不同文化、种族、肤色、宗教和不同社会制度所组成的世界里，各国人民形成了你中有我、我中有你的命运共同体。”习近平总书记强调：“大家一起发展才是真发展，可持续发展才是好发展。要实现这一目标，就应该秉承开放精神，推进互帮互助、互惠互利。”“一个强劲增长的世界经济来源于各国共同增长。各国要树立命运共同体意识，真正认清‘一荣俱荣、一损俱损’的连带效应，在竞争中合作，在合作中共赢。在追求本国利益时兼顾别国利益，在寻求自身发展时兼顾别国发展。相互帮助不同国家解决面临的突出问题是世界经济发展的客观要求。让每个国家发展都能同其他国家增长形成联动效应，相互带来正面而非负面的外溢效应。”

现实世界，国与国之间的冲突、矛盾有时难以避免，但不应诉诸武力，而应以和平方式化解。在这方面，儒家仁爱思想和“亲仁善邻”之道可为解决冲突、和平共处、互不干涉、共同发展提供理论指导，为反对霸权主义与极端民族主义、建设和谐世界提供价值标准。儒家经典《左传》强调：“亲仁善邻，国之宝也。”《尚书》的第一篇《尧典》提出“协和万邦”，强调以和睦、礼仪来协和天下各国。这都表达了儒家文化礼仪天下、与邻为善和仁爱互助、以邻为伴的对外交往原则，启示世人在国际事务中坚持民主公正、推进协调合作，坚持和睦互信、维护共同安全，坚持平等互利、促进共同繁荣，坚持开放包容、加强文明对话，积极促进国际秩序向公正合理的方向发展。

二、以和为贵的和合观

“和合观念”是中华优秀传统文化的思想精华。“和合”观念是中华民族传统文化的精华，多元包容，以和为贵。是中华传统文化的核心文化，是最富生命力的文化内核和因子。故有的学者将中国传统文化直接命名为中华和合文化。“和合文化”是由先秦儒家思想为主体，凝聚吸收了道家思想、墨家、农家、兵家等诸家思想而创立形成的完整的思想文化体系，其根本主旨是使社会稳定和谐发展为目标。

“和合”观念是中国传统文化的核心文化，是中国封建社会居于统治地位儒家思想的核心思想，是统治思想的精华。自春秋战国时期形成以后，至两汉，伴随着儒家文化成为封建时代的统治文化，“和合文化”自然成了统治文化的核心，渗透到了各个领域，成为了支配社会运转、左右人们生活交往的主要思想观念。

“和合”思想观念是包括儒家思想在内的中国传统思想文化中最富生命力的文化内核和因子，“和合”之境也是中华民族数千年来追求的理想境界。“和合”一词最早见于《国语》的“高契能和合五教，以得于百姓者也！”

儒学的“和合”思想观念主要体现为“四观”。一是天人合一的宇宙观。儒学视宇宙和自然是天人合一的对象，即使达不到“赞天地化育”“与天地参”“与天地同流”，也应认识到“与天地和其德”“万物各得其和以生”。二是协和万邦的国际观。“协和万邦”语出《尚书·尧典》:“克明俊德，以亲九族。九族既睦，平章百姓。百姓昭明，协和王邦，黎民于变时雍。”强调“协和万邦”是为了“和合万国”，是为了“保合大和”，实现“万国咸宁”和“天下和平”。三是和而不同的社会观。儒学指出“君子和而不同，小人同而不和”，强调社会是由性格、文化、种族、出身等不同的社会人组成的，要承认这种不同，允许别人与自己不同，并能够合作共事，共同生活，社会和谐。四是人心和善的道德观。孔子说“礼之用，和为贵”，《中庸》指出“和也者，天下之达道也”，孟子说“取诸人以为善，是与人为善者也。故君子莫大乎与人为善”，强调要通过“和”与“善”的精神养分培养温和善良、彬彬有礼、内外兼修之人。儒家“和合”思想，成就了中华民族贵和尚中、善解能容、厚德载物、和而不同的“和合”民族特性。

“和合文化”由和、和合、和而不同等内容构成。“和”是目标，“合”是途径和手段，“和而不同”是实现“和合”蓝图的指导思想和首选原则。该体系包含丰富的思想观点、思想内容和思想方法。成为中国传统文化的核心文化。为了实现和的目标，也就是和谐、和睦、和平、平和的各项目标，达到和合的目的，中国的思想家、政治家们在和合文化体系中设计了从政治、经济、思想文化、社会、个人、家庭、民族、国家等方面应采取的政策措施，设计了不同方面“和”的目标以及要达到实现的理想状态等。由此，“和合文化”成为涵盖人与政治、经济、思想文化、社会、自然、人与人等各个方面庞大的思想文化体系。这一体系推动中国这列古老的列车在世界文明的轨道上奔驰了2000余年，从而为中华民族，为世界文明作出了巨大贡献。

“和合”思想观念推动和影响了中华民族的千年历史。“和合文化”是凝聚华夏族、汉民族成长为中华民族的核心内动力源，具有强大的聚合力、向心力。自华夏民族以下，历经春秋战国、秦汉、三国两晋南北朝、隋唐五代、宋辽金元明，一直到清代，使华夏族、汉民族与数百个民族融合成为一个共同的民族大家庭，有着共同信仰，遵守共同文化理念，最终形成了今天由56个民族组成的中华民族，成为世界上人口最多的庞大民族。在和合文化的熏陶浸润下，中华民族激荡融合，一体多元，和睦相处，生生不息，绵延数千年，创造了无数人间奇迹。

“和合”文化在思想观念上承认不同事物、不同文化、不同因素的差异甚至是矛盾的客观存在，主张求大同存小异，认为新的事物的产生是建立在不同因素特别是对立因素相互作用基础上的。孔子以“和”作为人文精神的核心，“礼之用，和为贵”。这代表了孔子的思想，认为治国处世，礼仪制度，均应以和为价值尺度，在处理人与人之间的关系时，孔子认为，“君子和而不同，小人同而不和。”即承认差别，有和合不同的事物，通过融通互补，达到统一、融合，实现和谐。这与“同而不和”，取消不同事物的差别的专一观念形成鲜明对照。老子提出，万物“负阴而抱阳，冲气以为和”的思想，认为道蕴含着阴、阳两个相反方面，万物都包含着阴阳，万物是在阴阳的相互作用构成的。强调自然万物以和为平衡发展的前提，和是宇宙万物的本质，是天地万物生存发展的基础。

“和合”文化的精神实质是“和而不同”理念，“和而不同”理念是凝聚中华传统思想文化的核心力量。“和而不同”的含义是指人类在认识主观世界和改造客观世界的过程中允许存在不同事物和不同事物的某个不同方面，并且认为在一定的条件下，不同事物和不同事物的某个不同方面会进行转化，达到统一或实现融合。其核心观点就是承认不同，在不同的现实基础上形成和谐。这种和谐是坚持原则的，不是无原则的。认为和合文化是普遍的原则，适用于社会生活的各个方面。

“和合”文化内涵深刻丰富，涵盖人与政治、经济、思想、社会、自然等各个方面的内容。这些思想内容和目标的核心是通过“仁爱”思想，“仁政”措施，通过人与人的“仁爱”，通过推行“仁政”来保证“仁爱”政治思想的贯彻落实，实现政治和谐，社会和谐。实现和的基础是建设人和社会的德与礼，首先是通过塑造以“信、义、诚、孝”等为内容和价值尺度的个人、家庭与社会的道德体系，衡量人、社会的行为是否符合“和”的要求。途径是以“礼”作为行为规范来实现“和”。以教育教化等手段，使庶民百姓达到“知（智）”的提高，以“知”为认知手段，以保证人们认识和行动“为仁由己”的一致。荀子讲：“正利而为谓之事，正义而为谓之行。所以知之在人者谓之知。知有所合谓之智。智所以能之在人者谓之能。能有所合谓之能。”出于利的目的而又不失其正去做的，叫作事；符合义的标准而去做的，叫作德行。人固有的认识客观事物的本能叫作知，这种本能与客观万物相合就叫智慧。人固有的掌握外物的能力叫作本能，本能与外物相合的叫作才能。具有了这样的社会人，才能实现“和”的目标。

“和合”文化是使中华文明屹立于世界古老文明的前沿，成为世界四大文明古国，并使其引领影响世界千余年，使中华文明成为古老文明中唯一一个没有中断历史，中断文明的核心文化力量。

“和合”文化塑造了中华民族“讲仁爱、重民本、守诚信、崇正义、尚和合、求大同”的核心价值观念，涵养了中华民族的思想品格，使中华民族成为了热爱生活，爱好和平，向往和平，珍视和平，维护和平的民族。

“和合”文化中的“己所不欲，勿施于人”的理念，“和而不同”的理念等诸多理念，是支配中华民族数千年的价值与行动观念。

“和合”文化的本质就是追求和谐，和谐两字都是指音乐的合拍与禾苗的成长，“和”即是“谐”，“谐”即是“和”，引申表示为各种事物有条不紊，井然有序，相互协调，即《中庸》里所说的“致中和，天地位焉，万物育焉”和《周礼》说的“以和邦国，以统百官，以谐万民”。

中国传统文化中贵和持中的和合观念，具有丰富的内涵。“和合文化”是中华民族通行的价值观念和理想追求。

“和”与“和合”是和合文化的基本思想,《广雅》说“和,谐也”指和谐、和平、和睦、和善、祥和、中和等含义;合是指结合、合作、融合，有太和、中和、保和，有和谐、和睦、平和，有和合、和而不同等思想文化内涵。

中国人一向爱好和平，数千年来和的观念已普遍深入人心。和合是中国传统哲学思想中一个很重要的思想，蕴含着安和乐利、和以处众、和衷共济、政通人和、内外和顺、和气生财等哲学思想和概念。和合是对社会祥和、天下太平的描述。

“和合”就词义本身而言，即包括和谐之意。考察古代和合观念，与现代人说的和谐观念有很大的一致性。传统文化中的和合是实现和谐的途径，和谐是和合的理想实现，和合也是人类古往今来孜孜以求的自然、社会、人际、身心、文明中诸多元素之间的理想关系状态。

在人与自然的关系上，和合观念强调天人调谐，主张天人合一，天人感应，道法自然，强调人与自然关系的和谐。天人合一旨在承认人与自然的统一性、反对将它们割裂开来。和合文化中太和、中和、保和三和，包含深义。太和将自然和人体比喻为大宇宙小宇宙的关系，古代先哲认为，宇宙本来是和谐圆融的整体。对应的人体是一个小宇宙，大到我们身体外部的五官、四肢，内部的五脏六腑，小到体内的每一个细胞，它们无不是和谐互助、共存共荣的。

古人还认为，我们人类应该遵循随顺自然、和谐、互助的中和法则，中字之意，表示至诚无偏心、无邪念地处事、待人、接物。在人自身，则心平气和、健康长寿；在家，则家庭和睦；在国，则国泰民安；在全球，则世界和平。运用好这宝贵的中和法则，能消弭纷争、和大怨，而不留余怨。纵观人类历史和天下大事，所有的纷争、战乱，无一不是起因于不和，进而彼此怨怼越积越深造成的。纷争战乱一起，两败俱伤，甚至是两相毁灭。所以要想求得人类真正的和平，用中国传统文化中和的理念去认识看待处理事物，能够去除不和，化解矛盾和冲突。

保和是指将太和之道与中和之道，保持下去，永不丢弃。这三和作为中国封建社会统治者遵循的理政法则写在了文献里，雕刻在了皇宫大殿上，可见其望殷殷，其嘱切切。我们的祖先知道如不保持和之道则会天下大乱。展阅中国历史，王朝倾覆的原因无不由于和不保所引起。和之道，贯穿于中华传统文化的始终，成为中华传统文化的精华。

在人与社会的关系上，崇尚合群济众。“仁政”“民贵君轻”的民本主义，强调作为统治阶级应持的政治理念，讲仁爱、施仁政是统治阶级对待人民的态度，推行仁政，也是为了促成社会的和谐。

在人与人的关系上，要求施仁爱、行中庸，和谐相处。则强调对待事物关系要把握一个度，以避免对立和冲突。提倡“贵和”“持中”的和谐意识，有利于处理社会各种矛盾，以保持社会的稳定。早在春秋战国时期诸子百家论述的和合思想言论中，就蕴含着丰富的和谐思想。

仁爱、兼爱是儒家和墨家学派的主要思想观点，从仁爱、善爱、友爱到兼爱，进而引申到非攻，由此而派生出来一系列逻辑关系。达到老吾老以及人之老，幼吾幼以及人之幼。爱从善从友出发，爱是大到国家之间要兼相爱交相利，小到人与人之间也要兼相爱交相利。只有兼爱才能做到非攻，也只有非攻才能保证兼爱。相互之间的兼爱才能制造人与人，人与社会，人与自然，国家与国家间的和谐。

中庸之道是“和合文化”的主要观念。儒家认为能致中和，则天地万物均能各得其所，达于和谐境界。

在中国思想文化和社会发展史上，“和而不同”是处理各种关系实现和合目标的指导思想和基本原则，被普遍应用在处理人与自然，人与人，人与国家，人与民族，以及国家、民族间等各种关系中，它包含既要顾全大局，又要承认局部利益，既要强调整体利益，又要尊重个体利益的辩证思想。

“和而不同”作为方法论在“和合文化”中有重要意义，从史伯、晏婴、孔子到荀子的论说看，它是和合文化的思想原则，是灵魂。孔子说“君子和而不同，小人同而不和”是指君子讲求和谐而不同流合污，小人只求完全一致，而不讲求协调。君子是真正的“和”，小人是虚伪的假“同”。正是基于这样的准则，和合文化才提倡“和”，反对“同”。

在各国家和民族间关系上，善解能容。“己所不欲，勿施于人”是和合文化的重要原则，也是“和而不同”方法论的应用。通俗地解释就是自己不想要的，不要施加在别人的身上。代表了人类互相尊重、平等相处的理念，呼吁人与人之间应该保持和谐关系的一种体现。

在各种文明关系上，主张“和而不同”。强调对待事物关系要把握一个度，以避免对立和冲突。提倡贵和、持中的和合观念，以利于处理社会各种矛盾，以保持社会的稳定。

古代的经典之作中还记述着先贤哲人从不同角度提出的小康、大同社会，体现了人类对美好社会的向往与构设。

古代传统文化中这些和合思想观念，闪耀着人类向往美好向往和平，追求和谐的人性光芒，这些思想观念成为中华民族思想宝库中的宝贵财富，是中国传统文化的核心思想。

“和合”思想观念是包括儒家思想在内的中国传统思想文化中最富生命力的文化内核和因子，“和合”之境也是中华民族数千年来追求的理想境界。

习近平总书记对中华“和合”文明有精深独到的见解，他说：“这种‘贵和尚中、善解能容、厚德载物、和而不同’的宽容品格，是我们民族所追求的一种文化理念。自然与社会的和谐，个体与群体的和谐，我们民族的理想正在于此，我们民族的凝聚力、创造力也正基于此，甚至还可以毫不夸张地说，我们中华民族传统文化的精神也正是在于这种伟大的和谐思想。”他还说：“在5000多年的文化发展中，中华民族一直追求和传承着和平、和睦、和谐的坚定理念。以和为贵，与人为善，己所不欲、勿施于人等理念在中国代代相传，深深植根于中国人的精神中，深深体现在中国人的行为上。”

在炎黄子孙的血脉里，都有着“和合”文化的深厚积淀，习近平总书记在外交场合几乎每一次都要宣示中国和平外交政策永远不变。在2015年9月访美的首次演讲中指出：“历史给我们一个重要启迪就是，和平发展是人间正道，一切通过武力侵略谋取强权和霸权的企图都是逆历史潮流的，都是要失败的。中国人2000多年前就认识到了‘国虽大，好战必亡’的真理。中国历来奉行防御性国防政策和积极防御的军事战略。我愿在此重申，无论发展到哪一步，中国永远不称霸、永远不搞扩张。”每次谈到和平，他都十分动情，他说：“和平是人民的永恒期望。和平犹如空气和阳光，受益而不觉，失之则难存。”“和平像阳光一样温暖、像雨露一样滋润。有了阳光雨露，万物才能茁壮成长。有了和平稳定，人类才能更好实现自己的梦想。和平是需要争取的，和平是需要维护的。只有人人都珍惜和平、维护和平，只有人人都记取战争的惨痛教训，和平才是有希望的。”

习近平总书记在访问东盟国家前回答记者时说：“中华民族几千年来形成了兼爱非攻、亲仁善邻、以和为贵、和而不同的理念。”“中国这头狮子已经醒了，但是这是一只和平的、可亲的、文明的狮子。”习近平总书记以“中国‘和’文化”，有力消除“中国威胁论”，因为它表明“中国人从骨子底里没有侵略别国的文化基因”“中国人的血脉中没有称王称霸、穷兵黩武的基因”。

崇尚“和而不同”的民族品格也在习近平总书记的外交观中有充分体现。习近平总书记指出：“我们要促进和而不同、兼收并蓄的文明交流。人类文明多样性赋予这个世界姹紫嫣红的色彩，多样带来交流，交流孕育融合，融合产生进步。”他强调：“文明相处需要和而不同的精神。只有在多样中相互尊重、彼此借鉴、和谐共存，这个世界才能丰富多彩、欣欣向荣。不同文明凝聚着不同民族的智慧和贡献，没有高低之别，更无优劣之分。文明之间要对话，不要排斥；要交流，不要取代。人类历史就是一幅不同文明相互交流、互鉴、融合的宏伟画卷。我们要尊重各种文明，平等相待，互学互鉴，兼收并蓄，推动人类文明实现创造性发展。”

“和合”思想还体现在习近平总书记的世界生态观上。习近平总书记指出：“我们要构筑尊崇自然、绿色发展的生态体系。人类可以利用自然、改造自然，但归根结底是自然的一部分，必须呵护自然，不能凌驾于自然之上。我们要解决好工业文明带来的矛盾，以人与自然和谐相处为目标，实现世界的可持续发展和人的全面发展。”他强调：“建设生态文明关乎人类未来。国际社会应该携手同行，共谋全球生态文明建设之路，牢固树立尊重自然、顺应自然、保护自然的意识，坚持走绿色、低碳、循环、可持续发展之路。在这方面，中国责无旁贷，将继续作出自己的贡献。同时，我们敦促发达国家承担历史性责任，兑现减排承诺，并帮助发展中国家减缓和适应气候变化。”

“和合文化”的产生与发展也经历了发生、确立、成熟的发展阶段，其理论结构从“和”“和合”到“和而不同”，完成了思想体系的构造。

中华民族从人猿揖别、文明初曙的上古开始，我们的先民为了生存和发展，就开始了对自然现象和社会环境的观察、思考和探究。在漫长的各种实践活动中，先民们逐渐认识到，自然界和人类社会都是包含着差异、矛盾在内的事物多样性的统一体，事物多样性的均衡、协调状态是万物生存的根本条件，是人类社会和自然界生生不息、发展进步的基本法则。这些认识经过先贤哲人们的不断总结概括、提炼升华，形成了中华民族传统文化的核心价值文化——“和合文化”。

史料表明，“和合文化”孕育萌发于五帝执政的上古时期。“和”的概念产生很早，在有文字的商代就已经有“和”字存在，后来的文献甚至记载说更早就有了“和”的概念，如儒家经典《尚书·尧典》中记载了三代时期的事迹。黄帝时期，随着农业经济的发展和人口密度的增长，生存资源的矛盾日益凸显，“诸侯相侵伐”的情况经常发生。黄帝经过艰苦卓绝的努力，促成了黄帝、炎帝与蚩尤三大部落的融合，中华大地呈现后世记载的“万国和”的恢宏气象。尧帝继承了黄帝的优良传统，史书记载“能明驯德，以亲九族。九族既睦，便章百姓。百姓昭明，合和万国。”黄帝与尧帝时期形成的“协和万邦”的执政理念，成为了后世在处理民族与区域关系问题上取之不尽的思想资源。

最早见之文献的记载当是《国语·郑语》,提出了“和实生物,同则不继”的哲学观点，经过历代思想家的不断阐释，“和”的思想已经成为中华传统思想文化的核心范畴。同时,有众多的语言文字记述了“和合文化”理念,揭示了“和合文化”的文化渊源。文化典籍是记录一个国家民族思想文化历史足迹最重要的明证，我们从诸子百家的文化典籍中，可以找到许许多多讲述“和合文化”理念的记载，从《诗》《书》《礼》《易》《乐》，到《论语》《孟子》《墨子》《老子》《庄子》《大学》《礼记》《中庸》,从《吕氏春秋》《荀子》到《仪礼》《淮南子》《春秋繁露》无不记载着丰富的“和合文化”的思想观念。“和谐”思想作为中国文化的基本精神，一代一代薪火相传，历久弥新，体现了中华民族的精神追求。

“和”的意义十分丰富。“和”在《说文解字》中解释为“相应也,从口,禾声”。从口表示入口的食物或从口中发出的声音。禾声则表示风调雨顺,禾苗获得丰收。又以禾本像嘉谷顺垂之形，兼有相依从之意，相应乃彼此顺而相从。《广雅》,“和,谐也。”“和”的初义是声音相应和谐,为音乐之和,《中庸》,“和谐之声音曰和。”《尚书·舜典》记载有“律和声”,也记载,“乃命羲和”，即舜曾要求其乐官羲做到“诗言志，歌永言，声依永，律和声，八音克谐,无相夺伦,神人以和。”后还有如《马融长笛赋》“心乐五声之和。”在这里，和谐不仅是乐律的本质，而且是自觉追求的境界。人际关系之和。《中庸》认为“和也者，天下之达道也。”“发而皆中节谓之和。”睦曰和，亲厚之称。《论语·学而》“礼之用，和为贵。”人与自然之和,《周易·乾卦》有“保合、太和”到国家政事之和,《广韵》，“顺也，谐也，不坚不柔也。”再到国际关系之和,《尚书 · 尧典》，“协和万邦。”逐步深化。“和”在这里已是社会学、政治学和美学以及哲学的重要范畴。

“和”包含有和谐、和睦、祥和、和解、和平、和善、附和、应和、协和、调和、平和等许多意义，又有太和、中和、保和等思想文化含义。

在“和”之后有了“和合”的概念,“和合”概念在中国产生和发展也很早,有“和”字概念以后经过商代，到了西周，开始有了两字的连用。和、合两字均见之于青铜器。合的本义是上下唇的合拢，有整合、合作、融合、糅合、结合等含义。

循着从“和”到“和合”的思想轨迹,便知“和合”是实现“和”即和谐、和睦、祥和、和解、和平等目标目的的方式途径,“和谐、和睦、祥和、和解、和平”是“和合”的理想实现，也是人类古往今来孜孜以求的自然、社会、政治、经济、人际、身心、文明中诸多元素之间的理想关系状态。

殷商之初，和与合是单一概念，尚未联用。春秋战国时期出现了中国思想文化史上的百家争鸣，是思想和文化最为辉煌灿烂的时代，也是和合文化形成并被广泛应用的成熟时期。

和合文化是中国传统文化的重要理念，也是中国文化的精髓，是中国传统文化最完美最完善的体现形式。春秋时期，和合二字联用并举，构成和合理念。

《尚书》中的和是指对社会、人际关系诸多冲突的处理;合指相合、符合。《国语郑语》称:“商契能和合五教，以保于百姓者也。”韦昭注:“五教，父义、母慈、兄友、弟恭、子孝。”意思是说商契能把五教加以和合，使百姓安身立命。管子也在《管子·集校》中将和合并用，指出:“畜之以道，则民和;养之以德，则民合。和合故能习。”认为畜养道德，人民就和合，和合便能和谐，和谐所以团聚，和谐团聚，就不会受到伤害，给和合以高度重视。

《左传》中记载，仲尼曰:“善哉!政宽则民慢，慢则纠之以猛。猛则民残，残则施之以宽。宽以济猛，猛以济宽，政是以和”。

墨子在《间诂·卷三》中提出:“兼相爱、交相利”“离散不能相和合”。“和”被认为是人道追求的最高目标。《礼记·中庸》还把“中”与“和”并提:“中也者，天下之大本也。和也者，天下之达道也。致中和，天地位焉，万物育焉。“中和”作为儒家文化的重要内容,强调“和谐”“允执其中”“时中”等思想，这些观念思想在今天仍有十分重要的理论价值和现实意义。和睦夫妻、和合家族、顺和邻里、和谐社会、协和万邦、天人合一、和气生财、和平天下、和衷共济，是中华民族传统美德的高境界和高目标。

道家创始人李聃在《老子》中提出，“万物负阴而抱阳，冲气以为和”的思想，认为道蕴含着阴阳两个相反方面，万物都包含着阴阳，阴阳相互作用而构成和。和是宇宙万物的本质以及天地万物生存的基础。

管子将和合两字并用，他在《管子·集校》第八中指出："畜之以道，则民和；养之以德，则民合。和合故能习，习故能偕。"认为人有了道德修养，人民就和合，和合是修养道德的目标和对于这种目标的追求。和合便能和谐，和谐所以团聚，和谐团聚，就不会受到伤害。墨子认为和合是人与家庭、国家、社会的根本原理，对和合在社会发展中的作用，给以高度重视和评价。

墨子认为和合是处理人与社会关系的根本原理，他在《墨子·间诂》卷三中指出，天下不安定的原因在于"内者父子兄弟作怨恶"，父子兄弟结怨仇，而有离散之心，所以"离散不能相和合"。肯定了和合在家庭和谐中的重要作用。认定它是使家庭、社会凝聚在一起，形成不离散的社会整体结构的聚合剂，亦是社会和谐、安定的调节剂。并将这种影响上升为天下是否安定的层面。

道家还提出太和、中和保、和的理念，道出了宇宙自然、人类社会发展变化的规律与人的精神，人类所要追求的目标。在这里，和是天地间冲和之气。《易传》提出十分重要的太和观念，《周易集解》卷一讲"保合太和，乃利贞"。保即长存，和即常和之意。朱熹解释说，"太和，阴阳会合冲和之气也。"《汉书·叙传上》："沐浴玄德，禀印太和。"后来演化为人的精神、元气。

《易经》重视合与和的价值，认为保持完满的和谐，万物就能顺利发展。周易中提出了天地氤氲有常生、阴阳和会以施化、刚柔相摩以成形，男女相合成夫妇，感应相通成变化，构成保和太和思想，揭示了以天地万物始于睽而终于和，分分合合而长久不衰，恒久常新的易学原理。

刘向编辑的《管子·幼官》篇也将和合并用，指出，"旗物尚白，兵尚剑。刑则绍昧断绝。始乎无端，卒乎无穷。始乎无端，道也。卒乎无穷，德也。道不可量，德不可数。不可量，则众强不能图。不可数，则为诈不敢乡。两者备施，动静有功。畜之以道，养之以德。畜之以道，则民和。养之以德，则民合。和合故能习；习故能偕。偕习以悉。莫之能伤也。此居于图西方方外。"战争起始要使人不知开端，战争结束要使人不知末尾。起始不见开端好比"道"，结束不见末尾好比"德"。道是不可量度的，德是不可测算的。不可量度，所以敌军强大也无法图谋我军；不可测算，所以敌军伪诈也不敢对抗我军。两者兼而施之，无论动兵或息兵，都能取得有效的结果。养兵要合于道德，因为养兵以道则人民和睦，养兵以德则人民团结。和睦团结就能使力量聚合，聚合就能协调。普遍地协调相聚，那就谁也不能伤害了。

将“和合”理念应用于不同的社会生活的方面，在汉语中就有了和睦、和气、中和、和平、和谐等不同词语。此后，和合观念中又有了和而不同，求同存异，执中两用、过犹不及、执中知权等观念，以及积极而不激进，执着而不偏执的精神态度。丰富的内涵和广泛的应用，使和合概念上升为和合文化。“和合文化”对维护平衡，协调各方面关系和矛盾，保持社会的稳定，构建人与人、国与国、人与自然等方面的和谐关系具有重要的借鉴意义。

由此可见，在先秦时期，“和合”理念已经完成理论架构并已经得到广泛的应用和发展。从中也可以看出，和合连起来讲，指在承认不同事物矛盾、差异的前提下，把彼此不同的事物统一于一个相互依存的和合体中，并在不同事物和合的过程中，汲取各个事物的优长，克服其短处，使之达到最佳组合，由此促进新事物的产生，推动事物的发展。在此和合精神的指导下，中华文化不断创新，同时也推动了中国社会的不断发展。

如何实现“和合”和评价“和合”的呢？与“和合”几乎相伴而生的又有了“和而不同”的思想。

随着社会实践与认识的推进，古代先哲们提出了“和而不同”的思想，西周到春秋，历史文献中记载了史伯论述和与同的不同，晏子论述和与同在国家治理中的表现，孔子关于和与同的人文评判价值，从而形成了完整的“和合文化”思想体系。

这样，“和合文化”应用于思想文化、国家治理、社会管理等各个领域，成为中国文化的核心理念和根本精神。

从先秦诸子表述的思想来考察，和合文化并不否认矛盾、差异和必要的斗争，它本身就是矛盾的对立统一体，只是把矛盾、差异和斗争限定在相互依存的和合体中，防止因过度的矛盾斗争而破坏了不同事物共同存在的基础，使得事物的发展停滞不前。这表明，和合文化有两个基本的要素，一是客观地承认不同，比如阴阳、天人、男女、父子、上下等，相互不同；二是把不同的事物有机地合为一体，如阴阳和合、天人合一、五教和合、五行和合等。中国古代先哲们通过对天地自然界、人类社会普遍存在的和合现象作大量观察和探索，从而提出了和合的概念，对和合现象作本质的概括，由此促进事物的发展和新事物的产生。在这个过程中，中华和合文化得以产生、流传和发展，成为人们普遍认同的观念。

和而不同蕴含的核心思想与根本精神。“和合”文化即和谐文化，是中国传统文化的核心理念和根本精神。“和合文化”中“和而不同”观念的提出，丰富了“和合文化”的内涵，并使“和合文化”成为了中国传统文化的思想灵魂。

“和而不同”是指事物的对立统一，即具有差异性的不同事物的结合、统一共存，是对立事物之间在一定的条件下、具体、动态、相对、辩证的统一，是不同事物之间相同相成、相辅相成、相反相成、互助合作、互利互惠、互促互补、共同发展的关系。这与辩证唯物主义和谐观的基本观点基本吻合。

“和而不同”是“和合文化”思想内涵的升华，是“和合文化”中的方法论，是实现和谐和睦相处需要持有的基本观念和方法。“和而不同”不仅是多元互补，而且是在多元碰撞的过程中实现互补的优选原则。同时，在中华文化的发展过程中，多元的文化形态在相互接触中相互影响、相互吸收、相互融合，共同形成中华民族“和而不同”的传统文化。

“和而不同”从哲学的角度看，它揭示了社会事物是多样性的统一；从社会发展角度看，它揭示了社会事物和社会关系发展的一般规律性；从社会伦理角度看，它揭示了人们处世行事应该遵循的一般准则。所谓“和而不同”，这里的“和”指的是不同事物之间的和谐、平衡或统一。“同”与“和”对举时，指事物的绝对一致、等同。“和而不同”是指不同事物之间，虽不同但能和谐相处。和谐以共生共长，不同以相辅相成。“和而不同”体现了和谐社会的基本要求。因为所谓和谐社会是指社会系统中的各个部分、各种要素处于一种相互兼容、相互依存、稳定有序、共同发展的状态。

“和而不同”要求常怀兼容精神，对不同于自己或传统的观点，主张要有见解的耐心、公正的容忍。这就像当代人们常说的一句名言：“我不赞成你的话，但是我要誓死捍卫你说话的权利。”

“和而不同”，承认“不同”，尊重“不同”，在“不同”的基础上求中致和，体现了经由多种因素特别是对立因素的斗争或变革，寻求统一或调谐的精神。推而论之，“和而不同”作为一项原则性共识，成为广泛包容多元文化优化决策概念的必要前提。

“和”与“同”作为一对思想范畴使用时，有本质的不同。《说文解字》对“同”的解释是：“同，合会也。从口。”“和”与”同”两个字都是“从口”，“和”表示劳动庆祝时乐器或者口中发出的有节奏的声音。

史书文献记载，第一个对“和与同”进行辨别、理论提升，使之成为事物之本和天地法则的人，是西周末年的周幽王大夫太史伯阳父。其论述见于《周语上西周三川皆震伯阳父论周将亡》和《郑语史伯为桓公论兴衰》两篇文字中。史伯针对当时周政权危机，明确提出“夫和实生物，同则不继”的思想观点。认为阴阳和而万物生，不同的事物合在一起，才能产生新的物质，完全相同的东西则无所生。对此，《国语郑语》中有一段完整的论述：“夫和实生物，同则不继。以他平他谓之和，故能丰长而物归之。若以同裨同，尽乃弃矣。”

这个结论符合自然界、生物界以至思想文化的生成规律，符合哲学中矛盾的普遍性、多样性及对立与统一理论。也就是说，“和”是不同元素的结合，不同、差别是“和”的前提，这样的“和”才能长久，“和”成的物才能丰长。

从这段叙述看，史伯已经认识到事物的本质和根本法则就是“和”，即二元乃至多元的对立统一。实现和则万物生长繁衍，如果完全一致，则无法发展延续。强调“和而不同”这是对“和”最好的诠释。“和”是不同事物的相承相继，是多样性的统一，它承认矛盾，是矛盾发展的协调统一；“同”则是相同事物的叠加，它回避矛盾，掩盖事物之间的差异。

事物的不断生成，不断丰富，不断发展，也就是“和”的不断展现，矛盾对立统一规律的不断展现。这既是客观世界的自在过程，又是人的主观世界的能动过程。

而此后孔子说的“和而不同”的思想，反映了和合文化的本质，而不仅限于自然界，而是应用到了人类社会的运行，人与人之间的关系，包括国与国、人与社会、人与自然（天人）之间，都可以用“和而不同”，或不同而和，来加以概括，从而构成了完整的和合文化体系。

先秦时期，由于“和合”思想观念的盛行，对应的社会发展也呈现了由和到分，由分到和的缤纷景象，文化思想界也由唯一的王道思想，发展为“百花齐放，百家争鸣”的诸子百家竞相开放，再到法家为主的秦朝，到儒家一统天下的局面。

秦汉以来，“和合”概念被普遍运用，中国文化的发展也呈现出一种融合的趋势，同时也保留各家的鲜明特色和个性。不仅世俗文化各家各派讲和合，而且宗教文化也讲和合。宗教文化与世俗儒家文化之间也讲和合，在保持各自文化特色的同时，相互融合，相互汲取，由此促进了中国文化的持续发展。和合思想自产生以来，作为对普遍的文化现象本质的概括，始终贯穿在中国文化发展史上各个时代、各家各派之中，而成为中国文化的精髓和被普遍认同的人文精神。

总之，中华传统文化崇尚和合，构成了丰富的和合思想文化体系。

一是和实生物天人合一的宇宙观。除了如前所说的太史伯、晏子的观点。儒学视宇宙和自然是天人合一的对象，即使达不到“赞天地化育”“与天地参”“与天地同流”，也应认识到“与天地和其德”“万物各得其和以生”。《老子》第四十二章中提出“万物负阴而抱阳，冲气以为和”的思想，认为道蕴含着阴阳两个相反方面，万物都包含着阴阳，阴阳相互作用而构成和。和是宇宙万物的本质以及天地万物生存的基础。《易系辞下》还记载：“天地絪缊，万物化醇。男女构精，万物化生。”天地男女是阴阳两极，多样冲突，通过絪缊、构精的融合形式，和合而化生万物。和合思想强调各种差异，矛盾事物共同发育而不相互戕害，进而形成海纳百川的多元性、包容性的特征。

二是仁者爱人的仁爱观。古代先哲把“和”作为道德的最高价值，作为最高的道德境界。孔子以和作为人文精神的核心，提出了仁爱与仁政理论。认为君子行仁爱，为政“宽以济猛，猛以济宽”“宽猛相济”，和以治国。《论语·学而》提出“礼用之，和为贵。”孔子还讲：“泛爱众。”墨子讲：“兼相爱。”“仁民爱物”，才能实现“天下为公”的公平正义。唯有仁义礼智信的道德精髓，和不忍人之心的和爱，才能使人类生生不息；“仇必和而解”，才不会发生大屠杀的惨剧。以和爱公正化解痛苦、烦恼、焦虑和冷漠，以和爱公正救赎谬误、过错、自杀和杀人，让爱心公正使和合心灵世界和乐无穷。

三是己欲立而立人的人生观。如前孔子所说：“己欲立而立人”“己所不欲，勿施于人。”孟子说：“人之所以异于禽兽者几希”。这几希的价值就在于“天地之性，人为贵”。之所以贵是因为人“禀阴阳之和，抱五行之秀”。人“三十而立”，对家庭、社会、国家便要负“匹夫有责”。这个责任，就如《左传》所说：“太上有立德，其次有立功，其次有立言。”人的三不朽的人生价值与日月同辉。

四是中和而致的心灵观。孟子说：“养心莫善于寡欲。”《礼记·中庸》记载：“喜怒哀乐之未发谓之中，发而皆中节谓之和。”七情发出都符合一定节度，而不超过或不及，这便是和心，或曰中和、中庸。如何中和？唯有做到知足、知止、知觉三知，才能过财、色、权三关；唯有积善集义而养心，中和求放心，孔颜之乐而乐道，才能营造民族共有精神家园。

五是己欲达而达人发展观。孔子说：“己欲达而达人。”自己发达也要使他人发达。《中庸》说：“和也者，天下之达道也。”和达共赢是天下普遍通达的道路。21世纪国际社会就像周易所说的，阴中有阳，阳中有阴。也就是你中有我，我中有你的交合状态，进而形成了习近平所说的人类命运共同体。唯有合作共赢、共同发展，人类才能共同进步。

六是协和万邦的国际观。“协和万邦”语出《尚书·尧典》：“克明俊德，以亲九族。九族既睦，平章百姓。百姓昭明，协和王邦，黎民于变时雍。”强调“协和万邦”是为了“和合万国”，是为了“保合大和”，实现“万国咸宁”和“天下和平”。中华民族自古以来就以“协和万邦”作为处理国际关系的原则；以“己所不欲，勿施于人”作为指导自身行为和化解国家、民族、种族、宗教之间冲突的原则；以“和而不同”原则与世界各国、民族、地区沟通合作；以“和衷共济”原则与世界各国、民族包容互鉴、互利共赢、互信安全、合作发展，以维护世界和平。

七是和而不同的社会观。儒学指出“君子和而不同，小人同而不和”，强调社会是由性格、文化、种族、出身等不同的社会人组成的，要承认这种不同，允许别人与自己不同，并能够合作共事，共同生活，社会和谐。

八是人心和善的道德观。孔子说“礼之用，和为贵”，《中庸》指出“和也者，天下之达道也”，孟子说“取诸人以为善，是与人为善者也。故君子莫大乎与人为善”，强调要通过“和”与“善”的精神养分培养温和善良、彬彬有礼、内外兼修之人。儒家“和合”思想，成就了中华民族贵和尚中、善解能容、厚德载物、和而不同的“和合”民族特性。

“和合”文化是中华民族的独特精神，具有极强的文化属性。当代著名学者钱穆在他的《从中国历史来看中国民族性及中国文化》一书认为，西方文化似乎冲突性更大，而中国文化则调和力量更强，中国文化的伟大之处，乃在最能调和，使冲突之各方兼容并包，共存并处，相互调济。钱穆以他自己的眼光考察了历史和现实的中西方文化性格和国民性格，指出：“西方人好分，是近他的性之所欲。中国人好合，亦是近他的性之所欲。今天我们人的脑子里还是不喜分，喜欢合。大陆喜欢合，台湾亦喜欢合，乃至……全世界的中国人，都喜欢合。”他在另一部《中国文化史导论》著作中得出了这样的结论：“中国人常抱着一个天人合一的大理想，觉得外面一切异样的新鲜的所见所值，都可融会协调，和凝为一。这是中国文化精神最主要的一个特性。”

著名哲学家、哲学史家、北京大学教授张岱年在《漫谈和合》一文中对天人合一思想作了深刻剖析，他指出：“合有符合、结合之义。古代所谓合一，与现代语言中所谓统一可以说是同义语。合一并不否认区别，合一是指对立的双方彼此又有密切相联不可分离的关系。”他在《中国哲学中“天人合一”思想的剖析》一文中说：“‘和合’一词起源很早。用两个字表示，称为‘和合’；用一个字表示，则称为‘和’。……许多不同的事物之间保持一定的平衡，谓之和，和可以说是多样性的统一。‘和实生物’，和是新事物生成的规律。”

20 世纪中叶，著名思想家、东方学家、北京大学教授季羡林在《21世纪文化瞻望——“天人合一”新解》中认为，“天人合一”的命题不仅是中国，亦是东方综合思维模式的最高、最完整的体现。他指出，“天人合一”“这个代表中国古代哲学主要基调的思想，是一个非常伟大的、含义异常深远的思想”。他还进一步揭示了在西方文化的主宰下，世界范围的生态平衡遭到破坏，酸雨到处横行，淡水资源匮乏，大气受到污染，臭氧层遭到破坏，海、洋、湖、河、江遭到污染，一些生物灭种，新的疾病冒出等，威胁着人类的未来发展，甚至人类的生存。这些灾害如果不能控制，则用不到 100 年，人类势将无法生存下去。面对危机，季先生提出挽救的办法“就是以东方文化的综合思维模式济西方的分析思维模式之穷”。

“和而不同”观念是中国传统文化处理各种关系优选原则。“和而不同”观念是中国传统文化中最早的思想，在《易经》中就体现了这个观念，是中国传统文化中处理各种关系优选原则。它作为先秦思想家政治家们的实践法宝和卓越的理论贡献，为后世所继承，成为中华文化的优良传统，成为处理各种事物的衡量尺度，代代相传。中国古代的实践反复证明，坚持和合观念，遵循“和而不同”的为人处世原则，对于文化的繁荣，社会的和谐，及至国家的兴旺，都具有重要意义。

在史伯以后，将“和而不同”思想再次与人和国家、社会治理联系起来的是和合观念产生 200 多年后的齐国思想家、政治家晏婴，从此，以“和而不同”核心的“和合文化”成为治国理政的优选原则。当时，围绕“同”“和”曾有过不同的意见，开展了一次影响极大的争论。晏婴在这次争论中阐明了自己的观点，奠定其思想家、政治家的崇高地位。他在与齐景公关于“和同”的对话中，讲了“和而不同”的根本区别。

见于《左传·昭公·昭公二十年》的文字是这样记述的：景公从外打猎回来，晏子在身边随侍。这时，梁丘据也驾车赶来了。景公看到梁后对晏子说：“唯据与我和夫！”晏子对曰：“据亦同也，焉得为和？”景公认为只有梁丘据与他和协。晏子对此不同意，他说：梁丘据也不过是相同而已，哪里能说是和协呢？　景公又说：“和与同异乎？晏子回答说，有差别。和协就像做肉羹，用水、火、醋、酱、盐、梅来烹调鱼和肉，用柴火烧煮。

厨工调配味道，使各种味道恰到好处；味道不够就增加调料，味道太重就减少调料。君子吃了这种肉羹，用来平和心性。国君和臣下的关系也是这样。国君认为可以的，其中也包含了不可以，臣下进言指出不可以的，使可以的更加完备。国君认为不可以的，其中也包含了可以的，臣下进言指出其中可以的，去掉不可以的。因此，政事平和而不违背礼了，百姓没有争斗之心。所以《诗经》中说，还有调和好的羹汤，五味完备又适中。敬献神明来享用，上下和睦不争斗。晏子进一步说道，先王就是使五味相互调和，使五声和谐动听，用来平和心性，成就政事。音乐的道理也像味道一样，由一气、二体、三类、四物、五声、六律、七音、八风、九歌各方面相配合而成，由清浊、小大、短长、疾徐、哀乐、刚柔、疾缓、高下、出入、周疏各方面相调节而成。君子听了这样的音乐，可以平和心性。心性平和，德行就协调。所以《诗经》说，美好的音乐没瑕疵。现在梁丘据不是这样。国君认为可以的，他也说可以；国君认为不可以的，他也说不可以。这就好有一比，如果用水来调和水，谁能吃下去？如果用琴瑟老弹一个音调，谁听得下去？不应当“同”的道理，就在这里。

这段文字与西周太史伯所说的“和同”观点基本一致，而且在太史伯思想的基础上作出了进一步的阐释。他反对齐景公对梁丘据肯定的态度，并进一步提出为政应“和而不同”。他还强调臣民的不同声音也是“和”的重要表现，有利于君主施政的合理化。晏子的论述，在“和而不同”观念基本内容的基础上，有了更大范围判断的价值标准。

晏婴理清了“和”与“同”的本质区别，为“和而不同”理念的形成，并成为此后治国、为人、处事的一项原则奠定了基础。和与同，表面上看起来很相似，它们的表现有一致性，但在实质上，它们完全不同。“同”，是绝对的一致，没有变动，没有多样性，因此，它代表了单调、沉闷、死寂，不可再生，也没有内在的活力和动力，不是一个具有生命力的东西，也不符合宇宙万事万物起源、构成、发展的规律性。“和”，却是相对的一致性，是多中有一，一中有多，是各种相互不同、相互对立的因素通过相互调节而达到的一种统一态、平衡态。因此，它既不是相互抵消、溶解，也不是简单地排列组合，而是融合不同因素的积极方面结成和谐统一的新整体。

它保留了各个因素的特点，又不让它们彼此抵消，因而是一个具有内在活力、生命力、再生力的整体。

孔子将“和而不同”思想上升到人文哲学的高度，并放到了处理社会事物的人文领域，使之成为了文化观。他以“和”作为人文精神的核心。《论语・学而》中记载，其弟子有子曰：“礼之用，和为贵。”这代表了孔子“和”的思想，他认为治国处事、礼仪制度，应以“和”为最高价值标准。在处理人与人之间的关系时，他在《论语・子路》中强调：“君子和而不同，小人同而不和。”总之，孔子将“和”的观念作为评判任何事物的价值尺度，既承认差异，又和合不同的事物，通过互济互补，达到统一、和谐。这与“同而不和”，取消不同事物的差异的专一观念形成鲜明对照。

孔子“君子和而不同，小人同而不和”的结论，是史伯、晏婴思想的延续和升华，从而完成了“和而不同”最重要的道德建构。而儒家学说的后继者，孔子之孙子思，糅合了孔子的中庸思想，在《礼记・中庸》中又做了进一步的理论阐述：“喜怒哀乐之未发谓之中，发而皆中节谓之和。中也者，天下之大本也；和也者，天下之达道也。致中和，天地位焉，万物育焉。”

荀子从认识论的角度发展了“和而不同”思想。他说“凡人之患，蔽于一曲，而暗于大理。治则复经，两疑则惑矣，天下无二道，圣人无两心。今诸侯异政，百家异说，则必或是或非，或治或乱。乱国之君，乱家之人，此其诚心莫不求正而以自为也，妒缪于道而人诱其所迨也。”他认为，在思想文化的争鸣中，最应该避免的就是“私其所积，唯恐闻其恶也。倚其所私，以观异术，唯恐闻其美也。是以与治虽走而是己不辍也。岂不蔽于一曲而失正求也哉！”他明确自己的观点，认为各家学派都不应该持门户之见，守一曲，走极端造成“观于道一隅而未之能识也”的局面。他进一步提出，应该“兼陈万物而中悬衡焉”“目视备色，耳听备声”多方接受不同的思想文化信息。

从先秦诸子的论述中可以看出，“和”的观念，是中华传统文化思想的核心内容，既是宇宙万物起源、构成、发展的规律之一，同时也是中华民族祖先对事物的独特理解。换句话说，和的内涵，既包括了自然规律，也包括了人的理智对秩序的追求，即人为的秩序。

“和”的观念被付诸实践，就形成了中国人独特的行为方式。国家兴盛的理想状态是和谐：君臣之间、官民之间、国与国之间、朝野之间，相互理解、支持、协调，利益趋于一致；文学艺术的最高境界也是和谐，百花齐放、百家争鸣，才能推陈出新。人们处理事务、人际关系也崇尚“和为贵”，用自我克制来消除矛盾、分歧，用相互切磋来发扬各自所长，通过寻找利益的一致之处，把各方的不同之处加以协调。

“和而不同”就是多元互补。在中华文化的发展过程中，多元的文化形态在相互接触中相互影响、相互吸收、相互融合，共同形成中华民族“和而不同”的传统文化。

和而不同是我国传统文化的精华，对于我们今天构建社会主义和谐社会仍具有十分重要的意义。

什么是人际关系范畴优化求中的根本途径？一言蔽之就是孔子在《论语·子路》中说的“君子和而不同，小人同而不和”。

“和”与“同”，在汉语中可以是同义词，但在这里是有区别的。事物通过变革达到实质上的统一或调谐状态，叫作“和”；掩盖或否定事物的矛盾，只求表面上的整齐一致，谓之“同”。

孔子鄙视那种善恶不分、含糊苟且、两头讨好的做法，他在《孟子·尽心章句下》中反对“同乎流俗，合乎污世”的折衷主义者，称之为“乡愿”，贬之曰“乡愿，德之贼也”。与“乡愿”迥异，中庸之道反对折衷主义者的“同而不和”，赞成“和而不同”。

中庸之道是求“和”之道，以“不同”为求“和”的前提和必然。凡循中庸之道决策，必有其共识基础，方能集合众人力量进行贯彻，这就是调谐意义上的“和”。“和”绝不意味着没有或无视不同意见，相反地，中庸学说肯定事物的复杂性和矛盾的普遍性，视“不同”为理所当然。孤立的单一的因素不能构成完美的事物，相信唯有让介乎极端之间的各种异见，特别是对立因素充分沟通、辨析、折冲，兼容其合理因素，加以运筹统合，达到统一或调谐，方才能够得中，从而达到美好的结果。古代管理思想中的执中两用、过犹不及、执中知权等都是和而不同思想的延伸。

以君臣为例，孔子在《论语·宪问》中主张对君主采取“勿欺也，而犯之”的态度。所谓犯，就是提意见。“和而不同”的“和”乃君臣不同见解的协调结果。求中致和不是否定或掩盖矛盾，相反地，要通过群言堂、百家争鸣，即容许不同意见充分抒发和交锋，融百家之长，才能提高得中的可能性，利于导致优化决策。反之，所谓“同而不和”则是君说可，臣亦说可，君曰不可，臣亦曰不可，有不同意见不敢说出来，成为君主一言堂，结果非犯错误、出乱子不可。

明白了“和而不同”的道理，就不要以为人人称赞你就是好事。在《论语·子路》中，子贡问孔子：“乡人皆好之，何如？”夫子说：“未可也。”他又问：“乡人皆恶之，何如？”夫子说：“未可也。不如乡人之善者好之（好人说好），其不善者恶之（坏人说坏）。”

在个人修养方面，孔子在《论语·雍也》中说过：“质（朴实）胜文（文雅）则野，文胜质则史。文质彬彬，然后君子。”意思说：做人如果朴实胜于文雅，便失之粗野；如果文雅胜于朴实，则显得欠缺诚心；两者调谐适匀，互补其不足，方可成为君子也。

孔子好给别人提意见，也欢迎别人包括弟子们发表不同见解。颜回是孔子的得意门生，但过于谦虚，与动不动直言质询的子路太不一样。孔子对此是不满意的，因此说过：“回也，非助我也，吾言无所不说（悦）。”

“和而不同”要求常怀兼容精神，容许别人有行动和判断的自由，对不同于自己或传统观点的见解的耐心、公正的容忍；就是现代民主社会人们常说的一句口头禅：“我不赞成你的话，但是我要誓死捍卫你说话的权利。”

“和而不同”，是承认“不同”，尊重“不同”，在“不同”的基础上求中致和，体现了经由多种因素特别是对立因素的斗争或变革寻求统一或调谐的精神。推而论之，“和而不同”作为一项原则性共识，适用于社会发展的各个方面。

和而不同思想是凝聚思想文化的核心。从春秋战国时期所形成的百家论辩的局面，以及各家思想中均不同程度包含着他家的思想观念的内容来看，高度契合了和而不同的文化观。诸子百家以各国中设立的私学、公学等为舞台，像齐国的稷下学宫、秦国的四方馆等各家学派都占据了一定地位，采取学术自由、兼容并包的政策，自由论辩，以理服人，对解放和活跃思想起了极大的作用，达到了思想文化的繁荣。运用和而不同的文化观，在思想上实现了各家各派学说的扬弃与综合，如《中庸》中将孔子称为通天道主，显然是受了墨家的影响。同时书中提出了“天命之谓性，率性之谓道，修道之为教”的观点，显然是吸收了道家的思想养料。比如，孔子极力主张仁政学说，其后学大家荀子却洗后了法家思想，主张礼治和法治并举，王道和霸道兼用的“隆礼尊贤而王，爱法爱民而霸”的观点。早期法家商鞅、申不害、慎到分别主张法、术、势，韩非集其大成，又汲取荀子的思想，改造老子的学说，提出“理”的范畴，主张“必缘理，不径绝”，反对“无缘而妄意度”。据此，郭沫若称韩非子在道家有渊源，在儒家有瓜葛，与墨家通了婚姻。这是春秋战国时期思想家真实写照。

思想的反复论辩，形成汲取各家之长发展融合的态势，最具典型意义的就是各家各派和谐共处，思想互为渗透，而且还汇聚成了两本具有融合各家思想的代表性成果，形成了著名的杂家和代表其思想的著名代表著作《吕氏春秋》，以及以道家思想为主，实际汇聚了各家各派思想，天马行空的著作《易传》。这两部著作都具有综合儒家各学派和道家、法家、阴阳家的思想内容特色。《吕氏春秋》更是鲜明地亮出了自己的旗帜，主张要善于集中各家之长，为己所用。即“善学者若齐王之食鸡也，必食其跖数千而后足，虽不足，犹若有跖。物固莫不有长，莫不有短。人亦然，故善学者，假人之长以补其短。故假人者遂有天下。”“天下无粹白之狐，而有粹白之裘，取之众白也。夫取于众，此三皇五帝之所以大立功名也。”天下没有纯白的狐狸，却有纯白的狐皮大衣，这是集取众多的白狐皮加以拼缀而成的。博采众长，这是古代圣明帝王能够建功扬名的根本所在。

三、清正廉洁的廉政观

清正廉洁思想观念深深扎根在中华民族的血液里，贯穿于中华民族的历史进程中。中华民族每走一步，都记录着与腐败奢靡斗争的历史，演绎着腐败与反腐败的故事，廉政观自立国以来就贯穿在治国理政的举措之中。

从汉文字来看，语言是思想交流的工具，也是文化的载体。廉字最早出现在云梦睡虎的秦简《为吏之道》中。廉，正直，不贪暴，廉洁。《玉篇广部》："廉。清也"；节俭、节省《广音歆盐音》："廉。俭也"；收敛。引申为拘束。《释名释言语》："廉。敛也。自检敛也。"

廉是先秦诸家政治思想的主张。如墨子在《墨子·修身》中主张："贫者见廉，富者见义。"庄子在《庄子·让王》中主张："人犯其难。我享其利。非廉也。"管仲在《管子·侈靡》中主张："智以招清。谦以操人。"

在中国传统核心价值观体系中，廉洁文化具有丰富内涵。古人认为廉能公平中正，能生气平和，能获得天地之利时，能有政有德，能执中，得天命，能得吉瑞之兆。廉洁，即公正不贪，清白无污；即洁身自好，勇于反贪。廉洁文化是廉洁的思想观念和行为方式及其相互关系的文化总和，是关于廉洁的知识、理念、制度及与之相对应的生活方式、行为规范的总概括。我们重点讲述清正廉洁的廉正观。廉政观，一为廉洁，一为清正。

廉洁一词最早出现于战国时期伟大的诗人屈原《楚辞·招魂》："朕幼清以廉洁兮，身服义尔未末沬。"东汉著名学者王逸在《楚辞·章句》中注释说："不受曰廉，不污曰洁。"也就是说不接受他人馈赠的钱财礼物，不让自己清白的人品受到玷污，就是廉洁。廉政，即为清正，就是公正无私，不贪不腐。不仅如此，自古以来还有为官一任，造福一方的为官之道。廉则是官员克己奉公、廉洁不贪的道德义务与品德。它是处理人与国家关系的两种道德品质。

翻开中国历史古籍文献，包括文学作品和民间的传奇故事，无论是官修的正史还是民间逸文，呈现给读者的都是正义战胜邪恶，清官智斗贪官，最终贪官不得善终的范例。尤其是那些忧国忧民为民请命清官的名字和故事流传千年广为称颂，这究竟是什么原因呢？这主要从中国的道德文化，德文礼治来考察。大家都清楚，中国传统文化是一种德性文化，它有着严密的高度体系化的伦理价值观念，主要表现为道德论、礼义论、为官论和人生论的贤人作风。不管是先秦的诸子百家的原点国学，还是此后的两汉经学，无论是宋明理学，还是乾嘉汉学，无一不围绕着德行礼治开展讨论，形成了一条高度伦理化散发着独特中华人文精神的文化主线。也正在这一人文精神的熏陶之下，中国传统士大夫奉孔子为精神教主，以儒家经学为经本，将修身、齐家、治国、平天下作为自己人生最高的理想目标，用积极入世的态度，实现了儒家修身、齐家、治国、平天下的人生追求，也因之铸就了一代又一代为生民所歌颂的清官廉吏，谱写了一篇又一篇伸张正义道德高尚为民请命赞歌。

中华民族这样的传统来自何方，翻开中华古老的文化典籍一看，无疑是与自中华文明开启以来就逐步形成的廉洁观念有密切关系。在系统讲述古老中国要遵循的道德规范的《周礼·天官》一书中有这样的记述："以听官府之六计，弊群吏之治。一曰廉善，二曰廉能，三曰廉敬，四曰廉正，五曰廉法，六曰廉辨。"对此，汉代著名经学大家郑玄注解曰："既断以六事，又以廉为本。善，善其事，有词誉也；能，政令行也；敬，不懈于位也；正，行无倾斜也；法，守法不失也；辨，辨然不疑惑也。"《周礼》提出"六廉"这样考察官吏的标准：旨在强调为官者既要具备能力，又要廉洁，但廉是排在首位的。其深刻内涵，在我国历史上产生了深远的影响。在春秋战国时期就有这么完备的表述，可以推论，"六廉"思想是对古代廉政思想的继承和总结，此前的西周王朝甚至更早，就已经有了这方面的要求。的确，在《尚书》中也有关于廉洁方面的内容。《尚书·尧典》中记载了尧为政"允恭克让""克明俊德，以亲九族""敬授民时"等内容，这些内容中包含了统治者要勤政、节用、爱民、尚贤等多层含义。《尚书·皋陶谟》提出的"天聪明，自我民聪明。天明畏，自我民明威"，以及"简而廉"的思想，是我国传统民本思想和"廉约"观念的渊源所在。因为在有等级出现特别是阶级出现的社会里，必然会出现贪腐问题。

在我国，黄帝时期就有这方面的记载。《左传·文公十八年》中记载，在黄帝之时，就出现了"贪于饮食，冒于货贿，侵欲崇侈，不可盈厌，聚敛积实，不知纪极，不分孤寡，不恤穷匮，天下之民，以比三凶，谓之饕餮"的贪残害民之吏。到了夏商西周时期则犹如汹涌的潮水与王朝相伴随，对公共权力滥用而发生的腐败不绝于史。

继夏而起的商，虽然在初期也汲取了夏王朝覆灭的经验教训，但随着王朝统治的稳定，很快就发生了"三风十衍""奢侈逾礼"的乱政事件。

出现了重用奸臣，国王荒淫无度的景况。商纣王的利令智昏，贪婪无度，给周部族的崛起提供了难逢的机遇。取代商而兴起的西周统治者，对贪婪奢靡之害有了高度警觉，周公提出了“敬德保民”的思想，从而保持了政权相当长时间的稳定，也创造了我国奴隶制时代礼乐文明的高峰。但腐败并没有被遏止。成康之后，西周政权开始走向衰败，其中重要的原因就是最高统治者的好大喜功与贪婪腐败。如周厉王、周幽王，最终引起剧烈的社会动荡，身死而国灭。正是因为种种腐败现象及其所带来的严重后果，促使了廉政观念的萌芽与发展。

所以说《周礼·天官小宰》之所以有这样的内容表述，是因为借鉴了前朝的经验教训，周王朝要用这样的内容来约束官吏。自孔子删定六经以后，这样的内容成为了儒家弟子们遵循的准则，也成为士大夫的行为准则。诸子百家尽管与儒家学派有观念之争，但在道德学说上却没有大的分歧。到了秦国统一以后，尤其是汉武帝罢黜百家，独尊儒术以后，周礼中的内容成为了各级官吏必须遵守的行为准则，违背这个信条者，往往不仅是道德问题，而是上升到了法律层面，有被罢官免职甚至是有杀头之虞。从周礼的六个方面的内容来看，这“六计”以廉为核心，围绕着善、能、敬、正、法、辩六种修养与能力展开，这是古人评判官员勤绩廉的六大标准，即廉洁善能、廉洁高效、廉洁谨慎、廉洁公正，廉洁守法，廉洁明辨。这不仅对后世的吏治有着重要的指导意义，而且开启了官场与民间的清官情结，涌现许许多多为世人称道历史留名的清官廉官。它起到了引导官吏以此为戒，以此为荣，以此励志，以此为官的示范作用。这样的廉洁示范与清官情结的交织，对于官员来说起到了去污自洁，克服腐败崇尚廉洁的心灵自觉的作用。做一个清官不仅是许多士大夫的志愿或自诩，也是民众普遍的社会心理诉求。

许多人认为中国古代没有廉政制度，其实中国的国情不同，它管理社会，治理国家的主要手段是德治与礼治，把德治与礼治看成是最重要的，是在治理手段的最高层面。自儒家成为统领社会的意识形态以后，四书五经，以至后来的九经、十三经，早已成为了引导社会管理社会不成文的法律，其中的五伦四维八德，以及前面提到的“官府之六计”即“六廉”。违背了将受到严厉的惩罚，这样的事例不胜枚举。

“六廉”成为考察官吏的标准，其巨大的效应就是唤起了历代学子为学向善，官吏勤勉廉洁为政以及普通百姓崇敬清官为政一方的清官情结，这种情结深深地扎根在人们的思想深处，成为激励人们精神力量。因此，涌现了无数心纯念善、爱民如子的善官，恪尽职守、能力超群的能官，刚正不阿、公正无私、为民请命的正官。

历史上，确实有不少奸臣当道，清官受到排挤的事件。然而，这些贪官污吏最终被永远钉在了历史的耻辱柱上。相反，历史上一大批清官廉吏，像清朝名臣于成龙，历官二十余年，廉洁奉公，始终不渝，却永远活在民众的口碑之中。清官们“苏世独立横而不流，秉德无私参天地兮”而名垂史册，照耀着中华文化灿烂星空，这就是一种廉洁自觉。它不仅体现在官场，而且深深扎根于民间。多少书香人家甚至底层百姓的家训族规，都书写着一个“廉”字，告诫子孙远离贪字、腐字，不可与骄奢淫逸沾边儿，在绝大多数的家规中都规定了一条，后代犯贪赃罪者开除族籍，不得入祠堂，被全族视为是不孝子孙。这样的社会氛围和家族传统，应该说不仅是一种无形的道德压力，也是一股强大的廉洁自觉意识。

面对历朝历代出现的腐败乱政亡国的悲剧，有识之士开始更加警惕这一问题，并开始深入探讨防止乱政亡国的廉政之途。著名思想家政治家晏子在《晏子春秋·内篇杂下》说：“廉者，政之本也。”在《晏子春秋·内篇下第四》中又说到了“廉政而长久”。伟大的改革家管仲在《管子·牧民》说：“礼义廉耻，国之四维。四维不张，国乃灭亡。”将廉提升到了事关国家兴亡成败的高度。针对朝政与百姓的关系，他强调指出：“小廉不修于国，而求百姓之行大廉，不可得也。”当时的这些思想已经与我们今天所理解廉的含义大致相同了。晏子还在《晏子春秋·内篇问下》中谈到了“廉政”一词的内涵，探讨怎样才能做到“廉政而长久”的问题，其中的内容已经涉及并达到很深层次的问题。

春秋战国时期的诸子百家面对西周末年周王室的衰落，一方面总结王室存在的内在原因，一方面在探索腐败的重要性和如何防止腐败廉洁执政。包括孔子、孟子、墨子、韩非子等在内的思想家政治家无不在思考这些问题。孔子在《论语》中讲到廉，但与以后儒学政治思想中的廉含义是不一致的。“古之矜也廉，今之矜也忿戾。”但在他的思想中已存有以后儒学廉的内容。孔子说：“其身正，不令而行；其身不正，虽令不从。”将廉与政令的施行联系在了一起。他在探讨治国理政的实质时又说：“政者，正也。子帅以正，孰敢不正？”正所谓公生明，廉生威的发源之思。治国必先治吏，只有官吏带头守法循礼，才能净化官场风气。公正廉洁是对官吏的基本道德要求，是为政之本。执政者要以身作则，用自己的德行感化和带动别人，社会才能清明。儒家重视“德治”，强调德行是治国理政的前提。孔子提出“为政以德，譬如北辰，居其所而众星共之”。以道德准则来处理政务，自然受到人们的拥护和爱戴。在儒家的思想观念中廉是最重要的道德德目之一。

在论语中还有许多处涉及到廉政内容，如“君子之德风，小人之德草，草上之风，必偃”“崔子弑齐君，陈文子有马十乘，弃而违之。至于他邦，则曰：‘犹吾大夫崔子也。’违之。之一邦。则又曰：‘犹吾大夫崔子也。’违之。何如？子曰：‘清矣，曰：‘仁矣乎？’曰：‘未知。焉得仁？’”不与统治者同流合污，洁身自好，孔子认为是：“清”。正是以后儒学思想中廉的端倪。又如“谓：‘虞仲、夷逸，隐居放言。身中清。废中权。’”这里的“身中清”也是廉的含义。孔于思想中廉的另一层含义，在论述耻时表达了出来。“子曰：道之以政，齐之以刑，民勉而无耻。道之以德。齐之以礼。有耻且格。”这里的意思是说。用德礼来教化人们懂得耻辱，从而达到廉洁的境界。“子曰：‘士志于道。而耻恶衣恶食者。未足与议也。”这是论述廉的另一个含义，即俭朴。孔子认为不知俭朴的人是没有资格议论学问的。“邦有道，贫且贱焉，耻也。邦无道，富且贵焉。耻也。”他认为，人如果天下政治清明就出来做事，政治昏暗就隐居起来，在国家有道时，你既贫又贱，在国家无道时，你既富又贵，这都是可耻和不廉洁的。综合孔子的表述，孔子的思想实际是在为统治者回答在执政中如何做到廉洁执政，并就如何执政提出了具体方案。“君子之德风，小人之德草，草上之风，必偃”。荀子也提道：“君子者，治之原也。官人守数，君子养原；原清则流清，原浊则流浊。”并认为“德不称位”则“不祥”。

孟子的思想中，廉的主张主要从他提倡为人俭朴和之争中的取与不取的思想中体现出来。“孟子曰：‘恭者不侮人。俭者不夺人。侮夺人这君，惟恐不顺焉，恶得为恭俭？恭俭岂可以声音笑貌为哉？”孟子说：“可以取，可以无取，取伤廉。”他这也是在耐心地教育执政者应当以廉洁自重。墨子直接回答了廉洁的重要，他说出的“俭节则昌，淫佚则亡”的千古名言，是在总结历史规律警告统治者为政必须戒奢从俭、廉俭为政。法家集大成者韩非说：“所谓廉者，必生死之命也，轻恬资财也。”是告诉时人舍生忘死，看轻资财才是廉的真义。吕不韦在综合了各家学说的基础上，专门就廉与忠与孝的内在联系进行了阐述，在《吕氏春秋·忠廉》中说：“临大利而不易其义，可谓廉矣。”在《吕氏春秋·孝行》中又说：“人臣孝则事君忠，处官廉，临难死。”从而将廉与忠孝节义紧密联系在了一起，形成了德与廉相互关联的思想观念。另外孟子主张人要有羞耻之心，如果没有羞耻之心是最大的无耻。这也是以后儒学廉耻之心的体现。人有羞耻之心，正是人走向廉耻的开始。“孟子曰：‘人不可以无耻。无耻之耻。无耻矣。’”

荀子认为，人有无廉耻是区别君子和小人的标准，而人无廉耻是人唯利是图的结果。人一旦如此，就不可能知书达礼，也谈不上知廉耻。“人生之故人，无师、无法，则唯利之见耳。人之生固小人，又以遇乱世，得乱俗，是以小重小也，以乱得乱也。君子非得势以临之，则无由得开内焉。今是人之口腹。安知礼义？安知辞让？安知廉耻、隅积？亦蝻蝻而嗛。乡乡而饱已矣。”荀子认为，人的勇敢分为禽兽之勇，商人盗贼之勇，小人之勇和士君子之勇。他认为：“争饮食，无廉耻，不知是非，不辟死伤。不畏众强，丼丼然唯饮食之见，是狗彘之勇也。”可见，他把廉耻看得十分重要。他在《修身》篇中说，如果行为端正朴实而且尊敬长者，那就可以称得上好青年了，如果再加上努力学习，谦虚敏捷，那就没有人能超过他了，这样的人就可以称为君子了。但人“偷儒惮事。无廉耻而嗜乎饮食。则可谓恶少者矣。”他的意思说，如果无有廉耻之心而且贪吃懒做的人，可称得上是个坏青年。荀子还指出：“君子者，治之原也。官人守数，君子养原；原清则流清，原浊则流浊。”并认为“德不称位”则“不祥”。可见荀子讲廉主要从人的道德角度论述的。正是春秋战国关于廉政广泛深入的探讨，促使了战国时期的思想家将廉的观念与政治社稷紧密联系，直接促进了“六廉”思想的诞生。

秦国统一中国以后，高度重视贪腐问题，针对官吏，提出了的五善、五失。从湖北云梦睡虎地秦简《为吏之道》中看得十分明白，提出：“吏有五善：一曰忠信敬上，二曰清廉毋谤，三曰举事审当，四曰喜为善行，五曰恭敬多让。五者毕至，必有大赏。”“五善”指的是忠信笃敬、清廉奉公、办事谨慎、择善而行、谦虚礼让，“五失”指的是自我膨胀、骄纵专横、越权行事、目无王法不知利害、轻贱有才能的人而贪婪财货。同时指出吏有五失：“一曰夸以泄，二曰贵以泰，三曰擅裂割，四曰犯上弗知害，五曰贱士而贵货贝”。“五失”就是秦国对官吏考核奖惩的标准。我们不难从中看出其与《周礼》“六廉”思想的内在联系。

到了汉代，在统治阶层中曾多次就官吏品行与行政管理中的廉洁自律问题进行讨论。我们从《盐铁论》中可以看得清清楚楚。辩论者双方都认为廉是为官应具备的职业道德。不贪为廉，人不廉是人性恶的表现。也有的人认为要高薪养廉，而薪低吏很难不贪。如改变贪吏应从上而治，从表而治，从政而治。《盐铁论·疾贪》篇中记载“大夫曰：……为吏既多不良矣，又浸渔百姓。长吏厉诸小吏，小吏厉诸百姓，故不患择之不熟，而患求之与得异也。不患其不足也，患其贪而无厌也。贤良曰：……今小吏禄薄。郡国踩役，远至三辅，粟米责不足相赡。常居则匮于衣食，有故则卖畜粥业，非徒是也。繇使相遣，官庭摄追，小计权吏行施。乞贷长吏：浸渔。上府下求之县。县求之乡，乡安取之哉？语曰：货赂下流犹水之赴下，不竭不止。今大川江河饮巨海，巨海受之，而欲谷之让流潦。百官之廉不可得也。夫欲影正者端其表，欲下廉者先之身。故贪鄙在率不在下，教训在政不在民也。”

汉代思想家刘向继承了儒家传统的荣辱观。以道德衡量荣辱的尺度，以德明、义立、功成名就为荣，以重利，暑义、同流合污、居位失德为耻。他认为，道德名节重于生命，这是对孔子杀身成仁和孟子的舍生取义说的继承和发展。“王子比干杀身以成其忠，尾生杀身以成其信，伯夷、叔齐杀身以成其廉。此四子者，皆天下之通士也。岂不爱其身哉？以为夫义之不立。名之不著，是士之耻也。夫士之所耻者天下举忠而士不与也。举信而士不与焉，举廉而士不与焉。三者在乎身。名传于后世，与日月并而不息。虽无道之世，不能污焉。然则非好死而恶生也，非恶富而乐贱也。由其道，遵其理。尊贵及己。士不辞也。”作为公正廉洁的人，应该为公而无私利。他在《说苑至公》中写道：“治官事则不营私家，在公家则不言利。”作为廉洁的人，应该去耻辱。他在《说苑谈丛》中认为，为君子者有五耻：“朝不坐，燕不议，君子耻之；居其位，无其言，君子耻之；有其言，无其行，君子耻之；既得之，又失之，君子耻之；地有余而民不足，君子耻之。”人如果知道了耻辱，就应该注重自己的节操和名誉。他在《说苑谈丛》中进一步说道：“君子虽穷不处亡国之势，虽贫不受乱君之禄。尊乎乱世，同乎暴君，君子之耻也。众人以毁形为耻，君子以毁义为辱。众人重利，廉士重名。”刘向认为，人贵于遵循道德，合乎于人的情理。由此则仁爱成，廉耻分，才能安于所得。而不是贪求、注重名节。洁身为廉，他在《说苑杂言》篇中说：“聪者耳闻，明者目见。聪明形则仁爱著而廉耻分矣。故非其道而行之，虽劳不至；非其有而求，虽强不得。智者不为非其事，廉者不求非其有。是以远容而名章也。”

东汉史学家、政治家、思想家荀悦继承孔孟的知耻明德的思想，认为君子要以无德为耻，以有耻为本，明于大道，审于自耻。“或曰：修行者，不为人耻诸神明，其至也乎？曰：未也。有耻者本也，耻诸神明，其次也。耻诸人，外矣。夫唯外，则慝积于内矣。故君子审乎自耻。”他认为人之所以不知自耻是人“不察”“不闻不听”等不知耻的结果。人应该向圣贤者学习，从他们之中找到自己的不足。“故君子慎乎所不察。不闻大论则志不宏，不听至言则心不固。思唐虞于上世，瞻仲尼于中。而知夫小道者之足羞也。想伯夷于首阳，省四皓于商山，而知夫秽志者之足耻也。存张骞于西极，念苏武于朔垂，而知怀闻者之足鄙也。推斯类也无所不至矣。德比于上，欲比于下。德比于上，故知耻，欲比于下，故知足。耻而知之，则圣贤其可几；知足而已，则固陋其可安也。”

朱熹认为人有廉耻，才能做到有所为，有所不为。他将廉耻列为封建伦理道德的重要内容。其主张继承了孟子“耻之于人大矣”的观点。“人须是有廉耻，孟子曰：耻之于人大矣！耻便是羞恶之心。人有耻，则能有所不为。令有一样人不能安贫。其气销屈，以至立脚不住，不知廉耻，亦何所不至！”

王廷相继承了前人之说，把“礼义廉耻”视之为国之“四维”。主张不仅民间要提倡“四维”，而且“士大夫”中也要倡导“四维”。“管子曰：礼义廉耻，是谓四维，四维不张，国乃灭亡。贾谊引此以敦崇汉世风俗。令迹其所甚恶者，不过指摘秦俗父子妇姑之陋，及夫民间剽劫诈伪之盗而已。此等愚谬之民，不知学问礼义，安知廉耻？谊犹责其君臣乖乱。致使社稷为墟。由今观之，岂直民间四维丧失？为之士大夫者，刻忍而不仁。淫荡而灭德；贪利而忘义，骄横而犯礼，鄙陋之风肆行于上，机巧剥劫尤甚于民。恬然安之，不以为异，风行草偃，上下相效，四维安望其能张耶？”

王夫之认为“人道”有为集中表现为“好学、力行、知耻”。他认为这是人有别于动物的特点。他认为人知耻，是人的自觉认识。他认为，君主要廉洁修己。率先重义执法，不能凌驾于百姓之上而得不到约束。只有这样，百姓才能安分守己。“以法相裁，以义相制，以廉相帅，自天子始而天下成受裁焉。君子正，而小人安。有王者起莫能易此矣。”他认为，凡治政者，都应洁身自好，爱民如己。“夫为政者。廉以洁己，慈以爱民，尽其在己者而已。”他痛斥社会廉耻之风日下的状况。“廉耻风衰，君师道丧，未有如斯之酷烈也。”

执政者要以身作则，用自己的德行感化和带动别人，这是为官者最重要的德行。明朝泰安府衙刻有《官箴》:“吏不畏吾严而畏吾廉，民不服吾能而服吾公；公则吏不敢慢，廉则民不敢欺；公生明，廉生威。”这不仅成为明代一朝许多清官廉吏的座右铭，而且深深地影响了后世，直至今天仍然是政务管理社会管理的不二法则，很有教育意义。

龚自珍认为，晚清社会已如满身疥癣的病体，没法治行，又如把四肢缚在独木之上，停着不动。社会已到了“日之将夕，悲风骤至”的“衰世”了。他认为当时社会在伦理道德上，就是人们已不知廉耻。而廉耻对人对社会十分重要。士皆知有耻，则国家永无耻矣；士不知耻，为国之大耻！”他认为统治者“摧锄天下之廉耻”，造成了整个士大夫阶层寡廉鲜耻、道德沦丧的局面。“历览近代之士，自其敷奏之日，始进之年，而耻已存者寡矣！官益久，则气愈七俞（同偷）；望愈崇。则谄愈固；地益近，则媚亦盖工……臣节之盛，扫地尽矣。”儒学的廉耻思想，自然也有其历史的局限性。但在古代中国思想发展史中，有其很大的进步作用。很多古代的名人志士正是以廉耻为节操，在历史舞台上，留下光彩夺目的一幕，被后人歌颂为清官廉吏。同时，廉耻思想也是中华民族的灵魂，以及中华民族文化的重要组成部分，激励着一代一代的仁人志士为之奋斗，成就其报国之志。清代曾国藩说：“大丈夫当以澄清天下为己任。”这些人无不将毕生精力付诸天下之志。志就是信念、信仰，志在天下，则不以物喜、不以己悲。心怀天下，自然自信，廉洁自信亦同此理。所谓“吏不畏吾严而畏吾廉，民不服吾能而服吾公”，坚定廉洁自信，能使人们对“廉”形成发自内心的信仰和根深蒂固的信念。

可见，廉和廉政思想、廉政理念在中国有着十分久远深厚的基础，随着廉和廉政思想被统治者运用到社会管理之中，廉和廉政的举措和廉政实践也一直贯穿于中国古代数千年的历史进程中。应该说，中国古代的辉煌历史与廉和廉政思想，与廉政的举措和廉政实践有极大的关系。事实上，当一个朝代的廉政举措和实践顺利时，就呈现强大的盛世，反之，就距离灭亡不远了。

四、天下一家的大同观

中国传统的大同观，是崇尚公正、天下为公前提下的天下一家。崇尚公正、天下为公是中华民族的价值目标。中国千年的文化基因中崇尚和合，期望大同平等，世界大同是和合文化的理想追求。孔子在《礼记礼运》中对这一理想做了系统表述，“大道之行也，天下为公。”孔子正式提出了他的社会主张。他所设想的社会是一个崇尚公正、天下为公的社会。在这里人们选贤与能，讲信修睦；在这里人的思想境界必须达到大公无私，“货恶其弃于地也”；奉献成为人们的心灵需求，“力恶其不出于身也”。他所设想的社会充满友善友爱，在这里人们之间充满温情，决不“独亲其亲”“独子其子”，男女老少，矜寡孤独废疾之人都可以享受人间关爱，这里是一个充满公正无私，充满正义的和谐社会。此后，孟子又在《孟子·梁惠王上》中说“大同”与民偕乐，故能乐也。自古以来，中华民族就是崇尚公平与正义的民族，一直期望在公平正义的基础上实现天下大同。考察这一思想的核心内容主要包括了“公平”思想。孔子云“天无私覆，地无私载，日月无私照”，讲的是“公”的理念源泉。《吕氏春秋·贵公》篇讲：“贵公昔先圣王之治天下也，必先公，公则天下平矣。平得于公。尝试观于上志，有得天下者众矣，其得之必以公，其失之必以偏。凡主之立也，生于公。”程颢对此进行了阐释，他说，“得天理之正，极人伦之至者，尧、舜之道也。用其私心，依仁义之偏者，霸者之事也。故诚心而王则王矣，假之而霸则霸矣。”周武王时期，当箕子获得自由后与周武王探讨如何治理天下时，他发表了极其有远见的思想。即《尚书洪范》中记载的“无偏无陂，遵王之义；无有作好，遵王之道；无有作恶，遵王之路。无偏无党，王道荡荡；无党无偏，王道平平；无反无侧，王道正直。会其有极，归其有极。”基本的思想是说为政者应处事公正，没有偏私和私曲，遵循先王正义的做法而施行治国之策；不恣意妄为，不私好、不谬赏恶人，不乱为私恶，不滥罚善人，遵循先王之正路而行，不徇私枉法或结党营私，就会实现王道。一句话“王道”乃圣王所立所行的大中至正、“无偏无党”、天下归仁的“至德要道”。

中国传统的大同观，一是倡导均等的天下一家。就如《论语》中的“不患寡而患不均，不患贫而患不安。盖均无贫，和无寡，安无倾”，蕴含着古代公正意识的“均等”思想。朱熹将此语中的“均”解释为“各得其分”，即每个人得到他应该得到的那份（权利、地位、物品等）。二是敬老养老理念。《孟子》多次提到要保证“老者衣锦食肉，黎民不饥不寒”“五十者可以衣帛矣”“七十者可以食肉矣”;《礼记》保留了上古“五十养于乡，六十养于国，七十养于学”的分级养老制度。三是救济弱者情怀。孟子指出，鳏、寡、孤、独，“此四者，天下之穷民而无告者，文王发政施仁，必先斯四者”。《礼记》也指出要使“鳏寡孤独废疾者皆有所养”。四是教育公平愿望。孔子主张“有教无类”，向民间开放学校，打破世卿世禄制，得以举贤才。孟子说：“尊贤使能，俊杰在位，则天下之士皆悦，愿立于其朝矣。”《礼记》指出“大道之行也，天下为公，选贤与能，讲信修睦”。这些均贯穿了教育机会平等的思想。五是防止公权力滥用思想。孔子说“政者，正也”“修己以安人”“修己以安百姓”，并提出五种美政：“惠而不费，劳而不怨，育而不贪，泰而不骄，威而不猛”，反对以傲慢的态度对待人民，滥用权力，任意扰民，践踏民意，不顾民生，要以敬的态度谨慎使用公权力。

当代中国在国际舞台上，始终坚持公平正义的国际秩序。习近平指出：“大国之间相处，要不冲突、不对抗、相互尊重、合作共赢。大国与小国相处，要平等相待，践行正确义利观，义利相兼，义重于利。”习近平总书记强调：“我们要营造公道正义、共建共享的安全格局。在经济全球化时代，各国安全相互关联、彼此影响。没有一个国家能凭一己之力谋求自身绝对安全，也没有一个国家可以从别国的动荡中收获稳定。弱肉强食是丛林法则，不是国与国相处之道。穷兵黩武是霸道做法，只能搬起石头砸自己的脚。”在“九三”阅兵纪念大会上，习近平总书记紧握右拳振臂高呼：“让我们共同铭记历史所启示的伟大真理：正义必胜！和平必胜！人民必胜！”

由此可见，天下为公最初的本意包含天下是公众之意，天子之位，传贤而不传子。“天下是全部人共同拥有的，首领之位，要选择有高尚品德和有才能的人去继承。”后成为一种美好社会的政治理想。

天下为公是中华民族优良传统美德的重要规范。它既是个人修养之要，也是社会公德的最高准则。它的标准是关心他人、扶危济困，“老吾老，以及人之老，幼吾幼，以及人之幼”；追求平等、公正，视公共利益高于一切。天下为公的最高境界在于当义利相矛盾、相冲突的情况时，以“义”为重，“先义后利”乃至“公而忘私”“大公无私”的自我牺牲。

早在《尚书》《左传》等典籍中，就有“以公灭私”“公家之利，知无不为”“临患不忘国”的规范性要求。孔子一贯主张“忠恕”。继孔子之后，墨家主张“举公义，辟私怨”，法家强调“无私”“背私”，道家提出“圣人无心，以百姓心为心”。而儒家尤为重视公忠，提倡“乐以天下，忧以天下”“致忠而公”，弘扬“天下为公”“公而忘私”的思想。

在中华民族上下5000年的文明史中，优秀的传统美德遍及各个领域，相比之下，“天下为公”无疑是其中最绚丽者之一。作为近代民主革命家，中国国民党创始人，三民主义的倡导者孙中山，对“天下为公”这种传统美德的身体力行，不仅影响着与他同时代的中国人去为建立共和国而奋斗，而且对后世中国产生了深远的影响。

在改革开放、构建和谐社会、建成小康社会的新的历史条件下，每一个中国人，仍然需要弘扬“天下为公”的精神。总言之，“天下为公”是孕育民族魂的精髓，是缔造五个文明的基础，是塑造民族形象的支柱，是创造大同世界的前提。

随着社会的发展，“天下为公”已不仅仅是一种传统美德，而且应当成为中华民族生生不息、大力弘扬的崇高信念和伟大精神。中国要和谐强大，那种以天下为己任，与国与民同呼吸共命运，国而忘家，公而忘私，义而忘利，一心为了祖国的强盛和人民的安康而不懈奋斗，无私奉献，心忧天下的“天下为公”的精神，正是我们不可须臾忘记、应时时践行的精神。

孔子推崇理想的大同社会，他给弟子们描绘了一幅大同世界的理想蓝图。《礼记·礼运》开头部分是这样记述的：昔者仲尼与于蜡宾，事毕，出游于观之上，喟然而叹。仲尼之叹，盖叹鲁也。言偃在侧，曰：“君子何叹？”孔子曰：“大道之行也，与三代之英，丘未之逮也，而有志焉。大道之行也，天下为公，选贤与能，讲信修睦。故人不独亲其亲，不独子其子，使老有所终，壮有所用，幼有所长，鳏、寡、孤、独、废疾者皆有所养，男有分，女有归。货恶其弃于地也，不必藏于己；力恶其不出于身也，不必为己。是故谋闭而不兴，盗窃乱贼而不作，故外户而不闭。是谓大同。今大道既隐，天下为家，各亲其亲，各子其子，货力为己，大人世及以为礼，城郭沟池以为固，礼义以为纪，以正君臣，以笃父子，以睦兄弟，以和夫妇，以设制度，以立田里，以贤勇知，以功为己。故谋用是作，而兵由此起。禹、汤、文、武、成王、周公由此其选也。此六君子者，未有不谨于礼者也。以著其义，以考其信，著有过，刑仁讲让，示民有常，如有不由此者，在执者去，众以为殃。是谓小康。”

这段话用现代语言来表述大致是这样的：昔日，孔子曾参加鲁国的蜡祭，祭祀结束之后，孔子从宗庙出来在楼台上游玩，不禁感叹。孔子的感叹，大概是在感叹鲁国的现状。言偃在孔子身边，问孔子："您在叹息什么？"孔子说："大道的实行，和夏商周三代的精英，我都没能赶上，但仍然其向往之。大道实行的年代，天下为世人所共有。选举贤能之人共同治理，举国上下自觉崇尚社会公德，大家讲信用，和睦相处，彼此合作。所以人们不只以自己的亲人为亲人，不只是尊敬赡养自己的父母，不只是慈爱抚育自己的子女，不只以自己的子女为子女，更能推延仁爱，使所有老人都得以安享天年，壮年人都能贡献才力，儿童都能得到良好的教育，健康成长，鳏寡孤独以及残废疾病的人都能得到基本的生活保障，丰厚的供养。男的各有职业，女的都有归宿。人们憎恶不爱惜钱财的行为，却不是把钱藏在家里而为了独自享用；人们也憎恶那种在共同劳动中不肯尽力和只谋私利的行为，但也不一定为自己出力才算效劳。因此，人人都能诚实相待，和睦相处，这样一来，社会上就不会有搞阴谋欺诈，也没有劫夺偷窃杀人越货的事情出现。路不拾遗，夜不闭户，这样的社会就叫作大同社会。而今日大道已经不能见到，天下是一家一姓的天下，人们各自只以自己的亲人为亲人，只以自己的子女为子女，每个人都努力地将财货据为己有，诸侯天子们的权力变成了世袭的，并成为名正言顺的礼制，修建城郭沟池作为坚固的防守。制定礼仪作为纲纪，用来确定君臣关系，使父子关系淳厚，使兄弟关系和睦，使夫妻关系和谐，使各种制度得以确立，划分田地和住宅，尊重有勇有智的人；为自己建功立业。所以阴谋诡计因此兴起，战争也由此产生了。夏禹、商汤、周文王、周武王、周成王和周公旦，由此成为三代中的杰出人物。这六位君子，没有哪个不谨慎奉行礼制。他们彰昌礼制的内涵，用它们来考察人们的信用，揭露过错，树立讲求礼让的典范，为百姓昭示礼法的仪轨。如果有越轨的反常的行为，有权势者也要斥退，百姓也会把它看成祸害。这种就是理想的小康社会了。"

天下为公，这个理想目标是在和合文化指引下确立的大同社会，其关键词语是天下为公，人人平等，和睦相处，选贤任能，四海之内，皆为亲朋，少年儿童茁壮成长，青中壮年效力社会，老人乐享天年；鳏夫、寡妇、孤儿、独老、病残之人皆得善养；男子——兄弟就业理想，妇女——姐妹婚配幸福；人人为我，我为人人，各尽所能，各取所需；不欺不诈，不贪不懒，天下无贼，世间绝匪；路不拾遗，夜不闭户。其意思是说天下是天下人的天下，为大家所共有，只有实现天下为公，彻底铲除私天下带来的社会弊端，才能使社会充满光明，百姓得到幸福。正因为如此，强调个人为社会贡献，为集体尽责成为中华民族源远流长的传统美德。传说中的大禹时代，经常是暴雨肆虐，洪水泛滥，冲走庄稼，毁坏家园，人民在恶劣的环境中苦苦挣扎。大禹为了治理洪水，救民于危难，奔波劳顿于天下各疏水工程之间，“九年之间三过其门，闻呱呱之泣而不一省其子”。在九年的漫长岁月里，他三次走过自己的家门，甚至听自己孩子的哭声都没有停下为天下人操劳的步履，去与妻子、孩子作片刻的相会，他将自己的全部身心投入到为民众谋福利的治水事业。大禹一心为公，公而忘私的精神感动了其他人，大家齐心协力，终于治好了水患。中华上下 5000 年，以天下为己任者多如繁星，他们胸怀博大，高瞻远瞩，胸怀祖国，心忧天下；他们高风亮节，浩然正气，鞠躬尽瘁，死而后已。

天下为公是相对于封建社会的家天下而言。也就是说天下是天下人的天下，没有专制，没有等级压迫，没有君主独裁。天下兴亡，匹夫有责是指民族的存亡是每一个公民的责任。民为邦本是指百姓是国家的根本，是国家的主体。民贵君轻是说在一个国家中，老百姓要比这个国家的皇帝重要。民为邦本和民贵君轻都是民本思想。

康有为著《大同书》，以西方平等、独立、人权、自由之说，激活传统的思想资源，如《礼记》中有关大同思想的论述和春秋公羊学中据乱世、升平世和太平世的三世之说，以及佛教众生平等之论，结合大同、太平和西方观念，赋予大同思想新的意义。《大同书》的基本线索是，把人类之苦归之于九界，然后消除此九界归于大同。所谓九界，即是九种分别：“一曰国界，分疆土，部落也；二曰级界，分贵、贱、清、浊也；三曰种界，分黄、白、棕、黑也；四曰形界，分男、女也；五曰家界，私父子、夫妇、兄弟之亲也；六曰业界，私农、工、商之产也；七曰乱界，有不平、不通、不同、不公之法也；八曰类界，有人与鸟兽、虫鱼之别也；九曰苦界，以苦生苦，传种无穷无尽，不可思议。”“何以救苦……即在破除九界而已。”如破除男尊女卑、夫为妻纲之论，而行男女平等之实。其余种族、国家等亦如之。

国人对“天下为公”这四个字，因孙中山的推崇而非常熟悉。天下为公是孙中山、廖仲恺先生的指导思想。孙中山先生是大同思想的阐发者，曾经手抄《礼记·大同》。大同和来自于西方的人权、民主等一起，无疑是三民主义的重要思想基础。在《三民主义》演讲中，孙中山先生说：“我们三民主义的意思，就是民有、民治、民享。这个民有、民治、民享的意思，就是国家是人民所共有，政治是人民所共管，利益是人民所共享。照这样的说法，人民对于国家，不只是共产，一切事权都是要共的，这才是真正的民生主义，就是孔子所希望的大同世界。”“民生主义就是社会主义，又名共产主义，即是大同主义。”孙中山先生的观点是把大同观念和社会主义、共产主义联系在一起，其最典型的表现则是“天下为公”。

天下为公，是中华民族传统美德的重要规范。既是个人修养之要，也是社会公德的最高原则。它所要求的是关心他人、扶危济困，“老吾老以及人之老，幼吾幼以及人之幼”；追求平等、公正，视公共利益高于一切。它的最高境界是在义利相矛盾、相冲突的情况下，以“义”为重，“先义后利”乃至“公而忘私”“大公无私”的自我牺牲。

孔子的“天下为公”成为中国思想史上影响最为重大的理想之一。

天下大同是和合文化中设想的理想社会。

概括而言，孔子心目中的大同社会就是一个拥有选贤任能的政治体制，讲信修睦的人际关系，人人有所为、有所养的社会制度，天下为公的道德体系，自觉劳动的价值观念这样一个理想社会。

从古到今，无数的政治家、哲学家、思想家在探讨着同一个问题：什么样的社会才是人类心目中的理想社会。他们从各自的时代背景、思维模式、道德标准等方面出发，给出了各种各样不同的答案，中国的儒家学派引领中国千余年，提出了“天下为公，世界大同”的远大目标，成为了中华民族追求的社会理想。

人类从来都没有放弃追逐梦想。“天下为公，世界大同”实质是人类对未来社会的憧憬理想理念，是和合文化的远大目标。和合文化就是要营造一种友好、互助、诚信、公平、和谐的大同世界。儒家的最高社会理想是世界大同。天下为公的原始意义是天下是天下人的天下，为大家所共有，天子之位，传贤而不传子，只有实现天下为公，彻底铲除私天下带来的社会弊端，才能使社会充满光明，百姓得到幸福。后成为一种美好社会的政治理想。辛亥革命时期，孙中山先生在民族存亡的紧要关头，发出“振兴中华”的口号，确立了“天下为公，世界大同”的社会理想。

大同世界描绘的社会是人人敬老，人人爱幼，无处不均匀，无人不饱暖的理想社会。这个社会在古代政治经济尤其是科技不很发达的状态下，常指局部的区域性的联动大同。强调人人友爱互助，家家安居乐业，没有战争，无贼无匪的大同世界。在政治经济科技高度发展的现代，一般泛指世界的全局性的互动大同，世界范围的政治经济科技文化的互动大同。

天下为公，世界大同理想产生于春秋前期，当时诸侯之间战争不断，小国消亡，大国统一了局部地区，到了春秋中期，大多数诸侯厌战休整，少数诸侯仍然常进行霸权之争。春秋后期，生产力水平有了长足进步，耕牛普及与铁器工具被广泛应用，由于私田开发造成井田制瓦解，经济迅速发展。在此背景下，产生了天下为公，世界大同理想。在大道施行的时候，天下是人们所共有的，把有贤德、有才德的人选出来（给大家办事），人人讲求诚信，崇尚和睦。因此，人们不单奉养自己的父母，不单抚养自己的子女，要使老年人能够终其天年，中年人能够为社会效力，幼童能够顺利地成长，使老而无妻的人、老而无夫的人、幼年丧父的孩子，老而无子的人、残疾人都能得到供养，男子要有职业，女子要及时婚配。人们憎恶财货被抛弃在地上的现象，却不是为独自享用；憎恶那种在共同劳动中不肯尽力的行为，总要不为私利而劳动。这样一来，就不会有人搞阴谋，不会有人盗窃财物和兴兵作乱，所以都不用关大门了，这就叫作“大同”社会。

孔子为我们描述了一个极其美好的社会，这恰恰是他所处的那个社会的一个反面。孔子身处的春秋时代是“礼崩乐坏”的时代，诸侯国各自为政，互相攻伐，导致民不聊生。诸侯国君或者荒淫无道，或者滥行不义，或者穷兵黩武，弑君夺位，杀人越货。为了权力，甚至兄弟父子反目成仇，同室操戈，“人不独亲其亲，不独子其子”只能成为一个美好的幻想。孔子目睹这一切，感慨之余，不由怀念起他想象中的夏、商、周“三代以前”

的美好“大同”社会。他把这个想象中的和谐社会作为自己奋斗的终极目标。

天下为公，世界大同大致可以概括为全民公有的社会制度，选贤举能的管理体制，讲信修睦的人际关系，人得其所的社会保障，人人为公的社会道德，各尽其力的劳动态度。这几点综合起来便是大同社会的开始全民公有的社会制度。这个全民公有的社会制度，包括权力公有和财物公有，而首先是权力的公有。权力公有的口号是“天下为公”，具体措施是选贤与能，讲信修睦。管理社会的是被选举出来的贤能，而选举贤能的权力在于“天下”，也就是全社会的民众，所以说权力公有。其所以要明确权力公有，是人们从实践中认识到权力可以改变一切，也可以攫取一切。只有取消权力的个人垄断，才能保证社会的其他方面不受垄断；只有坚持权力的公有，才能保证社会其他方面的公有。所以“天下为公”的口号其性质是与王权根本对立的，是反王权的。《礼记·正义》解释说：“天下为公，谓天子位也，为公谓揖让而授圣德，不私传子孙，即废朱、均而用舜、禹也。”《礼记·正义》是以大同为五章故事的，所以举出尧不以帝位传其子丹朱而传给舜，舜又不传其商均而传禹的事例以资证明。《礼记·正义》虽然也承认“天下为公”首先是指最高统治的帝位，但从所举事例看，不全是《礼记·礼运》所说的大同，因为尧、舜虽然没有把帝位传给自己的子孙，但在思想上是把“天下”作为私有物来“禅让”的；而且又是在不得已的情况下禅让的。《史记·五帝本纪》写道：“尧知子丹朱之不肖，不足授天下，于是乃权授舜。授舜，则天下得其利而丹朱病；授丹朱，则天下病而丹朱得其利。尧曰：终不以天下之病而利一人，而卒授舜以天下。”尧、舜与“大同”的区别在于：尧、舜的禅让是权宜性的，大同的选贤与能是制度化的；尧、舜是个人指定的，大同是“天下”选举的；尧、舜是终身制的，大同是非终身的。在大同世界里，就根本不存在帝与王。

选贤与能的管理体制。这个体制是包括中央与地方的。天下既然是天下人的天下，地方更是地方人的地方。地方事务由地方民众选举贤能之士负责管理。这里的选举指的是民举，而不是官举，官举与民举的性质是不同的，但先秦以后的却混淆了两者的界线，甚至有意改民举为官举。汉儒解释说：“选贤与能者，向明不私传天位，此明不世诸侯也。国不传世，唯选贤与能也，黜四凶，举十六相之类是也。”汉儒虽然也以“天下为公”和“选贤与能”，分别指中央和地方政权，但用的仍是尧、舜的典故。尧、舜一方面禅让帝位，一方面选贤与能，好事作尽，而民众却未与闻，因而其并不是大同世界本来意义上的选举。随着时间的推移，选举的性质一再改变。迨至隋唐，竟成了专指朝廷对士人的选拔，自《唐书》直至《明史》，均辟有《选举志》，记载历代的科举情况，选举与民众便彻底绝缘了。

讲信修睦的人际关系。信与睦是良好人际关系的核心，而“天下为公”才是建立良好人际关系的前提和基础。“天下为公”，人人是社会的一员，社会有每人的一份，衣食有着，地位平等，无胁迫的可能，无依附的必要，是大同世界人际关系总的概括。这个以“天下为公”为前提的人际关系同样遭到了后儒的窜改。《礼记·正义》解释说：“讲信修睦者，讲，谈说也；信，不欺也；修，习；睦，亲也。此淳无欺，谈说辄有信也。故哀公问周丰云有虞氏未施信于民而民信之也。”通过《礼记·正义》的解释，“讲信修睦”仅是一种言说交往的表面现象，而且这种现象又是王化影响的结果，大同世界的本质被阉割了。

人得其所的社会保障。大同世界描绘的社会是人人敬老，人人爱幼，无处不均匀，无人不饱暖的理想社会。在这里，人们视他人父母如自己父母，视他人子女如自己子女。“老有所终，壮有所用，幼有所长，矜寡孤独废疾者，皆有所养。”任何人都能得到社会的关怀，任何人都主动关心社会。男有室，女有家，社会和谐，人民安堵。对这段最具实际意义的社会保障，后儒也是多有窜改的，如将社会保障制度解释为一种在君王影响下的社会风气。所谓“君既无私、言信、行睦，故人法之，而不独亲己亲，子己子。”将人人有劳动权利的“壮有所用”解释为“不爱其力以奉幼”，将男有分解释为“无才者耕，有能者仕，各当其职”，而将“女有归”解释为“君上有道，不为失时，故有归也。”特别又从反面论证，有意无意地丑化妇女说：“若失时者，则《诗》卫女淫奔，期我乎桑中，要我乎上宫是也。”“男有分，女有归”，实际是指男女都有自己婚嫁的权利与机会，不至因战乱和不合理的社会制度而成为旷夫怨女，是一种基本的社会保障。

人人为公的社会道德在这里，人们有高度的责任心，对社会财富十分珍惜，憎恶一切浪费现象，也反对任何自私自利的行为。“货恶其弃于地也，不必藏于己。”货弃于地是可耻的，货藏于己同样是可耻的。

各尽其力的劳动态度。在这里，劳动已经成了人们高度自觉而又十分习惯的活动。“力恶其不出于身也，不必为己。”能劳不劳是可耻的，劳而不尽其力也是可耻的，劳动只为了自己同样是可耻的。正是人们这种不计报酬、高度自觉的劳动态度支撑了大同世界的理想社会，而大同世界高度民主的政治制度和切实可靠的社会保障又是这种劳动态度产生的前提和基础。社会给人们提供了和谐优越的生存条件，人们回报社会以高度的自觉劳动，二者互为条件，互为因果，互相促进。

在孔子大同思想的启蒙之下，中国历史上出现了多次为了反抗不平等发生的斗争。倡“太平”张鲁创米道。有德之君，以所乐乐人；无德之君，以所乐乐身。乐人者其长乐，乐身者不久而亡。

历史上多数农民起义都是在不堪忍受压迫遭受不平等待遇起而反抗的。秦末陈胜吴广喊出了“王侯将相宁有种乎！”的口号，这句带领起义军催枯拉朽的口号，成为千古流传，颂扬人人平等的名句！东汉爆发的黄巾起义是我国历史上第一次大的农民起义，是由张角利用太平道发动和组织起来追求平等、渴望一个大同世界的，它是道教引起的第一次社会震荡。张角利用东汉末年朝政腐败，民不聊生的社会条件，在下层群众中传教，广做造反起义的宣传，于 184 年，以“苍天已死，黄天当立，岁在甲子，天下大吉”为口号，发动了一场声势浩大的农民起义。在张角于华北传播太平道时，五斗米道在巴蜀地区也广泛地传播开来。

到了唐代，唐末起义农民就提出过“均平”的要求。到了宋代发展成了“等贵贱，均贫富”的政治经济口号。在中国长达 2000 多年的封建社会中，历代起义农民提出的各种要求，反映出社会发展不同阶段上阶级斗争的具体内容，也反映出不同阶段起义农民的经济思想在唐宋时期，起义农民的经济思想是以平均主义天下大同为核心的，其思想根源就是源于孔子大同的思想。

“追求平等、渴望大同”是每一起农民起义的初衷。作为中国社会土生土长的宗教，道教和五斗米教也不例外，他们拥有非常广泛的群众基础，几乎伸展到中国社会的各个阶层和各个角落，为广大的底层百姓所信奉和接受，这使得道教和五斗米教能够同一些群众政治运动相结合，成为古代农民起义的组织者和领导者，在我国历史上的多次农民起义就是由道教和五斗米教组织和领导的，对加速封建王朝的垮台起了重要的历史作用。

黄宗羲在《明夷待访录·原君》中，运用古今对照的手法，对现实社会中的君主进行了激烈的抨击。他说："古者以天下为主，君为客，凡君之所毕兴而经营者，为天下也。"古代的君主是为人民谋利的，"不以一己之利为利，而使天下受其利；不以一己之害为害，而使天下释其害。此其人之勤劳必千万倍于天下之人"。而后世的君主却不然，"以为天下利害之权皆出于我，我以天下之利尽归于己，以天下之害尽归于人"。不惜以各种残酷险恶的手段将天下之财据为己有，"是以其未得之也，屠毒天下之肝脑，离散天下之子女，以博我一人之产业，曾不惨然，曰：'我固为子孙创业也'。其既得之也，敲剥天下之骨髓，离散天下之子女，以奉我一人之淫乐，视为当然，曰：'此我产业之花息也。'"封建君主享受天下之利，而将天下之害归于民众，却还美化这种"大私"的行为是"天下之大公"。黄宗羲揭露封建专制君主对天下的危害说："凡天下之无地而得安宁者，为君也。"君主对于人民进行残害和剥削，故君主的设立是社会的最大祸害："为天下之大害者，君而已矣。"

那么，如何解决君民之间的利害矛盾呢？黄宗羲认为，人类的本性是"人各自私""人各自利"，因此，古代那些"不以一己利为利""以千百倍之勤劳,而己又不享其利"的君主,是不合于人类"自私""自利"之本性的，"此非天下之人情所欲居也"，故随着时间的推移，君位就成了人们用以谋私利的工具，而失去了人民设立君主的初衷。既然如此，他认为，防止君主殃民的最好的方案是取消君主，让人们自由地获取自己的私利："向使无君，人各得自私也，人各得自利也。"

当然，黄宗羲也认识到，在当时的历史条件下，完全废除君主又是不现实的，其取消君主的理想只能限于"向使无君"的美好假设。出于这一认识，他又试图依靠臣下来制约君主，并设计了理想社会中所应有的君臣关系，以及作为国家重臣所应尽的职责。

黄宗羲认为，在设立了“天下之法”的情况下，可以不废除君主，但却要实行群臣分而治之的原则。他在《明吏侍访录·原臣》中说：“缘夫天下之大，非一人之所能治，而分治之以群工。故我之出而仕也，为天下，非为君也；为万民，非为一姓也。”“群工”即群官，“工”“官”同声，义通。这就是说，天下必须由群臣共同来治理，故大臣出来任职不是为君主个人，而是为了天下万民。出于这一目的，臣子们就不能屈从于封建君主的淫威，“吾以天下万民起见，非其道，即君以形声强我，未之敢从也，况于无形无声乎！非其道，即立身于其朝，未之敢许也，况于杀其身乎？”

黄宗羲指出，在现实社会中，臣子们却颠倒了为臣之道，认为“臣为君而设者也”，自己的一切都是君主给予的：“君分吾天下而后治之，君授吾以人民而后牧之，视天下人民为人君囊中之私物”。因此，臣下的一切政治活动都是为了君主的利益而进行的：“今以四方之劳扰，民生之憔悴，足以危吾君也，不得不讲治之、牧之之术；苟无系于社稷之存亡，则四方之劳扰，民生憔悴，虽有诚臣，亦以为纤介之疾也……”他指责说，这种为君而不为民的原则是极其错误的，大臣不重视解救民众的患难，即使能够辅助君主而兴天下，或是跟随君主以殉难，也背离了为臣之道：“为臣者轻视斯民之水火，即能辅君而兴，从君而亡，其于臣道固未尝不背也。”

他告诫说，大臣作为政府官员，应该以为天下之人服务作为自己的价值目标，而不能只效忠于君主，“出而仕于君也，不以天下为事，则君之仆妾；以天下为事，则君之师友也为君和为天下”这两种不同的价值目标决定着大臣将扮演两种完全不同的社会角色，如果臣下为“君主之一身一姓”，就会一味顺从君主，那么，这就只是“宦官宫妾之心”，只是“君之仆妾”，而不能算一位堂堂的“臣子”。

他指出，臣下应该勇敢地担负起责任，与君主共同治理天下。他设想的君臣共同治理社会的美好图景是这样的：“夫治天下犹曳大木然，前者唱邪，后者唱许。君与臣，共曳木之人也；若手不执绋足不履地，曳木者唯娱笑于曳木者之前，从曳木者以为良，而曳木之职荒矣。”君与臣共治天下就如同一起牵拉大木，齐心协力，前呼后应，共同唱着举重劝力的劳动号子，君臣各自发挥着自己的作用，各自尽着自己的职责；如果只是摆样子，走形式，或娱乐嬉戏，随人而动，那就没有履行曳木之职，不能完成好曳木的工作。

为了真正地实现“分治之以群工（官）”的理想，黄宗羲还设计了分掌国家各项事务的各个执法行政机关，这是以宰相为中心的内阁，其组织形式是：“宰相设政事堂，使新进士主之，或用待诏者……列五房于政事堂之后：一曰吏房，二曰枢机房，三曰兵房，四曰户房，五曰刑礼房，分曹以主众务。”“政事堂”是行使政权的最高行政机关，它统领着国家的内务、军事、财政和司法等各方面的事务。黄宗羲的这一设想是针对中国封建社会中封建皇权日益集中的弊端而发的，在封建专制皇权高度发展的明代，各种权力集于皇帝一身，事无巨细，皇帝统统都要过问或亲自处理，各级官吏无法在治理国家的事务中发挥自己应有的作用。由此而产生诸多弊病，正如王船山所提出的那样，君主“与民竞智”“与庶官争权”“与民竞智而挠之者益工，与庶官争权而窃之者益密，明敏之过，终之以昏”；又导致了政府机构的工作效率低下，各级官员丧失责任心。黄宗羲有鉴于此，强调由“政事堂”的各个部门分别管理国家政务，改变君权高度集中的现状，体现了其反对封建专制独裁的进步思想。

在“政事堂”等行政机构之外，黄宗羲又主张由学校行使立法和监察权，在《学校》一文中他提出：“必使治天下之具皆出于学校”，学校应该像“东汉太学”那样，“危言深论，不隐豪强”“天子之所是，未必所是，天子之所非，未必非。天子亦不敢自为非、是，而公其非、是于学校”。他设想了由“太学”行使立法和监察权的具体方法：“每朔望日，天子临幸太学，宰相、六卿、谏议皆从之。祭酒南面讲学，天子亦就弟子之列。政有缺实，祭酒直言无讳。”学校君主带领众官员听取学校负责人“祭酒”讲学，而学校负责人则可以当面指陈政府或君主的过失。各地的立法和监察机构亦与此相类似：“郡县朔望大会一邑之缙绅士子，学官讲学，郡县官就弟子列，北面再拜……郡县官政事缺失，小则纠绳，大则伐鼓号于众”学校。黄宗羲设想，由学校负责人行使对君主和政府官员的教育职能，对国家行政机关的政策进行评论和批评，提出自己的施政建议，执行立法和监察职能。这种学校议政的主张，是对封建社会中“庶民不议”这一观念的否定，也是对东林党和复社的政治斗争经验的肯定和发展。

如果将黄宗羲所设想的学校与近代的代议机关相比拟，这一评价显然过高，因为这种学校与中国古代的学校并无明显差异，学校负责人指陈政事也与封建君臣之间的上谏、纳谏区别甚微。因此，其仍然未能脱离封建的性质，而与近代资本主义制度下的议会相差甚远。但尽管如此，从这一主张可以看出，黄宗羲充分地认识到了知识分子的先进作用，强调应该在国家政治生活中发挥其独有的社会作用，参政、议政，并试图以之制约封建国家政府机构，以保证其代表“公利”执行政务，这些思想都是十分有意义的。

黄宗羲还设想，理想社会应该立“天下之法”，以法来治理天下。他所说的“法”，是有其特定含义的。他认为，三代以上才有法，而三代以下并没有真正的法。为什么这样说呢？他阐述说：“二帝、三王知天下之不可无养也，为之授田以耕之；知天下之不可无衣也，为之授地以桑麻之；知天下之不可无教也，为之学校以兴之；为之婚姻之礼以防其淫；为之卒乘之赋以防其乱；此三代以上之法也，固未尝为一己而立也。”这种为了保障天下之人的基本物质生活，为了保证正常的生产秩序和社会秩序，为了教化百姓，而不是为谋取君主个人的私利而设立的法律制度，才能算得上是法。而在封建专制制度下，封建君主为了维护其一姓之私利而设立的“一家之法”是不能称之为“法”的。他举例说：“秦变封建而为郡县，以郡县得私于我也；汉建庶孽，以其可以藩屏于我也。宋解方镇之权，以方镇之利不利于我也；此其法何曾有一毫为天下之心哉，而亦可谓之法乎！”这是因为，这种“一家之法”是以维护君主个人私利为目的的，其无异于“藏天下于筐箧”，将天下作为自己的私产。在这一“私天下”的原则下，“用一人焉则疑其自私，而又用一人以制其私；行一事焉则虑其可欺，而又设一事以防其欺”。而“天下之人共知其筐箧之所在”，君主终日担心“筐箧”为他人所夺，“其法不得不密，法愈密而天下之乱即生于法之中”，这种“一家之法”的设立只会造成天下大乱，因此，它是“非法之法”。

在中国封建社会中，人们普遍认为治理好天下主要依靠明主而不是依靠法度，黄宗羲针对这一论点，提出了“有治法而后有治人”的观点。所谓“有治法而后有治人”，就是强调法度在治国安民中的重要作用。他认为，当天下没有合理的法度，人们被“一家之法”所束缚的情况下，即使有能治天下的“治人”也是无济于事的，他说：“自非法之法桎梏天下人之手足，即有能治之人，终不胜其牵挽嫌疑之顾盼，有所设施，亦就其分之所得，安于苟简，而不能有度外之功名。”相反，如果设立了合理的法度，则即使治天下者不甚贤明，也不至于对民众造成太大的灾难：“使先王之法而在，莫不有法外之意存乎其间；其人是也，则可以无不行之意；其人非也，亦不至深刻罗网，反害天下。”基于上述认识，黄宗羲得出结论说：“故曰有治法而后有治人。”

总之，黄宗羲在封建专制制度下能够大胆地否定封建君主的统治，提出由群臣共治天下，并设立一系列机构来推动这一原则的实行，这反映了启蒙思想家渴望抑制封建独裁君主，扩大封建政权的统治基础的要求，故其仍然是有积极意义的。当然，对于如何行使群臣共治天下，如何保证学校对于封建政府行使监察权，《明夷待访录》中没有能够作出明确的设想，这正反映了黄宗羲所代表的市民阶级在政治上的不成熟性。

黄宗羲否定了封建专制主义下的“一家之法”，主张设立“藏天下于天下”的“天下之法”作为治理天下的基本纲领，取代封建君主的统治。他所提出的“天下之法”，是反映了广大民众利益的法度，在当时资本主义萌芽已经产生的历史条件下，立“天下之法”以治天下的政治理想，代表了市民阶层和一般民众的利益，有着很大的进步意义。

王禹偁《录海人书》中的理想国。君子之忧乐在天下，小人之忧乐在一身。”陶渊明的《桃花源记》所构想的世外桃源，对后代产生了深远的影响。宋代散文学王禹偁的《录海人书》即是受其影响而形成的一部作品。作者假托秦朝一位海上居民给秦始皇上书，叙说自己在一个孤岛上偶遇当年随徐福去海上求仙的童男童女，这些人在此已建立了一个和平美好的海上乐园。通过对这个世外乐园的描绘，作者寄托了自己天下大同的社会理想。

《录海人书》说：有居人百余家，垣篱庐舍，具体而微，亦小有耕垦处。有曝背而偃者，有濯足而坐者，有男子网钓鱼鳖者，有妇人采撷药草者，熙熙然殆非人世之所能及也。臣因问之，有前揖而对臣者，则曰：“吾族本中国之人也。天子使徐福求仙，载而至此……舟中之粮，吾族播之，岁亦得其利；水中之物，吾族捕之，日亦充其腹。又取洲中葩卉以芼之，由是，吾族延命而未死焉。死则葬于此水矣，生则育于此洲矣，怀土之情亦已断矣！且不闻五岭之戍，长城之役，阿房之劳也，虽太半之赋，三夷之刑，其若我何？”

在这一理想国中，摆脱了封建君主专制的羁绊和控制，也不存在统治者对于被统治者的奴役和剥削，人们过着人人劳动，自给自足的和平生活，没有劳役和赋税，也没有严刑峻法，真是一个海上的世外桃源。

最后，作者又假借该岛居民之口，提出了“薄天下之赋，休天下之兵，息天下之役”的主张，文中说，当访问者将登舟离开海岛返回陆地时，岛上的居民委托他转告君主，“子能以吾族之事闻于天子乎？使薄天下之赋，休天下之兵，息天下之役，则万民怡怡如吾族之所居也，又何仙之求，何寿之祷耶？”至此，作者的意图才得以全部展现，希望现实中的社会制度能够如同《录海人书》所描绘的那样。

《录海人书》通过虚构的、颇具传奇色彩的故事表达了作者理想中的国家应是轻徭薄赋的社会，天下大同的社会，及对于黑暗现实的不满和批判，也反映了劳动人民企望建立一个没有封建压迫和剥削的理想社会。

五、尊礼行仪的礼义观

礼是中国古代社会重要的社会道德规范。在儒家创始人之前的殷周社会，统治阶级内部实行分封制、等级制和世袭制。礼就是这些制度的体现。

在孔子的思想中，礼占有十分重要的地位。在《论语》一书中，孔子多处讲到礼。孔子讲礼主要有以下几种含义。第一，指西周到春秋时的社会制度。“子张问：‘十世可知也？’子曰：‘殷因于夏礼，所损益可知也；周因于殷礼，所损益可知也。其或继周者，虽百世，可知也。”（《论语为政》）“夏礼，吾能言之，杞不足征也；殷礼，吾能言之，宋不足征也。文献不足故也。足，则吾能征之矣。”第二，指各种礼节仪式。“生，事之以礼；死，葬之以礼，祭之以礼。”“子贡欲去告朔之饩羊。子曰：‘赐也！尔爱其羊，我爱其礼。’”“邦君树塞门，管氏亦树塞门；邦君为两君之好，有反坫，管氏亦有反坫。管氏而知礼，孰不知礼？”这里，孔子批评管仲，身为臣子，反而礼节同国君一样，这是管仲的不知礼。第三，表示谦让、礼貌、耿直、恭敬、勇敢的个人品质。“子曰：能以礼让为国乎。何有？不能以礼让为国，如礼何？”“子曰：恭而无礼则劳；慎而无礼则葸；勇而无礼则乱；直而无礼则绞。君子笃于亲，则民兴于仁；故旧不遗，则民不偷。”“不学礼，无以立。”第四，是人们行为的准则。“子曰：非礼勿视，非礼勿听，非礼勿言，非礼勿动。”“君子博学于文，约之以礼，亦可以弗畔矣夫。”

孟子认为，礼主要是“辞让之心”和“恭敬之心”。“辞让之心，礼之端也”。“孟子曰：爱人不亲，反其仁；治人不治，反其智；礼人不答，反其敬。行有不得者，皆反求诸己，其身正而天下归之。”“君子以仁存心，以礼存心。仁者爱人，有礼者敬人。”“恭敬之心，礼也”。孟子也十分强调礼的作用。“无礼义，则上下乱。”“上无礼，下无学，贼民兴，丧无日矣。”孟子认为，进食和美色与礼相比，礼要比食与色重要。“任人有问屋庐子曰：‘礼与食孰重？’曰：‘礼重。’‘色与礼孰重？’曰：‘礼重。’曰：‘以礼食。则饥而死；不以礼食，则得食，必以礼乎？亲迎，则不得妻；不亲迎，则得妻，必亲迎乎？’屋庐子不能对，明日之邹以告孟子。孟子曰：‘于答是也何有？不揣其本，而齐其末，方寸之木可使高于岑楼。金重于羽者，岂谓一钩金与一舆羽之谓哉？取食之重者，与礼之轻者而比之，奚翅食重？取色之重者，与礼之轻者而比之，奚翅色重？往应之曰：‘珍兄之臂而夺之食，则得食；不珍，则不得食。则将珍之乎？逾东家墙而搂其处子，则得妻；不搂，则不得妻，则将搂之乎？”

荀子的学说中，礼占有着核心的地位。荀子认为，礼是道德生活以及社会政治生活的最高准则。《荀子》一书中有三百七十五处讲到礼，几乎各篇均有论及。荀子认为，人应时时讲礼，“人无礼则不生，事无礼则不成，国家无礼则不宁。”(《荀子修身》)人与动物的根本区别是有人礼。“人之所以为人者，非特以其二足而无毛也，以其有辨也。夫禽兽有父子而无父子之亲，有牝牡而无男女之别，故人道莫不有辨。辨莫大于分，分莫大于礼。”而且，礼使人们相互和睦。“故人生不能无群，群而无分则争，争则乱，乱则离，离则弱，弱则不能胜物。故宫室不可得而居也，不可少顷舍礼义之谓也。”荀子认为，人与人之间利欲的冲突是社会动乱的根源，而动乱的结果则是人的贫穷。为了调节人与人之间的物质利益上的冲突，防止社会动乱导致民众贫穷，所以先王制礼。礼的作用是指导、约束个人修身和治国。“故礼及身而行修，义及国而政明，能以礼挟而贵名白，天下愿，令行禁止，王者之事毕矣。”“在天者莫明于日月，在地者莫明于水火，在物者莫明于珠玉，在人者莫明于礼义。故日月不高，则光晖不赫；水火不积，则晖润不博；珠玉不睹乎外，则王公不以为宝；礼义不加于国家，则功名不白。故人之命在天，国之命在礼。”

礼又是治政的原则。“礼者，政之挽也。为政不以礼，政不行矣。”他继承了孔子“君君、臣臣、父父、子子”的思想，主张用礼来划定和维护社会等级制度。“礼者，贵贱有等，长幼有差，贫富轻重皆有称者也。故天于祩褬衣冕，诸侯玄褬衣冕，大夫裨冕，士皮弁服。德必称位，位必称禄，禄必称用，由士以上则必以礼乐节之，众庶百姓则必以法数制之。”“天地者，生之始也；礼义者，治之始也；君子者，礼义之始也；为之，贯之，积重之，致好之者，君子之始也。故天地生君子，君子理天地；君子者，天地之参也，万物之总也，民之父母也。无君子则天地不理，礼义无统，上无君师，下无父子，夫是之谓至乱。君臣、父子、兄弟、夫妇，始则终，终则始，与天地同理，与万世同久，夫是之谓大本。”同时，荀子又提出“礼以顺人心为本”的思想，认为只要顺其人心，皆可看成礼。“礼以顺人心为本，故亡于《礼经》而顺人心者，皆礼也。”

《小戴礼记》认为，礼是具有天道意义的本体范畴。它是世界之始“大一”的运变法则，先于天地阴阳四时鬼神而存在。“孔子曰：夫礼，先王以承天之道，以治人之情。故失之者死，得之者生……夫礼，必本于天，肴于地，列于鬼神，达于丧祭射御、冠昏朝聘。”“是故夫礼，必本于大一，分而为天地，转而为阴阳，变而为四时，列而为鬼神。其降曰命，其官于天也。”礼起着教训人们归于正路以及治国安邦的重大作用。“是故先王之制礼乐也，非以极口腹耳目之欲也，将以教民平好恶而反人道之正也。”）“孔子曰：安上治民莫善于礼，此之谓也。”

《大戴礼记》认为，礼是分辨君臣长幼，父子兄弟的规范。“民之所由生，礼为大，非礼无以节事天地之神明也，非礼无以辨君臣上下长幼之位也，非礼无以别男女父子兄弟之亲，昏姻疏数之交也，君子以此之为尊敬然。”礼是国家治政之本。“内以治宗庙之礼，足以配天地之神明。出以治直言之礼，足以立上下之敬。物耻足以振之，国耻足以兴之。故为政先礼，礼者，其政之本与？”

陆贾认为，礼是由先前圣人观察天地而作，上符天道，下符人行。“先圣乃仰观天文，俯察地理，图画乾坤，以定人道。民始开悟，知有父子之亲、君臣之义、夫妇之道、长幼之序。于是百官立，王道乃生……民知畏法而无礼义，于是中圣乃设辟雍庠序之教，以正上下之义，明父子之礼，君臣之义，使强不凌弱，众不暴寡，弃贪鄙之心，兴清洁之行。礼义不行，纲纪不立，后世衰废，于是后圣乃定五经，明六艺，承天统地，穷事察微，原情立本，以绪人伦。”

董仲舒一方面赋予礼以客观性和神圣性，指出礼是“继天地、体阴阳”，就是说，先有天地阴阳，然后才有体现和仿效它的礼。“礼者，继天地，体阴阳，而慎主客，序尊卑、贵贱、大小之位，而差外内远近新故之级者也。”同时，董仲舒完全继承了孔子的以礼为人的行为准绳的观点。“故君子非礼而不言，非礼而不动，好色而无礼则流，饮食而无礼则争，流争则乱，夫礼，体情而防乱者也。民之情，不能制其欲，使之度礼，目视正色，耳听正声，口食正味，身行正道，非夺之情也，所以安其情也。”

刘向继承了先秦关于人与动物区别在于人有礼的观点，“人之所以贵于禽兽者，以有礼也。”并强调礼在治国安邦中的作用。“安上治民，莫善于礼。是故圣王修礼文，设庠序，陈钟鼓，天子辟雍，诸侯泮宫，所以行德化。”

徐幹认为，礼与敬为一体，作为一个人能做到礼与敬的统一，是人是否成熟的标志。“夫礼也者，人之急也。可终身蹈，而不可须臾离也。须臾离，则慆慢之行臻焉。须臾忘，则慆慢之心生焉。况无礼而可以终始乎。夫礼也者，敬之经也。敬也者，礼之情也。无敬无以行礼，无礼无以节敬。道不偏废，相须而行，是故，能尽敬以从礼者，谓之成人。”

隋朝著名儒家、教学家、思想家王通认为，礼是人的行为规范，如将礼废去，社会将至混乱。“子曰：冠礼废，天下无成人矣。婚礼废，天下无家道矣。丧礼废，天下遗其亲矣。祭礼废，天下忘其祖矣。”礼是治理天下，维护社会等级制度的重要环节。”子曰：礼其皇极之门乎。圣人所以向明而节天下也，其得中道乎。故能辩上下，定民志。”“文中子曰：周齐之际，王公大臣不暇及礼矣。献公曰：天子失礼，则诸侯修于国；诸侯失礼，则大夫修于家。”

北宋哲学家、思想家、教学家、改革家李觏提出：礼是人生活的准则，只要训教人们知礼守礼,则国治民正。“故曰:夫礼,人道之准,世教之主也。圣人之所以治天下国家，修身正心，无他，一于礼而已矣。”礼不仅为诸德之主，而且“乐得之而成，政得之而以行，刑得之而以清，仁得之而不废，义得之而不诬，智得之而不惑，信得之而不渝。圣人之所以作，贤者之所以述，天子之所以正天下，诸侯之所以治其国，卿大夫士之所以守其位，庶人之所以保其生，无一物而不以礼也。”

北宋政治家、史学家、文学家司马光提出“天子之职莫大于礼”的思想。进一步强调礼的统治功效。他认为，正是因为有礼，才确定了社会的等级制度。从而才形成正常的社会秩序。《资治通鉴》载：“天子之职莫大于礼，礼莫大于分，分莫大于名。何谓礼？纪纲是也。何谓分？君臣是也，何谓名？公、侯、卿、大夫是也。”司马光认为，天下之人能为一人统治，其原因就是礼在起作用。“夫四海之广，兆民之众。受制于一人，虽有绝伦之力，高世之智，莫不奔走而服役者，岂非以礼为之纲纪哉！”“礼之为物大矣！用之于身，则动静有法而百行备焉；用之于家，则内外有别而九族睦焉；用之于乡，则长幼有伦而俗化美焉；用之于国，则君臣有叙而政治成焉；用之于天下，则诸侯顺服而纪纲正焉。”

张载继承了孟子的礼是“恭敬之心”的思想，其思想在《张载集》中有载：“‘敬，礼之本也’，不敬则礼不行。”他认为礼是天地之德，“礼即天地之德也”。礼又出自于人的本性，“礼所以持性，盖本出于性，持性，反本也。”“盖礼之原在心”。在礼与诚的关系上，他认为“诚意而不以礼则无征，盖诚非礼无以见也。诚意与行礼无有先后，须兼修之。”在礼与仁的关系上，他认为“仁不得义则不行，不得礼则不立”。

北宋思想家、政治家、文学家、改革家王安石秉承先秦儒家圣人制礼的观点，其说略同于荀子。但王安石反对荀子过分强调礼的外在规范的观点，认为礼与人性是统一的，礼的内在精神是仁义。“今人生而有严父爱母之心，圣人固其性之欲而为之制焉，故其制虽有以强人，而乃以顺其性之欲也。圣人苟不为之礼，则天下盖将有慢其父而疾其母者矣，此亦可谓失其性也。“呜呼，荀卿之不知礼也！其言曰：圣人化性而起伪，吾是以知其不知礼也。知礼者，贵乎知礼之意，而荀卿盛称其法度节奏之美，至于言化，则以为伪也，亦乌知礼之意哉？故礼始于天而成于人，知天而不知人则野，知人而不知天则伪。圣人恶其野而疾其伪，以是礼兴焉。”

程颢、程颐提出“礼者，理也”的命题。“礼者，理也，文也。理者，实也，本也。文者，华也，末也。理是一物，文是一物。文过则奢，实过则俭。奢自文所生，俭自实所出。故林放问礼之本，子曰：‘礼，与其奢也宁俭’。言俭近本也。”

朱熹认为，礼是天地自然之理。在社会中礼有各种繁文缛节，但基本精神是忠恕。“礼是那天地自然之理。理会得时，繁文末节皆在其中。‘礼仪三百，威仪三千’，却只是这个道理。千条万绪，贯通来只是一个道理。夫子所以说‘吾道一以贯之’曹子曰‘忠恕，而已矣，是也。’”

明代思想家、理学家、文学家薛瑄提出，礼是君臣、父子、兄弟、夫妇、朋友的次序，敬则理，礼可以节制人欲。“礼只是序，乐只是和，如君臣、父子、兄弟、夫妇、朋友各得其分而不相侵越，所谓序也，序则礼立矣。君仁、臣敬、父慈、子孝、兄友、弟恭、夫义、妻听、朋友有信，所谓和也，和则乐生焉，是则人伦礼乐之本。人伦不序不和，则礼乐何自而兴哉。”（《薛文清公读书录》）“人有斯须之不敬则怠慢之心生而非礼矣。”“人欲无涯，不以礼节之，莫知所极也。”

明朝大学士邱濬则主张天下一切事情，均以礼加以辨别，礼是衡量事物的标准。“天下之事，各有两端，混然而不可辨别者，君子必以礼辨之，亲疏以礼而定，嫌疑以礼而决，同异以礼而别，是非以礼而明。”

陈确认为，礼作为道德规范和生活准则来说，是自有其标准的，“过”与“不及”均属非礼。“盖人子之于亲，爱敬之诚无所不至，然亦有限制，不可逾越。故曰：死葬之以礼。礼也者，不可不及，亦不可过也。”

王夫之认为，礼不是一成不变的，应适应社会的变化而变化。“礼以定万世之经，则必推之天下而可行，尽乎事之变而得其中者也。”

明末清初思想家、政治家唐甄认为，人应恪守礼节，克制自己。如果好色不以礼，将丧家亡国。“好色者，生人之恒情；好之不以礼，有以丧家亡国者。罪好之者而并罪色，何不思之甚也！”

礼，作为人类社会必不可少的社会道德规范，从它诞生之时起，就以它所特定的价值作用，在推动着人类社会的发展。它的作用主要体现在以符合社会的需要而从道德上规范人们的社会行为。固然，不同的历史时期，礼都受它的时限性和正直性的限制，但无论何时，礼都是维系人类生存的重要纽带。尤其今天，组建新的社会文化、新的社会关系，更缺少不了“礼”的作用。

六、重民务本的民本观

民本思想与启蒙民主思想的源流。民本思想是中国古代思想家、政治家将民众视为是成就其王道事业基础的一种思想观念。民本就是以民为本。民本包含三层意思。一层意思是为民造福。简单地说可以叫作“民利”，即治理国家、处理政事的最终目的不是别的，而是着眼于天下百姓的利益、福祉。一层意思是顺应民意，简单地说可以叫作“民意”，就是在治理国家、处理政事的过程中，要高度重视天下百姓的意愿、意见。一层意思是获取民心，即确定目标、制定政策，实施的措施要赢得民心。民本既规定了施政的出发点或归宿，也规定了施政的指导方针。

民本思想是中国传统文化中的主流政治思想。民本思想是中国传统思想中的精华。是中国古代的一种重视民众在社会生活中的重要地位，把民众视为国家之根本的政治理念，也是一项道德原则。“重民本”是立国之本，更是国家强大社会和谐的落脚点。

我国古代的民本思想萌芽于夏商，成熟于春秋战国时期，形成了完整的思想。记载三代史迹的《尚书》中有记，“皇祖有训，民可近，不可下。民惟邦本，本固邦宁。”《尚书·皋陶谟》载：“天聪明，自我民聪明；天明畏，自我民明畏。”《尚书·泰誓》又说：“天视自我民视，天听自我民听。”“民之所欲，天必从之。”这就是说，统治者只要对民负责就是对天负责，顺乎民心就是顺从天意。从中也可明晰这里的政治上的权威是“王”，精神思想上的权威是具有人格的“天”，“天”的道德力量是遵从民意，保民、裕民。还有惩罚不按天命行事“王”的能力。《尚书》中还记载，天子因为畏惧“天之罚”而不敢“不敬厥德”，而那些暴君最终被新的君王以“天讨有罪”的名义所打败。

商朝的覆亡、西周的代替，引起了古代中国人政治思想、道德思想上的思考与变化。西周人从商周之际的政权更替中就已认识到，民心向背是商灭周兴的一个决定性因素，认识到，百姓的利益、意愿是极其重要的，决定着一个政权的盛衰兴亡。故周人从商代的完全敬神敬天神崇拜，转向了表面谈上天鬼神，而实质上却是在谈民利、民意、民心。孟子说“桀纣之失天下也，失其民也，失其心也”“得其民有道，得其心，斯得民也”。《尚书》中提出的“民之所欲，天必从之”强调“天视自我民视，天听自我民听”“天佑下民”“天矜于民，民之所欲，天必从之”“惟天惠民”等一系列敬天重民保民裕民思想，认为天意来自于民间来自于民意，就是这个思考变化的成果。不仅如此，还将尧、舜、禹、汤、文、武和周公描绘成敬天重民保民裕民的圣王，即理想的君主，立为后世学习继承的榜样。

民本思想自产生以来，为历代思想家、政治家所重视，春秋战国时期，诸子百家争鸣，发表了各自的重民本的主张，从孔子、老子、孟子、管子、墨子、庄子、吕不韦等均有相关言论。诸如孔子“借用而爱人，使民以对”“仁者爱人”，孟子的“民贵君轻”，荀子的舟车理论进一步阐释了三代民本观念。春秋早期政治家管仲是提倡民本的代表人物，他提出了爱民富民，主张顺应民心，从民所欲。他在《管子·治国》一文中认为，富以养民是治国为政者的首要任务，“治国之道，必先富民，民富则易治也，民贫则难治也。”他认为修内政“始于爱民”，《周易》主张“节以制度，不伤财，不害民”。

汉唐时期的贾谊、董仲舒、刘安、李世民，鉴于秦隋两代的迅速覆亡，统治阶级反思治国之道，尤以李世民最为突出，他在《贞观政要》中反复强调“君舟也，民水也。水可载舟，亦可覆舟”。西汉政治家贾谊认为，“夫为人臣者，以富乐民为功，以贫苦民为罪。”主张为政者应当从民众看得见、摸得着的物质利益上把儒家的民本思想落到实处。东汉王符在《潜夫论·边议》中也强调说：“国以民为基。”

宋元时期的程颢、程颐、王安石、苏轼、范仲淹、朱熹，到明清之际的李贽、黄宗羲、顾炎武、王夫之，到清末民初的严复、康有为、梁启超到孙中山，无不发表各自的主张，形成了2000年的思想长河，成为一笔宝贵的思想遗产。诸如北宋张载主张“民同袍也，物，吾与也。”强调众生平等的理念。明末清初思想家王夫之也把“天”诠释为“人之所同然”或“民心之大同”。这就是说，民众即天，民众共同的愿望、要求和利益就是天理。“以民为本”在民众与国家的关系上体现为民为邦本，即民众是国家的根本。同时代的唐甄在《潜书明鉴》中说：“封疆，民固之。府库，民充之；朝廷，民尊之；官职，民养之。”这些论述都旨在说明，人民是国家之根本和基础，只有安众养民，培根固本，才能治国宁邦，长治久安。黄宗羲发出了“天下之大害者，君而已矣”“天下为主，君为客”的大胆宣言，彻底否定了封建君权。

总之，中国历代思想家对“以民为本”的政治理念不断地加以阐发、诠释，从而形成了以民为根、以民为上、关爱民生丰富、深厚的民本思想。民本思想包含在“和合文化”体系之中，目标相同，目的相同，服务于“和合文化”。

习近平总书记在纪念毛泽东同志诞辰120周年座谈会上的讲话中引用了管仲的话，他说，坚持群众路线，就要坚持全心全意为人民服务的根本宗旨。“政之所兴在顺民心，政之所废在逆民心。”民心、民意、民利、民益，构成古代民本、民生、民主的基本内容。

“民主”一词来源于古希腊，希腊语是“德莫特”和“克拉西”，英文Democracy即源于此，我国译为“民主”。本意是“人民的权力”，在现代汉语中意味着“人民的统治”或“大多数人的统治”。民主自产生以来，通常指国家政治制度或政治管理体制。民主的实质是统治阶级调整其内部冲突和矛盾，以便有效地实行统治和更好地管理社会事务。民主理论的要素包括民有、民享、民治三项，缺一不可。其中，民治是民主的保障，民有、民享是民主的目的。西方的这个民主含义，不完全等同于中国古代所说的民本或者说民主。在儒家经典《尚书》的《多方》篇中，“天惟时求民主……汤……代夏作民主”。这里的“民主”比较明显的是指“人民之主”或“人民的君主”。但作为一种政治思想，中国传统文化中的“民主”与“民本”思想紧密结合在一起。

民治即人民当家作主的政治制度，是民主从制度意义上来说的，中国古代是否有国家民主制度众说不一，如钱穆的中国古代没有君主专制说、梁启超的周代贵族共和说、林志纯的先秦“城市国家”说、侯外庐的春秋战国“相对民主制度”说等，都认为古代中国曾有民主政治制度。但从思想观念和施政实践上存在较丰富的民主内容。最为典型的就产生于民本思想之中以民为本、民有民享的内容。孟子的“民为贵，社稷次之，君为轻”，孔子的仁爱与天下为公大同思想，是中国最为原始的政治民主思想。直到封建社会的晚期清雍正帝还发出了“国以民为本，民以食为天，若为钱粮紧要，民命尤属紧要。有民始有钱粮，安民方能裕国”的声音。

到了清中期以后，近代民主思想日益兴起，其代表人物黄宗羲的“民主君客”论伸张了主权在民、君须为民服务的思想，伸张人民主权的主张，猛烈批判封建君主专权制度。他在《明夷待访录》《原君》篇中提出“为天下之大害者君而已矣”“天下为主，君为客”。他把批判的矛头直接指向君主专制制度。这里面所谓“天下”指的就是人民，所以这一句可以概括为“民主君客”论，伸张的正是主权在民、君须为民服务的思想，黄宗羲倡导民治、反对封建专制，主张立公法、废私法，人权平等。他以“托古改制”的笔法，肯定“三代之法”是“天下之法”，而批评三代以下之“法”为“一家之法”。所谓“天下之法”，是为天下人民谋利防乱的公平之法，而“一家之法”，则是专为帝王一家谋私利的专制之法。黄宗羲指出“天子之所是未必是，天子之所非未必非”，主张人民有议政权和监督权。黄宗羲的民主思想吹响了近代民主反封建斗争的号角。在近现代中国，民主首先是与救亡图存、反抗西方帝国主义的侵略相联系的，也就是说是与整个国家和民族的利益相联系的。实际上，中国人民接受民主在一定程度上仍继承着中国传统文化，包括民本思想。

以民为本、民为国本、政得其民是民本思想的本质特征。中国古代重民本的核心理念是以民为本，基本思想是民为国本，立君为民，政在安民、爱民、顺民、富民、护民、保民，具体表现包括，爱民扶众、治国安民、仁为人道、为民请命等。体现了以民为政治之主体，民意即天意，民心即圣心，以及民众享有“革命的权力”等思想内容。从以上可见，中国古代的民本思想中有一定的民主性因素，主要体现为人民拥有四项集体权利，即人民拥有天下，人民享有天下，统治者应当尊重民意、民心、民利，人民有革命的权利。归结起来是应该维护人民具有民有和民享两个方面的权利。

古代哲人从西周开始改变了只强调天意、天命、天心，君权神授，开始重视天命与民心的关系，认识到民心即天心、民意即天意、民情即天意。

治国安民的基本原则包括统治者要讲究信用，爱护人民。孔子认为治理好国家，君主一定要重视人品、道德，要讲究信用，爱护民众。《论语·学而》记，子曰：“道千乘之国，敬事而信，节用而爱人，使民以时”，即治理一个拥有千辆兵车的国家，就要认真对待政事，并讲究信用，取信于民。同时还要节省俭用，爱护人民，役使人民要不违背农时。只有这这样才能处理好君主与人民的关系。他提倡“因民之所利而利之”把尊重和照顾民利的帝王贵族赞誉为圣人和君子。墨子在《墨子·节用》中提出，君主“爱民谨忠，利民谨厚”的主张。《尚书·五子之歌》以夏朝灭亡为鉴，提出著名论断，“民惟邦本，本固邦宁”。吕不韦在《吕氏春秋·贵公》篇中记载：太公曰：“天下非一人之天下，乃天下之天下也，同天下之利者，则得天下，擅天下之利者，则失天下。”强调了天下是黎民百姓的天下，黎民百姓才是主人，包含了为民众谋利益者得天下的思想，体现了以民为重的情怀。

孔子提出“仁者，爱人”的观点，主张为政以德，实行仁政，反对苛政和任意刑杀，也体现了爱民的民本思想。他说，“为政以德，譬如北辰，居其所而众星共之”“修己以安百姓”，他还指出，“宽则得众”，强调对民众要宽容，实行保民、惠民、富民政策，具有较为鲜明的古典人道主义特征。老子反对压榨百姓，主张轻徭薄赋。认为“民之饥，以其上食税之多，是以饥”并且指出“民不畏死，奈何以死惧之”。

孟子对民本思想做了系统发挥，主张实行“仁政”，反对苛政，进一步提出“民贵君轻”的贵民思想。孟子说道 :“民为贵，社稷次之，君为轻。是故得乎丘民而为天子，得乎天子为诸侯，得乎诸侯为大夫。诸侯危社稷，则变置。牺牲既成，粢盛既絜，祭祀以时，然而旱干水溢，则变置社稷。”孟子认为“仁者无敌”。仁者为何无敌？道理就在于施政者通过实行仁政，得到了民众的支持。他又讲，“天时不如地利，地利不如人和”，“人和”能调动民众的巨大潜力，而民众的力量胜过天时与地利。“天下之本在国，国之本在家，家之本在身”，并得出“得其民，斯得天下矣”的结论。主张给农民一定的土地，不侵犯农民的劳动时间，宽刑薄税。荀子继承了孟子的民本思想，他不仅用“舟”与“水”的关系比喻君与民的关系，指出，“君舟也；庶人者水也。水则载舟，水则覆舟。”而且指出“天之生民，非为君也；天之立君，以为民也”，将君与民的关系提升至“立君为民”的高度。

同时代的墨子的伦理目标是兼爱，提出“兼相爱，交相利”，爱的对象是天下民众，爱民的具体表现就是利民。提出，“利人者乎，即为。不利人乎，即止”，他还认为，“为彼，犹为己也”，他还提出，“有力者疾以助人。仁人之所以为事者，必兴天下之利，除天下之害”等观点。

董仲舒主张“不许官吏与民争利，盐铁皆归于民”，“薄赋敛，省徭役，以宽民力”。唐太宗鉴于南北朝长期分裂和隋短暂统一的历史教训，接受了“载覆论”，形成了一套养民、安民、保民、恤民、治民的治国方略。

朱熹指出，“仁是根，爱是苗。仁之发处自是爱”。他还提出，“仁者，以天下为己责也”。到了封建社会的晚期，康有为认为，仁也以博爱为本。黄宗羲提出了“天下为主，君为客”的命题原则。即是以天下为主人，君主为客人，君王一生所努力做的事，都应该是为了天下。君主只是天下的公仆而已。这是儒家思想的进一步发展。以上思想，都反映了以人为本的思想观念。民本思想不仅是思想家们的核心政治理念，更是很多清明的政治家所奉行的执政理念与政治实践，如范仲淹之“居庙堂之高则忧其君，处江湖之远则忧其民”“先天下之忧而忧，后天下之乐而乐”，体现着古代官员的政治担当意识。到了明末清初时期，黄宗羲、王夫之等思想家更是肯定民众在国家政治生活中的“主人”地位。

“重民本”体现在强调民意像天意一样最为重要,《荀子·大略》片中讲道:“天之生民,非为君也;天之立君,以为民也。”上天生育了百姓,并不是为了君主,但上天设立君主却是为了民众,因此,君主在管理国家时要让民众有发表意见的权利。《尚书·皋陶谟》篇中说:“天聪明,自我民聪明。天明畏,自我民明,达于上下,敬哉有土”。即上天听取意见,观察问题,表彰好人,惩罚坏人,都要听从民众的意见,上天和下民是互通的,只有处理好君与民的关系,才能维持国家稳定。这里将对民意即天意的观点说得十分明白。

孔子提出“汤武革命,顺乎天亦应乎人”,荀子在《荀子·富国》篇中更直接说“是以臣或弑其君,下或杀其上,粥其城,倍其节,而不死其事者,无它故焉,人主自取之也”,他认定民众杀死君主,无其他缘故,就是因为君主自己的原因,这就为民众的“革命权”确立了“合法性”。

古代一般主要从三个方面考核官吏的政绩:改善人民的经济生活;积极兴办地方教育;公正处理法律诉讼案件。这些方面做得好的,被称为循吏,即重农宣教、清正廉洁、所居民富、所去见思,守法循理的官吏。按照儒家传统的“先富后教”的政治模式,那么,这三者中又以改善人民经济生活最为重要,教育、理讼,是为前者服务的。从这个考核体系看,出发点即是重民、护民。

中国重农历史尚焉。循吏重农行为可窥见古代国家重农政策执行的具体过程。从宏观上看循吏重农行为价值表现在以下两方面:一方面循吏是国家重农政策实施的中介过程;另一方面,循吏从其自身建功立业的愿望出发,采取了以道德政治为特点的治理措施,客观上缓和了社会矛盾。而这两方面,在一定意义上说,又都体现了儒家文化“和”的精神。

自古以来,一般中国老百姓的想法,比起那些思想家抽象、精致的理论来,要朴素得多,也实在得多。他们世世代代、刻骨铭心地所向往的,就是四个字:“安居乐业。”他们并不是借助理论思维归纳和提出这种愿望和要求的,而是实实在在地根据自己脆弱和低下的经济基础和社会地位,由衷地将“安居乐业”作为自己奋斗和追求的目标。千百年来,能不能满足老百姓的这一愿望,成为衡量每一个统治者善恶功过的试金石,同样也是历代王朝兴废存亡的分水岭。

了解了“爱民、重民、安民”思想的由来，对我们理解历代“爱民、重民、顺民、安民、保民”政策及其成效是有帮助的。

以上简述了民本思想的产生和主旨，下面再择选一些古代政治家、思想家的论述，以便我们更清楚地了解民本思想在古代的主要内容和重要地位。

管仲是一位有作为的政治家、思想家，他对于安民十分重视。史称齐桓公“九合诸侯，一匡天下”，都是“管仲之谋”。而“安民”则是管仲之谋的一个重要内容。

管仲对“民”与“国”的关系有充分的认识。他说：“政之所兴，在顺民心。政之所废，在逆民心。”因此，能处理好“民”的若干大问题，就是政治中最可宝贵的。

他说：“民恶忧劳，我佚乐之。民恶贫贱，我富贵之。民恶危坠，我存安之。民恶灭绝，我生育之。能佚乐之，则民为之忧劳。能富贵之，则民为之贫贱。能存安之，则民为之危坠。能生育之，则民为之灭绝。故刑罚不足以畏其意，杀戮不足以服其心。故刑罚繁而意不恐，则令不行矣。杀戮众而心不服，则上位危矣。故以其四欲，则远者自亲；行其四恶，则近者叛之。故知予之为取者，政之宝也。”

管子所说的“顺民心”，就是要顺其“四欲”；“逆民心”就是统治者“行其四恶”。要做到“四顺”，不行“四恶”，统治者必须首先懂得顺于民就是为了取之于民的道理。如果不懂得这个道理，统治者肆其所欲，用刑罚和杀戮来压制人民，结果只能是“刑罚不足以畏其意”“杀戮不足以服其心”，国家的政令就无法施行，统治者的地位就危险了。

据《国语·齐语》说，齐桓公计得管仲之后，管仲就提出了一个治天下的纲领：“参其国而伍其鄙，定民之居，成民之事，陵为之终，而慎用其六柄焉。”其中心问题，也是处理好与“民”的关系。

“参其国”是三分国都以为三军，“伍其鄙”则是五分其郊野以为五属；治理“五属”的重点，就是“民”。管仲回答齐桓公问“五鄙若何”的问题，在短短一段话中，就用了五个“民”字，一个“百姓”：

相地而衰征，则民不移；政不旅旧，则民不偷；山泽各致其时，则民不苟；陆、阜、陵、瑾、井、田、畴均，则民不憾；无夺民时，则百姓富；牺牲不略，则牛羊遂。合理的赋税、清明的政治，才能使民生活安定，调动他们的生产积极性，使国家强盛起来。这里强调的是政治对于老百姓从事正常生产劳动的保护。在管子看来，“仓廪实则知礼节，衣食足则知荣辱”，能够保证人民的“衣食足”，才能建立起和谐的社会秩序；如果物质生活问题得不到较好的解决，就无法对其进行道德的规范，而专恃刑罚又是不能实行全面有效的控制的，所以管子视“务在四时、守在仓廪”为有国者的根本任务，它能使民“不移”“不偷”“不苟”“不憾”而使其“富”。在管子所说的“四顺”中，这是他最为强调的。

所谓“定民之居”，就是使人安居。在管子看来，把各种居民归入相应的行政管理系统，就会秩序井然，不相混乱。“管子于是制国以为二十一乡：工商之乡六，士农之乡十五”“三乡为县，县有县帅；十县为属，属有大夫。五属，故立五大夫，各使治一属焉；立五正，各使听一属焉。是故正之政听属，牧政听县，下政听乡。”

所谓“成民之事”，就是使民“乐业”。当时将民划为士、农、工、商四类。管子认为，这四类民，若“勿使杂处”，把他们划归在以上的各乡中，不仅可以减少管理上的繁乱，而且可以使他们便于传授技艺，“不见异物而迁”，使“士之子恒为士”“工之子恒为工”“商之子恒为商”“农之子恒为农”。

从富民的目标出发，使人民安居乐业，是国家稳定、富强的基本条件。管仲说：“滋民，与无财，而敬百姓，则国安矣。”只有在这个基础上，才能谈“正卒伍，修甲兵”，才能强化国家的武力。

管仲还认为，人民中间的不安定因素都是施政不当所造成的。他说：“不务天时，则财不生；不务地利，则仓廪不盈；野芜旷，则民乃菅；上无量，则民乃妄；文巧不禁，则民乃淫……不明鬼神，则陋民不悟；不敬宗庙，则民乃上校；不恭祖旧，则孝悌不备”。只有统治者大力发展生产，使国家富足，并为进一步扩大生产创造了条件，人民才会乐于“留处”，才会吸引别国的人民前来归服。

春秋前期，政治的动荡造成了人民经常大规模的流动，争取民众就成了统治者富国强兵的首要问题。管子为齐桓公谋称霸之道而首先提出“顺民心”，并把人民中的不安定因素归罪于统治者绝非偶然。“齐国遵其政，常强于诸侯”，说明他确实抓住了问题的关键。顺民心则国兴，逆民心则国亡；富民、“定民”“成民”，无一没有一个“安”字在。

思民所想是民本思想的重要内容。晏婴在《晏子春秋·内篇》中曾说，事因于民者，必成。孟轲在《孟子·梁惠王下》中则说，乐民之乐者，民亦乐其乐；忧民之忧者，民亦忧其忧。

孟子活动在战国诸侯变法革新的时代，当时“秦用商君，富国强兵；楚、魏用吴起，战胜弱敌；齐威王、宣王用孙子、田忌之徒，诸侯东面朝齐”，而孟子则以承禹、周公、孔子“三圣”自励，以“欲平治天下，当今之世，舍我其谁也”的当仁不让的气概，奔走于诸侯之间，宣传他“仁政”的政治理想。

在孟子的“仁政”理想中，摆正民众的地位是其重要内容之一。他认为，在整个社会政治中，“民”是最主要的。他说：“民为贵，社稷次之，君为轻。是故得乎丘民而为天子，得乎天子为诸侯，得乎诸侯为大夫。诸侯危社稷，则变置。牺牲既成，粢盛既絜，祭祀以时，然而旱干水溢，则变置社稷。”在民、社稷和君主三者中间，后二者都无法与“民”的地位相比：因为一个诸侯国的政权是否巩固，国君是否有威信，其关键问题则是他是否得民心。所以，只有得到了百姓的支持才可以做诸侯王和天子。孟子这一论点是商周以来在这方面最为大胆、新鲜的意见。

在上一引文中，似乎诸侯只要得到天子的欢心便可稳稳当当地做诸侯了。诸侯就可以轻视人民了吗？不是的。孟子认为，诸侯的宝贝不是珠玉，而是“土地、人民、政事”三宝。为什么人民这么重要？孟子认为，“天下之本在国，国之本在家，家之本在身”，所以“得其民，斯得天下矣”。他用历史事实证明说，尧舜能得天下，是因为能得其民，桀纣所以失天下，是因为失其民，而“暴其民甚，则身弑国亡，不甚则身危国削，名之曰幽、厉”。

那么，什么叫“得其民”呢？孟子很明确。他说：“得其民有道；得其心，斯得民矣。”

如何才能得民心？这是自春秋以来不少人提出的老问题，各人都根据具体情况有不同的答案。孟子则把这个答案归结为两条：“(民）所欲与之聚之，所恶勿施，尔也。”帮助人民去实现他们的愿望，不要去办他们所厌恶的事情，不过如此而已。统治者这样办了，人民就会主动地去归附他，“犹水之就下”；谁倒行逆施，谁就会“为渊驱鱼”“为丛驱雀”，就是帮助他人得到人民，有得天下的愿望也是实现不了的。

孟子言必称尧舜，他虚拟了尧舜的行事及其制度来论证自己的主张。他认为，尧舜的政治是得民心的典型，为国者应当“法尧舜”。在处理人民的事务方面，如果“不以尧之所以治民”，就是“贼其民”。残害人民，那绝不能保有天下的。只有“保民而王”，才会“莫之能御也”。

有理性的认识还不够。孟子认为，统治者还须有感情上的转变，必须与百姓同乐。《孟子·梁惠王》中记载了一则孟子与齐宣王讨论音乐和快乐的故事很有趣，也很深刻。孟子听人说齐宣王爱好音乐，就去谒见他，对他说大王爱好音乐，齐国会很有希望的。齐王不好意思地回答说，他不过是爱听点儿“世俗之乐”罢了。孟子还是很夸奖齐王，说不管是古代音乐还是现代音乐都一样，齐国会因此而很不错的。齐王不懂这个道理，于是便产生了下面的对答：

孟子曰：“独乐乐，与人乐乐，孰乐？”齐王曰：不若与人。曰：“与少乐乐，与众乐乐，孰乐？”曰：“不若与众。”

孟子马上接着讲了欣赏音乐与娱乐的道理。他说：假如百姓听到大王在这儿欣赏音乐，全都觉得头痛，愁眉苦脸地互相议论：我们国王这样爱好音乐，为什么使我苦到这般地步呢？父子不能见面，兄弟妻子东逃西散！假如大王打猎，百姓也作出同样的反应，这原因就是大王只图自己快乐而不同大家一起娱乐的缘故。假如百姓知道大王听音乐、打猎，却眉开眼笑地相互传告说：我们的国王大概很健康吧！这没有别的原因，只是因为大王同百姓一同快乐。而“与百姓同乐，则王矣”；“乐民之乐者，民亦乐其乐；忧民之优者，民亦忧其忧。乐以天下，优以天下，然而不王者，未之有也”。

“与民同乐”更广泛的意义是“与民同好”。无论对财货男女的欲望，统治者均应“与百姓同之”。其中最重要的，是在对重大问题的处理，应当主要听取民众的意见。

国君进贤，如不得已，将使卑踰尊，疏踰戚，可不慎与？左右皆曰贤，未可也；诸大夫皆曰贤，未可也；国人皆曰贤，然后察之；观贤焉，然后用之。左右皆曰不可，勿听；诸大夫皆曰不可，勿听；国人皆曰不可，然后察之；见不可焉，然后去之。左右皆曰可杀，勿听；诸大夫皆曰可杀，勿听；国人皆曰可杀，然后察之；见可杀焉，然后杀之。故曰，国人杀之也。如此，然后可以为民父母。

“为民父母”，几乎成了后代对官僚的最高要求，但未必完全包含了孟子所涵盖的内容。在孟子看来，“为民父母”首要的是“推恩”，即将父母之心由近及远地把恩惠推广开去。用他的话说，就是“老吾老，以及人之老；幼吾幼，以及人之幼……举斯心加诸彼而已”。而“人人亲其亲，长其长”，就能做到“天下平”。

孟子强调民在政治中的地位，强调统治者与人民情感上的一致性，落实在政治措施上，他要求减轻人民的负担，给人民以较好的生产、生活条件。

孟子认为，在市场上给空地让商人储藏货物，却不征收货物税；货物滞销则依法征购，不让货物长期积压，那么天下的商人就会高兴；关卡只稽查而不征税，那天下的旅客就会高兴；对耕田的人，实行井田制，只助耕公田，不再征税，那天下的农夫都会高兴。凡人们居住的地方，没有额外的负担，天下的百姓就都会高兴了。孟子实际上并不是主张人民不对国家承担义务，只是将其限制在一定的界限内罢了。所以他说：“有布缕之征、粟米之征、力役之征。君子用其一，缓其二。用其二而民有殍，用其三而父子离。”

只有减轻人民的负担，保障了他们的基本生活、生产条件，才能使社会安定。相反，就会迫使人民去犯罪。而等到人民去犯罪后加以惩罚，等于就是陷害人民。他说：“（民众）无恒产因无恒心。苟无恒心，放辟邪侈，无不为已。及陷于罪，然后从而刑之，是罔民也。”

孟子所议论的人民，其主要成分是农民。他多次谈到对这部分人的处理方法。他认为，处理他们的各种问题的原则是使其“养生丧死无憾”。

具体说来就是：

五亩之宅，树之以桑，五十者可以衣帛矣。鸡豚狗彘之畜，无失其时，七十者可以食肉矣。百亩之田，勿夺其时，数口之家可以无饥矣。谨庠序之教，申之以孝悌之义，颁白者不负戴于道路矣。这与孔子对待同一问题而说的“富之、教之”的意见基本上是一致的：只要农民们解决了温饱问题，再对他们进行适当的教育，那么天下就没有不归附的人了。

孟子把自己的政治主张统称为“仁政”，包括思想、感情，具体的政治措施在内的多方面的内容，其中心是处理好人民的各种问题。所以，他将符合自己理想的统治局面叫作安民。他说“文王一怒而安天下之民”“而武王亦一怒而安天下之民”。他很自负，说如果齐王肯起用他，“岂徒齐民安”，而且是“天下之民举安”！可见他“仁政”的一个重要标志就是安民；安民便是他追求的一大目标。

不言而喻，孟子的思想产生在战国那一特定的历史条件下，其目的最终是为统治阶级服务的。他的安民思想从基本认识到具体措施也都包含着许多理想的成分。但是，从中所表达的“民贵君轻”“得民心者得天下”“与民同乐”“轻徭薄赋”、使民“养生丧死无憾”等主张，却不能说没有古代民主思想的精神。《孟子》一书，直至五代后蜀才开始列入了儒家的经典当中，后来在明初又发生了关于其地位的争论，不是完全没有原因的。

孟子提出道德理论。孟子把道德规范概括为四种，即仁、义、礼、智。同时把人伦关系概括为五种，即“父子有亲，君臣有义，夫妇有别，长幼有序，朋友有信”。孟子认为，仁、义、礼、智四者之中，仁、义最为重要。仁、义的基础是孝、悌，而孝、悌是处理父子和兄弟血缘关系的基本的道德规范。他认为如果每个社会成员都用仁义来处理各种人与人的关系，封建秩序的稳定和天下的统一就有了可靠保证。

为了说明这些道德规范的起源，孟子提出了性善论的思想。他认为，尽管各个社会成员之间有分工的不同和阶级的差别，但是他们的人性却是同一的。他说：“故凡同类者，举相似也，何独至于人而疑之？圣人与我同类者。”这里，孟子把统治者和被统治者摆在平等的地位，探讨他们所具有的普遍的人性。

要民以安身，安居乐业，是民本思想的内容。贾谊是汉文帝时一位才华横溢的政论家。他为了总结秦二世而亡的经验教训，专门写了一篇《过秦论》。说是“过秦”，贾谊并没有像那种二三流文人和存心取悦皇帝的大臣那样，对亡秦一味地指责和谩骂。贾谊在《过秦论》中引述谚语“前事不忘,后事之师也。”认为:君子治国,必须善于总结历史的经验教训,即“观之上古，验之当世，参以人事，察盛衰之理，审权势之宜，去就有序，变化有时”，只有这样，才能“旷日长久而社稷安矣”。

接着，贾谊提出了这样的问题：“以六合为家，殽函为宫”的秦王朝，为什么会“一夫作难而七庙堕”？贾谊认为，这是因为“仁义不施而攻守之势异也”。

在贾谊看来，秦的速亡和秦的暴兴一样，并非是历史的偶然。秦亡的根苗，在于秦始皇没有能洞察形势的根本变化，没有抓住历史机遇，及时调整统治方针和政策。其要害即在于，在长年的战乱之后没有满足广大民众最普遍、最起码的要求，即安居乐业的要求。而能否满足这种要求，正是守危定功，安危成败的根本。至秦二世，又“重之以无道”。结果，天下苦秦，人怀自危之心。由此言之，统治者是否认识和重视“牧民之道务在安之”，可以说是大乱臻于大治的前提。

秦王朝二世而亡，在当时可以说是震惊中外的重大事件。继起的汉朝和后世封建王朝的统治者，都力图从秦亡的教训中总结长治久安之道。贾谊《过秦论》，从民生安定与治乱的关系探讨了秦朝的兴亡，提出了“牧民之道，务在安之而已”的论点，可谓切中要害。

他指出，夺取天下和巩固天下应该采取不同的方针：“并兼者高诈力，安定者贵顺权。”所谓顺权，就是顺应时势的变化，顺应百姓的要求。秦王政南面称帝时，普天下的老百姓都是由衷拥护的。这是因为“近古之无王者久矣”。自从周朝王室衰微，诸侯力政，互相兼并，战乱不休，老百姓身受其害。现在，秦始皇南面王天下，总算有了名副其实的天子，老百姓都以为从此可以安居乐业，自然打心眼里对皇帝表示拥护。当时，守威定功，安危成败的根本，就在这里。可惜的是，秦始皇自以为靠武力夺取政权，“其道不易，其政不改”。贪鄙自奋，刚愎自用，不信功臣。不亲士民，禁文书而酷刑法，先诈力而后仁义，以暴虐为天下始，结果种下了秦朝速亡的祸根。到秦二世胡亥即位时，老百姓对他抱着很大的期望。饥者易为食，寒者易为衣，老百姓处于水深火热之中，正是新统治者治国的凭借。这就是通常所说的“劳民之易为仁”。只要秦二世有庸主的才能，改正始皇的过错，虚囹圄而免刑戮，赈济孤独穷困。“轻赋少事，以佐百姓之急；约法省刑以持其后”，这样，满足百姓的要求，就可以笼络天下的民心。四海之内的民众都安居乐业，唯恐天下发生动乱，狡猾之民，不轨之臣即使想挑起事端，也决不能得逞。可是，秦二世却不依照这个方针去治国理民，反而变本加厉，重之以无道，“繁刑严治，吏治刻深，赏罚不当，赋敛无度”“蒙罪者众，刑戮相望于道”。于是，天下苦秦，人怀自危之心。陈胜之所以奋臂于大泽而天下响应，其根本原因就在于“民危”，即百姓不安其位。所以，从历史的发展变化和国家的兴衰成败来看，“牧民之道，务在安之而已”。有道是“安民可与行义，而危民易与为非”。秦二世贵为天子，富有天下，却不懂这个道理，结果落得个身首异处的可悲下场。

贾谊正是从“牧民之道，务在安之而已”的思想出发，给汉文帝上了《治安策》，为汉初的稳定，为文景盛世的出现，起了积极作用。

“国以民为本”是中国古代政治家的远见。《尚书·周官》中记，“作德，心逸日休，作伪，心劳日拙”。汉文帝在位期间，是西汉王朝由乱而治的关键时刻。当时，长期妨害人民正常生活的战乱已告结束，但社会经济尚待进一步发展，人民生活也有待提高。汉文帝识时务之要，着力倡导务本，以安定民生。

抓国本、民本、农本是历代治国的主要任务。在中国古代，“本”有着特定的含义，所谓国本、民本、农本，三者又互相联系：“国以民为本”，“民以食为天”。所以，农本是国本、民本的经济基础。汉文帝对作为国本、民本基础的农本的重要性有深切的认识，他在诏书中一再指出：“道民之路，在于务本。”“农，天下之本，务莫大焉。”“夫农，天下之本也。”为了表明对农桑的重视，他仿照古代的制度，亲开籍田，“率天下农耕以供粢盛”，“皇后亲桑以奉祭服”，确立了耕桑的礼制。

为了使自己务本重农的指导方针能得到贯彻落实，文帝还采取了一系列具体的配套政策措施：

一是使举“力田”制度化。文帝认为力田是“为生之本”，与孝悌、三老和廉吏都是百姓的表率，而现在民户上万的大县，却没有人察举。所以文帝下令郡国以属县户口的多少，按比例置三老、孝悌和力田常员，让他们秉承皇帝的旨意去教导百姓。并且赐力田帛两匹，以示优渥。

二是减免租税以劝农。文帝即位伊始，就下令免除郡国的贡献，以施惠天下；令列侯就国，以解除吏卒给费之苦。文帝二年十一月日食，文帝诏令各级官员“各敕以职任，务省繇费以便民。”接着，又下令释免在郡国官署因谪罚作劳役的百姓和百姓所借贷的种食。当年又赐天下农民田租之半。文帝的诏令说：“农，天下之大本也，民所恃以生，而民不务本而事末，故生不遂。朕忧其然，故今兹亲率群臣农以劝之。其赐天下民今年田租之半。”汉朝原来规定的田租征收额是十五税一，减免租税之半则是三十税一。后来，文帝接受晁错“欲民务农，在于贵粟”的建议，令民入粟于边、于郡县以拜爵除罪。结果，国家的粮食储备大大增加。文帝于十二年又下诏减免天下租税之半。诏书说：

道民之路，在于务本。朕亲率天下农，十年于今，而野不加辟，岁一不登，民有饥色，是从事焉尚寡，而吏未加务也。吾诏书数下，岁劝民种树，而功未兴，是吏奉吾诏不勤，而劝民不明也，且吾农民甚苦，而吏莫之省，将何以劝焉？其赐农民今年租税之半。

第二年，文帝又下诏全部免除田租，直到景帝即位后又令田半租，其间免除田租达 13 年之久。

文帝上述的劝农务本政策，又与其他一系列政策配套，如减轻徭役；倡导节俭，减省国家财政开支，减少刑罚以及与匈奴和亲等等。总之，为劝农务本政策的实施创造了一个宽松安定的环境。

文帝时务农力本政策的顺利实施，与文帝个人励精图治的品质也有很大的关系。文帝后元年（公元前 163 年）因连续几年收成不好，加以水旱疾疫之灾不断，民食寡乏。文帝于是特地下诏，命丞相、列侯、吏 2000 石、博士会集研究，是不是百官俸禄支出过多？从事工商末业的人太多，以粮食酿酒浪费太多，家畜饲料粮太多等，从中查找原因，并提出对策。

文帝在诏书中说："朕夙兴夜寐，勤劳天下，忧苦万民，为之怛惕不安，未尝一日忘于心。"这确实不是自诩之词，所以班固的赞语说："专务以德化民，是以海内殷富，兴于礼义，断狱数百，几致刑措。呜呼，仁哉！"这代表文帝的安民政策还是成功的。他在位期间，执行与民休息和轻徭薄赋的政策，使汉朝从国家初定走向繁荣昌盛的过渡时期，后世将这一时期与其子景帝执政的时期统称为"文景之治"。

知民疾苦，方能重民爱民。古人云，用兵以得民为先，安民乃能御侮。

西汉昭帝时，曾召集郡国贤良文学到长安开会，会议的主题是询问百姓疾苦，讨论盐铁官营及其他财政措施，史称盐铁之议。

汉武帝时，重用桑弘羊，孔仅和东郭咸阳等兴利之臣，制定和推行一系列经济改革措施，如统一货币、盐铁和酒类官营，实行算缗告缗等。这些措施，为汉武帝的文治武功提供了充裕的物质基础；由于这些财货多取之于工商业者，所以当时号称"民不益赋而天下用饶"。但是，汉武帝后期对外征伐漫无节制，政治腐败又使盐铁官营成了扰民、虐民的弊政，如铁器苦恶，价格高昂，主管官员废公谋私，强迫农民冶铁煮盐等，从而加剧了农民的负担。至武帝晚年，已是"海内虚耗，户口减半"。社会经济处于崩溃的边缘，农民的反抗斗争也越来越频繁，从而迫使武帝不得不改弦更辙，于征和四年（公元前 89 年）下诏禁绝苛暴，不得擅兴赋役，致力农耕，在一定程度上恢复了汉初的"与民休息"政策。

昭帝即位年幼，霍光秉承武帝遗诏辅政，他继续推行武帝晚年的休养生息政策，从而与桑弘羊等人发生分歧。为了协调统治阶级内部的意见，保证"与民休息"政策的实行，霍光以昭帝的诏令，在始元六年（公元前 81 年）命丞相田千秋、御史大夫桑弘羊召集郡国所举贤良会议盐铁。郡国贤良文学和桑弘羊就汉王朝的内外政策展开了激烈的辩论。

贤良文学集中抨击盐铁官营等措施。他们认为，民间疾苦的根源就在于国家经营盐铁的经济事业，所以要求废除盐铁、酒榷、均输等一系列措施。对此，桑弘羊坚决反对，他认为，兴盐铁，设酒榷，置均输是为了增加国家的财政收入，这是抗击匈奴，消除边患的经费来源。于是，双方就对待匈奴的政策，又展开了辩论。贤良文学主张偃兵休士，厚币和亲；桑弘羊则反对以德政感化，认为只有通过战争才能阻止匈奴的侵扰，保卫汉王朝的安全。此外，双方还就施政方针和治国思想、农业的基本政策等进行了辩论。后来，桓宽根据会议的记录，并加以推衍和增广，写成《盐铁论》一书。从这本书中，我们大致可以了解当时双方辩论的主要情况。

盐铁会议是西汉历史上的重要事件，它反映了汉朝统治者为克服武帝晚年"海内虚耗"的危机，进行政策调整的努力。会议所出现的分歧以及就此而展开的辩论，反映了西汉统治阶级内部对武帝晚年以后的社会经济和政治形势的不同认识，以及由此提出不同的治国政策。贤良文学信奉儒家，在辩论中不乏迂腐之见，但他们来自民间，比较体察社会的实际状况，反映了百姓的疾苦；桑弘羊坚持原来的政策方针，尽管从大道理上来说可能是真知灼见，但他没有看到形势已经发生了变化，经过汉朝连年出兵的打击，匈奴已经不再构成威胁，而民不聊生，经济凋敝则成了当务之急。在这种情况下坚持实行增加百姓负担的经济措施，显然是不合时宜的，不但反映了桑弘羊头脑的僵化，也暴露了他的狭隘的私心。然而，对于封建国家来说，盐铁官营的确是重要的财政来源，因此，霍光虽然支持贤良文学的意见，但并没有贸然取消盐铁、均输等措施，只停止了酒类的专卖。

盐铁会议肯定了"与民休息"的必要性，使桑弘羊在政治上受到了一次挫折。由于他坚持己见，因而与霍光之间在政见上的裂痕越来越大，终于导致了桑弘羊参与燕王和盖长公主的篡权密谋，落得个身败名裂的下场。然而，这一切却为"昭宣中兴"铺平了道路。

《汉书·食货志上》中说，"财者，帝王所以聚人守位，养成群生，奉顺天德，治国安民之本也。"

凡是在全国性的农民起义之后建立起来的统一王朝，新的统治者总是要调整、改善统治政策，革除前朝弊政，以适应社会发展的需要。唐初统治者是在反隋斗争中崛起的一股势力，他们亲眼目睹了隋朝后期的暴政及其为天下人共诛之的灭亡过程。唐朝建立后，以唐太宗为首的统治者，吸取了隋朝穷兵黩武、大兴土木、二世而亡的教训，实行了一系列缓和阶级矛盾、恢复社会生产的措施。这些措施的核心就是"清静无为，安乐百姓"。

唐太宗登位时，中华大地一片萧瑟。经过隋末灾荒战乱，黄河以北人烟稀少，江淮之间遍地荒凉。持续了数年的唐初统一战争，更如雪上加霜。史书记载说，从洛阳向东直到大海，“茫茫千里，人烟断绝，鸡犬不闻，道路萧条”。唐太宗深知，广大百姓饱受战乱的折磨，渴望有休养生息的机会。因此，他决定采取“抚民以静”的治国之策。

所谓的“静”，最初主要指不进行对外战争，使百姓减少兵役、力役负担。唐太宗即位不久，北方突厥太兵压境，一直打到渭水之北。唐太宗力主议和，与其订立了“便桥之盟”，突厥撤回。事后，唐太宗对大臣们说：“我新即位，为国者要在安静。”“国家未安，百姓未富，且当静以抚之。”此后不久，“静”又增添了新的内容。武德九年（626年）十一月，唐太宗提出“安人理国”的四项措施：一是去奢省费，二是轻徭薄赋，三是选用廉吏，四是使民衣食有余。唐太宗等人深深懂得，百姓欲静而徭役不休，百姓贫困而侈务不息，必然会导致国家衰败。后来魏征在总结隋末、唐初两种不同的治国方针和两种不同的结果时指出：“隋氏以富强而衰败，动之也。我以贫穷而安宁，静之也。静之则安，动之则乱。”从唐初君臣的言论中可以看出，“静”的核心就是与民休息。

为了与民休息，唐太宗实施了一些具体措施，在政治上、经济上努力创造各种条件，来安民养民，发展农业生产。

要使百姓安静，首先要让百姓有田可种。经过隋末战乱，州县萧条，人口稀少，出现大量空荒地，于是唐初开始推行均田，奖励垦荒。唐高祖时曾颁布均田令，规定丁男、中男给田一顷，所授之田十分之二为世业，可由后代继承，其余为口分田，身死之后要收回另授他人。这一均田措施当时并没有认真实行。唐太宗即位后，才开始切实推行均田。贞观初年，长孙顺德为泽州（今山西晋城）刺史，发现前任刺史张长贵、赵士达各占州内良田数十顷。长孙顺德上奏朝廷，追夺他们的田产分给贫户。当然，在地主土地私有制下，真正按丁口均田是不可能的。尤其在人多地少的“狭乡”，农民往往得不到均田令规定的授田亩数。为解决这一问题，唐太宗极力鼓励农民迁往空荒地较多的“宽乡”，以便给足亩数，开垦荒田。从狭乡迁往宽乡，可以得到减免租赋的优待。这一办法对贞观年间开荒垦田，恢复农业生产起了很大促进作用。

唐太宗的安民养民，还体现在力戒滥征民力，反对劳役无时上。贞观元年（627 年），唐太宗想营造一座宫殿，材料都已经准备好了，就等待择一吉日开工。但一想到亡秦的教训，就不再兴建了。第二年大臣们一再奏称“宫中卑湿”，劝说建一座高一点儿的台阁，太宗还是没有允许。后来他说:“崇饬宫宇，游赏池台，帝王之所欲，百姓之所不欲……劳弊之事，诚不可施于百姓。”唐太宗还用法律对使用民工加以限制,《唐律》中规定，修城廓、筑堤防等欲征用民工，要提前将工程规模、用人多少上报尚书省待批。不经申报滥用民力的要给予刑事处罚。另外，唐太宗还两次释放宫女达数千人。

农业是中国封建社会的经济命脉。发展社会生产，关键是发展农业。安民养民，也必然要建立在农业生产恢复和发展的基础上。唐太宗十分重视农业生产，他自己在园子里种了几亩庄稼，亲自锄草，以此来领会农民的辛苦。他经常派使臣到各地巡视，劝课农桑。他要求诸使者到州县时，要深入田间劝农，不得让农民接待迎送，以免耽误农活儿。唐太宗劝农的重点是不违农时。贞观五年（631 年）曾发生这样一件事：皇太子要举行冠礼，礼部官员请阴阳家选择吉日，结果选在二月。二月正是春耕大忙季节，唐太宗为了不误农时，不顾阴阳家的说教，将日期改在秋后农闲的十月。唐太宗酷爱狩猎，以示不忘武备。但为了不妨碍农时，每次都选在农闲时进行。贞观年间他七次出猎，都是在当年的十、十一和十二月。这些都体现了他不违农时、与民休息的治国精神。

唐太宗“清静无为，安乐百姓”的措施，收到显著的社会效果。关中地区遭受战乱破坏最为严重。经过数年恢复，至贞观三、四年，农业丰收，流散人口纷纷回乡。贞观六、七年风调雨顺，连续丰稔，山东也一改昔日残破的面貌。过往行人“自山东至于沧海，皆不赍粮，取给于路”。唐代史学家杜佑描绘说：自贞观以后，太宗励精为理。至八年九年，频至丰稔，米斗四五钱，马牛布野，外户动则数月不闭。至十五年，米每斗值两钱。粮价从最初的斗米一匹绢，到斗米四五钱，再到斗米两三钱，农业发展速度如此之快。贞观时期“太平盛世”的出现，令后代史家赞叹不已。

贾谊早就说过，兴利除害，尊主安民。除去害民扰民的贪官污吏，才能营造和谐的社会环境。

明太祖朱元璋是位与众不同的皇帝。他本人出身于一个贫苦农民家庭，少年时吃了不少苦，又当过小和尚，后来参加红巾义军，打下天下，做了皇帝。对于农民百姓的生活，他并不陌生，老百姓怕什么，恨什么，也都清楚。做了皇帝后，首要之事便是巩固自己的政权，而要使政权巩固，就必须让百姓安居乐业，不要起来造反。“官逼民反”这个千古真理，在明太祖朱元璋头脑里实在印得太深刻了，他本人就是从这条路上走过来的。

为了安民，明太祖朱元璋采取了两个方面的办法，一方面是鼓励农民垦荒立业，减轻赋税，均平徭役；另一方面则是限制豪强，整肃吏治。

明太祖朱元璋整肃吏治许多办法都是出人意料的，有一些非常突出地反映了他那贫苦农民出身的特点，其中尤以他在《大诰》中规定的不准官吏下乡和准许民众捉拿下乡官吏，最有特点。

明太祖朱元璋在洪武十八年（1385年）颁布的《御制大诰》序中，一开头就说道：“朕闻曩古历代君臣，当天下之大任，闵生民之涂炭，立纲陈纪，昭示天下，为民造福……今将害民事理，昭示天下诸司，敢有不务公而务私，在外赃贪，酷虐吾民者，穷其原而搜罪之。”这倒不是空口说些好听话，因为在这部《御制大诰》中，他就明确规定了让乡里耆民奏报地方官的善恶：“自今以后，若欲尽除民间祸患，无若乡里年高有德等，或百人，或五六十人，或三五百人，或千余人，岁终议赴京师面奏，本境为民患者几人，造民福者几人。朕必凭其奏，善者旌之，恶者移之，甚者罪之。”用发动群众的办法祛除害民官吏，“勿坐视纵容奸恶患民”“以安吾民”。这实在是明太祖朱元璋的一大发明。为了保证百姓顺利入京面陈，他还告示各处关津把隘，为面奏来京的百姓放行。

这些《大诰》中的内容一经公布，还真有效果。从洪武十八年到十九年，先后有无为州同知李汝中下乡扰民，湖州府官吏和乌程（今吴兴）县官吏易子仁、张彦祥勾结富豪，欺压百姓均被处罪。更有意思的是常熟县县民陈寿六，看到县吏顾英为非作歹，不仅害及自己，而且害民甚众，于是同弟弟、外甥3人，动手将县吏顾英擒住，带上《御制大诰》，赴京面陈。明太祖见此情形，非常高兴，严惩了顾英，表彰了陈寿六，赏给他们钞20锭，衣各两件，还免了陈寿六 3 年的杂泛差役。

大概是这件事给了明太祖朱元璋一些启示，想起少年时看到地方官吏下乡扰民的情形，他决定再进一步，把准许乡间百姓赴京面陈地方官吏的善恶，改成了许民拿下乡官吏。

说起来官吏下乡本对体察民情有好处，光坐在衙门里，对乡间之事一无所知，只凭下面汇报，绝非善策。但是，那时候官吏下乡，真正去体察民情的不多，大部分都是去扰民的。对此，明太祖朱元璋非常清楚，屡禁而不能止，又没有办法彻底解决。那些“无藉杀身之徒”，也就是不怕死的贪恶官吏，“终不循教，仍前下乡扰吾良民”。

他于是又想起了老办法：发动群众。在他眼里，治天下与打天下也有共同之处，打天下时，靠得百姓支持，如今治天下，也可利用百姓之力，整肃吏治。洪武十九年颁布的《御制大诰续编》中，他便将准许百姓捉拿下乡扰民的官吏，作为法令公之于众了：十二布政司及府、州、县，朕尝禁止官吏、皂隶，不许下乡扰民，其禁已有年矣。有等贪婪之徒，往往不畏死罪，违旨下乡，动扰于民。今后敢有如此，许民间高年有德耆民，率精壮拿赴来京。

明太祖朱元璋办起事来确有雷厉风行的特点，他当年就惩办了阻拦嘉定县民入京赴告的淳化镇巡检，一个“枭令示众”，一个“刖足枷令”。百姓有了皇帝支持，胆子更大了，乐亭县主簿汪铎扰害县民，县民赵罕辰率人捉拿了 8 名害民之吏，绑赴京师，主簿汪铎害了怕，追出 40 里，哀求县民们说：“我 14 岁读书，灯窗之劳至此，你可免我此番，休坏我前程。”

地方官在封建社会里称作“父母官”，是为地方百姓父母，本为治民的，结果反被民所治，这在传统的封建秩序中，不能不算是新奇之事。当然，这一切做法，归根到底，还是为了维护明朝的封建统治，而且也只能行之一时。不过，明太祖朱元璋发动群众，约束官吏的作法，不仅是个创造，而且为后世提供了有益的借鉴。

总之，治国安民之理，既是我们中华传统的理念，也是执政者解决内忧外患的基准。这种思想在我国历史长河中是不可或缺的，是实现社会和平稳定的保障，更是值得我们当今社会借鉴和学习的标榜！我们应当秉承安邦定国思想，为建立一个和谐、稳定、幸福、文明的国度而奋斗！

正因为充分认识到了民众对于国家的重要意义，所以这些进步的仁人志士们都大力提倡爱民抚众，并身体力行，尽自己的努力维护了民众的利益。

在漫长的历史进程中，有很多仁爱之士，他们关心民众疾苦，以力所能及的方式不辞劳苦地为人民群众解决困难。有的时候，他们为维护百姓的利益甚至都不顾及自己的安危。这样的人，无论是为官还是为民，都得到了人们的爱戴和赞扬。

在《左传》和《晏子春秋》中，都详细记载着晏婴“以民为本”的思想。他多次强调“以民为本”“先民而后身”。他数十年如一日，一直以恤贫厚民、敢谏尽职而名显诸侯。

晏婴相齐之初，当年齐桓公称霸的业绩早已成为历史，国势相当衰弱，北边的燕国、西边的晋国和南边的楚国都经常犯其边境。在国内，官家垄断着大部分山林、土地、渔盐，贵族们“宫室日更，淫乐不违”“肆夺于市”，人民生活在水深火热之中。在此情况下，晏婴充分利用自己特殊的身份地位，抓住每一个可能的机会，尽最大努力去为民请愿。

有一次，景公为兴建亭台而役使大批民工，秋收季节也不让他们回去。民工们心急如焚，但都敢怒不敢言，只能暗暗叫苦。晏婴对此曾专门进谏，无奈景公执迷不悟，仍然一意孤行。接着，还为亭台的开工举行盛宴，并令晏婴陪侍。晏婴待酒过三巡，忧心更甚，遂即席起舞，同时唱道：

“岁已暮矣，而禾不获，忽忽矣若之何？岁已寒矣，而役不罢，惙矣如之何？”

唱着唱着，禁不住泪流满面，一些忠臣义士也一个个随之掉下了热泪。酒酣耳热的齐景公见此情景，才震惊、醒悟，下令停止了这一工程。

又有一次，齐景公病了。他以为这是上天对他的惩罚，要大臣祈祷上天。晏婴又引经据典，劝他将祈祷上苍改为实行德政，薄敛减赋。也巧，景公准了他的奏请不久，大病竟然好了。从此，他对晏婴更加信任，而晏婴对他的劝谏也更多、更及时、更直率。

有一年，阴雨连绵，齐国都城附近百姓的房子倒塌了许多，无数人无家可归，缺吃少穿，眼巴巴期待着朝廷救济。而齐景公却对此视而不见，听而不闻，依旧饮酒作乐，甚至派人到处去找能歌善舞的人陪酒助兴。晏婴得知后，先将自己家中的器具、粮食分给灾民，然后去见齐景公，说："现在雨水成灾，百姓饥寒交迫，而您却日夜享乐不去救灾。您的马吃着国家粮仓里的粮食，您的狗吃着一般人家经年舍不得吃的肉，您的宫女们天天都在大吃大喝，而您的百姓却在啼饥号寒。如此下去，百姓们就不愿意再拥戴您这样的国君了！"齐景公一听，连忙派人去了解灾情，发放救济物品。

此后不久，晏婴陪伴齐景公外出，见他对田野路边一具具冻饿而死的尸体漠不关心，就说："当年，桓公看见饥饿的人便给粮食，看见有病的人便给钱看病，而您却对百姓冻饿而死不痛惜。如此下去，百姓就会离心离德，去拥戴别人做齐国的君主了！"齐景公这才连连认错，并下令掩埋死尸，发放粮食，减免赋税徭役。

在专制的社会里，统治者的思想和言行在很大程度上决定着劳动人民的命运。晏子身处高位，却时时刻刻想着百姓。他尽自己所能，极力向国君进谏，甚至是犯言直谏，促使国君取消了一些苛政，采取了一些有利于人民的治国之策。作为古代的一位官员，居庙堂之高，而时刻不忘忧民，至今仍令人敬佩。

苏琼体恤百姓。据《北齐书》记载，苏琼任南清河太守时，裴献伯为济州刺史，南清河郡隶属于济州。裴献伯重用刑法，很严酷；而苏琼则施行恩惠，抚育百姓，即"以义养民"，能够体恤百姓。

北齐文宣帝在位时，苏琼所辖管的郡发生了大水灾，老百姓断绝了粮食的有1000多家。为解燃眉之急，苏琼将郡中有粮的人家都集中一起，亲自向他们借粮来分给饥民。但州里却依旧按户来征收租赋，并追查苏琼向富户借粮的事。为此，郡里统管征收赋税的属吏对苏琼说："您怜惜饥民本来是件很好的事情，但恐怕会使您受到连累。"苏琼当即表示："我一人获罪，而能救活千户人家，没有什么可抱怨的！"接着，他上表朝廷，讲明了情况。此后，州里没再来征税，也没再追查他向富家借粮的事，使百姓们平平安安度过了灾年。为此，一些灾民都告诉孩子："是苏太守救了你的命！"

在苏琼上任之前有一个规定：淮河两岸之间是封锁禁渡的，不准商人过河贩卖。淮南地区受灾时，苏琼上表请示朝廷，废除了这一制度，准许淮南人到淮北买粮；后来淮北闹饥荒，他又请求允许淮北人到淮南买粮。于是，淮河开禁，两岸的商人开始自由往来，彼此互通丰歉，使货物得以流通，两岸百姓大受其益。

苏琼在南清河郡为政六年，百姓生活安乐，没有屈冤，从来没有人到州里去告状。鉴于此，州里曾前后四次上表，说苏琼政绩最佳，请求表彰、重用；朝中大臣也对他颇为赞赏，尚书辛述就称他“既直且正”。

南北朝时期社会动荡，战乱频繁，百姓生活苦不堪言。苏琼作为一方官员，以使百姓安居乐业为己任。为拯救灾民，他将个人前途、安危置之度外，处处以民为先。在那个动荡的社会里，他的仁爱对人们来说显得尤其珍贵。

史书记载，唐代有一位著名的贤士叫段秀实，有一年，他在泾州担任营田官。泾州大将焦令谌夺取民田，占为己有，多达几十顷，租给农夫耕种，规定谷子成熟时一半归他。这一年大旱，田野里草都不长。一位农夫将旱情告诉焦令谌，焦令谌却说：“我只知道收谷子的数目罢了，不知道有没有旱灾。”催逼得反而更厉害。这位农夫都将要饿死了，无法偿还，就告到段秀实那里。段秀实写了判决书，语言很是谦和，派人劝告焦令谌，替农夫求情。焦令谌大怒，将农夫叫了去说：“我难道怕段某吗？他怎么竟敢议论我？”残暴的焦令谌把判决书铺在农夫背上，用大杖打了他二十杖，农夫几乎快要被打死了。差役将他抬至段秀实衙门的庭院，段秀实大哭，说：“是我害苦了你呀！”随即亲自取水洗去农夫身上的污血，亲手敷上良药，并撕破自己的衣裳，给农夫包扎伤口，早晚先给农夫喂食物，然后自己才吃。后来他又将自己的坐骑卖掉，买谷子代农夫偿还地租，并且不让那农夫知道。

驻扎在泾州的淮西军统帅尹少荣是个刚强正直之士。他知道这件事后，来到焦令谌的住处，见到焦令谌就大骂：“你还算得上是人吗？泾州田野如同赤土，人都快饿死了，而你却一定要得到租谷，又用大杖打无罪的人。段公是仁慈而有信义道德的人，而你却不知道敬重。段公仅有一匹马，低价卖了买谷子送进你家，你又不知羞耻地收下了。总之你就是不顾天灾、冒犯长者、打无罪者，还取仁义之人的谷子，使段先生进出无马骑，你将如何面对天地？你简直连奴仆都不如！”焦令谌虽然凶暴傲慢，然后听了尹少荣的话后却也深感惭愧，汗流浃背，吃不下东西，说：“我终究不能再见段公了！”一天傍晚，他竟然羞愧而死。

焦令谌凶狠残暴，为收田租丝毫不顾及百姓的死活。段秀实官职低，只能和气地劝阻他。农夫被杖责后，段秀实为农夫敷药治伤，亲自喂食，并卖马代他交租，显示了一位忠厚仁者的爱民之德。在别人的责骂下，焦令谌认识到了段秀实的仁德和自己的残暴，竟然羞愧而死，实在是令人感叹不已。

勿以恶小而为之，勿以善小而不为。惟贤惟德，能服于人。——刘备

范纯仁是北宋著名文学家、政治家范仲淹的儿子，他受父亲影响，性情敦厚善良、正直无私。有一次，范仲淹让他把五担麦子从水路运回家乡，范纯仁于是带着人从运河出发了。

一天傍晚，范纯仁一行靠岸休息。岸上传来一阵喧闹声，纯仁走上岸去，只见一个衣衫褴褛的中年人正在卖字画，旁边还站着许多围观的人。中年人脸色憔悴，语调凄切：“在下石曼卿，父母双亡却无钱安葬，无奈在此卖字。请各位过往好人开恩，买些字画，好让在下父母早些入土为安，了却我为人子的心愿。”范纯仁内心感到一阵痛楚，走上前问道：“先生的遭遇令人叹息，可是这卖字画所得的钱微乎其微，先生何时才能筹足安葬费呢？”石曼卿仰天长叹一声，忍不住潸然泪下。范纯仁见了，心中更加不忍。忽然，他上前几步，举起双手，把挂在墙壁上的字画全摘了下来，然后大声说：“先生，这些字画我全要了。”石曼卿大喜过望，可是神情马上又黯淡了下来，低声说道：“我的笔墨造诣平平，相公不该一下子买我这么多字画。”范纯仁说：“你我都是读书人，买不买字画都是小事，你就当交了我这个朋友吧。”说完，便拉着石曼卿走向小船。范纯仁指着五担麦子说：“石先生，你我虽然是萍水相逢，但君子当急人所急。今日先生有急难之事，我理当相助。这五担麦子是家父让我送回老家的，请先生收下，拿回家去卖掉，再安葬老人吧！”石曼卿一时语塞，只是一个劲儿地摇手：“万万不

可，万万不可！”“先生不必客气，这些麦子就当是我借给先生的，他日先生方便时再还我就是了。”范纯仁说着，吩咐仆人赶快去抬麦子，石曼卿感激得泪如雨下。

回家后，范纯仁将此事一五一十地禀报父亲。范仲淹非但没有责怪他，反倒高兴地夸奖道：“孩子，你做得对！君子就应当急人所急！”

范纯仁为人有其父风格，宽厚仁爱。石曼卿以卖字画救急，范纯仁知道后并没有直接施舍与他，而是要全部买下他的字画，充分保护了对方的自尊心。这个故事启发我们，帮助别人不仅要有一颗仁爱之心，还要讲究技巧。

西汉大儒韩婴说，君子见人之困则矜之。苏轼是一个忧人之所忧、同情关心他人的人。他不仅关心国家大事，而且对身边的人也很关怀，别人有了困难总是倾力帮助。

苏轼在杭州任职时，有人告发了一位欠绫绢钱两万而不还的人。他仔细查看状纸，推敲实际情形，觉得被告不像是个阴险狡诈、故意欠钱不还的无赖，于是马上差人叫这人来问话，看究竟是怎么回事。这人到了堂上，行过礼后便低头默默不语，既不向苏轼哭诉，也不大喊冤枉，只是满脸愁苦的样子，偶尔叹一口气。苏轼见他衣着破旧，行为规矩，倒像是个穷苦老实人，于是问道：“有人告你欠钱不还，你可知罪？”这人叩头表示认罪。苏轼见他毫不申辩，于是又问：“我看你并不像无赖之人，你不还钱，是不是有什么隐情？”这个人抬头看了苏轼一眼，见苏轼与那些得过且过、办案草草了事的官员不同，就恭恭敬敬地回答道：“我家世代以制扇为业，而今父亲刚去世，妻子又生了孩子；加之以来今春，阴雨连绵，天气寒冷，扇子卖不出去，大量积压，实在是无钱还债，不是故意拖欠不还。”苏轼明白了事情的原委，觉得这人如果仅因为无力偿债而坐牢，实在有些冤枉，并且会使他本来就已经十分窘困的家里雪上加霜。对他不由得动了恻隐之心，想出了一个主意，就对这卖扇人说：“把你所做的扇子拿来，我为你卖出去。”这人惊讶地说：“这怎么行呢？您可是大老爷啊！”苏轼笑笑，挥一挥袖子说道：“你去就是了。”这人连忙叩头谢恩，然后带着两个差人往家里走去。

不一会儿扇子拿来了。苏轼取出夹绢做的白团扇二十把，提起书案上批文用的判笔，在扇面上作起书画来。不出一顿饭的工夫，原本洁白的扇面上就出现了行云流水的书法和栩栩如生的图画。苏轼把扇子交给卖扇人说："拿出去卖掉，赶快偿还所欠的债。"这个人抱着扇子感激涕零地出去了。刚刚走出官府大门，好多人就争着以高价买团扇，这人手中的扇子一下子就卖完了。他不仅还清了所欠的债，还得到一点儿盈余。

杭州城的人听到这件事都感叹不已，赞颂苏轼的爱民之心。

苏轼不仅是一位才华横溢的艺术家，更是一位亲民爱民的好官吏。遇到这件诉讼案件时，他没有胡乱判案，更没有滥用权威强迫被告还债。他耐心询问，得知原委后，他靠自己的书画很快解决了这一难题，高深的艺术造诣与炽热的爱民之心相得益彰，令人敬仰不已。

《白虎通义》中说，仁者，不忍也，施生爱人也。明朝时期，在安庆地区发生过这样一个故事。

一天清晨，安庆知府周济起床洗漱完毕后，坐在书房里看书。突然，门前一阵吵闹，并夹杂着叫骂声和哭喊声。周济很纳闷：知府门前一向清静，谁这么大胆跑到这里来吵闹呢？他走出书房，来到门前想知道究竟发生了什么事情。

只见一群骨瘦如柴的农民被捆绑着跪在知府门前，都低着头，眼里流着泪水。一群如狼似虎的家丁在一个富人的指挥下，挥舞着鞭子抽打着这些跪在地上的农民。一边抽打，一边不停地骂着。农民经受不住皮鞭的抽打，大声哀叫。

"快住手！为什么打人？"周济看此情景，大声喝道。

富人连忙说："请知府大人作主，这群刁民是一群强盗，昨天夜里跑到我的粮仓偷抢粮食，被我的家丁们抓住了。所以，今天送到您这里，请知府大人重重地治他们的罪。这些刁民太猖狂了。"

周济听了富人的话，转身问那些农民："是这样吗？"

农民们说："求大人恕罪，我们是抢他的粮食了，可是我们实在是没有办法啊！我们不能眼睁睁地看着一家人饿死呀……"

农民们说不下去了，呜呜地哭了起来。

周济明白了事情的原因，心里深深责备自己：农民都饿得快不行了，我身为父母官，早应该安抚啊！

于是他对富人说："看在我的面子上，把这些人放了吧，他们也是迫不得已啊！这样吧，你回去清点一下粮仓，算一算少了多少粮食，我叫随从用官府粮仓里的粮食补给你，怎么样？"

富人一看知府大人要赔偿自己的粮食，也乐意送个人情，便爽快地答应了放人。

周济对那些农民说："这都是我的责任，没有及时了解你们的生活情况。以后你们如果有什么事可以先向我说明，不能任意抢别人的东西。今天大家先回家吧！我派人开官府的粮仓，你们没有吃的，可以到那里领取。"

农民们看到知府大人放了他们，又接济他们粮食，知道自己遇上了爱民的好官，大声欢呼，齐声感谢周济的大恩大德。他们高兴地从官府粮仓中领取了粮食回家了。

还有一年，安庆地区遭受天灾，百姓们纷纷出外逃荒，有的地方的人甚至把孩子都卖了，换一些少得可怜的粮食充饥。

周济非常焦急，他想：自己身为知府，看着百姓们挨饿逃荒，卖儿卖女，这怎么能行呢？得赶快想办法救济百姓。可是粮仓里没有粮食了，怎么办呢？

这时，恰巧有贩运粮食的船只从这里经过，周济于是用官府的钱把粮食买下来，马上赈济百姓，使百姓们的生活迅速安定下来。

周济又上书皇上，请求免去安庆地区百姓们的租税，又贷给农民种子、农具等，使农业生产迅速恢复了起来。

作为封建社会的一名官吏，周济能时刻想到百姓的生活，想方设法解决他们的生活困难，实在是非常难得。在周济身上体现了以民为本的思想，有仁爱之心，才会有为民请命之举。周济时刻为百姓着想，所以得到了人民的爱戴。

随着时代的进一步发展，代表着劳苦大众利益的中国共产党诞生了。中国共产党在领导中国革命、建设、改革的过程中，始终将"为人民服务"作为宗旨，无数党的好战士、人民的好儿女心为人民所系，利为人民所谋，为了人民大众的幸福未来奉献了自己的一切。

中华人民共和国成立以来，社会主义道德和共产主义道德成为社会的主流。在社会各界，在各个工作岗位上，无数社会主义劳动者将服务人民作为人生的追求，涌现出了一大批像焦裕禄、雷锋、王杰、时传祥、孔繁森一样的时代楷模。进入新的历史时期后，党中央又提出了“八荣八耻”这一新的社会主义道德规范。其中的“以服务人民为荣，以背离人民为耻”和“以团结互助为荣，以损人利己为耻”仍然强调了要服务人民、关爱他人。

其实真诚地关爱别人就是关爱自己。正所谓“人人为我，我为人人”，当整个社会充满爱心与善意的时候，每个人的生活都会更美好。别人对自己的关爱要牢记在心底，还要真诚地回馈于他，回馈于所有的人。

关爱不是怜悯，更不是同情，而是一种高尚的人性美。尽自己的一份力，让他人得到温暖，让自己更快乐，让社会更和谐，这才是关爱的本质。

姚崇灭蝗惠民。唐玄宗即位后，想任命姚崇为相。姚崇向玄宗提出了十项改革建议，并说只有皇帝答应才肯为相。这些建议中，第一项是“施政应以仁义为先”，第二项是“数十年不求边功”，第五项是杜绝一切苛捐杂税，第七项是禁止建造寺观宫殿，都直接涉及百姓利益。

在唐代，佛教盛行全国。特别是中宗以来，达官贵人、豪绅富户都纷纷营造佛寺，“度人为僧无穷，免租庸者达数十万”。这股寺院地主势力的形成，大大加重了百姓负担，也造成了国家财政的日趋枯竭。为此，姚崇上疏玄宗，请求裁减和尚。他说：“佛不在外，悟之于心。行事利益，使苍生安稳，是谓佛理。”玄宗深以为然，遂下令裁僧尼 3 万人，令他们还俗从事生产；并禁止新造佛寺等等。

开元三年（715 年），山东、河南等地闹蝗灾。据说，当时蝗虫多得飞起来遮天蔽日，停下来密密麻麻，将禾苗吃得干干净净。由于当时人长期受迷信思想的影响，都认为这是“天灾”，只有上天开恩才能禳祸。所以，眼睁睁地“坐视食苗不敢扑”，只求上天降吉祥。消息传到朝堂，文武百官也一筹莫展；唯有姚崇上疏，主张扑杀蝗虫。为消除皇帝疑虑，姚崇还坚决表示：“陛下好生恶杀，此事请不烦出敕，乞容臣出谍处分。若除不得，臣在身官爵并请消除！”玄宗见他这般态度，才下了扑蝗的决心。

接着，姚崇下令各地官员带领百姓去灭蝗；还特派御史，取名“扑蝗使”，分赴各地督办。这时，有个迷信的地方官跳了出来。他不但不欢迎“扑蝗使”，不组织灭蝗，还给皇帝写了个奏章，说蝗灾是上天对人的惩罚，不是人力所能灭除的。并劝皇上多做有德行的事，尽快感动上天，请上天把蝗虫收回去。姚崇看罢奏章，气愤异常，当即给他写信说：“如果多做有德行的事就能解除蝗灾，那么，你管辖的地方出了那么多蝗虫，不正说明你没有德行吗？目前，你眼看着禾苗被蝗虫吃掉而不管，将来闹起饥荒，你又当如何？”这个官员见信后胆战心惊，再也顾不得上天怪罪不怪罪，连忙发动百姓，几天内消灭蝗虫 14 万只之多。接着，京城有位名叫卢怀慎的官员又说:“外面的人议论纷纷,说蝗虫杀得太多了,恐怕会得罪上天。”劝姚崇手下留情。姚崇毫不动摇，坦率地说：“若如此会招来灾祸，那么，我一个人承担就是了！”

由于姚崇及时采取了正确措施，山东等地“蝗虫渐止息”，避免了一场大灾荒。姚崇因其德才得到唐玄宗重视，要任命他为相。而他却要皇帝答应十项利国利民之事才肯为相，此等胸怀、仁义足以光照千古。灾害发生，他不信鬼神，不怕流言，斥责迷信，坚决主张灭蝗，避免了一场大灾，保护了民生。他对国对民的赤胆忠心昭然可见。

民本思想和启蒙民主思想具有现实意义。可见，民本思想强调了权力来源于人民、人民是国家政治的基础、人民的幸福生活是执政的目标，人民的拥护与反对是政权存在的标尺等，这个核心理念是以人为本的理论体系，这个强调民为邦本、民为国本，立君为民、重民，政在养民、顺民、爱民、安民、保民的理政思想，是中华文化思想瑰宝，需要我们继承发扬。在这一思想指导下，涌现了许许多多养民、顺民、爱民、安民、保民的古代政治家、优秀官吏,他们的实践活动和感人事迹,成为了千古颂扬的故事。

纵观中国历史上的民本思想观念以及社会实践，尽管民本不同于民主，但民本中包含有一定的民主性因素，民本思想和民主思想均以人民为国家政治之本，民本思想和民主思想均以民意作为政权之基础。“天视自我民视，天听自我民听”，体现出统治者一定程度上是重视民意的。民本思想与民主思想均强调重民、爱民、保民。当然，民本与民主二者分别产生于中、西两种文化传统之中，民本思想强调君主或官吏要“为民作主”，而民主思想则强调“由民作主”，这是两种不同的政治治理模式。梁启超先生在其《先秦政治思想史》一书中，对照西方民主的“民有、民治、民享”，分析“民本”概念，认为民本思想不具有“民治”理念，而有“民有”“民享”的内容，准确地说明了两者的区别与联系。也就是说，两者在承认民众在国家政治生活中的根本地位、执政的最终目的是为了惠及民众等方面是完全一致的，主要区别在于达到目的的手段是“民主”还是“为民作主”这种治理方式上。

重视民本不仅在中国古代具有积极意义，在现代同具有借鉴作用。有助于进一步深化以人为本、以人民为中心的执政理念。可以进一步强化广大干部为人民服务的思想，提高执政道德责任感。

应该看到，民本还不是现代的民主。两者的差异，关键点在于：民本是君主和官员“为民作主”，而民主则主张“以民为主”。直白点儿说，君主、官员像父母善待子女那样善待百姓，但如果手里的权力不是由百姓赋予的，这种政治仍然是民本；只有政治权力为民所有，百姓通过特定的程序把政治权力委托给施政者，并且能够对施政者加以有效制约、监督，这种政治才是民主。中国古人虽然讲民利、民意、民心，但没有确立起一套真正能够实现民利、表达民意和符合民心的法律和制度。这是我们今天继承、借鉴民本思想时要注意的一个方面。

另一方面，民本与民主确有重要的共同之处。我们所主张的民主，是社会主义民主，而社会主义民主强调人民群众的利益至高无上，是我们一切工作的出发点或归宿。“权为民所用，情为民所系，利为民所谋”，说的就是这个意思。这也是社会主义民主优越资本主义民主的一个重要表现。所以，在民利为上这一点上，民本思想与社会主义民主是一致的，都体现了崇高的道德追求。人民当家作主是社会主义民主的核心，其中当然包含尊重人民群众的意愿、时刻倾听他们的呼声之意。因此，在重视民意这一点上，民本思想与社会主义民主也是一致的。

总之，社会主义民主是对民本的扬弃与发展，而不是单纯的否定或抛弃。对丰富的传统民本思想有所了解、借鉴和汲取，将有助于我们养成高尚的道德追求，深化对政治问题的认识，从而为确立社会主义核心价值观提供宝贵的思想养分。

“讲仁爱、行仁政”是实现重民本政治前提。“讲仁爱、行仁政”是古代中国社会价值体系中的政治道德规范。“仁”的思想，是中国古代政治思想与传统美德中的着力点，是儒家的重要政治思想，也是基本的道德规范，行仁政是重民本实现的道德与实践的基本条件，是“和合文化”的核心内容，是实现古代政治家、思想家天下为公和谐大同理念的政治路径，也是“中国固有的精神”。“仁”字最早见于《尚书·金滕》“予仁若考”，意思是我的才能和美德同先父一样。这个“仁”指的是才能和美德。后来的政治家讲“仁”，则指的是人际的伦理关系和施政的理念。

孔子对“仁”有过多方面的论述，并赋予“仁”以丰富的道德内涵，把它提高到伦理哲学的最高点，形成为一种系统的儒家学说。

孔子所讲的“仁”，含义十分宽泛，包括忠恕，即见之于《论语·卫灵公》里所说“夫仁者，己欲立而立人，己欲达而达人”“己所不欲，勿施于人”。包括爱人，即“仁者爱人”；包括克己，有所谓“克己复礼为仁”；包括孝悌，有所谓“孝弟也者，其为仁之本与”；包括自爱，有所谓“仁者自爱”。还包括智、勇、恭、宽、信、敏、惠等美德及其规范。因此，仁常被儒家视为“全德”。因此，孔子认为，“仁者必有勇，勇者不必有仁”。

“仁”的核心是“爱人”。孔子最早在《论语·颜渊》中提道：“樊迟问仁，子曰：‘爱人。’”这里是说对他人的同情、关心和爱护便是“仁”。孟子继承和发展了“仁爱”思想，提出“亲亲而仁民，仁民而爱物”。儒家的“仁爱”是由己推人，由内而外，由近及远，即珍视生命，以爱己之心爱人，将内在的“仁爱”之心转化为具体实在的“仁爱”待人之举，以“仁爱”待身边的人，并推而广之，以“仁爱”对待全天下之人。孟子认为，“恻隐之心，仁之端也”。

孔子在《论语·雍也》中强调，“仁”既是人的内在心理感情和自觉道德意识，也是最高的道德标准。仁者应该“泛爱众”“亲亲”“能爱人、能恶人”，为此必须做到“己所不欲，勿施于人”“己欲立而立人，己欲达而达人”“博施于民而能济众”。但孔子所讲的“仁”是普遍的爱，它在封建时代阶级社会里，很难达到。

不过，孔子讲“仁”在一定程度上反映了当时劳动者身份地位的变化，这是思想发展史上的飞跃。孔子所讲的“仁”，又是同“礼”“义”“利”联系在一起的。他在《论语·颜渊》中说:“克己复礼为仁。”只有克制自己，使自己的行为符合于周礼的规范，做到“非礼勿视，非礼勿听，非礼勿言，非礼勿动”，才算有了仁德。这反映了他对当时新兴地主阶级僭越周礼行为的不满。孔子认为，爱人则欲利人，爱物则欲利物，爱亲则欲利亲，爱民则欲利民。即使产生利益冲突，也需由“仁爱”来化解。礼是正义的产物，由义而生礼，构成义礼观，即礼之义。

在上述伦理观念的基础上，孔子针对春秋时弊，要求体察民情，减轻剥削，他在《论语·学而》主张“节用而爱人，使民以时”，在《论语·尧曰》中说“择可劳而劳之”，在《说苑理政》中说“薄赋敛”。他坚决反对暴政虐民，在《礼记·檀弓》中斥责“苛政猛于虎”，主张行德政，省刑罚。后来，孟子继承并发展了孔子“仁”的学说，形成“仁政”学说和重民思想。

墨家代表庶民思想，主张兼爱。墨子提出“兼相爱，交相利”，意思是说社会中的人互相关心爱护，以实现物质利益方面的平等互利。兼爱互利是为治国之道，如此天下才能和谐、富足。兼爱要求人们“视人之国若视其国，视人之家若视其家，视人之身若视其身”，以爱己之心爱人。兼爱的理想境界是“天下之人皆相爱，强不执弱，众不劫寡，富不侮贫，贵不傲贱，诈不欺愚”。由此可见墨家的思想与天下大同思想有异曲同工之妙，十分的理想化。

后代的儒家学者在理论上对“仁爱”思想有了进一步的升华。韩愈在《原道》中提出“博爱之谓仁”；张载在《西铭》中提出“民，吾同胞；物，吾与也”的著名命题；朱熹认为仁是“爱之理，心之德”；近代的思想家康有为、谭嗣同、孙中山等对于仁爱思想都有所发挥，所提的观点也更具有近代民主的进步意义。

“仁”与“爱”密不可分，“仁”是一种内在的思想品质和道德修养，“仁”充乎内而发乎外，表现为关爱他人的具体行动。但“仁”的境界并非不可企及，荀子告诉我们：“积善成德，而神明自得，圣心备焉。”就是说“勿以善小而不为”，在不断的积德行善中就可以净化自己的心灵，提高自己的修养，从而完善自己的道德达到圣人的思想境界。

“讲仁爱”提倡将爱人之心融入日常的生活之中，体现在细微之处。即细微之处见仁德。《礼记》上说“富润屋，德润身”，也就是说，美好而高尚的道德能使人的生命更丰富、更有意义。人之所以成为人，就在于其深刻的思想、丰富的感情与高尚的道德。

“仁爱”之德体现于对大众、对天下之人的施惠与关爱，在更多的时候，仁义之德就体现在日常生活的一件件小事中。滴水可以折射太阳的光辉，小事也能体现出人的“仁爱”之心。人必先有一腔“仁民爱物”的情操，才能发之于外，才能有亲人、爱人之举。

“勿以恶小而为之，勿以善小而不为”，告诉我们，多行善事，多助他人，美德就会在日积月累中逐渐形成。

孔子政治思想中的“仁”学，也是为了实现大同的政治主张服务的，是他提倡的行仁政的理论依据。孔子提倡“仁者爱人”“克己复礼为仁”。“克己复礼”意思是“克制自己，使自己做的每一件事都符合礼的要求”，《论语·颜渊》：“子曰：‘克己复礼为仁。一日克己复礼，天下归仁焉。”

也就是说，社会中每一个人都应该努力克服各种错误和缺点，加强思想道德修养，提高自身文化素质，做一个仁者。最基本最起码的要求，就是他所不希望得到的东西，他做不到的事情，也不要强迫别人去做。同时，在思想道德方面也可为全社会的普通人做一个榜样，用自己的道德力量去感化别人，推动社会向着和谐美好的方向发展。因此，包括统治者在内的所有人都应该具有一颗“爱人”之心。

到了汉代董仲舒便有了“仁之法，在爱人，不在爱我”。

孔子是想通过提倡“仁”来实现他所谓的“大同”，因此，他极力推行教育事业，极力主张统治者要讲仁爱、行仁政。

在中国历史的王朝更迭中，殷商代夏，便被说成是因为商汤行仁政。武周伐纣所以能够成功，也被认为是其行仁政的结果。这样从思想到历史，便都有了行仁政的依据。

夏朝，从夏禹到夏桀，有400多年历史。夏桀是中国历史上有名的暴君，他和奴隶主贵族一道荼毒黎民，对奴隶的残害更重，大兴土木，修建豪华宫殿，奢侈无度，百姓怨声载道。首领商汤精心治国，仁德待人，得到天下人的拥护，最后一呼百应，推翻了夏朝，建立了商朝。因为历史上把改朝换代看成是天命的变革，所以商汤伐夏被称为“商汤革命”。商汤革命成就了以仁德得天下的典范。

商汤的始祖是五帝之一的帝喾的儿子契。因契帮禹治水有功，舜帝命令他说：“现在老百姓不相亲爱，父子、君臣、夫妇、长幼、朋友之间五伦关系不顺，你去担任司徒，认真地施行五伦教育。要本着宽厚的原则。”契领导的商部落在唐尧、虞舜、夏禹时代兴起，契为百姓做了许多事，功业昭著，百姓因而得以安定。商族兴起在黄河下游，相当于现在的河南、山东一带。到夏朝末年，商汤做了商的首领，都于亳（今商丘）。商汤施政宽和仁厚，革除以人祭天的陋习，布德施惠；致力于生产和经济的发展，并大力发展商业；对黎民轻赋薄敛，百姓亲附，令行天下。他说：“人照一照水就能看出自己的形貌，看一看民众就可以知道国家治理得好与不好。”他认为自己信奉的是天的主张。

商汤在夏朝为方伯（一方诸侯之长），有权征讨邻近的诸侯。葛伯不顾祖上的优良传统，荒于祭祀，对民众严酷，不好好治理国家、抚育万民。商汤多次劝谏葛伯，葛伯不听，他便发兵征讨之。他对葛伯说：“你们不能敬顺天命，我就要重重地惩罚你们，概不宽赦。”由于商汤能够勤政爱民，国力日益雄厚，势力逐渐由黄河下游发展到中游，势力渗透到夏的统治地区，并且与邻国亲和，建立了强大的部落联盟，此时虽是夏的臣服国，客观上却具备了与夏对峙的实力。

商汤是一位贤明的君主，他礼贤下士，对人才非常敬重。他任用贤能不拘一格，不管其身份贵贱，被他发现了，就会将其安置到一个合适的位置。有一个典型的例子可以说明。

商汤之妻是有莘商氏的女儿，下嫁于他时带了一个陪嫁奴隶，名为伊尹。开始，商汤不知伊尹是个什么样的人，便差他在厨房干活。殊不知伊尹不但很有学识，而且胸怀大志。伊尹得知商汤是一个贤德的国君，早就对他很佩服，有心跟着他成就一番事业，只愁没有机会。为了让商汤发现自己，开始他故意把饭菜做得很可口，商汤便知有了一个很好的厨师。但不久，商汤却发现做的饭菜有时咸有时淡，很不可口。商汤觉得奇怪，就把他唤到跟前责问他。

伊尹很高兴能有机会接触到商汤。他说："我当然知道只有咸淡适中、五味调和，吃起来才有味道。你哪里知道，我就是想向你进谏而没有机会，才故意这样做，让你召见我的。一个君王就像一个做菜的厨师，施政要掌握得恰到好处，天下百姓才乐于接受你的政令。"接着便向商汤讲述了远古帝王及九类君主的所作所为，阐述了自己对治理国政的见解，建议商汤更好地实行王道，以得到民众的拥护为根基，发展经济，壮大力量。商汤一听，确实是真知灼见，于是大为惊奇，知道他是一个贤才，如此有心术，一定是有来历的。细问才知道，伊尹原来是个博学多闻的大学士，曾做过莘国国君女儿的宫廷教师，在莘国还没能等到机会展示自己的雄才，莘国便灭亡了。他想到商国来辅佐商汤，才甘愿以一个奴隶的身份，做了商汤妻子的陪嫁。

商汤为得到这样一个胸有大志、深通韬略的奇人而庆幸，认为在夏末这样一个衰败的时代，要济世救民，这可是一个极有用的人才。于是他就免除了伊尹的奴隶身份，任为右相。但他又觉得不妥：这样一个难得的人才，只让他做商国的右相，岂不是屈才？如果把他荐到夏桀身边去发挥作用，用他的才能改变夏桀的暴虐和荒淫，不是可以拯救整个天下吗？于是商汤便把伊尹推荐给了天子夏桀。但夏桀荒淫无道，只重用奸臣，以前多少贤才都被他驱逐了，哪里会重用伊尹？伊尹到夏桀那里后，因为不能施展才能而非常失望，对夏桀的无道十分憎恶，认为拯救天下的希望在商汤，于是就找机会离开夏桀，又回到了商汤的身边。商汤问他为什么回来，他便把夏桀施行暴政、荒淫无道、暴戾顽贪、天下颤恐而患之的状况向商汤说了。伊尹还向商汤诉说了自己离开夏桀重回商都的心志，劝说商汤好好治理国家，担当起拯救天下的重任。商汤忧惧天下不宁，便让伊尹做自己的助手，为成就拯救天下的大业，大大小小的事都找他商量。在伊尹的辅佐下，他亲贤乐士、仁政爱民、重视商业，更加勤于政务，更加受到民众的拥护与爱戴，政令通行，国力强盛。

一天，商汤外出游猎，看见郊野到处张着罗网，张网的人祝祷说："愿从天上飞的、地下走的、水里游的，都进入我的罗网！"商汤听了，心里很不是滋味，问他："你这样做，不是太贪婪、太残酷了吗？"张网的人问他应该怎样做，商汤就让他把四面张开的罗网撤去三面说："想往左边走的就往左边走，想向右边逃的就向右边逃。不知趣的，就进我的罗网吧！"张网人很敬佩他的仁德。此事很快被传开。诸侯听后，都很敬佩商汤，说："商汤真是仁德到极点了，就连禽兽都受到了他的恩惠。"于是纷纷依附商部落。

商部落的日益强大引起了夏桀的顾忌。夏桀怀疑商汤默默发展商的实力是对他存有二心，想把商汤杀掉，但找不着理由。正好，夏桀手下有个忠臣叫关龙逄，多次劝说夏桀不要荒淫暴戾，一意孤行，否则会失去人心，丢掉江山。夏桀对他的话置若罔闻。耿耿丹心的关龙逄不肯就此作罢，有一次竟然当着众人的面劝谏。夏桀十分恼火，一怒之下把关龙逄杀了。对此，桀的臣子们谁也不敢表现出对关龙逄同情，更没人敢为关龙逄行祭。商汤得知消息，却不顾夏桀的淫威，立即派人带着祭礼，到京城哭祭关龙逄。夏桀震怒，正好以此为把柄，下令把商汤抓来，关押在天牢。伊尹见大事不好，立即想了个办法，将一些美女和许多珠宝进献给夏桀，说是商汤在被抓之前就安排好的，只是商汤没来得及进献就被抓了。夏桀听了伊尹的话，以为商国还是甘愿臣服于自己的，就把商汤释放了。商汤死里逃生，更增加了对夏桀的愤恨。同时，他在被囚禁的时期亲眼看到夏王朝已腐败透顶，便坚定了诛灭夏桀、拯救天下的决心。

商汤在国内对百姓更加爱护，以期在攻夏时得到国人的支持，听从他的号令。与此同时，采取伊尹的建议，大造舆论，历数夏桀骄奢淫逸、倒行逆施的种种罪行，号召被夏朝统治的部落反叛夏朝，并派人去劝说那些受夏朝控制的小国叛夏归商。在此以前，商国不仅畜牧业发达，农业也发展起来了，国库中储藏了不少粮食，邻国发生灾难，商汤就主动救济。一些友邻的小国对商国感恩戴德，对夏朝早有不满，如今听了商国使者的劝解，便顺从了，一个以商国为首的联盟渐渐形成。但也有不听劝告的，如早已被民众不满、一意孤行的葛伯国，商汤就举兵伐之，将其灭掉。对夏朝的羽翼如韦、顾、昆吾等实行各个击破，而对其部族中的某些人网开一面，促使他们改邪归正。如此，商汤美名远扬，成为众望所归的领袖，夏桀则逐渐陷于孤立。

商汤和伊尹想伐夏，然而对是否时机已到，心中仍没把握。伊尹便向商汤建议，停止朝贡夏朝，以试探桀的实力。桀见商停止了朝贡，便命令九夷族发兵征讨商。商汤和伊尹见桀还能调动九夷族的兵力，知道时机不到，就马上向桀请罪，恢复进贡，去掉了桀心中的芥蒂，赢得了等待时机的时间。一年后，九夷族忍受不了桀的残暴统治，纷纷叛离，使桀的力量大为减弱。商汤和伊尹见时机成熟，就由商汤召集部众，出兵伐夏。战前，商汤举行誓师大会，历数桀的罪恶，说明自己是奉行上天的旨意伐夏的，极大地鼓舞了士气，进兵非常顺利。桀调集军队抵御，双方在鸣条（今河南封丘东）相遇，展开大决战。夏军士气低落，人有怨心。两军交战之时，正值大雨狂作，商军英勇奋战，夏军败退不止。最后，夏桀逃亡，商汤在南巢俘获了他，并把他放逐在此。商军占领夏都，正式宣告了夏王朝的灭亡，建立了商朝，定都于亳，历史上称“商汤革命”。自此，诸侯全都听命归服于商，推商汤为天子。商汤禅让，诸侯不允。商汤只得登上天子之位，很快平定了天下。

商汤班师回到国都亳，废除了夏的政令，作《汤诰》号令诸侯。商汤临政之后，修改了历法，把夏历的寅月为岁首改为丑月为岁首，又改变了器物服饰的颜色，崇尚白色，在白天举行朝会。同时，减轻征赋，鼓励生产，安抚民心，使国家逐渐富强，万民有了平安的日子，商汤受到天下人的拥护。此时的商王朝国势强大，众多小国、部族臣服于商王朝，纷纷到亳进贡朝拜。

周文王行仁兴周。汉代思想家扬雄认为，君子于仁也柔，于义也刚。史书记载，文王遵先祖之遗训：“人饥己饥。”故于岐山下，教民耕种，积善施仁，教化大行，风调雨顺，国泰民安。《孟子·梁惠王》说周文王行仁政，先从经界（划分田地）开始。农民助耕公田，纳九分之一的租税。八家各分得私田百亩。大小官都有分地，子孙继承，作为公禄。商贾往来，关市不收税，水泽里捕鱼不禁止，一人犯罪，妻子不连坐。《诗经》中《大雅灵台篇》说文王要筑高台，庶民像儿子替父亲做事那样踊跃，很快就筑成

（“庶民攻之，不日成之。经始勿亟，庶民子来”），体现了当时奴隶主与奴隶之间关系的景象，这也是封建制度在进步时期的特有的景象。

盘庚迁殷，原想纠正贵族的堕落腐化，可是武丁以后他们腐化更甚，到纣时达到最高程度。纣淫乱好色，沉迷于打猎游玩。在他的影响下，到处荒废耕地，让麋鹿禽鸟生长。与此同时对人民施行残酷的刑罚，榨取财物。有记载说纣日夜酗酒，照周公《酒诰篇》所述，商整个统治阶级都沉溺在酒里，腥秽上冲，连天都发怒了。商统治者提倡畏敬鬼神，但他们甚至偷祭神的牺牲来享受。《微子篇》说“小民方兴，相为敌仇”，奴隶和下层百姓起来反抗贵族，方兴未艾，商王国到了即将崩溃的边缘。

周文王施行的政治措施与商朝的措施是很相对的。《康诰篇》上说:“唯文王之敬忌,乃裕民。”他禁止饮酒打猎,征收租税有节制,让农家有些蓄积,发生劳动的兴趣。《尚书·无逸篇》载周公训戒成王说，文王勤俭，穿着普通人的衣服，到田地上劳作，借以知道农夫的辛苦（“文王卑服，即康功田功”）。文王亲自种田，与“不知稼穑之艰难”的商王，恰好成显著的对照。他又针对着殷纣招诱奴隶,为其他小国所怨恨的形势,定出一条“有亡（奴隶逃亡）荒（大）阅（搜索）”（《左传》昭公七年）的法律,就是说,谁的奴隶归谁所有，不许藏匿。据春秋时楚国申无宇说，这是周文王得天下的重要原因之一。

能体现周文王“仁”的是，他还善待“顽民”。顽民原来是大小奴隶主，现在当了俘虏，丧失了过去的威福，顽固地反抗周统治。周公知道留顽民在商地将继续反叛，必须迁居洛阳，才能就近管束。他先宣称迁顽民到黎水地方（河南浚县东北），地近朝歌，顽民相当满意。周公卜问鬼神，得卦不吉利，于是改卜别地，说洛阳最好。商人信鬼，这样，把顽民迁到洛阳。周公召集商旧属国，来替顽民筑城造屋，新城很快造成，号称成周。同时也召集周属国，在成周西 30 余里筑城，称为王城。派八师兵力（一师 2500 人）驻成周，监视顽民。《尚书·多士篇》周公诰诫顽民说，你们受天罚，本当杀死，我保留你们的生命，应该感恩做我顺民。现在分配住屋田地给你们，安心谋生，如果再反抗，那是你们自己不要生命。又劝诱顽民说，你们只要安居乐业，你们的子孙会兴盛起来的。顽民处在这样的环境里，也只好逐渐软化降服。

因此，当时的人们深为感慨，文王身为君王，却能够体恤百姓，心怀仁德，这是难能可贵的，这也就是周王朝能够建立并且兴盛起来的关键因素吧！这才是真正的仁人之道啊！

孔子的教育思想同样是为了实现他的大同思想服务的，他办教育，推广私人讲学，对打破“学在官府”、贵族垄断教育是有贡献的。他的“有教无类”的主张，实际上是一种平民主义教育思想，对于促进社会在教育上的平等，促进人与人之间和谐关系是有促进作用的。在教学实践中还十分重视启发学生的学习自觉性、主动性；强调实事求是的学习态度。还重视互相学习，“不耻下问”，取长补短，他说“三人行必有我师”，应该经常请教别人。还重视学习与独立思考、学习与复习的关系，他认为学习而不思考则等于没学，光是思考而不学习的人也是很危险的。提倡“因材施教”，不搞一刀切，要求学生对所学知识能够“举一反三”，触类旁通。

孔子的教育思想是我国教育史上一笔极为丰厚的文化遗产，他所倡导的“大同”学说当然在当时是无法实现的了，但也表现了古人对“大同”社会的美好愿望，对于我们今天的实现社会和谐，共同富裕仍然具有重要的借鉴意义。

文献记载，孔子一生行仁义之德。《论语》说他仁以为己任。在日常生活中十分注意举止仪表，在待人接物方面，时时处处做到有礼有节，言行适度，举动文雅。例如，和别人一块饮酒，喝完酒以后总是让年长的先走，然后自己才退出来；孔子本来好唱歌，但是遇到别人家办丧事的时候，这一天他就不再唱歌了；在死了亲属的人旁边吃饭，他不曾吃饱过等。

孔子既注重礼貌，又很强调内心的真情实感。一天，有位盲人乐师来见孔子，孔子赶紧迎上去。乐师走到台阶边的时候，孔子就告诉他：“这是台阶。”当走到席子边的时候，孔子就告诉他：“这是席子。”等乐师坐下以后，孔子又向他一一介绍屋子里的人。送走乐师以后，学生子张问道：“这样不是太麻烦了吗？”孔子回答说：“接待盲人就应该这样。”

有一次马棚失火，孔子赶紧问：“伤着人了吗？”并不问有没有伤到马。孔子的一个学生因事被捕，进了监狱，孔子并没有嫌弃他，认为他虽然进了监狱，但并不是他的罪过，还是把自己的女儿嫁给了他。

孔子也很爱惜动物。据说孔子养的一条狗死了，便叫子贡把它埋起来。他对子贡说：“我听说破帐子别扔，好埋马；破车盖别扔，好埋狗。我连车盖也没有，你拿我的破席子把狗盖上吧，别叫它脑袋露着啊！”

孔子很喜欢结交朋友。对于朋友之情，他是很珍惜的，就是和自己作风不同的人也不肯轻易绝交。他和原壤的交往就是如此。原壤是鲁国人，孔子早年的朋友，为人狂放，不拘礼节，思想作风和孔子很不同。可是孔子和他相处得很好，直到老年仍保持着密切交往。

孔子是一位举世闻名的哲人和智者，也是一位充满悲天悯人情怀的仁义之士。他大力倡导“仁”，体现在对他人的关心和爱护上。他身体力行，一生仁民爱物，为后世树立了光辉典范。

刘向认为，义士不欺心，仁人不害生。这才是有仁德的仁人。大文学家吴敬梓说，以仁义服人，何人不服？

孔子及其后继者们提倡的仁爱思想，在中国历史上具有积极意义。它是正确处理人际关系的原则，也是对漠视人生命和尊严的意识的否定。一定程度上反映了对人“包括劳动者在内”的重视，是一种进步思想，有进步意义。它提倡人与人相爱，尊重人的价值，同情人，帮助人，体现了古代的人道主义精神。在历史上，无数的仁人志士力求“仁”的境界，推己及人，大爱苍生，为他人及民众之福祉奔走操劳，不懈努力，甚至“杀身以成仁”，千百年大德犹存，令人景仰。

这些思想影响了中国政治生活社会生活数千年，甚至也支配了中国古代政治家们的行动数千年，在这种思想的影响支配下，中国在同一社会历史时期，在世界范围内，创造了人类最为辉煌的文明历史。这些包含丰富的道德思想政治思想的“仁爱”思想，对于当代中国甚至是世界各国也都有积极的借鉴意义。西方的众多诺贝尔获奖者们，曾齐聚一起共同发表声明，认同儒家的“仁爱”思想，认为它是解决人类矛盾与困惑的良方。

尽管“仁爱”思想在封建社会的发展中起到了一定的积极作用，但在阶级社会中，传统政治与道德中的“仁爱”思想在封建社会专制统治下必然有其历史的局限性。要想调和阶级矛盾，实行一种超乎阶级之上的普遍的“仁”的主张，孔子的博爱，墨家的“兼爱”和后来的“民胞物与”等观点，就有超阶级的空想成分，在封建时代也很难达到。在阶级社会中，光依靠“讲仁爱、行仁政”以达到社会的和谐，稳固的发展显然行不通，而且孔子提倡“仁”的终极目的还在于“克己复礼”，就是在当时社会普遍“礼崩乐坏”情况下，妄想通过实行“仁”达到恢复过去的西周时代的那种天子、诸侯、卿大夫、士、庶民等级森严的统治秩序。这显然也是不合时宜的。

但瑕不掩瑜，仁爱思想显然是一种人类最美好的思想，对于现代中国来说，抛去其历史的局限性，无论是作为政治思想还是道德观念，无疑是我们精神的宝贵食粮，是我们民族文化的根，也是我们倡导的核心价值观的重要思想来源。无论是过去还是现在抑或是将来，社会、国家、个人的发展都需要沐浴在爱的阳光下，“成人、成己、成物”，仁爱无疑是“和谐、友善、公平、公正、爱国”理念的思想源头。

如今，人类进入到了更高的文明时代，这些思想在新的条件和环境下，具有非同寻常的意义，赋予了更丰富的时代新含义，有了实现的可能。特别是当人类创立了以人民当家作主为主体的社会主义国家以后，政府工作人员、党的领导干部，是人民群众的公仆，爱护人民，关心人民，将群众的冷暖挂在心间，是每一位干部应该做到的。上率下范，使人人相爱成为了可能。在新的历史时期，人民获得了真正的主人地位，在代表人民利益的中国共产党的带领下，为了共同的美好目标而努力奋斗，并在共同奋斗的历程中互相帮助，互相支持，团结友爱、关心他人已成为社会主义政治和道德的重要组成部分。

在建设社会主义进程中，我们应努力向古今那些道德高尚的人们学习，时时保持“仁爱”之心，从身边的小事做起，关心爱护别人，为别人解决困难，把别人的快乐当作自己的快乐，在帮助别人的过程中进一步提高自己的道德修养和道德境界。

第三章　中华民族传统的行为观念

一、信义为本的诚信观

厚于德，诚于信。信义为本是中华民族的传统观念。诚信是中华民族的传统美德，也是备受儒家推崇的基本道德规范道德观念与人文精神。儒学认为，诚信是个人安身立命之本，是交朋结友之基，也是治国安邦之道。第一，诚信是个人安身立命之本。儒学把“仁、义、礼、智、信”作为“立人”五德，强调诚信是个人最基本的道德品质。孔子说“人而无信，不知其可也”，要“言必信，行必果”，为中华民族留下“人无信不立”的道德信条。孟子在其思诚命题中，将诚信视为自然的规律，将追求诚信视为做人的规律，指出“是故诚者，天之道也；思诚者，人之道也。”《中庸》对这句话做了展开的描述：“诚者，不勉而中，不思而得，从容中道，圣人也；诚之者，则散而固执之者也，博学之，审问之，慎思之，明辨之，笃行之。”汉代的董仲舒将信与仁、义、礼、智并列为“五常”，使信成为具有普遍意义的最基本道德规范之一。宋代的周敦颐更是将诚视为人生的最高境界和道德的最高原则，认为“诚，五常之本，百行之源也。”第二，诚信是交朋结友之基。儒学强调诚信是维系人际关系的道德底线，“与朋友交，言而有信”“与国人交，止于信”。第三，诚信是治国安邦之道。《论语》载，子贡问政，孔子回答“足食，足兵，足信之矣。”子贡提出一个假设性的问题：“必不得矣而去，于斯三者何先？”孔子答：“去兵。”子贡再问：“必不得矣而去，于斯二者何先？”孔子答：“去食。自古皆有死，民无信不立。”强调只有取信于民才能得到民众的支持，而社会一旦形成诚信之风，国家的政令就会畅通无阻。《礼记》强调“大道之行也，天下为公，选贤与能，讲信修睦。”选拔任用贤能的人，也要讲究诚信，谋求和睦。

谈到中国人讲诚信，习近平总书记在多个外交场合谈及。2013 年 10 月 3 日，习近平总书记访问印度尼西亚国会时就提出“人与人交往在于言而有信，国与国相处讲究诚信为本”。2014 年 7 月 3 日，习近平总书记出访韩国之际，在韩媒发表的署名文章《风好正扬帆》中强调，“‘信’在东方价值观中具有重要地位，‘无信不立’是中韩两国人民共同恪守的理念。中韩以信相交，确保了两国关系长期健康发展的牢固基础。”2014 年 6 月 28 日，在和平共处五项原则发表 60 周年纪念大会上，习近平总书记引用“凡交，近则必相靡以信，远则必忠之以信”阐述中国亲、诚、惠、容的周边外交理念。2015 年 4 月 21 日，习近平总书记访问巴基斯坦时引用《论语》“人而无信，不知其可也”，并强调这与巴基斯坦人所说的“诚信比财富更有用”契合相通。

“诚”这一古老的哲学范畴。其原意为诚实无欺或真实无妄，是从道德范畴中演化而来的。《中庸》中子思提出了“诚”的范畴。子思认为“诚”是“天道”，是宇宙万物的本原，宇宙间的一切事物均是由“诚”派生出来的。“诚者，物之终始，不诚无物……诚者，非自成而已也，所以成物也。”那么，作为“天道”的“诚”有什么特点呢？子思说：“天地之道，可一言而尽也，其为物不贰，则其生物不测。天地之道，博也，厚也。高也，明也，悠也，久也。”这里。“不贰”体现了诚的特点“专一”，而“博、厚、高、明、悠、久”，则体现了“诚”这一“天道”的真实存在，这是一种唯心主义宇宙观。

子思在《中庸》中把天道与人道区别开来，认为“诚”是天之根本属性，而努力寻求天人合一，则为人道。在子思看来，“天道”是先天的，是圣人与生俱来的，而“人道”则是经过后天习得的。所以，子思说：“诚者，天之道也；诚之者，人之道也。诚者，不勉而中，不思而得，从容中道，圣人也。诚之者，择善而固执之者也。”子思认为“人道”与“天道”的区别在于：“自诚明，谓之性。自明诚，谓之教。诚则明矣，明则诚矣。”子思这里提出的明诚是指经过后天的学习、教育，使人恢复“诚明”的本性。“明诚”在此有认识论意义。子思认为，要实现“人道”，即“明诚”，就要“博学之，审问之，慎思之，明辩之，笃行之。”子思认为：诚能尽性。要达到至诚的境界，就可与天地参。他说：“唯天下至诚，为能尽其性……可以赞天地之化育，则可以与天地参矣。”“故至诚如神。”子思还把“诚”看作一种神秘的力量，把它当作判断事物吉凶和处理具体事物的准则，即诚可前知、诚则能化。子思说：“至诚之道，可以前知：国家将兴，必有祯祥。国家将亡，必有妖孽。见乎蓍龟，动乎四体。祸福将至，善必先知之，不善必先知之。”“其次致曲。曲能有诚，诚则形，形则著，著则明，明则动，动则变，变则化，唯天下至诚为能化。”

孟子承袭了《中庸》中“天道”与“人道”的思想，把“诚”作为天道的基础，认为认识“诚”，体现“诚”，则是人道合于天道。孟子说：“是故诚者，天之道也。思诚者，人之道也。”“至诚而不动褚，未之有也；不诚，未有能动者也。”孟子还提出：“反身而诚乐莫大焉。”可见，孟子把“诚”作为自然界和人类社会的最高道德境界。他认为，反省自己所达到的“诚”的境界，就是世间最大的快乐，而达到“诚”的途径有两个，一是内在的自我反省，一是外在的道德践履。这二者是相辅相成的。孟子生活在氏族国家崩溃的年代，所以，他力图以封建礼教来治国、平天下。这样，孟子就把作为道德范畴的“诚”作为一个治世的准则。孟子说：“居下位而不于上，民不可得而治也。获于上有道，不信于友，弗获于上矣。信于友有道，事亲弗悦，于弗信于友矣。悦亲有道，反身不诚，不悦于亲矣。诚身有道，不明乎善，不诚其身矣。是故诚者，天之道也。思诚者，人之道也。”可见，在孔孟看来，道德常常就是政治，这正是原始儒学和孔孟之道的真正历史秘密。这也足以见得孔孟的一脉相承。

荀子从朴素唯物主义立场出发，把“诚”看作是大自然运行和变化的规律。他说：“变化代兴，谓之天德……夫此有常以至其诚者也。”同时，荀子发展了孔孟的思想，表现出了比孔孟更为积极的现实主义实践品格。他虽然主张“不求知天”，但他仍把“诚”看作是养心修身的根本原则和治世之本，以“慎独”为实现“诚”的途径。荀子说：“君子养心莫善于诚，诚则无它事矣，唯仁之为守，唯义之为行。诚心守仁则形，形则神，神则能化矣。诚心行义则理，理则明，明则能变矣……夫此顺命，以慎其独者也。善之为道者，不诚则不独，不独则不形……”荀子还说：“天地之为大矣，不诚则不能化万物；圣人为知矣，不诚则不能化万民；父子为亲矣，不诚则疏；君上为尊矣，不诚则卑。夫诚者，君子之所学也，而政事之本也，唯所居以其类至，操之则得之，舍之则失之。”这些思想表达了荀子理智清醒的政治见解。

《大学》中许多思想与《荀子》相似。按冯友兰先生的说法是《大学》源于荀学。“古之欲明明德于天下者，先治其国；欲治其国者，先齐其家；欲齐其家者，先修其身；欲修其身者，先正其心；欲正其心者，先诚其意；欲诚其意者，先致其知；致知在格物。”“格物而后知至，知至而后意诚，意诚而后心正……”“所谓诚其意者，毋自欺也。如恶恶臭，如好好色，此之谓自谦，故君子必慎独也。”这样《大学》中把“格物、致知、诚意、正心、修身、齐家、治国、平天下”这八条目作为实现其“明明德、亲民，止于至善”的途径，而诚意则是止于至善的关键。

汉代因儒学受到冲击，“诚”这一范畴失去了它原有的地位，呈现一片历史的空白。

唐代韩愈，为了反对佛教，重提《大学》中修身、治国、平天下的理论，又把“诚”抬到很高的地位。以儒家的道统论，反对佛教只讲个人修养的出世原则。他说：“古之所谓正心诚意者，将以有为也。今也欲治其心而外天下国家，灭其天常，子焉而不父其父，臣焉而不君其君，民焉而不事其事”韩愈还在《原道》中直接引证了《大学》中正心诚意、修身、治国、平天下的思想与佛教对抗，韩愈说“《传》曰：‘古之欲明明德于天下者，先治其国；欲治其国者，先齐其家；欲齐其家者，先修其身；欲修其身者，先正其心；欲正其心者，先诚其意。’”可见，《大学》中的思想对韩愈影响极为深刻的，也是他反对佛教的重要武器。

唐代李翱以《中庸》为依据，继承并融合了儒佛两家的思想，以“尽性”为“诚”，提出了：“诚者，圣人之性也，寂然不动，广大清明，照乎天地，感而遂通天下之故，行止语默，无处不极也。”“道者至诚也，诚而不息则虚，虚而不息则明，明而不息则照天地而无遗。”李翱还说：“其心寂然，光照天地，是诚明也。”在此，李翱把“诚”视为圣人之本性，是清明至诚的道德境界。

北宋王安石提出："意诚而心正，则无所为而不正"，也把"诚"提高到了至高无上的地位。

周敦颐直接继承了《中庸》中"诚者天之道也，诚之者人之道也"的思想，并发展孟子、董仲舒的天人合一的思想，将"诚"神秘化。他说："诚者圣人之本。'大哉乾元，万物资始'，诚之源也。"他又说："诚，五常之本，百行之源也，静无而动有，至正而明达也。"这样，周敦颐就把作为道德范畴的"诚"作为一个万物的本原的哲学范畴而提出。他认为，人和物一样，都是从乾元中获得自己的本性，"诚"贯穿于事物发展的始终，这叫"立诚"。他还把"诚"看成是道德修养的最高境界，他说："寂然不动者，诚也；感而遂通也，神也；动而未形，有无之间者，几也……诚、神，几日圣人"他在《养心亭记》中说："养心不止于寡而存耳；盖寡焉以至于无，无则诚立，明通。诚立，贤也；明圣，圣也。"可见，在周敦颐看来，"诚"是源于乾元，为一切道德的基础，无欲诚心是道德修养的最高准则。

张载提出："天人异用，不足以言诚。"认为天道与人道是一致的。张载还把"诚明所知"看作是天德良知，把"诚明"看作是由尽性而穷理，这样就把"诚明"从道德修养的方法提高到神秘的认识论高度。

程颢、程颐从唯心主义宇宙观出发，把"诚"看成是"合内外之道，不诚无物"。他认为，"诚"是可与天地参的道德修养的最高境地，"体天理而达于至诚"就可与天地同德，"至诚可以赞天地化育，则可以与天地参"。"道，一本也。或谓以心包诚，不若以诚包心，以至诚参天地，不若以至诚体人物。"二程还把"诚"看作是君子必备的道德修养。他们说："学者不可以不诚，不诚无以为善，不诚无以为君子。"程颐还把"诚"推向至极，"凡学之道，正其心养其性而已。中正而诚，则圣矣。"二程还引导人们脱离对客观事物的认识，通过"反身而诚"，回到内心修养的最高境界，他们提出："天理云者，百姓具备，元无欠少，故反身而诚。"

朱熹受先儒影响极为深刻，他用《中庸》中的"诚"的范畴说明他的"理"，"诚者，真实无妄之谓，天理之本然也。""诚者，实理之谓也。"朱熹认为，统一的"理"，"以其实有"性来说，称之为"诚"，"以其体"来说，

"有仁义礼智之实"。"以其用"来说，"有恻隐、羞恶、恭敬、是非之实。"这样，朱熹把"诚""仁义、礼智、恻隐、羞恶、恭敬、是非"等都概括为理的内容。这就把封建伦理道德用"诚"的范畴上升为本体论高度加以客观化。朱熹还继承和发挥了张载的思想，以"圣人之德，所性而有者也，天道也……由教而入者也，人道也，诚则天下明矣，明则可以至于诚矣。"朱熹虽然把天道与人道区别开来，但明确提出，由教而入是人道，强调了"天道"与"人道"的合一。朱熹也把政治和道德联系起来，"人君之学与不学，所学之正与不正，在乎方寸之间……盖格物而致知者，尧舜所谓精一也。正心诚意者，尧舜所谓执中也。"可见，正心诚意是朱熹的中庸政治的体现。

宋明理学这种片面的道德政治，被南宋永康学派的代表人陈亮所斥责。陈亮在与朱熹的论争中，从功利主义出发，批驳了朱熹只谈性命而避功利。陈亮说："自道德性命之说一兴……为士者耻言文章行义，而日尽心知性；居官者耻言政事书判，而日学道爱人。相蒙相欺，以尽废天下之实，则亦终于百事不理而已。"陈亮还一针见血地指出："今世之儒士，自以为得正心诚意之学者，皆风痹不知痛痒之人也。举一世安于君父之仇，而方低头拱手以谈性命，不知何者谓之性命乎？"

南宋永嘉学派叶适以"君臣父子、仁义教化，有所谓诚然也"，道出"诚"是一切道德的基础。

宋明理学这种"内圣""外王"的政治被明代李贽所嘲笑。李贽说："吾意先生（朱熹）当必有奇谋秘策，能使宋室再造，免于屈辱，呼吸俄顷，危而安，弱而强，幼学壮行，正其时矣。乃曾不闻嘉谋嘉猷，入告家内，而直以内侍为言，是为当务之急与或者圣人正心诚意之学，直为内侍一身而设，顾不在夫夷狄中国的强弱也，则又何贵于正心诚意为也。"李贽的攻击虽有偏颇之处，但却击中了理学只讲"正心诚意"空疏之极的要害。

明清之际的王夫之，从唯物主义立场出发，吸收和改造了《中庸》中关于"诚"的思想，摒弃了它的唯心主义内容，把它当作"物质一般"的哲学范畴而提出，并赋予"诚"以全新的含义。首先，"诚"是"实有"。王夫之说："诚，以言其有实尔。""夫诚者，实有皆也，前有所始，后有所终也。实有者，天下之公有也，有目所共见，有耳所共闻也。""非有一像可名之为诚也。",可见王夫之把“诚”看作是不能凭空产生。“前有所始，后有所终”的客观存在。王夫之进一步指出，“诚”这一客观存在的实有，是“有目共见”“有耳共闻”的。这样，在王夫之看来，讨论了千多年的“诚”的范畴，终于有了一个唯物主义的、科学抽象的内涵。

“诚”的发展演变，经历一个从唯物走向唯心，又从唯心走向唯物的过程。《中庸》以前，“诚”是人们约定俗成的道德规范，而《中庸》则将“诚”由人道上升到天道，从而使“诚”披上神秘外衣，走入唯心主义的领域。以后的几千年中，“诚”被赋予各种解释，但一直未脱离唯心主义的窠臼，直到明清时，人们才摒弃其“天道”之说，而保留其“人道”的内涵。但是，在整个古代中国社会的发展中，在塑造民族文化和民族性格上，诚一直起着十分主要的进步作用。因为，待人以诚，童叟无欺，真实无伪是人类生活的道德准则，它具有跨时间、跨空间的真理性，并与人类社会相终始。

今天，当人们着手建设社会主义精神文明时，注重人们内心精神世界的建设，培养人高尚的道德情操，改变社会上欺人骗己的不良之风，诚的现实意义就被突出地表现出来。

信，从人从言，就是信守诺言，诚言无欺，忠实于自己所承担的义务。最早是人们对上天和祖先的诚实和信赖。“忠于民而言于神”“祝安正辞，信也”。到了春秋时代，信便成为人们普遍遵循的道德规范。

之所以将“信”作为儒学中的重要内容，是因为儒学创始人孔子、孟子对“信”有较大的发展。到了汉代，董仲舒将“信”列为“五常”之中，成为古代人们必须尊循的道德。其学说内容及发展轨迹如下：

孔子认为，信是人不可缺少的道德修养。如果人不讲信，不具备信的品质，就无法在社会上立足。“子曰：‘人而无信’不知其可也。大车无輗，小车无軏，其何以行之哉？”他把信分为一是信任。“宽则得众，信则人任焉”。“上好信，则民莫敢不用情”。二是信用。“与朋友交，吾而有信。”“君子信而后劳其民；未信，则以为厉己也。信而后谏；未信，则以为谤己也。”另外，孔子一方面有富之而后教之之说，另一方面又有必不得已而去食存信之论。“子适卫，冉有仆。子曰：‘属矣哉！’冉有曰：‘既庶矣。又何加焉？’曰：‘富之。’曰：‘既富矣。又何加焉？’曰：‘教之。’”子贡问政，子曰：

足食，足兵。民信之矣，子贡曰：‘必不得已而去。子斯三者何先？’曰：去兵：子贡曰：‘必不得已而去。于斯二者何先？’曰：去食，自古皆有死。民无信不立。”，子有时还将信与忠并提，并提出“主忠信”，即立足于忠信道德思想。“子张问崇德辨惑，子曰：主忠信，徒义，崇德也”。

另外，“信”是孔子教育学生四个方面内容中的一个，“子以四教文、行、忠、信”。

孟子对“信”的学说有较大的发展，他认为“信”是交朋友的最好办法。“孟子曰：居下位而不获于上。民不可得而治也：获于上有道。不信于友。书获于上矣；信于友有道。事亲弗悦。弗信于友矣”。孟子认为“信”是天赋于人的品德，是人们道德养要达到的目标。“孟子曰：有无爵音。有人爵者，仁义忠信。乐善不倦。此天爵也：公卿，大夫。此人爵也”。孟子认为：“义”是决定是否守“信”的标准，孟子曰：大人者，言不必信，行不必果，惟义所在。而孔子则主张“言必信。行必果”。可见孟子对孔子的看法，并不是一一听从。孟子从道德角度出发，将人分为六等，认为信是从下往上的第二等，自己内心充满善的人就是“信人”。“浩生不害问曰：‘乐正子何人也？’孟子曰：‘善人也，信人也。”何谓善？何谓信？’曰：“可欲之谓善。有诸已之谓信，无实之谓美，无实而有光辉之谓大，大而化之之谓圣，圣而不可知之之谓神。乐正子，二之中，四之下也。”以上是孟子对“信”说发展之处。孟子也继承了孔子“朋友有信”的思想。“圣人有忧之，使契为司徒，教以人伦，父子有亲，君臣有义，夫妇有别，长幼有序朋友有信”。

荀子认为信是取天下的前提条件。他总结春秋五霸成就霸业的经验，认为，诸侯讲究忠信者，就会称霸天下。“故用国者，义立而王，信立而霸，权谋立而亡。”“德虽未至也，义虽未济也……故齐桓、晋文、楚庄、吴阖闾、越勾践，是皆僻陋之国也。威动天下，强殆中国，无它故焉，略信也，是所谓信立而霸也。”荀子还提到，即使得到天下，如果统治者背信弃义，也会失去天下。“然则凡天下之要，义为本，而信次之。古者，禹汤本义务信而天下治，桀纣弃义背信而天下乱。故为人上者，必将慎礼义，务忠信，然后可。此君人者之大本也。”

董仲舒提出：仁、义、礼、智、信五个重要道德规范。"常"是恒常、根本的意思。五常也就是五种根本的道德准则，它用"三纲"融为一体，构成完整的封建道德规范体系。在董仲舒之前，孟子提出"四端"，强调仁、义、礼、智为四个最根本的道德准则。董仲舒认为，"五常"不仅是调整人们之间关系的永恒不变的准则，也是统治者推行"王道"的方法和工具。"夫仁、谊、礼、知、信五常之道，王者所当修饬也。故受天之佑而享鬼神之灵，德施于方外，延及群生也。"

董仲舒认为信有三，一是不叛盟。"伐丧无义，叛盟无信；无信无义，故大恶之。"二是不掩过。"竭愚写情，不饰其过，所以为信也"。三是不信则伤万事之本。"是故地明其理为蚕物母，臣明其职为一国宰。母不可以不信，宰不可以不忠。母不信则草木伤其根；宰不忠则奸巨危其君，根伤则亡其枝叶，君危则亡其国。"

唐代政治家、思想家、文学家和史学家魏征认为，信是维系国家、家庭的纲常，是治理国家的"大道"。"然则德礼诚信，国之大纲，在于君臣父子，不可斯须而废也。故孔子曰：君使臣以礼，巨事君以忠。又曰：自古皆有死，民无信不立。文子曰：同言而信，信在言前；同令而行。诚在令外。然则言而不信，言无信也；令而不从。令无诚也。不信之言，无诚之令。为上则败德，为下则危身，虽在颠沛之中，君子之所不为也。夫君能尽礼，臣得竭忠，必在于内外无私，上下相信。上不信，则无以使下，下不信，则无以事上，信之为道大矣。"

唐代文学家、哲学家、教学家和思想家柳宗元认为信的真正含义为中正和恒久，在施政中，不可一时不讲信。"左氏，谷粱子皆以不食其言，不食其言，然则为信可乎？曰：又不可。有得中正而复其言，乱也，恶得为信。""信，政之常，不可须臾去之也。""夫大信去令，故曰信如四时恒也，恒固在久。"

程颢、程颐认为，信是人与人相处的根本。"圣人言忠信者多矣，人道只在忠信。不诚则无物，且'出入无时，莫知其乡'者，人心也。若无忠信，便是不善处也。""绚问：'先生相别，求所以教。'曰：'人之相爱者，相告诫，必曰凡事当善处。然只在仗忠信。只不忠信，便是不善处也。"

朱熹十分注重信与忠的关系。“忠自里发出，信是就事上说。忠，是要尽自家这个心；信，是要尽自家这个道理。”“忠信只是一事。但是发于心而自尽，则为忠；验于理而不违。则为信。忠是信之本。信是忠之发。”

陆九渊继承了孔子“主忠信”的思想,认为忠信是一种诚实无伪的品德，是人天生所固有并普遍存在的，这种品德是处理君臣、兄弟、夫妇和朋友间关系的行为规范。“忠者何？不欺之谓也。信者何？不妄之谓也。人之不欺，何往诽忠；人之不妄，何德而非信。忠与信初非有二也。特由其不欺于中而言之。则名之以忠；由其不妄于外而言之，则名之以信。”

胡居仁继承了朱熹的思想。认为“在心无一毫不尽是忠。发生在事上无不实便是信”。这与朱熹认为忠是“尽已”，信是“诚实”是一致的。并认为忠信是学之根本，可以进德，可以理天理。“忠信是学之根本。”“忠信笃敬是孔门第一等工夫。非礼勿视听言动也，靠就这里做去，熟处便是仁。”“忠信则不杂人伪，所以为学之本，须要理会忠信是何事。”“在心无一毫不尽是忠，发出在事上无不实便是信。”“忠信是进德之基，便是立天下之大本。”“天理最实，故忠信便存得天理。”“无理最实，故忠信便存得天理。”

陈确继承了孔子的教育思想，认为信是教育学生四个方面中的一个。“子以四教：文、行、忠、信。子弟从之，则孝、弟、忠、信。故古之教者皆归者信。方是圣学。今之无文无行、不孝不弟者无论矣。其有文行而孝且弟者，以语忠信，均有所不敢。知苟忠信非，将所谓孝弟亦非矣。”陈确认为“老实”即是忠信，学老实，即是学忠信。“吾所谓不忠信，非全是虚伪。心不实固非忠信。心实而理不实亦非忠信。夫心与理，亦岂有二哉！理不实即是心不实，即是虚伪也。”

“信”作为儒学中的重要学说，在几千年的中国社会中已成为人们所遵循的美德。固然，在中国封建社会中，信有时成为统治者驾驭人民的道德工具。但作为人们生活中所依循的重要行为规范，在形成中华民族传统文化及塑造中华民族的性格等诸多方面，起着不可或缺的作用。就是在今天，乃至以后任何时候，信依然是中国人民乃至世界人民都要奉行的人生准则。

二、中正尚义的正义观

公正在上，中正尚义是中华民族的传统观念，正义观的核心是正和义，正是中正之意，义也是中正之意。自古以来，中华民族就是崇尚公平与正义的民族。一是“均平”思想。《论语》中的“不患寡而患不均，不患贫而患不安。盖均无贫，和无寡，安无倾”，是蕴含着古代公正意识的“均平”思想。朱熹将此语中的“均”解释为“各得其分”，即每个人得到他应该得到的那份（权利、地位、物品等）。二是社会的敬老养老理念。《孟子》多次提到要保证“老者衣锦食肉，黎民不饥不寒”“五十者可以衣帛矣”“七十者可以食肉矣”;《礼记》保留了上古“五十养于乡，六十养于国，七十养于学”的分级养老制度。三是从上到下形成救济弱者情怀。孟子指出，鳏、寡、孤、独，“此四者，天下之穷民而无告者，文王发政施仁，必先斯四者。”《礼记》也指出要使“鳏、寡、孤、独、废、疾者皆有所养”。四是教育公平愿望。孔子主张“有教无类”，向民间开放学校，打破世卿世禄制，得以举贤才。孟子说：“尊贤使能，俊杰在位，则天下之士皆悦，愿立于其朝矣。”《礼记》指出“大道之行也，天下为公，选贤与能，讲信修睦。”这些均贯穿了教育机会平等的思想。五是以义为本防止公权力滥用的思想。孔子说“政者，正也”“修己以安人”“修己以安百姓”，并提出五种美政：“惠而不费，劳而不怨，育而不贪，泰而不骄，威而不猛”，反对以傲慢的态度对待人民，滥用权力，任意扰民，践踏民意，不顾民生，要以敬的态度谨慎使用公权力。

在当代国际舞台上，中国始终坚持公平正义的国际秩序。习近平指出：“大国之间相处，要不冲突、不对抗、相互尊重、合作共赢。大国与小国相处，要平等相待，践行正确义利观，义利相兼，义重于利。”习近平强调：“我们要营造公道正义、共建共享的安全格局。在经济全球化时代，各国安全相互关联、彼此影响。没有一个国家能凭一己之力谋求自身绝对安全，也没有一个国家可以从别国的动荡中收获稳定。弱肉强食是丛林法则，不是国与国相处之道。穷兵黩武是霸道做法，只能搬起石头砸自己的脚。”正是基于这样的理念，中国始终倡导公平正义，坚持维护世界和平秩序。为了宣誓中国的理念，在“九三”阅兵纪念大会上，习近平主席紧握右拳振臂高呼：“让我们共同铭记历史所启示的伟大真理：正义必胜！和平必胜！人民必胜！”

正义是中华传统价值观的一个重要内涵，是“和合文化”的价值内容，是中华民族数千年来奉行尊崇价值理念行为准则。

考察人类社会发展史，正义是人类社会的基本价值和普遍法则，人类社会所提倡的自由、民主、公平、法治，都须建立在公平正义的基础之上，以公平正义为基本准则，只有建立在公平正义之上的自由、民主、公平、法治，才是人类所追求与期盼的。从这个原则出发，才可以说只有坚持自由、民主、公正、法治，才能形成一个祥和、稳定的和谐社会。崇尚正义的理念，是中国传统文化思想宝库中最为宝贵的财富，正义思想是古代中国先贤哲人们提倡的重要的道德尺度，是支配古代先民重要的行为准则，维护公平公正是当今提倡的社会主义核心价值观的深厚土壤、牢固根基与文化源泉。

早在夏、商、周时代，我国古人十分尊崇的正义观。在治国理政上强调“以正治国”，即“政者，正也。”无论是为政者，还是黎民百姓，都强调守正，强调中正。在表达民族思想意识的汉语中，中正意为得当、正直、纯正，亦指正道。《周易》中，中正指“得中”“得正”，不偏不倚。《礼记·乐记》中说：“中正无邪，礼之质也。”此外，正还渗入到社会生活的各个方面。它还细化到人们衣食住行的各方面，如“割不正，不食”“席不正，不坐”等。

可以说，崇正义是我国传统社会“名、事、礼、乐、刑、罚”等的基本价值取向，是中华传统价值观的一大要素。形成了许许多多以义字为核心内容的典故，正面的如取义成仁、见义勇为、见利思义、深名大义、义胆忠肝、情深义重、重义轻财、穷不失义、从容就义、乐善好义、舍生取义、仁义之师。反面的如绝仁弃义、见利忘义、薄情无义、背恩忘义、背信弃义、不仁不义、见利忘义等，构成了极为丰富的正义观念。

诚，是先秦儒家提出的一个重要的伦理学和哲学概念，以后成为中国伦理思想史的重要范畴。诚是儒家为人之道的中心思想，诚信是中国传统文化中的道德理念之一，诚实守信是中华民族的传统美德。中华民族奉行“人无信不立，国无信不强”的价值理念。千百年来，人们讲求诚信，推崇诚信，践行诚信。诚信之风早已融入我们民族文化的血脉，成为文化基因中不可或缺的重要一环。诚信是先秦儒家提出的重要的伦理学和哲学概念，后来成为指导人们行为生活社会规范，成为中国伦理思想的重要范畴。

孔子言:“言而无信，不知其可也。”《礼记》中记载:“诚者，天之道也，思诚者，人之道也。”

行正义之事，维护“正义”是中华民族崇高的品。我国古代的“正义”学说内容丰富。简单地说，就是做事能合正道的意思，为人不可做不正之事，不偏不倚。面对人人所喜爱的财物，需要用正义去获得，若用不义的方式猎取，损人利己，必定为人所不齿落得身败名裂。因此说，正人君子，不贪不义之财，不行不义之事，疏财仗义，救济诸善。

早在尧舜时代就有了“义”的概念，到了西周时期，在儒家确立的“五常、八德”和管子“四维”等道德规范里，“义”始终名列其中，处在第二位，地位显著，作为十分重要的内容，成为极其重要的道德范畴。

在我国的早期论述中，正和义是互通的。《文子·道德》中说，“正者，义也”，“义”有“正义”的意义，《礼记·中庸》说：“义者，宜也。”东汉刘熙在辞书《释名》中进一步解释:“义者，宜也，裁制事物，使合宜也。”韩愈在《原道》中则说，“博爱之谓仁，行而宜之之谓义。”“义”一定正，不正何“义”？“义”含有正当、应当和适宜等多重意思。

所以《墨子·天志下》说：“义者，正也”“义，人之正路也”。“义”不仅是合于一定目的的适宜，包含人之行为的正当与公正，要求行为本身符合正确的道德原则。既是一种伦理道德规范，又是人们对一定社会合理秩序的追求，也包含社会制度评判上的合宜与公平。

“正”具有正当、合适和公正之意，如“名不正，则言不顺”中的“正”，即强调名分的正当性、恰当性。正、义在我国古代也有连在一起用的情形，如“正利而为谓之事，正义而为谓之行。”“苟非正义，则谓之奸邪。”

“正”，是判断一切是非的准则。有守正、公正、中正之意。“义”，有大义、正义、公义、公道之意。中华传统文化把“正”和“义”作为人生的价值准则与价值取向已有数千年的历史。

中华传统道德文化体系是以义为尺度，以仁为核心，以礼为德的表现形式，以利为目标构成的有机体。仁是义的源头，由仁而生义，形成仁义观。孔子说："仁者，爱人。"爱人则欲利人，爱物则欲利物，爱亲则欲利亲，爱民则欲利民；即使产生利益冲突，也需由仁爱来化解。礼是义的外化表现形式，由义而生礼，构成礼义规范，即礼之义。义是社会、国家制定路线方针政策制度的价值原则，礼便是路线方针政策制度和行为规范的外在表现。无论是孔子的"克己复礼"还是其"礼有损益"说，都体现了按义的原则来判断礼的价值准则。利是正义的主要规范对象。只有符合正义原则的利才能称得上利，正如《周易》中所说"利者，义之和也"。

从个人修养和社会意义来说，义就是自己不推荐自己不表现自己，使自己的思想行为符合道德标准。从汉字的字义、字源来说，义者，人字出头，加一点。在别人有难时出手出头，帮人一把，即为义。古字义，离不开我，用我身上的王去辨别是非。

传统文化将正义与中并用。义与正都包含有持中的意义，正是中，义也是中，是不偏不倚，中庸之道。中正、正义互为表里。理解了中，也就理解了正的含义。

关于"中"，历代学者有过很多解释。《中庸》谓："中者，不偏不倚，无过不及之名。"段玉裁《说文解字注》曰："中者，别于偏之辞也，亦合宜之辞也。"程颐曰："不偏之谓中"；"中者，天下之正道"。朱熹曰："中者，无过不及之名。"陆九渊曰："中之为德，言其无适而不宜。"王守仁在《传习录》中说："此须自心体认出来。非言语所能喻。中只是天理。曰，何为天理？曰，去得人欲，便识天理。曰，天理何以谓之中？曰，无所偏倚。"

以上可见"中"的含义，系与偏颇、中和两端相对而言。所以，"中"可谓是一种基本方法或基本原则。归纳起来，在先秦典籍中，"中"主要有三层含义：一是指中间、中等、两者之间；二是指适宜、合适、恰到好处、符合一定的标准；三是指人心、内心思想端正。

从道德上说，"中"，就是中正、公正、而合乎天理人情之正道。从方法上说，"中"指一种不偏不倚、恰到好处的状态；从行为上说，则是合理、合宜、恰如其分。而作为哲学范畴，主要是指人的主观认识和行为与事物的客观实际相符合，从而达到一定的预期目标，故含有合乎客观规律的"真理”之意。

中华民族的祖先很早就在长期实践中产生了“中”的观念，并以之作为行动上的准则加以运用。据《论语》所载，尧、舜、禹等上古帝王都把“允执其中”作为传位的授命辞，这是从治国方法上提出了中道。后来的商汤以及周代的文、武、周公都继承并发展了这一“中”的道统。

持中处世，中庸做人，不是不讲原则立场，持中的原则是义，核心是“不偏”，是“守正”。“无过之亦无不及”“恰到好处”，这才是为人处世最高最根本的原则，也是体现大智慧的最佳状态。“中”，就是要求人们在事物的两个极端之间选取或者把握一个中道，并可以在人们的日常生活中随时随地加以实践。

中庸做人，就是要思想端正，使自己思无邪，行无妄，走正道，这是为人修身的中正之道。人生之初，其喜、怒、哀、惧、爱、恶、欲、忧、智、思等情感还没有形成，如同宇宙混沌之初，混混沌沌，如同一体，待其生长，有感于物才有了此十情的发生与发展，然后又有了性之不同，所以也才有了愚痴、顽劣、小人、中人、君子、贤人、圣人之分。人都自以为正确，而不认知自己的缺失，只有那些遵循了中庸做人思想的人，才会从正反两个角度审视自我，正确地评价自己和别人。

《中庸》系统论述了中庸思想，其中心思想是中和之美，即所谓“喜怒哀乐之未发，谓之中，发而皆中节，谓之和”。淳朴的人性是天下之大本，和谐原则是天下之大道，离开中和之道，便会人性浇漓，天下大乱。践行中庸之道，就是要使人的行为符合人的本性，符合忠恕之道，己欲立而立人，己所不欲勿施于人，做到互爱互信，互尊互谅，人得其所，事得其宜，则天下太平。孔子提出的“和而不同”的原则最能体现中和之道的精神，应该成为为人者普遍遵守的做人法则。仰不愧天俯不怍地。

中庸做人的内涵非常丰富，工作饮食喜怒哀乐皆有节度。比如，人要适度工作，不能好逸恶劳，也不能劳累过度，必须有劳有息；人都喜欢山珍美味，但食多伤脾胃，只要吃饱了就行了，中医提倡八分饱，就是这个道理，不食则饥，过饱则伤；人都喜好美色，男女皆然，但过于沉迷就会伤精损身，而完全禁戒也会让身体不适，所以君子好色而不滥，行之而有度；

人都有悲痛之情，但如果悲伤过度，也会伤了身体，所以聪明的人总是适度悲痛；人都难免发怒，但怒大伤肝，愤怒也不可过度，适可而行；人都会有所畏惧，也会有无所畏惧，但畏惧也应有度，更不能因畏惧止步不前；人都会有忧伤为难之事，但忧伤过度也会伤身，最好的办法就是时有远虑，有备无患；有人喜欢思考，多思伤身，必有其度；有人很自卑，有人很自负，自卑与自负都有害于人，最合适的状态则为自信。凡此种种，可推及所有事物之中，凡修身、求学、处世、立事、齐家、治国、平天下，坚守中庸之道就会有所成，丢弃中庸之道必然难以成功。所以，为人、为友、为政都离不开中庸哲学。做任何事都必须不偏不倚，不左不右。否则，什么事都走极端，就会过犹不及，事与愿违。

中华传统文化还把义与仁并用，作为传统道德的核心内容，提出了“仁义道德”“仁至义尽”“杀身成仁”“舍生取义”的思想。

按照儒学大家的定义，义是合宜、应当、应该之意，义是仁的价值标准，是人和社会应该遵循的最高道义。义是爱人爱物的出发点，是利他，不以损害和出卖他人尤其朋友来换取一己的生存和利益。“义”，还有情谊、恩谊之意，包括人与人之间的互相牵挂、互相关照、互相提携。亲情和友情，发展到完美的程度，就有“义”的成分。有“义”，使友谊友情友善纯久。有“义”在，朋友不会出卖朋友，丈夫也不会抛弃妻子儿女。

在儒家思想占统治地位的中国古代社会传统的道德生活中，正义就是伦理秩序的价值标准与天下公义。这种伦理秩序包含政治与社会两个层面。由于当时的政治是一种封建宗法等级制度，因此，这种伦理秩序在政治层面上通过“义”所要表达的就是对等级秩序的维护，有着历史与时代的局限性。

义还有着具有普遍社会意义超越等级秩序的公义公理。天下为公、世界均平的观念，是古代正义观的群体意识，人民热切期望实现人与人之间的平等、公平，以达到世界均平的理想，这在许多思想家和政治家那里也得到认可。对所有人公平对待，不偏不倚，给每一个人以平等的发展机会，举贤不避亲、不避仇，打破“刑不上大夫，礼不下庶人”的陈腐观念与传统做法。第一个统一的封建国家秦王朝，即实践着王子与庶民同罪，法律面前人人平等的法治理国制度，推行郡县制。自秦以后许多农民革命也以“等贵贱、均贫富”为口号，前赴后继争取公正“至平”的社会。汉武帝以后的治国思想体系中，也吸收了法家的治国理念和法律制度，确定了将“礼法并用”“德主刑辅”的法制指导思想。

儒家、道家、墨家都强调义，墨家提出的义德观特别强调周穷济困，利济苍生。前者具有补偿正义的含义，后者与儒家天下为公的思想有一致性，如墨子所说的“有力者疾以助人，有财者勉以分人，有道者劝以教人”，要求人们乐于助人，为他人谋利。这种天下公义和义济天下的义举思想，具有更强的社会性、民间性、普世性，长期影响着后世。

道义为先的价值原则。儒家思想在义利观上强调和坚持的是义以为上、重义轻利的价值观。因此要“见利思义”“见得思义”。对于个人生活与修养来说，要“义以为质”。“先义后利”，将义作为物质利益得失取舍的准则。《论语里仁篇》观点明确地指出，“富与贵，是人之所欲也；不以其道得之，不处也。贫与贱，是人之所恶也；不以其道得之，不去也”。

孟子在论述义利观中有关治国的关系时认为，“上下交征利而国危矣”。他在论述义利观中有关人生选择与人格修养的相关内容与相互关系时认为，义高于物欲，甚至生命，他说：“生亦我所欲也，义亦我所欲也；二者不可得兼，舍生而取义者也”“富贵不能淫，贫贱不能移，威武不能屈，此之谓大丈夫”。这种坚持道义的士大夫大丈夫精神对中国士人长期以来影响深远，是民族崇义向善的重要精神源泉。

义务为本的人伦责任。中国古代士大夫以义为本，义是为人处事所要遵循的第一要务，首要责任。传统中国是一个人伦本位、道德本位的社会，每一个人都在这种人伦秩序中充当了某种社会角色，很好地履行这种角色的责任，不仅是客观人伦秩序的需要，也是为人之义即处在关系中的人的社会道德责任。义不仅是一种客观的角色责任，更是一种人的伦理自觉，义之所以成为德就在于这种主体性、自觉性和能动性。

孟子言：“生，亦我所欲也，义，亦我所欲也，二者不可得兼，舍生而取义者也。”在古代的中国，“舍生取义”是衡量一个人道德的重要标准，正所谓“仁、义、礼、智、信”。但义有不同的“义”，本章所涉及的几个人物，都是敢为国家、君主、恩人而不惜生命的人，豫让宁变废人，也要报答知遇之恩；李膺依据法律不徇私情；包拯不畏权贵秉公办案；五朝廉吏王翱不徇私情；杨儒大义凛然保卫国土等。这些义士，都集中体现了舍生取义的精神！

社会和谐需要忠义，在中国，义字本身就包含着忠义之旨。《论语学而》说，“吾日三省吾身，为人谋而不忠乎。”古代许许多多义字当先的贤人圣者，上演了舍身取义的忠义大剧。豫让为报主恩不惜自残就是其中一个这样的感人故事。

战国后期，晋国的大权被范氏、中行氏、韩氏、魏氏、智伯、赵襄子“六卿”所把持。豫让，是晋国大臣智瑶的家臣。他最初是范氏的家臣，后来又做中行氏的家臣，都是默默无闻，怀才不遇。直到做了智伯的家臣后，才受到重用，而且主臣之间的关系很密切，智伯对他也很尊重。正在他境遇好转的时候，智伯向赵襄子进攻，赵襄子和韩、魏合谋将智伯灭掉了，消灭智伯以后，三家分割了智伯在晋国的领地。赵襄子最痛恨智伯，就把他的头盖骨做成饮酒用的器具。

智伯死后，豫让逃到山里，思念智伯平日里对自己的好，十分怨恨赵襄子把智伯的头颅做成漆器，盛了酒浆，发誓要替智伯报仇，行刺赵襄子。于是，他更名改姓，伪装成受过刑罚而变成残废的“刑人”，混入赵氏宫中修整厕所。他身上藏了一把匕首，等待机会行刺赵襄子。

有一次，赵襄子去厕所，心里总觉得不得劲儿，拘问修整厕所的人，才知道是豫让，衣服里面还藏着利刀，于是被赵襄子逮捕了。豫让被审问时，直言不讳地说：“我要为智伯报仇！”当侍卫要杀掉他时，赵襄子说：“他是义士，我谨慎小心地回避就是了。况且智伯死后没有继承人，而他的家臣却一心想替他报仇，豫让也是天下的贤士啊！”最后还是把他放走了。

过了不久，豫让为便于行事，顺利实现报仇的意图，不惜把漆涂在身上，使皮肤溃烂长疮，吞下炭火使自己的声音变得嘶哑，他乔装打扮使自己的相貌不可辨认，沿街讨饭。就连他的妻子也不认识他了。

豫让的朋友对他说：“你为了替智伯报仇，可以先去侍奉赵襄子，然后找机会刺杀他，那不是很容易吗？何苦把自己的身体残害成这个样子，这样做也太过分了。”豫让回答：“照你的说法去做，先做赵襄子的臣子。然后再刺杀他，这不成了侍奉君主而又怀有二心吗？我所以把身体残害成这个样子，就是为了使今后对君主怀有二心的人感到惭愧！”

豫让摸准了赵襄子要出来的时间和路线。在赵襄子要外出的一天，提前埋伏于一座桥下。赵襄子过桥的时候，马突然受惊，猜到是有人行刺，很可能又是豫让。手下人去打探，果然不差。赵襄子责问豫让：“你不是曾经侍奉过范氏、中行氏吗？智伯把他们都消灭了，而你不替他们报仇，反而托身为智伯的家臣。如今智伯已经死了，你为什么单单如此急切地为他报仇呢？”豫让说：“我侍奉范氏、中行氏，他们都把我当作一般人看待，所以我像一般人那样报答他们。至于智伯，他把我当作国士看待，所以我就像国士那样报答他。”

赵襄子十分震动，知道已经无法挽回豫让的杀己之心，于是他只好说“豫让先生，你为智伯报仇，已经名扬四海；而我赦免你的死罪，也有过一次了。你决心实现自己的计划，我这次再不能赦免你了。”就下令让兵士把他围住。豫让知道生还无望，无法完成刺杀赵襄子的誓愿了，便向赵襄子请求：“臣听说贤明的君主不掩盖他人的美德，而忠臣有为君主效死的道义。前些时候，君主已经宽大为怀，赦免了臣下的死罪。你这样做，天下的人都称赞你是一位贤明的君主。今天发生这件事，臣下甘愿伏法。可是我还有最后一个请求，请你把身上的衣服脱下来，允许我击打几下，用来表达我为智伯报仇的心愿。能够这样，我就是死了也没有什么遗憾了。我不敢指望你能答应我，但这确实是我心中最后的愿望了！”赵襄子满足了他这个要求，派人拿着自己的衣裳给豫让，豫让拔出宝剑多次跳起来击刺它，仰天大呼：“我终于可以报答智伯了！”遂拔剑自杀。

豫让的事迹传开，赵国的志士仁人无不为他的精神所感动，为他而悲泣。豫让行刺赵襄子，舍死忘生，舍身取义，备尝艰辛，虽未成功，却用生命报答了智伯的知遇之恩。所以，他要舍命为智伯复仇，用生命捍卫智伯的尊严。虽是一个未能成功的刺客，但失败的过程却成就了他的人格。他为知己献身的精神令人感佩。

唐代思想家文学家韩愈说过，“欲修其身者，先正其心；欲正其心者，先诚其意。”中国古代有许多清官、正官、廉官，为了维护正义不畏强权，维护正义，持正不阿。李膺执法不畏强权，维护正义，持正不阿，便是其中典型的一例。

李膺是东汉时期的一位名臣，著名学者。做官以严明著称。东汉后期，宦官专权，朝政腐败，民不聊生。李膺是官僚士大夫中反对宦官集团的中坚人物之一。他在任司隶校尉期间，敢于不避权贵，裁治不法。当时权倾朝野的大宦官张让的弟弟张朔做野王（河南沁县）县令，贪婪残暴，为非作歹，甚至毫无人道地残杀了一名怀孕的妇女。老百姓早就恨透了这个地方恶霸，但都敢怒不敢言。

张朔听到李膺作风威严，畏罪逃到京城里，躲藏在他哥哥张让家房柱的复壁里面。李膺得知这种情况之后，亲自率部下将张让家房柱的复壁打开，拘捕了张朔，把他交付给洛阳监狱，招认口供之后，立即依法处死。

“破柱取朔”这一行动，沉重地打击了宦官的气焰。尤其是大宦官张让恼羞成怒，向汉灵帝诉冤，要求治罪李膺。灵帝一时听信小人谗言，立即下诏书要李膺入殿。灵帝亲自在殿前平台上召见李膺，怪罪他不先请示，便加诛杀的行为。李膺早就把生死置之度外，义正词严地回答说：“过去晋文公逮捕卫成公，把他送到京师，《春秋》对此做了肯定。以前孔丘做鲁国的司寇，刚上任七天就诛杀了少正卯。现在臣到官已经十天，自认为办事拖延为错误，没有料到竟获得办事急躁的罪名。我诚然知道陛下要加以责备，死不旋踵，特地请求留在任上五天，剪除那些首恶大奸，退就鼎镬，才是我平生的愿望。”汉灵帝听后再也无话可说。转而对张让说：“这是你弟弟的罪过，司隶有什么过错？”此时的张让无可奈何，灰溜溜地退下了。从此以后，大小宦官们都害怕“李校尉”。李膺这种正道直行、为民除害的勇气得到人们的传颂。

李膺依据法律不徇私情、正道直行，将个人生死置之度外，坚持正义，天下楷模李元礼当之无愧！

不惧权贵，直言上谏，公正办案，刑上贵戚是古代中国政治生态的一道亮丽的风景。世代传说的包拯为了公理直言上谏、秉公办案则便是典型的一例。为了维护正义，包拯在办案中不惜得罪权贵，甚至是皇帝。正应了孟郊的诗句，“镜破不改光，兰死不改香。”这也印证了前面阐述的有关道义、公义的基本观点。

包拯人称“包青天”。事情发生在北宋皇祐二年（1050年）闰十一月。宋仁宗下诏以三司使、户部侍郎张尧佐为宣徽南院使、淮康军节度使、景灵宫使。当时张尧佐是张贵妃之父张尧封的堂兄。因为张贵妃受到宋仁宗宠爱，张尧佐也就青云直上。

包拯时任监察御史，负责对皇帝百官的纠弹。他认为宋仁宗一再超擢张尧佐，任人唯亲，不合大宋法度。他上疏指出宋仁宗提拔张尧佐是错误的，并分析其背景是后宫干政、个别大臣曲意奉迎。包拯此举如天惊石破，激起了一片称赞，大臣们纷纷上书反对任命张尧佐。面对强大的舆论，宋仁宗只好收回成命。

转眼到了第二年正月，宋仁宗经不住张贵妃的一再请求，再次下旨擢升张尧佐。包拯不顾再次触犯宋仁宗和张贵妃，又上书对此事表达不满。张尧佐见包拯等人言辞激烈，感到众怒难犯，当即表示不接受委任。于是，宋仁宗也就顺势下了台阶，收回了圣命。

可是张贵妃却老大不高兴，一再在仁宗耳边吹风。这年八月，宋仁宗金殿早朝，张贵妃特意送到宫门口，抚着仁宗的后背，柔声说：“官家今日不要忘了封宣徽使之事啊！”

金殿之上，宋仁宗果然又一次降旨。可御旨一下，包拯马上上奏。这一回，宋仁宗打定主意，坚持己见，说：“张尧佐并无大过，可以擢升。”

包拯谏驳道：“各地官吏违法征收赋税，闹得民怨纷纷。张尧佐身为主管，怎说是无大过呢？”

宋仁宗叹了口气，婉转说道：“这已是第三次下旨任命了。朕既贵为天子，难道擢任一个人就这么不容易？”

包拯闻言直趋御座，高声说道：“难道陛下愿意不顾民心向背么？臣既为谏官，岂能自顾安危而不据理力争！”张尧佐站在一旁，听得心惊肉跳。

宋仁宗见包拯如此执着，众大臣也纷纷襄赞，而自己又没有合适的理由反驳，心里非常生气，一甩手回到宫里。

张贵妃早已派人在打探消息，知道又是包拯犯颜直谏，惹得仁宗下不了台，所以等仁宗一回来，她马上迎上前去谢罪。

宋仁宗余怒未消，举袖擦脸，说："包拯说话，唾沫直溅到朕的脸上！你只知道宣徽使、宣徽使，就不知道包拯他还在当御史！"包拯的事迹经人们口口相传已经接近神话的境界，有的已很难考证是真是假，但包青天的威名却一代一代地传扬下来了。包拯办案，不徇私，不舞弊，勇杀王驸马、智铡洛阳王、生擒庞衙内、巧捉曹国舅、智斗庞太师，史书文献记载的一个个故事，反映了人们向往正义、追求正义的心声。当时的天下百姓，男女老少都知道包公。他们把包公传为救世主。他们说："关节不到，有阎罗包老。"关节就是打通关节，如果你找不到打通关节的路，也不要着急，因为有包拯替我们做主。在百姓中有这样的威名是多么的难能可贵。

包拯心怀天下，主持正义，秉道而行，行正义之事，维护"正义"实践着中华民族崇尚的正义理念，表现了一代清官高尚品格。

维护正义，作为官员，首先要做到清介自守。中国古代涌现了许多清介自守的官员。明朝王翱五朝廉吏，堪称楷模。《国语》说得好，"从善如登，从恶如崩"。

王翱是明朝成祖至景帝连续五朝的廉吏，在他 70 岁时，被任命为吏部尚书，一干就是十五年，直到去世。他身居官场几十年，尽管位高权重，但他始终保持公正、廉洁的品质。王翱身居"铨衡重地"，却能用贤治国，深知官贤与否关系到国家的治与乱。他深知一事得人则一事理、一邑得人则一邑安的道理，所以他对选拔官吏极为慎重。在封建官场上请托之风很是盛行，吏部更是钻营的重点对象。但王翱却"以用贤报国为己任"，决不拿手中的权力作交易。对权势者的嘱托，他都"毅然拒之，辞色俱厉"。为了防止别人登门拜谒，他在公务之外的时间常宿于官署，很少回家。所以在他任职期间，"门无私谒，权势请托不敢行"。

王翱的清廉不仅表现在忠于职守上，还表现在治家有法上。他身居朝堂，手握重权，但对自己要求却很严，经常穿破旧衣服。一次，明英宗召见王翱后，王翱转身走时，英宗见其衣服破损，又将他叫回问其中原因，王翱只好说是当天偶尔穿了这件衣服，刚才接到召命没有来得及换衣。

对于钱财王翱更是"淡然无欲"，他曾与某监军太监共事，两人关系很好，后他改任两广总督，临行前，太监以四颗西洋明珠相赠，王翱坚决不收。太监哭着说："这些明珠不是受贿所得，而是先皇将郑和所购得的西洋明珠赐给身边侍臣，我得了八颗，现将其中一半相赠作为纪念。"王翱只好收下，但却把这四颗西洋明珠缝在袄中。后来王翱奉命还朝掌吏部，此时这个太监已死，王翱找到其两位侄子，了解到他们生活困难后，即将从未动过的袄拆开拿出明珠转赠他们。

王翱对家人要求也很严格。他的一个孙子因恩荫而入太学。一年秋试，这位才华平庸的孙子也想一试科场，企图金榜题名。于是他拿着从有关部门弄到的试卷告诉了王翱，王翱坚决反对，说："如果你确有才华，我当然不阻止你一试身手；如果让你一个平庸之辈中选，势必埋没一个真正有才能的人。可你却强所不能，仅仅为了博取功名。"说完就撕了考卷扔进了火炉。

在原则面前，王翱对家属是寸步不让。他有一个女儿，嫁给了在京郊做官的贾杰。他夫人十分喜爱这个女儿，经常接女儿回家省亲。每当妻子临行前，贾杰就在她面前埋怨，"岳父把我调回京城，易如反掌，还哪里有这么多麻烦。"女儿将此事告诉了母亲，母亲也觉得有几分道理。一次，王翱夫人乘王翱开怀畅饮之际，婉转请求将女婿调入京城。谁知王翱大怒，拿起案上物打伤了夫人的脸。到王翱去世，贾杰也没有被调回京城。

清正廉洁的官员每朝每代都会出现一些。他们信道而行，不徇私情，不受贿赂，勤俭节约，一心为民，是人民的公仆，官员的典范。是因为他们不食人间烟火，天生就不在乎生活品质，不贪财不好色吗？每个人都是普通人，不是神仙，他们也有七情六欲，也会受到种种诱惑。他们之所以能做到常人不能做到的事情是因为他们心中都有一套行为准则，能够明辨是非，能够约束自己的行为避免走上歧途，我们学习他们的故事也要学习这样一种做人处事的方法，不放纵自己的欲望，才能始终做一个正直的人。

讲仁爱、尚和合、守诚信、崇公正的伟大民族品格在中华5000年的发展史中不仅得到充分体现，而且得到了许多创造性发挥。鲁迅先生说："只有民族的，才是世界的。"中国传统精神传统观念成为当代核心价值观的丰厚滋养，不仅为中华民族伟大复兴带来和平稳定的发展环境，同时也为世界各国共同发展、和平发展、实现“各国梦”带来稳定的国际环境。

三、忠贞爱国的忠义观

忠贞不二，忠心怀义，热爱国家是中华民族深厚的民族感情，是中华民族久远的传统观念。“忠”和“恕”“信”是相关的道德范畴，“忠”作为道德规范，在春秋时引起重视，并流传开来。“忠”侧重于对自己的要求。《说文》“敬也，尽心曰忠。”郑玄解释“忠”是“中心曰忠，中下从心，谓言出于心皆有忠实也。”“忠”被认为是“德之正也”“民之完也”，成为做人所具备的品质。

“忠”作为人的道德标准，它带有普遍性，适应于一切人。在儒学中，“忠”引起历代儒家的重视。

孔子把忠作为个人必须具备的品德，并以文行忠信教育弟子，提出“主忠信”的思想。“吾日三省吾身：为人谋而不忠乎？与朋友交而不信乎？传不习乎？”“子以四教，文、行、忠、信。”“子张问崇德辨惑。子曰：主忠信，徒义，崇德也。”“居处恭，执事敬，与人忠。”

孟子认为忠是天赋予人的，因此称之为“天爵也”。“仁义忠信，乐善不倦，此天爵也。”对别人而言，“教人以善谓之忠”。孟子关于忠的思想，有一个比较突出的表现，君臣之间，臣对君的忠实程度，是以君对臣的信任和知遇如何为转移的。“孟子告齐宣王曰：君之视臣如手足，则臣视君如腹心；君之视臣如犬马，则臣视君如国人；君之视臣如土芥，则臣视君如寇仇。”当别人无礼地对待自己时，自己要反省自己是否有不忠于人的行为。“君子必自反也；我必不忠。自反而忠矣。”“孟子曰：君子居是国也，其君用之，则安富尊荣；其子弟从之，则孝悌忠信。不素餐兮，孰大于是？”

荀子往往将忠信并提，而讲信处要远远多于忠。荀子从他的王霸主张出发，将忠信作为称霸天下的前提条件和统治者巩固统治的手段。“用国者，得百姓之力者富，得百姓之死者强，得百姓之誉者荣。三得者具而天下归之，三得者亡而天下去之。天下归之之谓王，天下去之之谓亡。汤、武者，循其道，行其义，兴天下同利，除天下同害，天下归之。故厚德音以先之，明礼之以道之，致忠信以爱。尚贤使能以次之，爵服赏庆以申重之，时其事，轻其任以调齐之，潢然兼复之，养长之，如保赤子。”荀子讲的是忠信，基本上都是指百姓对统治者或下层官吏对上层官吏的忠信。“百工将时斩伐，佻其期日，而利其巧任，如是百工莫不忠信而不楛矣。”“人臣之论，有态臣者有篡臣者，有功臣者，有圣臣者。内不足使一民，外不足使距难；百姓不亲，诸侯不信；然而巧敏佞说，善取宠乎上，是态臣也。上不忠乎君，下善取誉乎民；不恤公道通义。朋党比周，以环主图私为务，是篡臣者也。内足使以一民，外足使以距难。民亲之，士信之；上忠乎君，下爱百姓而不倦，是功臣也。”在论述为臣之道中，荀子认为，为臣者不必对其君百依百顺，也可以违抗旨意，但原则是要有利君主。“逆命而利于君谓之忠”。但是作为君主，如不尚贤使能，反而妒贤畏能而灭其功，就会罚其忠，赏其贼，夫是之谓至暗，桀、纣所以灭也。”荀子将忠分为大忠、次忠、下忠。他认为“以德复君而化之，大忠也；以德调君而辅之，次忠也；以是谏非而怨之，下忠也。”荀子认为，如果臣子与君主发生争辩，目的是有利于君主，虽然违背了君主的意志，但这样才能为君主建功立业，舍生忘死，不图私利，这才能真正的忠诚公正。他称之为“通忠之顺”。

《大戴礼记》认为，忠即全心全意地对待别人，与人交往不在于财物的有无、多寡，应尊重别人，诚心待人。“君子不绝人之欢，不尽人之礼，来者不豫，往者不慎也，去之不谤，就之不赂，亦可谓忠矣。”“丘闻之忠有九知，知忠必知中，知中必知恕，知恕必知外，知外必知德，知德必知政，知政必知官，知官必知事，知事必知患，知患必知备。若动而无备，患而弗知，死亡而弗知，安与知忠信。

董仲舒继承儒家的传统思想。认为为人臣者事君应如地之事天，忠且信。否则将君危国亡，董仲舒的“忠”是不贪功，不惜命，不显谏，止于忠。董仲舒将他的天人感应学说、五行学说及性三品等，用于君臣之间，使忠的内容发生了很大的变化。他认为人臣者事君应如地之事天。“故下事上，如地事天也，可谓大忠矣。土者，火之字也，五行类贵于土。土之于四时无所命者，不与火分功名。木名春，火名夏，金名秋，水名冬。”臣忠于君是天经地义之事，所以为人臣者理应为君效力，甚至不辞其死。“地卑其位而上其气，暴其形而著其情，受其死而献其生，成其事而归其功。卑其位所以事天也，上其气所以养阳也，暴其形所以为忠也，著其情所以为信也，受其死所以藏终也，献其生所以助明也，成其事所以助化也，归其功所以致义也。”作为人臣，如何忠于君主，他认为要贱二而贵一，一心之中才为忠，一心二中则为患，人臣只有一心一意，一个中心，才能尽人臣之责。“故古之人物而书文，心止于一中者，谓之忠；持二中者，谓之患。患，人之中不一者也。不一者故患之所由生也。是故君子贱二而贵一。”臣子要顺从君主的旨意，既不要居功自傲，又不要过分显耀自己。“号为大夫者，宜厚其忠信，敦其礼义，使善大于匹夫之义，足以化也。”

魏征承袭了儒家五常思想，突出强调了君礼臣忠的主张。“然则德礼诚信，国之大纲，在于君臣父子，不可斯须而废也。故孔子曰：君使臣以礼，臣事君以忠。”“夫君能尽礼，臣得竭忠，必在于内外无私，上下相信。”

柳宗元认为忠的真正含义在于中正和恒久。“夫忠之为言，中也。”

林慎恩以比干为例说明忠臣应不避国难，仗义直言，英勇赴死。忠，不仅仅是忠于一国一君，而应是忠于后代。其说略异于汉魏儒家无条件效忠君主的思想。“如愚子曰：比干如何臣乎？仲蒙子曰：忠也。曰：比干谏不止，致辛有否贤之罪名，落千古而为后代之所丑。斯实陷君于不义，恶为忠乎？曰：辛为君，涂炭生民，是时天下之心皆欲亡商兴周，盖商之朝犹有贤人。贤人存则商不亡，商未亡为天下谬，是以比干知存无益，故力谏以就死，恶不为忠乎？曰：知存无益，胡不逃去？逃去则商无贤人，无贤人则辛自亡矣，恶有剖贤之罪，为千古丑欤？曰：苟使逃去，则无忠臣死谏之名垂于后代也。且比干非不知辛祸胎已长，势不可止。盖不忍不止则竭忠谏之，谏之不听亦欲垂明镜于后代，则辛有剖贤人之罪，得无鉴戒于后代邪？是以比干之忠不独忠于一时，而亦忠于后代矣。”

王安石认为，为臣者不掩饰自己的行为，以求侥幸得到荣誉为忠。“臣事君以忠，忠者不饰行以侥荣”。

张载认为，仁义道德来自于“天地之性”“虚者，仁之原，忠恕者与仁俱生”。他的目的是通过对道德来源的论述，把忠恕等说成是天经地义的。

张载主张，要通过宗法来确立整个社会的忠义。“宗子之法不立，则朝廷无臣。”“宗法若立，则人人各知来处，朝廷大有所益。或问：‘朝廷何益？’公卿各保其家，忠义岂有不立？忠义既立，朝廷之本岂有不固？”

二程认为，忠信即天理，是存在于物质世界与人的意识之外的。“万事皆出于理。”“若无忠信（理），岂复有物乎？”“忠者开理。”二程的目的同张载一样，就是把忠提到天然合理和神圣不可侵犯的程度。二程认为，忠是仁之用在君臣关系上的体现，“仁义忠信只是一体事，若于一事上得之，其他皆通也。然仁是本。”忠的内涵是“尽己”与“无妄”。“臣之于君，竭其忠诚，致其才力，用否在君而已，不可阿谀逢迎，以求君之厚己也。”二程认为，人与人相处，以忠信为根本。“绚问：‘先生相别，求所以教。’日：‘人之相爱者，相告诫，必日凡事当善处。然只在仗忠信，只不忠信，便是不善处也。”

朱熹认为，“忠自里而发出；信是就事上说。忠是要尽自家这个心；信是要尽自家这个道理。”“‘为人谋而不忠’，谋是主一事说。‘朋友交而不信’，是泛说。人自为谋，必尽其心。到得为他人谋，便不仔细，致误他事，便是不忠。若为人谋事一似为己，为尽心。”“忠信只是一事。但是发于心而自尽，则为忠；验于理而不违，则为信。忠是信之本，信是忠之发。”朱熹又说：“俯仰天地之间所以自立其身者不过忠孝二字，此天下之大义，不可须臾少忽也。”

陆九渊继承了孔子“主忠信”的思想，认为忠信是一种诚实无伪的品德，是“人之所固有，心之所同然”普遍存在的，这种品德是协调君臣、兄弟、夫妇和朋友间关系的行为准则。《陆九渊集》载：“忠者何？不欺之谓也。信者何？不妄之谓也。人之不欺，何往而非忠；人之不妄，何往而非信。忠与信初非有：也。特由其不欺于中而言之，则名之以信。果且有忠而不信者乎？果且有信而不忠者乎？名虽不同，总其实而言之，不过良心之存，诚实无伪，斯可谓之忠信矣。由是言之，忠信之名，圣人初非外立其德以教天下，盖皆人之所图有，心之所同然者也。然人之生也，不能皆上智不惑。气质偏弱，则耳目之官，不思而蔽于物，物交物，则引之而已。由是向之所谓忠信者，流而放僻邪侈，而不能以自反矣。当是时，其心之所主，无非物欲而已矣。然则圣人所欲导远其固有，舍曰主忠信，其何以哉？是故为人子而不主于忠信则无以事其亲；为人臣而不主于忠信则无以事其君；兄弟而不主于忠信则伤；夫妇而不主干忠信则乖；朋友而不主于忠信则离。视听言动，非忠信则不能以中理；出处语默，非忠信则不能以合宜。凡文辞之学，与夫礼乐射御节数之艺，此皆古之圣贤所以居敬养和，周事致用，备其道全其美者。一不出于忠信，则虽或能之，亦适所以崇奸而长伪，况其余乎？”

南宋思想家、文学家陈亮提出“君仁臣忠”的思想。“君以仁为体，臣以忠为体。遍复包含，如天地之大，仁也；公家之事，知无不为，忠也。故君行恩而臣行令。”

明朝理学家胡居仁论忠信，继承朱熹的思想，认为“在心无一毫不尽是忠,发出在事上无不实便是信”。这与朱熹认为忠是“尽己”,信是“诚实”是一致的。胡居仁认为忠信是学之根本,可以进德,可以存天理。他在《胡敬斋先生居业录论学》中提出，“忠信是学之根本。”“忠信笃敬是孔门第一等工夫，非礼勿视听言动也，靠就这里做去，熟处便是仁。”“忠信则不杂人伪，所以为学之本，须要理令忠信是何事。”“在心。无一毫不尽是忠，发出在事上无不实便是信。”“忠信是进德之基，便是立天下之大本。”“忠信与敬，忠信于进德最力，然持养处须用敬也。非忠信，做敬不笃，笃敬处便是忠信。”“天理最实，故忠信处便存得天理。”“忠信是立诚处，所以能进德也。忠信二字最有力。”

陈确认为“老实”即是“忠信”，学“老实”即是学“忠信”。“忠信”是“教”“学”之本，“文行、孝弟皆归忠信”。“忠信”乃“心实”“理实”之谓也。“古之学者求以大吾之忠信，今之学者惟以雕吾之忠信。古今学术之不同，在此而已。子以四教：文、行、忠、信。子弟从之，则孝、弟、忠、信。故古之教者皆以忠信为教，其学者皆以忠信为学，文行、孝弟皆归忠信，方是圣学。今之无文无行、不孝不弟者无论矣，其有文行而孝且弟者，以语忠信，均有所不敢。知苟忠信非，将所谓孝弟亦非矣。吾所谓不忠信，非全是虚伪。心不实固非忠信，心实而理不实亦非忠信。夫心与理，亦岂有二哉！理不实即是心不实，即是虚伪也。曰：夫子之道，忠恕，而已矣。恕即忠之用也。孔门自颜、闵而下，惟曾子得忠信之学；至子思而孟子，而忠信之学益大。孟子而后，忠信之学日衰。孔子之叹，非叹好学者之少（寡）也，正正叹真忠信者之少也。吾之叹，非叹忠信者之少也，正叹真好学者之少也。故好学则忠者益忠，信者益信，不学则忠者失其为忠，信者失其为信，是所贵于学耳。”

谭嗣同深刻地批判了中国封建社会的伦理道德、三纲五常。他主张忠应该是平等的，反对盲目地愚忠。“忠臣！忠臣！古之所谓忠乃尔愚乎？古之所谓忠，以实之谓忠也。下之事上当以实，上之待下乃不当以实乎？则忠者，共辞也，交尽之道也，岂可专责之臣下乎？”

儒家学派思想中“忠”的主张，既有积极的一面，也有消极的一面。从积极的角度讲，为人谋事要忠于人，忠于朋友，“君信臣忠”等主张，不仅是传统文化的主要内容，也是中国人人格的主要内容；不仅在过去的历史中起着进步作用，在今天然仍是我们民族发扬光大的传统美德。但还有一种愚忠的主张，即毫无条件地忠于君主，这是我们应该摒弃的。

四、中正处事的中庸观

中正处事，不偏不倚是中华民族的传统观念。中庸观，儒家重要的哲学思想，主要体现在《中庸》这篇著作中。其中的一段话，基本说明了中庸的核心内容。“喜怒哀乐之未发，谓之中；发而皆中节，谓之和。中也者，天下之大本也；和也者，当下之达道也。致中和，天地位焉，万物育焉。”这里的中在《说文》中如是说：“中，正也”“庸，用也”。就是用正确的原则处理事物发展中的相互关系。

中庸的概念最早由孔子提出，但类似的思想在孔子之前就存在了。《尚书尧典》：“直而温，宽而栗，刚而无虐，简而无傲。”《尚书皋陶谟》也有记述：“宽而栗，柔而立，愿而恭，乱而敬，扰而毅，直而温，简而康，刚而塞，强而义。”

孔子的中庸思想，首先在认识论上，他提出“叩其两端而竭”的命题。

“吾有知乎哉？无知也。有鄙夫问于我，空空如也。我叩其两端而竭焉。”孔子的“两端”，就是事物的两个方面。有始末、不同、相反和对立之意。所以,他提出在处理事物时应“允执其中”的中庸思想。“尧曰:‘咨！尔舜！天之历数在尔躬。允执其中。’”这里的“中”。为无“过”与“不及”。无过与不及,孔子在《论语·先进》中也讲过。“子贡问:‘师（子张）与商（子夏）也孰贤？’子曰：‘师也过，商也不及。’曰：‘然则师愈与？’子曰：‘过犹不及。’”孔子类似的思想还有很多：如“子曰：‘君子惠而不费，劳而不怨，欲而不贪，泰而不骄，威而不猛。’”“子曰：‘君子矜而不争，群而不党。’”孔子对中庸评价极高，“中庸之为德也，其至矣乎，民鲜久矣。”所以，中庸作为道德观念十分重要，但人们很少能做到这一点，故孔子又说：“不得中行而与之，必也狂狷乎！狂者进取，狷者有所不为也。”

孟子认为，中庸是维系人们正常社会秩序的原则。“中也养不中，才也养不才，故人乐有贤父兄也。如中也弃不中，才也弃不才，则贤不肖之相去，其间不能以寸。”孟子又说，孔子不做过分的事情。孟子曰：“仲尼不为已甚者。”孟子认为,在选用人才方面,不论出身,也是中庸之道。“孟子曰：‘禹恶旨酒而好善言。汤执中，立贤无方。’”孟子认为，人若能做到中庸，就符合事物发展的道理。但中庸离不开权衡，如不知事物的发展变化，那么就同“执一”一样了。这样就损害了圣人之道，就会抓其一点而不及其余。“子莫执中，执中为近之;执中无权，犹执一也。所恶执一者，为其贼道也，举一而废百也。”孟子坚持了孔子如得不到同中庸之人交往，就次一等与狂狷的人往来。因为，狂放的人是进取的，拘谨的人是有做不到的地方。“孟子曰：‘孔子不得中道而与之，必也狂狷乎！狂者进取，狷者有所不为也。孔子岂不欲中道哉？不可必得，故思其次也。”

荀子认为，中和即中庸，故他说：“故公平者，听之衡也，中和者听之绳也。”杨惊注：“中和，谓宽猛得中也。”指处理政事宽严适当。

孔子后人子思总结孔子的思想，在《礼记》中撰写了《中庸》篇。《中庸》由此成为儒家最为重要的文献，代表了儒家最重要的“中”的思想观念，尤其是唐代以后作为四书之一刊行，列入科举必读书目，地位更加突出。其中的核心思想是“允执其中”，即“中”的思想观念。《中庸》意图借自然正义和宇宙公平的“天道正义”，为儒家修齐治平的政治理想提供宇宙论的信仰根据和价值论的公平思想。《中庸》“以天命为性”和“无声无臭”的宇宙本体揭示出自然界所蕴含的正义价值及儒家圣人八世治民的思想。《中庸》谓：“中者，不偏不倚，无过不及之名。”段玉裁《说文解字》注曰：“中者，别于偏之辞也，亦合宜之辞也。”

《礼记》中，中庸思想占有十分重要的地位：一是中庸是人的道德修养。中庸是君子的品德。“仲尼曰：‘君子中庸，小人反中庸。君子之中庸也，君子而时中；小人之反中庸也，小人而无忌惮也。”而这种品德很少人能达到。“子曰：‘道之不行也，我知之矣。知者过之，愚者不及也。道之不明也，我知之矣。贤者过之，不肖者不及也。人莫不饮食也，鲜能知味也。”人如能行中庸之道，是不可战胜的。“故君子和而不流，强哉矫！中立而不倚，强哉矫！国有道，不变塞焉，强哉矫！国无道，至死不变，强哉矫。”二是中庸是执两用中的政治原则。“子曰：舜其大知也与！舜好问而好察迩言，隐恶而扬善，执其两端，用其中于民，其斯以为舜乎！”三是中庸是天地正位万物化育的宇宙法则。“中也者，天下之大本也。和也者，天下之达道也。致中和，天地位焉，万物育焉。”

中庸是人们的认识论和方法论，提出：“执其两端”“择乎中庸”“中立而不倚”“依乎中庸”和“喜怒哀乐之未发，谓之中。发而皆中节，谓之和”的“中”“和”思想。

西汉思想家、政治家、外交家陆贾认为，中和是中庸之道体现在政治上的施政原则和因此而形成的和谐状态。鉴于亡秦用刑太极之失，他主张行中和之政。“君子尚宽舒以苞身，行中和以统远。民畏其威而从其化，怀其德而归其境，美其治而不敢违其政。民不罚而畏罪，不赏而欢悦。渐渍于道德，被服于中和之所致也。”

东汉荀悦将中和思想用于人的养生之中。“或问曰：养有性乎？曰：养性秉中和，守之以生而已。爱亲爱德爱力爱神之谓啬，否则不宜，过则不澹……故喜怒哀乐思虑必得其中，所以养神也。寒暄盈虚消息必得其中，所以养补也……夫善养性者无常术，得其和而已矣……仁者内不伤性，外不伤物，上不违天，下不违人，处正居中，形神以和。”并认为人做到中和，便是达到最好的自我修养的精神境界。“君子食和羹以平其气，听和声以平其志，纳和言以平其政，履和行以平其德。夫酸峨甘苦不同，嘉味以济谓之和羹；宫商角徵不同，嘉音以章，谓之和声；臧否损益不同，中正以训，谓之和言，趋舍动静不同，雅度以平，谓之和行。”

柳宗元十分重视中庸，认为中庸是“君子之道”“圣人之法”，是为人处事，治国安民的重要原则。“中之正有感于外，君子之道也。显然翘然，秉其正以抗于世，世必为仇敌，何也？善人少，不善人多，故爱足下者少，而害足下者多。吾固欲其方其中，圆其外，今为足下作说车，可详观之，车之说，其有益乎行于世也。”

程颢、程颐认为，中庸是“不偏”“不易”，是人们要遵循的“正道”，是事物发展的“定理”。“不偏之谓中，不易之谓庸。中者天下之正道，庸者天下之定理。”中庸是君子之道。“君子之于中庸也，无适而不中，则其心与中庸无异体矣。小人之于中庸，无所忌惮，则与戒慎恐惧者异矣，是其所以反中庸也。”二程又将阴阳的观点加入中庸中，同以前比，使中庸的内容更为丰富些。“中之理至矣。独阴不生、独阳不生，偏则为禽兽，为夷狄，中则为人。中则不偏，常则不易，惟中不足以尽之，故曰‘中庸’。”“天地之化虽廓然无穷，然而阴阳之度，日月、寒暑、昼夜之变，莫不有常，此道之所以为中庸。”

朱熹继承孔子的无过、无不及的思想。“中庸之中，是指那无过、无不及底说。如《中庸》曰：君子之中庸也，君子而时中。”“当于不当，这便是中。如何于二者之间酌中做？此正是今时人之大病。所以《大学》格物穷理，正要理会这些。须是理会教是非、端的分明，不如此定不得。”“自极厚以及极薄，自极大以至极小，自极重以到极轻，于此厚薄、大小、轻重之，择其说之是者而用之，是乃所谓中也。若但以极厚极薄为两端，而中折其中间以为中，则其中间如何见得便是中？盖或极厚者说得是，则用极厚之说；极薄之说是，则用极薄之说。”他认为，中庸是君子的品德。“君子之所以为中庸者，以其有君子之德，而又能随时以处中也。小人之所以反中庸者，以其有小人之心，而又无所忌惮也。盖中无定体，随时而在，是乃平常之理也。君子知其在我，故能戒谨不睹，恐惧不闻，而无时不中。小人不知有此，则肆欲妄行而无所忌惮矣。”在中和庸的关系上，他认为，“有中必有庸，有庸必有中，两个少不得。”“中必有庸，庸必有中，能究此而后可以发诸运用。”他赞同二程的中庸是天下正道、正理之说。“中者，天下之正道；庸者，天下之正理……这二句紧要在正字与定字上。盖庸是个常然之理，万古万世不可变易底。中只是个恰好道理。”

南宋思想家、文学家、政论家叶适的思想中，中庸是一种至高的德行。中庸的本质就是诚。“诚者，何也？曰：此其所以为中庸也。日月寒暑，风雨霜露，是虽远也而可以候推，此天之中庸也，侯至而不应，是不诚也，其之而必生，凿之而及泉，山岳附之，人富附之而不倾也，此地之中庸也。”“故中和者，所以养其诚也。中和足以养诚，诚足以为中庸，中庸足以济物之两而明道之一，此孔子之所谓至也。”

明代哲学家王廷相认为，中庸并非一般人可以做到。“《中庸》曰：喜怒哀乐未发谓之中。余以为在圣人则然，在愚人则不能然。”他认为，行中庸可以治弊救乱。“治弊而救之，中道而已矣。循而不知省，不及者也；矫之而甚，太过者也。过与不及。皆致乱。惟中合道，故治可久。”

中庸思想，首先，作为认识论和方法论来看，是有其进步意义的。它告诉我们在处理事情时，要适度，恰到好处，不能片面，走极端。否则，真理跨出一步就会变成错误。其次，作为一个道德原则，中庸之德，任何道德，都要克服两种倾向，即“过”和“不及”，如果违背这个原则，善行也会成为恶行。再次，很多儒学家将中庸思想运用到治政之中，这对中国古代的政治产生非常大的影响，使政治在某些方面注入理性的内容。这些都是中庸思想在历史上起到的进步作用。这些作用在今天仍然是适用的。但古代的中庸思想，有其古代人认识事物的局限性，如很多儒学家将中庸当成折中来对待，孔子就有类似的思想。同时，古代人讲的中庸也有其阶级局限性，即伦理道德的中庸原则很多从统治阶级的立场出发。所以，导致很多人认为中庸乃圣人之道，一般人不可及也。

五、克己奉公的制欲观

道家学说提倡谦恭的生活态度。这样一种哲学由老子开创,老子的《道德经》,即以居柔处下为合理的生存取向。老子所倡言的观念与常人所理解的人生观截然相反。在常人的意识里,人生应以进取为归的,而老子则以退让为至道。《道德经》云:"祸莫大于不知足,咎莫大于欲得。故知足之足,常足矣。"生活中最大的错误与灾难就在于有追求心。"夫唯不争,故天下莫能与之争。"恬淡无欲则是长胜不败之道。由于此种观念,老子学说在先秦诸子百家中显示了自己的特殊之处。

老子哲学,出自他对事物变化发展规律的独特洞见。《道德经》云:"反者,道之动。"此为宇宙间所有存在者的变化发展的根本法则。向自身的反面演变,是事物生存过程中的必然趋势。道,作为宇宙的根本原理,在其自身的生存中,创生了万物,不旋踵这些生机勃勃的万物又消散于无形。事物生存的循环往返,正是道所发挥出来的功能。这就是老子的宇宙观。老子哲学有两个主要概念:"有"与"无",宇宙间所有存在者皆可名为"有",有生于无,又复归于无,有与无的循环就是道主宰宇宙发展的过程和规律。于此可知,"有"的价值只具有相对意义,执着于"有"则是失智。

物极必反,是老子极为注重的一个观念。事物萌发于无形,渐至于顶盛,当其时衰败便已降临,所谓"物壮则老。"《道德经》云:"人之生也柔弱,其死也坚强。万物草木之生也柔脆,其死也枯槁。故坚强者死之徒,柔弱者生之徒……强大处下,柔弱处上。"人的躯体活时柔软,死后僵硬。草木亦然。

物极必反,势强必弱,这是一个必然的法则。明白了这一道理,一切争斗贪求之念自然烟消云散,世间的荣华富贵,亦如尘埃瓦砾,不值一哂。如果一意孤行,沉溺于名与利,则是不了解"道"。《道德经》云:"祸兮福之所倚,福兮祸之所伏。"患得患失皆为不智之念。诚然,利益能满足人的欲望,然而它终究是某种"有",丧失只在早晚。悲剧,是追名逐利者的必然结局。

老子之所以会有如此观察与结论，有其历史原因。老子时代，正值春秋时期，中国社会发生了剧烈变动。原有的社会结构、礼仪道德俱已坍塌，或者说，历史的发展摧毁了它自己创建的成就。这样的社会环境，无疑会对人们寄希望于历史前进的信念产生绝大的刺激。在老子学说中透显出来的即是对这种希望的失望。倘若纵观历史人生的命运，成败无常，盛衰无常，确是历史事实。这个事实成为道家学说产生的重要背景。据《汉书艺文志》，道家前身为史学家，“盖道家者流乃出于史官”。所以说老子的智慧乃是历史的智慧。《道德经》带给人的气象，一如一个阅尽沧桑的睿智的老人。

老子极为辩证地劝诫人们，越是强大越易失败，越是柔弱越易长久。这就是老子倡言谦恭为人生正道的道理所在。“柔弱胜刚强”是老子学说的一个主要观念，从物极必反的法则自然有这一结论。《道德经》云：“曲则全，枉则直，洼则盈，敝则新，少则得，多则惑。”《道德经》云：“知其雄，守其雌”“知其白，守其黑”“知其荣，守其辱”。这两段表面矛盾冲突的语言辩证地表达了“反者道之动”的道理。老子极为赞赏毫无刚性的水，《道德经》云：“上善若水。水善利万物而不争，处众人之所恶，故几于道。”在七十八章中有言：“天下莫柔弱于水，而攻坚强者莫之能胜。”正所谓“天下之至柔，驰骋天下之至坚”。其实，宇宙间至大无上的力量，就是道本身，它的品格恰是无形无象。《道德经》指明了一条成功之路。“天长地久，天地之所以能长且久者，以其不自生，故能长生。是以圣人后其身而身先，外其身而身存。非以其无私邪？故能成其私。”无私是唯一正确的抉择，也是合乎道的生活。

老子认为他找到了一条取得真正胜利的道路。此即是以不争为争，采取谦卑的姿态。相反任何占有都不是真正的成功，任何追求都不是取得真正成功的手段。甘居下风是唯一合理的生存方式。“知足不辱，知止不殆，可以长久。”这是真正的智慧，所谓“大智若愚”“大巧若拙”。《道德经》“正言若反”。首先在同一语句中自为矛盾，如“曲则全”等，唯有通过这种辩证的表达方式才可揭示出关于“道”的道理。进一层老子针对世俗的观念，采取了否定的态度。整部《道德经》全与世俗唱反调，原因只在较之世俗浅见,《道德经》讲出了更深一层的道理。“下士闻道大笑之,不笑不足以为道。”在普通人(下士)眼里,老子一派荒唐言,然而老子却自甘愚钝鄙陋。“我愚人之心也哉!沌沌兮!俗人昭昭,我独昏昏,俗人察察,我独闷闷。”所有这些都出于老子的辩证思想。于此也可了解,老子学说复古的性格,乃在于以“见素抱朴”为生活的原则,由是老子也赞美婴儿赤子的无知无欲。老子学说为中国文化提供了一个超脱精神。

老子之后,庄子以崇尚自然而然为主旨而对人的私欲加以否定。在哲学上庄子将老子的终极概念“天”给以化掉,无也不成为一个固定的存在,从而使自然而然、顺其自然成为道的精神。道的品格于此得以完善。自然而然排斥人为,人为乃是个人主观意志的表露,属于私意。庄子将天与人对立,而以天道为生活的准则,将人为视作妄举。《庄子·大宗师》云:“不以心捐道,不以人助天。”不可以逞私心以背离道,不可以有所造作以改变天然。这就是庄子的原则。《庄子·秋水》有言:“何谓天?何谓人?……牛马四足,是谓天;落马首,穿牛鼻,是谓人。”人为是对天然、本然的损伤。《庄子·列御寇》云:“贼莫大于德有心。”有心为德乃最大的祸害。《庄子》一书的许多寓言,皆以对自以为是、自大自满、徒逞豪强的嘲弄为主题。庄子的用意即在将人的私意全部剥落,以与天地混同。故此克制人欲乃为庄子哲学观的必然要求。《庄子·大宗师》云:“其嗜欲深者,其天机浅。”

庄子认为人为也是对人自身的损伤,因为自然之道不可违逆。人为出于私欲,私欲的产生在于人受形体(肉欲)的支配而被外物所诱惑,进而逐物不返,结果为外物所牵累,失去了自己生命的本然,也陷入了种种危险之地。一如螳螂捕蝉黄雀在后。解决的途径便在根除争斗心,也就是“机心”,《庄子·天地》篇云:“机心存于胸中,则纯白不备。纯白不备,则神生不定。神生不定者,道之所不载也。吾非不知,羞不为也。”机心破坏了本来的朴素境界。

庄子哲学努力于将人的精神从种种束缚中解脱出来,进至于一个绝对自由的境界,所谓“逍遥”,所谓“独与天地精神相往来”。这是人的真实生命,它是剥落了所有私心后对人的先天本然的复归。以这种精神行于世,即能“物物而不物于物”，摆脱了世俗事物的支配而超然象外。在这种境界中，私欲已不成为一个问题。《庄子·齐物论》云：“死生无变于己，而况利害之端乎。”心中已经没有生死的概念，更何况普通的欲望。《庄子·德充符》讲出了庄子的理想人格，即是：“有人之形，无人之情。”

与老子相比，庄子少言，“贵柔”。庄子乃是以超脱精神来指点人生，不似老子，他超脱了成与败，荣与辱的对立。在老子学说基础上，庄子将道家学说发展成如何使人的精神升华为超脱境界的学说。这是庄子对道家学说的推进，这一精神本为老子的《道德经》所含藏。自然，《庄子》书中所表达的对于成功的嘲笑和对自大的苛责，与老子“责柔”在性格上是一致的，不过出发点有所不同。《庄子·盗跖》即云：“平为福，有余为害者，物莫不然，而财其甚者也。”

汉初新道家黄老之学，继承了老子“贵柔”的思想。《黄老帛书》提出了“雄节”和“雌节”两个范畴。“夫雄节者，满之徒也；雌节者，谦之徒也。”认为凭依雄节争胜，必招致灾祸，雄节为“凶节”。而“凡人奴用雌节，是谓承禄。”雌节乃是“吉节”。故此说：“辨雌雄之节，乃分祸福之向。”“以刚为柔者活，以柔为刚者伐。重柔者吉，重刚者灭。”黄老之学是以权谋观念发挥这一思想的，不同于老庄的境界理论。

道家学说在魏晋演变成玄学形态。魏晋玄学产生于对汉代纲常名教的反叛，它的基本精神是从名教的桎梏中解脱，这正合道家义理，故先秦道家在这样土壤中复活。同时一个课题也随之而来，这就是人欲与自然之道的关系。出于对纲常名教的反叛，玄学家不主张禁欲，事实上他们的生活放浪不羁，所谓名士风流，以此来实践道家的自由精神。如此一来在理论上他们则将老庄哲学看作是一种有关精神境界的学说，以阐析顺其自然为旨归，各种问题都在这一前提下来解决。

魏晋经学家、哲学家王弼将这一问题转变为有情与无情的关系，力求二者的统一，主张“以情从理”。他认为喜怒哀乐是人的“自然之性”，不可禁绝，“然则圣人之情，应物而无累于物者也。”圣人深体变化之理，故能顺应变迁，由此其不为情感所累，心平如镜，这自然是“无”的境界。

嵇康主张“情不系于所欲”，所欲指云外物。《答难养生论》中说：“故世之难得者，非财也，非荣也，患意之不足耳……则足者不须外，不足者无外之不须也。无不须，则无往而不乏。无所须，故无适而不足。”他关注于对内在精神境界的培养，所谓“意”的足与不足的问题，以此斩断外物的束缚。“苟得意有地，俗之所乐，皆粪土耳。何足恋哉？”得意有地即内心自有主宰而“无须外”。意得即得“道”。关于世俗的人，他认为“此皆无主于内，借外物以乐之。外物虽丰，哀亦备矣。”郭象主张人应当安于自己的本性，不可逾越它，便有自由的生活。他所理解的本性实际是事物随生俱来的特性。《庄子注》中云：“故举小大之殊，各有定分，非羡欲所及，则羡欲之累可以绝矣。夫悲生于累，累绝则悲去。”每一事物生来就决定了自己的品性，各有所限，只要顺己之性自然生存，自己的生命即在完满无余中发展，亦即自足自乐，亦为逍遥。犹如麻雀与鸿鹄皆为逍遥。反之，“不能止乎本性，而求外无已。夫外不可求而求之，譬犹以圆学方，以鱼慕鸟耳。”倘若一个人不安于自己的本性，去追求自己不能做的事，这就是“羡欲”，痛苦的根源即在此处。玄学家都是顺其自然为精神，来解决外物、欲望、形体及内心精神这几项内容的关系。差别在于对自然之道的体悟有所不同。实质上有一共同点，即以虚无心态驾驭人欲。不排斥人欲是与老庄不同处。自汉代道教产生后，道学制欲的思想又开辟了另一发展方向，这就是将其演化成养生修命的理论。老庄学说是关于精神境界的理论，可以说是修性，而道教则性命双修，它的理论性质乃是养生学，以修炼肉体的长生久视，求做仙人为主旨。这方面的代表典籍是《抱朴子》和《黄庭经》，其中所表达的道教中修炼神仙的途径，都以无欲为宗旨。魏晋时葛洪的《抱朴子》云：“学仙之法，欲得恬愉澹泊，涤除嗜欲，内视反听，尸居无心。”他认为道以虚无为品性，故人能恬静无欲便与道相合，即可成仙。故此对人的肉体的要求应当是涤除俗世化的种种欲望。《道意》篇云：“人能淡默恬愉，不染不移，养其心以灭欲，颐其神以粹素，扫涤诱慕，收之以正，除难求之思，遣害真之累，薄喜怒之邪，灭爱恶之端，则不请福则福来，不禳祸则祸去矣。”

《黄庭经》讲述的是修炼的具体理论。《隐影》章中说："隐影灭形与世殊，含气养精口如朱，带执性命守虚无，名入上清死录除……郁郁窈窕真人墟，入山何难故踌躇，人间纷纷臭帑如。"意思是身体安静，心神虚无，含精养气，远离人间的繁扰杂乱。

道教的养生学以虚无为原则。仙人与俗人的差别在于清静与嗜欲，修炼成仙的过程就是涤除肉体的欲望。这与老庄的境界修养理论一脉相承，都以得道——致虚极为其终极目的，在老庄，得道成圣是人格的极致，在道教，得道成仙同时还是肉体的不朽。

道学制欲理论，大体可分四种形态。即：先秦道学老庄哲学，其以境界论为其性格。此其一。汉初黄老之学，其以权谋术为要旨。此其二。魏晋玄学，实质亦为境界论，但以合理地解释人欲的满足为目的。此其三。道教养生学的禁欲主义，其以肉体修炼为旨归。此其四。

第四章　中华民族传统军事观念

中国古代军事思想源远流长，博大精深，异彩绚烂，在世界军事思想发展史上具有杰出地位，中国古代军事思想涉及政治、经济、军事、外交、心理、地理各个因素，其核心的军事思想观念是站在人类幸福和谐，社会稳定，政治经济进步的立场上阐发的，古代军事家不仅着力研究怎样应对面临的战争威胁及夺取战争的胜利，而且非常重视从宏观上认识和把握战争，以充分发挥经济的、政治的、外交的、心理的等综合力量，来思考、应对、驾驭和控制战争，形成了具有中国特色军事观念。其核心内容是不主动不轻易言战，但面临战争威胁时积极备战；主张为正义而战，反对非正义的恃强凌弱；主张仁爱战争，即战时的人文关怀、人道主义精神；战争的目的不是为了掠夺扩张而是为了以战抑战，制止战争，实现和平。概括地说即不轻易言战的慎战观、遵守道义的战争观、以仁为本的战争观，以战止战的战争观、反对恃强凌弱的战争观等等。这些凝聚先人人性光芒和聪明才智思想的结晶，无论是过去还是今天，对中国，乃至全世界都有很重大的参考意义。

中华民族的战争观，源于中华民族的文化传统，即中国传统文化。在这个文化的中央，大大地写着一个“和”字，这一核心观念对其他思想观念的产生发展产生极大的影响。实践产生思考，思考产生思想，思想形成观念，观念引导行为，行为产生结果，结果又促进思考与实践。任何一个民族、一个国家的思想观念都源于此。

中国古代军事思想观念萌动于炎黄时期，产生于夏商时期，形成于西周王朝，成熟于春秋战国时期。此后的军事思想观念大都在这一时期的思想观念的基础上阐释延展。中国古代军事思想的产生发端于黄帝时代，根据古籍文献记载，当时由于炎帝失德，挑起战争，造成许多部族的恐慌，黄帝率领部族采取以战争制止战争，以争取和平为目的，击败炎帝，战争之后两大部族和平相处，融为一体，形成了新的华夏族。炎黄之战被后世称为仁义之战、正义之战，成为后世军事思想重要的远溯。

大约在公元前21世纪，中国建立了历史上第一个统一的奴隶制王朝——夏朝。由于阶级矛盾成了社会发展中的主要矛盾，战争也就成了解决阶级矛盾的最高斗争形式，此时中国古代军事思想已经处于萌芽状态了。进入西周，由于战争的频繁，作为系统地论述古代兵法的著作——兵书也就在西周产生了。在《左传》《孙子》等兵书的引文中，可以确切地了解到在西周时期，曾产生过两部较系统记述作战经验和军事原则的兵书《军志》和《军政》,《军志》是中国古代军事思想初步形成阶段的主要军事著作，是中国迄今有记载最早的兵书。两部著作标志着中国古代军事思想的初步形成。

公元前8世纪初至公元前5世纪初，中国进入了春秋时期。由于各诸侯国之间连绵不断的战争，使军事理论和战争实践都得到了较大的发展。《孙子兵法》是一部春秋末期集大成之作，是中国古代军事思想史上的第一个高峰。这一时期针对国家致力于发展出现了众多的思想派别，史称诸子百家。由于各派思想家的思想呈现，古代军事观念更加成熟，形成了具有中国特色的中国军事观念。

中国古代军事观念对于战争的起源性质和作用有着十分清晰的认识。战国名将吴起在其著作《吴子兵法》中敏锐地指出战争的起因就是“一曰争名，二曰争利，三曰积恶，四曰内乱，五曰因饥”。前两者多发生在国与国之间。该著作既反对持众好战，也反对重修德，而废弛武备。它认为只有内修文德，外治武备才能使国家强盛。

对于战争的性质，《吴子兵法》也作了明确的论述，指出：“一曰义兵，二曰强兵，三曰刚兵，四曰暴兵，五曰逆兵。”即禁暴除乱，拯救危难的军队叫义兵；仗恃兵强、征伐列国的军队叫强兵；因君主震怒而出师作战的军队叫刚兵；违背天理贪图不义之财的军队叫暴兵；不顾国衰民疲，兴师动众而出战的军队叫逆兵。对于战争的作用，许多军事家、思想家都认为战争的作用就是要以战争消灭战争获得和平。从《吴子兵法》对战争的起源、性质、作用的认识来看，与同时代其他思想观念有极高的吻合度。

一、以仁为本的战争观

中国古代的军事思想在强调战争不可避免时，也一定要师出有名，这个名就是正义性，也叫义兵。就是迎战也好，迫战也好，参战也好，都要拥有正义性，不以争名夺利、滥杀无辜为出发点。《礼记·檀弓下》就主张“师必有名”，认为师出无名，必将遭到众人的反对，定成败局。

最早反映这一思想观念的是《周易》,《周易》首先主张用和平方式解决国家之间的争端，同时主张师出有名的正义战争。《谦》卦“上六”爻辞：“鸣谦，利用行师，征邑国。”战前赢得道义上的主动是争取战争胜利的关键。《蒙》卦“上九”爻辞：“不利为寇，利御寇。”主动去侵略别国会对本国造成不利之局面，而进行自卫性的防御作战则是有利的。慎战的思想在《周易》中得到反复的强调，战前要重视运筹计划，不可盲目用兵。《豫》卦爻辞：“豫，利建侯，行师。”军事活动乃国之大事，应事先详细考虑，周密计划。一旦出兵，军队的纪律和作风就是决定战事胜负的重要因素。《师》卦“初六”爻辞：“师出以律，否藏，凶。”无纪律约束的军队是不可能打胜仗的。作战的指导思想，《周易》中也有体现。其一，进攻要大胆果断。《晋》卦“九四”爻辞：“晋如鼠，贞厉。”畏首畏尾，必致失败。其二，抢占关键要塞，一举消灭敌人有生力量。《同人》卦“九三”爻辞：“伏戎于莽，升高其陵，三岁不兴。”有时，毕其功于一役，即可使敌国遭到毁灭性的失败，多年不得恢复。

纵观古代军事著作，师出有名一定是要具有正义性。齐国司马穰苴编辑的我国古老的兵书《司马法》着重讲述了以仁为本的战争观。在《仁本第一》篇中，开明宗义强调战争是政治的组成部分，应该“以仁为本，以义治之之谓正，正不获意则权，权出于战争，不出于中人。”对于能够“安人”“爱其民”和制止侵略战争持肯定和支持的态度,《司马法》指出,“杀人安人,杀之可也;攻其国,爱其民,攻之可也;以战止战,虽战可也。”一方面,主张以仁治军,“攻其国,爱其民”;另一方面主张以正义的战争来制止非正义的战争,始终保持一种积极和平的战争观。

这本著作中讲述的战争观包括以下四个核心内容:其一,“争义不争利”,也就是说战争不是为了争利而战,而是为了大义而战。其二,“攻其国,爱其民,攻之可也”,就是说攻其国要与爱其民截然分开,也就是后来战争中遵循的不扰民、不杀民、不掠民,爱护百姓。其三,“以战止战,战之可也”,也就是说战争的终点是要制止战争,而不是无休止的发动战争扩大战争,那就可以战争。其四,“人而安人,杀之可也”。这句话的基本意思是,如果杀人是为了让更多的人获得安宁,那是可以杀掉人的。

书中强调以仁为战争之本,实质上反映的就是战争的正义性问题。从以仁为本的原则出发,该书还讲述了仁的基本原则,包括战争不能违背农时,战争不能在疫病流行时进行,战争不能强加给有国丧的国家,战争不能在敌国受灾时发动,也不能在夏、秋两季兴兵,以爱护敌对双方的人民。书中还指出,在先王“圣德之治”时代,没有战争。在贤王“亲制礼乐法度”的时代,战争用来征伐不义的国家。到了王霸时代,变乱纷起,才用战争来惩罚犯有“凭弱犯寡”“贼贤害民”“暴内陵外”“野荒民散”“负固不服”“贼杀其亲”“放弑其君”“犯令陵政”和“外内乱,禽兽行”等各种罪行的诸侯国家。这种思想突出地表现在“敌若伤之,医药归之”的人道主义精神上。敌人受了伤,不但不憎恨他们,还要给他们裹伤敷药,送他们到家人身边。这些思想观念,直到春秋时期,列国还有遵行的。从仁本观念出发,这种以仁为本的战争观,实际上正是周代以王者之兵为正义之师的思想的反映。

孙武主张战争首先要合乎“道”,“道”就是战争要符合民意“令民与上同意也。故可以与之死,可以与之生,而不畏危也。”在《谋攻篇》中提出:“是故百战百胜,非善之善也;不战而屈人之兵,善之善也。”对“不战而屈人之兵”的具体实施办法又有了详尽的论述,“上兵伐谋,其次伐交,其次伐兵,其下攻城。”概括起来就是综合运用政治、外交、经济、武力威慑等手段，制止战争的爆发，达到最终“杀人安人、以战止战”的政治目的。从其具体的运用手段来讲，主要有“伐谋”和“伐交”两种。

儒家把战争区分为正义与非正义之战。对于正义之战，他们主张采取积极主动的态度。孔子讲“礼乐征伐自天子出”，就是竭力维护“礼战”的合法性。

杂家的代表著作《吕氏春秋卷七孟秋纪荡兵》也认同战争不可避免，但有义兵的主张。“兵之所自来者久矣，不可禁，不可止。故古之贤王有义兵而无有偃兵。”即是说战争由来已久，人们既不能禁绝它，也做不到完全制止它。所以古代贤王，有为正义而进行战争的，而没有废止战争的。而且吕不韦还在书的相同篇章中进一步阐述了正义战争的作用意义。

以仁为本的战争观表现了中国人在儒家正统思想的引导下，崇尚中庸、崇尚仁爱，而以仁为本更是中国古代军事思想重中之重。

慎战思想观念。慎战的思想观念是中华传统军事观念中重要的组成部分。中国古代军事思想家明确提出，非利不动，非得不用，非义不战，非危不战的慎战思想。儒家学派的创始人孔子对战争的态度表现为慎战。孔子反对鲁莽行事、不打无准备之仗，反对不义战争。这种精神构成了中国传统战争观的核心。严肃对待战争，必须注意言战议兵要慎重，而不能有勇无谋，轻易言战。《论语·述而篇》云：“子之所慎：斋、战、疾。”概括出了孔子对战争的态度。

一代兵圣孙子在其所著的兵书中充分阐述了慎战思想。孙子兵法开宗明义就提出：“兵者，国之大事，死生之地，存亡之道，不可不察也。”将战争放到了死生之地、存亡之道的高度。既然战争是关系到国家存亡的头等大事，所以孙武多次告诫并提醒统治者，必须慎重对待战争，指出：“亡国不可以复存，死者不可以复生。故明君慎之，良将警之。此安国全军之道也。”对于那种缺乏政治目标和战略价值而轻起战端的鲁莽行为，孙武持坚决反对的态度，他告诫君主和将领们：“主不可以怒而兴师，将不可以愠而致战。合于利而动，不合于利而止。怒可以复喜，愠可以复悦。”孙武对战争采取十分谨慎的态度，但一旦战争到来，孙武主张战必胜。在处理好备战、慎战和敢战的关系基础上，不战则已，战则必胜。即“战道必胜，主曰必战，必战可也”。

孙子通对战争利害关系的辨析，强调了慎战的重要性，并以此反对穷兵黩武、好战喜斗。他指出：“不尽知用兵之害者，则不能尽知用兵之利也。”急功近利、一味穷兵黩武、好战喜斗，是绝对不可行的，必须审慎地对待，作为军事家的孙子，他深刻地认识到了战争的复杂性，他最反对的是轻率鲁莽，他研究战争问题的出发点，一言以蔽之，就是一个“慎”字。“慎战”思想是孙子作为一代军事家对战争的理性思考，也是孙子对战争的人性化思量，他并不崇拜武力，也不迷信使用武力。在此基础上，孙子强调绝不要轻言战事，不可率先挑起战事，即“后人发，先人至”。孙子的一系列思想观念与我们今天提倡的既不轻易诉诸武力，又要做到敢于应战的思想一脉相承。

中国自古以来就不好战，不乱战，反对穷兵黩武，许多军事家、思想家都认识到了好战、乱战、穷兵黩武的危害。著名军事家孙膑也反对一味轻率好战，片面追求军事上的优势和战争的胜利。他在《孙膑兵法见威王》中指出：“夫乐兵者亡，而利胜者辱。兵非所乐也，而胜非所利也。事备而后动。”认为轻率好战的人会导致亡国，一味贪求军事上的胜利反而会受挫被辱。宋代出版的《百战奇法好战》一书中明确指出“夫兵者，凶器也；战者，逆德也，实不得已而用之”“国虽大，好战必亡”。这从秦王朝、隋王朝身上都能找到影子。为此作者谆谆告诫“隋之炀帝、国非不大，民非不众，嗜武好战，日寻干戈，征伐不休，及事变兵败辽城，祸起萧墙，岂不为后世笑乎？吁，为人君者，可不慎哉！”

《吴子兵法》以历史的教训，指出穷兵黩武的巨大危害：“天下战国，五胜者祸，四胜者弊，三胜者霸，二胜者王，一胜者帝。是以数胜得天下者稀，以亡者众。”也就是说天下各国之战争，战胜了五次（意指多次）仍不得善其后、不能解决问题的，必有灾祸来临；战胜四次的，必是疲惫不堪；能够以三次决定局面的，可以称霸；能够以两胜而使对方心悦诚服的，可以为王；一战而胜的则可以为帝。能够屡战屡胜仅依靠战争胜利而得天下的，是少之又少，因此而致亡国的，却比比皆是。以此告诫统治者：应该审慎地对待战争，动辄采用暴力手段，穷兵黩武、连年征战，即便是多次取得战争的胜利，却不一定是好事。所以《墨子非攻》篇中说“古者封国于天下，尚者以耳之所闻，近者以目之所见，以攻占亡者不可胜数”。言天下治国，年代久远的耳目所闻，年代近的亲眼所见，由于发动战争而亡国的数都数不清，战争并不是解决社会问题的最好途径和手段。

到了明代，《明太祖宝训卷五谕将士》也说，“国家用兵犹医之用药，蓄药以治疾病，不以无疾而用药”。这正像医生治病，医治了一万人，而只医好了几个人，大多数人治死了，决不是好医生。打起战争，国君无法朝政，官吏无法处理事务，农民不能耕田，妇女不能纺织，而且要以人的生命和物资财富作为代价，其结果是“夺民之用，废民之力”，得不偿失。

兵不可黩，表现在作战目标和行动上，就是“允当则归”。意思是说当迫不得已采用军事手段时，战争的目标要适当，作战行动要适可而止，不求过分。如《军志》所言，要懂得“知难而退”。如《经法称》所言，要“提正名以伐，得所欲而止”。既要是统率正义之师讨伐不义之兵才可兴兵，又要在达到预期的目的时适时罢兵收战，才是明智之举。明太宗也有过十分鲜明的论述，在《明太宗实录》中记，“兵不可以黩，黩则玩，玩则败。苟不察国之虚实，不谋敌之强弱，而唯战是务，则国危矣”。

为此，中国古代的思想家们主张，“不战而屈人之兵”的“全胜”战略，反对恃强用兵。孙子曰：“夫用兵之法，全国为上，破国次之；全军为上，破军次之。”“是故百战百胜，非善之善者也；不战而屈人之兵，善之善者也。故上兵伐谋，其次伐交，其次伐兵，其下攻城。攻城之法，为不得已。”“将不胜其忿而蚁附之，杀士卒三分之一，而城不拔者，此攻之灾也。”他明确反对恃强硬攻，而主不战而获胜，“善用兵者，屈人之兵而非战也，拔人之城而非攻也，毁人之国而非久也，必以全争于天下。故兵不顿而利可全，此谋攻之法也。”

老子、墨子也都反对随意发动战争。老子持非战的思想，他基本上是反对战争的。认为战争是违背人性，不吉利的事物。武力，不是吉祥的东西，大家都讨厌它，因此，有道之士不使用它。君子平时以左为尊，战时则以右为上。武力不是吉祥的东西，不是君子应该崇尚的东西，只有到了迫不得已的时候才去使用它，淡泊宁静才是高尚的。《老子》第三十篇和第三十一篇说的就是这个意思，第三十篇中说“以道佐人主者，不以兵强天下。其事好还师之所处，荆棘生焉。大军之后，必有凶年”，一个国家，仅靠兵力的强大而逞强天下、滥施暴力、滥杀无辜、频繁发动战争，那样是很危险的，那样做的结果必将走向事物的反面，于人于己都是不利的。第三十一篇又说“夫兵者，不祥之器，物或恶之，故有道者不处。君子居则贵左，用兵则贵右。兵者不祥之器，非君子之器，不得已而用之，恬淡为上。胜而不美，而美之者，是乐杀人。夫乐杀人者，则不可得志于天下矣。吉事尚左，凶事尚右；偏将军居左，上将军居右。言以丧礼处之。杀人之众，以悲哀莅之；战胜，以丧礼处之”。可见老子在本质上厌恶战争，反对战争，但他并不不主张罢弃军备，他不否定把战争作为万不得已的最后选择的必要性，但又主张恬淡为上。他主张在不得已的情况下，可以暂时凭借战争的手段，来达到一定有限的政治目的。但是，就是在不得已而用之的情况下，老子也强调指出不应该对战争进行赞扬，更不能以兵逞强，炫耀武力，忘乎所以，而应“恬淡为上，胜而不美”。老子主张慎战，“夫天下神器也，非可为者也。为者败之，执者失之”“强梁者不得其死”。字里行间充满着一片哀其不得已又想尽力轻其害的悲天悯人之情，以及奉劝当权者战争是不可以妄为的，妄为者必定失败的谆谆告诫。老子所推崇的“不争”“慎战”“不战”等观念，代表了典型的东方式智慧，对后世战争文明观的启蒙发挥着不可低估的作用。而老子对自然和谐之“道”的追求，恰好构成了中华古典兵学“不争”“非战”等观念的有力的哲学支撑。

阅览中国历史，汉唐两代曾经出现了“文景之治”和“贞观之治”。这两个盛世的出现都与与民休息、厉行文治兴邦的国策密不可分，其中对外关系上尤其是军事行动上都十分谨慎。在中国历史上，针对前朝动乱和长期的军事斗争造成社会凋敝，封建王朝初期统治者往往采取休养生息的政策来发展生产，巩固统治。与之相对应，在对外战争的态度上往往是采取积极备战谨慎慎战的方针。

西汉初年，由于秦王朝的酷政统治和长时间的战争破坏，社会残破，民生凋敝。在这种情况下，统治者采取黄老治国之术，本着“无为而治”的思想，清静安民，休养生息，宽厚待民，使百姓生活安宁，社会经济稳定发展，经过数十年的卧薪尝胆励精图治，经过文、景两帝卧薪尝胆努力，终于出现了“文景盛世”。汉初文帝和景帝时期对外均采取了怀柔、防御的政策，即使是面对周边少数族的骚扰也绝不轻言动兵，尽力维持相安的关系。史料中记载了几个以怀柔政策化解军事冲突非常典型的事例。“吕后时，南越王赵佗自立为帝，役属闽越、西瓯、骆，又乘黄屋左纛，与汉王朝分庭抗礼。文帝即位后，为赵佗修葺祖坟，尊宠赵氏昆弟，并派陆贾再度出使南越，赐书赵佗，于是赵佗去黄屋左纛，归附汉王朝。文帝后元二年，汉与匈奴定和亲之约，此后匈奴虽背约屡犯边境，但文帝只是诏令边郡严加备守，并不兴兵出击，以免烦扰百姓。”经过文帝和景帝两朝的努力，国民经济政府财政都已相当丰裕。据《汉书》记载，汉初到武帝即位前的 70 年间，百姓富足，国库盈满，财政结余。大仓里的粮食多到因腐烂不可食，京师财库中的钱币连串线的绳子都烂断了。可见当时的富庶景象。

汉武帝即位以后，不堪周边少数民族的军事侵扰，多次发动战争，北攻匈奴、南击百越、西击大宛、东攻朝鲜，奠定了西汉全盛时期的版图。但频繁的对外战争对国家产生了很大的危害，特别是武帝后期发动的对匈奴作战，消耗了巨大的人力和物力。武帝还亲率十八万骑巡边，以耀兵塞上，弄得百姓疲敝，民穷财尽。汉书云：“民力屈，财力竭，因之以凶年，寇盗并起。”晚年的武帝，也认识到了连年动用武力的弊端，以至于在征和四年，亲自颁布轮台罪己诏。向天下人昭告：自己给百姓造成了痛苦，从此不再穷兵黩武。为实现这一政策，汉武帝不但下令不复出军，而且还在征和四年封丞相田千秋为富民侯，以明休息，思富养民也。

“开元贞观事，身得见全盛。闭门长蓬蒿，或许老夫病”，这首词出自宋代黄庭坚笔下，描述的便是唐朝当时繁盛荣华的局面。唐太宗李世民的贞观之治，也是实行无为而治的结果。继隋末大乱建立起来的唐王朝，亲眼目睹了隋炀帝以苛政而失民、征战经济凋敝最后导致亡国的悲惨现实，国家受到战争重创，百姓大多流离失所，民不聊生。总结吸收隋亡历史教训，唐朝建国之初，便确定了安抚百姓、休养生息的“无为而治”国策。在对外战争冲突问题上主张“行帝道，致治太平”。

《贞观政要》载道：贞观四年，有司上言：“林邑蛮国，表疏不顺，请发兵讨击之。”太宗曰：“兵者，凶器，不得已而用之，故汉光武云：每一发兵，不觉头发为白。自古以来穷兵极武，未有不亡者也。”唐太宗的意思是说，兵器是凶险的器械，万不得已时才使用它，所以汉朝的光武帝说：“每次发兵的时候，不知不觉地头发胡须都变白了”。自古以来穷兵极武玩弄兵威的人，没有不灭亡的。这里可以看出，唐太宗并没有将战争视为人类事务中的常态，相反对于战争保持着极谨慎的态度，认为只有在“万不得已”，即没有其他任何选择的情况下才可以选择通过战争的方式实现战略目标。太宗《帝范》曰：“夫兵甲者，国家凶器也。土地虽广，好战则民凋；中国虽安，忘战则民殆。凋非保全之术，殆非拟寇之方，不可以全除，不可以常用。”意思是说兵器盾牌这类东西是国家凶险的器械。土地虽然广阔，但喜好发动战争，人民就会受到损伤；中原虽然安定，但忘记战备人民就会很危险。使人民处于危境也不是抵御敌人的办法。武备不可以全部解除，也不可以经常使用。可见，唐朝统治者在对待战争问题上的态度是非常谨慎的，但慎战并不意味着不重视军事的作用，统治者更多地是将军事行为纳入防守的性质，以抵御外来的侵略和骚扰，但绝不穷兵黩武，绝不肆意使用武力对外扩张。

汉唐盛世时期的统治者对外采取和亲、纳贿、互市等方式，避免与周边少数民族政权发生战争，对战争采取十分谨慎的态度，目的是争取和平环境，发展自身实力。同时，他们也清楚地知道，单靠纳贿求和，决不能使边境地区得到真正安宁，只有富国强兵，自身实力强大了，才能从根本上解决各种安全威胁。

历史充分证明，中国人民反对穷兵黩武，主张与他国和睦相处。追求和平，审慎地对待战争，是中国历代军事战略思想的显著特征。中国走和平发展道路，从文化传承来看，是基于中华民族数千年“和合”精神的必然选择。当然，中国人民热爱和平，并不意味着不加区别地反对一切战争。中国人民在外敌暴力入侵和分裂势力面前，从来不惧怕战争，也不逃避战争。面对威胁，敢于斗争，运用武力同样是中国传统战略文化的必有之义。

以仁为本的战争观，强调扶危济弱，反对恃强凌弱。最早体现这一思想的见于《周易》。《周易·大壮》篇说，初九交谓：“壮于趾，征凶。”言其躁进必伤。《周易·同人》“九四”爻辞：“乘其墉，弗克攻，吉。”言出兵已据城墙，但终于没有进攻，是正确的决策，吉祥。以不恃刚强、谦退止攻为吉。这段话的主题是主张和平相处，反对恃强凌弱，斥责恃强凌弱是可耻行为。

《周易》《兑》卦“初九”爻辞中说：“和兑，吉。”“兑”就是“悦”，国与国和谐共悦，就是件吉利的事。《兑》卦“九二”爻辞：“孚兑。吉，悔亡。”“孚”通“俘”，意思是说以俘虏他人为悦，暂时吉利，终归是要倒霉的。《兑》卦“六三”爻辞：“来兑，凶”，某国恃其强大，威胁他国，强迫其服从自己的意志，是件凶事。从一些特定战争场合的描述上看，《周易》作者有浓烈的反战情绪。《离》“九三”爻辞：“突如，其来如，焚如，死如，弃如。”这似乎是一场突然的袭击，造成被袭一方的大灾难。作者表述的是一种非战主义思想，追求的是“庶政为和，万国咸宁”的太平盛世，这与西周统治者反复宣扬的“保民而已”“仁民爱物”的政治理念比较契合。

中国古代的这些思想观念，成为当今中国倡导国际关系民主化，推动和谐均衡的全球发展，反对以大欺小、恃强凌弱、倚富压贫，加强磋商和协调，照顾彼此关切，反对以战争相威胁，以核武器相讹诈的文化源泉。

二、忘战必危的备战观

有备无患，忘战必危。备战思想其意就是未雨绸缪，“内修文德，而外治武备”。在《司马法·仁本第一》篇中提出“国虽大，好战必亡；天下虽安，忘战必危”的著名论断。表现了既反对战争，又不忘为战争做准备的积极思想。吕不韦也在《吕氏春秋》中指出“有以用兵丧其国者，欲偃天下之兵，悖。夫兵不可偃也，譬之若水火焉，善用之则为福，不能用之则为祸；若用药者然，得良药则活人，得恶药则杀人”。基本意思是说，有人因发动战争而导致亡国，但却不能因此就废止天下的战争，幻想废止不仅是荒谬的，更是不可能的。战争就像自然界里的水和火一样，善于运用它就能造福于国家和人民，不善于运用它就会遗患无穷。又好像用药一样，得到良药就能使病人起死回生，吃了毒药就会被毒死。毒药是要不得的，但任何人也不会因为世界上存在毒药，而拒绝良药。

孙子提出了必须重视备战的思想，并告诫人们思想上时刻不要忘记战备，要做到“用兵之法，无恃其不来，恃吾有以待也；无恃其不攻，恃吾有所不可攻也”。兵实不可黩，但亦不可废、不可无备。慎战，决不是不战，更不是忘战。道理很简单，那就是《盐铁论》中说的“有备则制人，无备则制于人”。好战必亡，是黩武所致。而止戈忘战，走向另外一个极端，同样会因疏于戒备而导致亡国。由于长期的和平环境和人们一厢情愿的善良愿望，会使一些人产生和平麻痹思想、放松警惕，认为战争离我们很远，强调国防、军队建设和备战意识，是劳民伤财，多此一举。止武忘战思想，是相对和平时期一种极为有害的思潮和容易出现的通病，它严重地麻痹着人们的思想、涣散着人们的斗志，直接危害着国家的安全稳定与生存环境，因而是要不得的。《司马法》曰：“古者以仁为本，以义治之之谓正，正不获意则权。权出于战，不出于中人。”大意是说古代治理国家的人，以爱护人民为目的，采取礼仪道德的办法措施来解决矛盾是为正道，但当这样的方法不能解决社会矛盾时，就需采用权势的做法，这种做法就是战争。而不是出于中和与仁爱。接着又说，“以战止战，虽战可也，故仁见亲，义见说，智见恃，勇见方，信见信，内得爱焉，所以守也；外得威焉，所以战也。”用战争制止战争是可以的，这样，以仁爱为民众所爱戴，以正义为民众所喜爱，以智谋为民众所看重，以勇敢为民众所效法，以诚实为民众所信任。在内受到拥护，对外得到威望，所以才可以发动战争。这也就是“内修文德，而外治武备”。

战争的方式往往成为解决问题的最终手段。因此，为了维护本国、本阶级的根本利益，战争手段是不可或缺的，战争准备是不可忽视的，止武忘战的思想是极其危险的。

特别是在剧烈的社会动荡和变革时期，战争往往难以避免，春秋战国时期，面对诸侯争霸，韩非子在《韩非子·五蠹》中曰："上古竞于道德，中世逐于智谋，当今争于气力。"上古人们是用道德来衡量彼此的优劣，中世人们相互使用谋略来定高下，现在，人们却只会用野蛮的武力来解决问题。应该看到，当社会发生剧烈的社会变革或动荡之时，解决矛盾的方式方法仅靠"道德"和"仁义"确实不能解决所有问题。春秋时期商鞅在《商君书·开塞第七》书中说的"强国事兼并，弱国务力守……万乘莫不战，千乘莫不守"的情况，是不争的事实。

尽管儒家无数次地大声呼喊告诫"争地以战，杀人盈野；争城以战，杀人盈城"，痛斥"今之所谓良臣，古之所谓民贼也。君子不志于仁，而求为强战，是辅桀也""兵者，不祥之器，非君子之器，不得已而用之，恬淡为上。胜而不美，而美之者，是乐杀人。夫乐杀人者，则不可得志于天下矣。"但在当时也无法阻止要发动战争的一方。"当今争于气力"，更能深刻说明阶级社会局势的发展和演变、国家的兴衰、聚合和强弱。所以，任何一个主权国家都必须加强军备，准备战争，正如《筹海图编》所言"治兵然后可以息兵，讲武而后可言偃武"，才是合乎时宜的明智之举。《管子立政》中明确指出，"寝兵之说胜，则险阻不守，兼爱之说胜，则士卒不战"。如果废止军备的言论占了上风，刀枪入库、马放南山、不言武事，即使有地理上的险阻之利也是守不住的。不分敌我的"兼爱"言论占了上风，士兵就会丧失战斗意志，不愿意作战。一个国家只有常习"武事"，才能避免"战事"，充分搞好武备，才能拥有和平。《曷冠子·卷上近迭》中说"兵者百岁不一用，然不可一日忘也"。常讲武事、长于戒备，而又不穷兵黩武，才能使国家、民族立于不败之地。在中国历史上，以文治军，备战松弛，造成误国失国的典型例子莫过于宋朝。

"战备"亦称备战，即战争的准备，包括政治、经济、军事等各方面的准备。仅就军事方面而言，则有思想准备、物资准备以及兵力和人力的准备等等。在先秦诸子中，论述战备思想的篇章、段落可谓多矣。孔子提出的“足兵、足食”(《论语·颜渊》)，就是富有代表性的学说之一。

《墨子》一书的第十四卷共有十二篇，都是阐述战备说的。墨子反对不义的战争，提倡“非攻”，所以他专从防备敌人的进攻、击退敌人的侵犯上论述备战之法。其篇名都贯以“备”字，如《备城门》《备高临》《备钩》《备冲》《备梯》《备堙》《备水》《备空洞》《备突》《备穴》《备蛾傅》等，从不同的角度和侧面，具体分析了应作的战争准备。墨子曰：“我城池修，守器具，樵粟足，上下相亲，又得四邻诸侯之救，此所以持也。”这里除讲述了充足的物资准备以外，还特别强调了内政和外交上的准备，这也是战备工作中绝对不可忽视的一环。墨子还认为搞好战备是制止战争、防止侵略的必要条件。《公输》篇中，记述“公输盘九设攻城之机变，子墨子九距（拒）之；公输盘之攻械尽，子墨子之守圉（御）有余”，最后公输盘诎（屈），终于迫使楚王“无攻宋矣”。如果没有墨子的充分准备，楚国进攻宋国的战争是不可避免的。

《管子》中关于战备思想有许多精湛而深刻的论述，有些为后人所继承，有些虽为历代兵家所知之，由于种种条件的限制却未行之。管子在《七法篇》中曰：“为兵之数，存乎聚财而财无敌，存乎论工而工无敌，存乎制器而器无敌，存乎选士而士无敌，存乎政教而政教无敌，存乎服习而服习无敌，存乎遍知天下而遍知天下无敌，存乎明于机数而明于机数无敌。故兵未出境，而无敌者八。”管子所说的“存”就是充分的准备，他不仅从以上八个方面分析了应进行的战备工作，而且在下文还用层层递进的论述方式，指明了八者之间的关系：“是以欲正天下者，财不盖天下，不能正天下；财盖天下，而工不盖天下，不能正天下；工盖天下，而器不盖天下，不能正天下；器盖天下，而士不盖天下，不能正天下；士盖天下，而教不盖天下，不能正天下；教盖天下，而习不盖天下，不能正天下；习盖天下，而不遍知天下，不能正天下；遍知天下，而不明于机数，不能正天下。”这完全是从战略的高度谈论战备问题，具有全局观点和整体思想。

战备不单是“财”“工”“器”等物资的准备，还有“士”和对“士”的“教习”

的准备，更重要的是对天下形势及其变化的了解。管子又说："故聚天下之精财，论百工之锐器，春秋角试，以练精锐为右，成器不课不用，不试不藏。收天下之豪杰，有天下之雄骏。故举之如飞鸟，动之如雷电，发之如风雨。莫当其前，莫害其后，独出独入，莫敢禁困。"备战充分，自会无往而不胜。这里最为可贵的是，管子把广纳人才看作是战备的重要内容之一。他还针对敌我双方的战备情况，在《霸言篇》中提出了攻战原则："故善攻者，料众以攻众，料食以攻食，料备以攻备。以众攻众，众存不攻；以食攻食，食存不攻；以备攻备，备存不攻。释实而攻虚，释坚而攻照（脆），释难而攻易。"管仲"九合诸侯，一匡天下"，与他善解战备的个中三昧是分不开的。

战备思想阐述得最周详、最完备的当然还是历代的兵家著作，其前后继承、发展的轨迹亦清晰可见。《孙子兵法》十三篇，不论论述哪一个战略战术的专篇，几乎篇篇都涉及到了战备思想。首篇即提"经之以五，校之以计，而索其情"。孙子是从敌我双方的客观物质条件出发来论兵的，把战备看成决定战争胜败的基本因素。他认为财政、辎重、兵械、战具的优劣具有十分重要的作用，在战前要做好这方面的准备，他说："凡用兵之法，驰车千驷，革车千乘，带甲十万，千里馈粮，则内外之费，宾客之用，胶漆之材，车甲之奉，曰费千金，然后十万之师举矣。"孙子还认为军队随时有作战准备来对付没有准备的军队方能取胜，他把这看作五个"知胜"的条件之一，即"以虞待不虞者胜"。孙子又从敌我力量的对比上，指出战备占绝对优势者获胜："故胜兵若以镒（二十四两）称铢（二十四分之一两），败兵者若以铢称镒。胜者之战，若决积水于千仞之溪者，形也。"这里"故胜兵若以镒称铢，败兵若以铢称镒"的意思是，所以获胜的军队就如同以"镒"对"铢"，是以强大的军事实力取胜于弱小的敌方。而败亡之师，就如同用"铢"对"镒"，是以弱小的军事实力来对抗强大的对手。孙子用滚动木头、石头作比喻，说明优势的战备会产生巨大的力量，他说："故善战人之势，如转圆石于千仞之山者，势也。"当然，孙子所说的"势"，内涵是相当丰富的，不只指战备。对于敌人所作的战争防备，孙子是辩证看待的："吾所与战之地不可知，则敌所备者多，敌所备者多，则吾所与战者，寡矣。"孙子又从反面强调了没有物资准备则必亡的恶果："故军无辎重则亡，无粮食则亡，无委积（军用物资）则亡。"孙子告诫用兵者："故用兵之法，无恃其不来，恃吾有以待也；无恃其不攻，恃吾有所不攻也。"这就是"有备无患"的思想。孙子提醒主将从敌人来使的言辞态度和战备情况来判断敌人的动向："辞卑而益备者，进也；辞强而进驱者，退也。"孙子主张攻击敌人没有准备、不设守备的地方："兵之情主速，乘人之不及，由不虞之道，攻其所不戒也。"即或是运用火攻也离不开战备："烟火必素具。"即或是运用间谍也是出于战备的需要，《用问篇》也流露了这种思想。

《吴起兵法》曰："夫安国家之道，先戒为宝，今君已喊，祸其远矣。"（《料敌》）吴子所说的"戒"，即防备、戒备，也就是做好战备。战备的关键在一个"先"字。吴子又曰："既食，未设备，可击。"这是从战备的角度，谈进攻敌人的时机。

继承并发展了《孙子》《吴子》战备思想的《孙膑兵法》，专设《势备》篇论述战备说。孙膑说："夫陷（含）齿戴角，前蚤（爪）后锯（距），喜而合，怒而斗，天之道也，不可止也。故无天兵者自为备，圣人之事也。黄帝作剑，以陈（阵）象之。羿作弓弩，以势象之。禹作舟车，以变象之。汤、武作长兵，以权象之。凡此四者，兵之用也。"飞禽走兽有牙、角、爪、距作为武器，而人没有天然赋予的各种武器，于是圣人就发明了剑、弓弩、舟车、长兵等武器来加强自身的战备。孙膑从创造兵器入手，进而论到阵、势、变、权在战备上的重要作用。《孙膑兵法》的其他篇章中，论及战争问题的也屡有所见。孙膑曰："事备而后动。故城小而守固者，有委也；卒寡而兵强者，有义也。夫守而无委，战而无义，天下无能以固且强者。"孙膑认为要做好战争准备，然后才能进行军事行动。有了充足的物资储备（即委），城小也能固守，没有充足的物资储备，就不能固守。孙膑在《威王问》中，也阐发了这一思想："用兵无备者伤，穷兵者亡。""无备者困于地。"这是就己方而言，对敌人则要"攻其无备，出其不意"。即在敌方没有战备或战备薄弱之处大举进攻。孙膑还就遇到一些特殊情况以及具体的战役如何加强战备，做了简明扼要的分析。来不及构筑营垒时，利疾（蒺藜）者，所以当沟池也。车者，所以当垒也……发（指盾）所以当俾倪（即埤琬，城上矮墙）也。”

运用火攻也要做好战备，孙膑曰：“火战之法，沟垒已成，重为沟堑，五步积薪，必均疏数（密），从役有数，令之为属批（以木交叉而成的拒马），必轻必利。”两军对阵之时，孙膑针对“粮食均足”和“粮食不属（接济不上）”的军备情况，提出了不同的作战方针。他还认为财富雄厚则能取得胜利，武器装备精良则能取得胜利，所以他说：“富者胜乎？则量粟而战耳。兵利甲坚者胜乎？则胜易知矣。”对于敌人战备上的优势，要加以破坏，使其处于劣势，并进而发挥自己战备上的优势，战而胜之，他指出：善战者，对敌人“积粮盈军能使饥”，并使其“饥渴而不得食”，而我方则“饱食而待其饥也”。孙膑还分析了作战失利的各种因素，强调了优厚的物质条件并不是绝对可以依恃的，无论是攻和守都是如此：“备固，不能难敌之器用，陵兵（受欺凌之兵）也。器用不利，敌之备固，挫兵也。”

《尉缭子》在战备问题上，提出了“富民”思想，是十分具有战略意义的。民富则国富，国富则兵强。如此，方能固本坚兵。《战威》篇说：“王国富民，霸国富士，仅存亡国富大夫，亡国富府，所谓上满下漏，患无所救。”尉缭还提出发展农业，开展集市贸易，以繁荣经济，增强战备的观点：“万乘农战，千乘救守，百乘事养。农战不外索权，救守不外索助，事养不外索资。夫出不足战，入不足守者，治之以市。市者，所以给战守也。万乘无千乘之助，必有百乘之守。”

成书于西汉末年的《黄石公三略》，继承了先秦诸子的富民思想，百姓富庶，则国有储备，在战备上就具有优势。《下略》中云：“四民用虚，国乃无储。四民用足，国乃安乐。”反之亦然。

曹操的《孙子兵法注》，集中地表现了他的军事思想。曹操根据自己的实战经验，对战备说作出了卓越的贡献。曹公曰：“敌治实，须备之。”这里说根据敌军的战备情况，而加强己方的战备。曹公曰：“初赋民便取胜，不复归国发兵也。始载粮，后遂因食于敌。还兵入国，不复以粮迎之也。”

这里说己方做好粮秣等物资准备，只出征时随军运载一次，等到进入敌国，就利用敌人的战备物资。曹公曰："百姓财殚尽而兵不解，则运粮尽力于原野也。"这是"富民"思想的具体运用，只是从反面加以运用。曹公曰："军无财，士不来；军无赏，士不往。"他认为雄厚的财力是招纳贤士、激励军卒的物质基础。曹公曰："吾所以守者，力不足也；所以攻者，力有余也。"这里的"力"，包括财力、物力、兵力，皆就战备而言也。曹公曰："善用兵者，先自修治为不可胜之道。"曹公曰："城小而固，粮饶，不可攻也。操所以置华费，而深入徐州，得十四县也。"以自己成功的战例，说明敌人具有优势的战备时，则避而击其虚。对《孙子九地篇》中的"重地则掠"一句，曹操的理解是："蓄积粮食也。"

《唐太宗李卫公问对》发展了《孙子兵法》中的"因粮于敌"的思想，强调了利用敌人战备物资的重要性。李靖曰："'因粮于敌'，是变客为主也；'饱能饥之，佚能劳之'，是变主为客也。故兵不扬主客迟速，唯发必中节，所以为宜。"

北宋何去非所著的《何博士备论》一书，以历代兴亡成败为鉴，在剖析军事人物和战例时，"极论用兵利害"。其中从战备的角度评论了蜀汉不能取胜曹魏的原因："故常千里负粮，以邀一日之战，不以败还，即以饥退。此其亟于有功，而亡其量以待之也。善为兵者，攻其所必应，击其所不备，而取胜也。"

《百战奇法》讲述了一百种战法，其中有许多都强调了战备意识的重要，并举历史上的著名战例为之佐证。《备战》篇云："凡出师征讨，行则备其邀截，止则御其掩营，营则防其偷盗，风则恐其火攻。若此设备，有胜而无败。法曰：'有备不败。'"这是从离境进攻时讲在各种不同情况下应有的战备观念。刘基还特别强调作为战备物资的粮秣，谁占有谁就获胜。他说："凡与敌垒相恃，两兵胜负未决，有粮则胜。若我之粮道，必须严加守护，恐为敌人所抄。若敌人饷道，可分遣锐兵以绝之。敌既无粮，其兵必走，击之则胜。法曰：'军无粮食则亡。'"他以袁曹官渡之战为例加以解说。曹操偷袭乌巢，火烧袁粮，大获全胜。与此相反，己方在粮食匮乏时，则要千方百计夺取敌人的粮秣，以充实自己的战备力量。他说："凡兴兵征讨，深入敌地，刍粮乏阙，必须分兵抄掠，据其仓廪，夺其蓄积，以继军饷，则胜。法曰：'因粮于敌，故军食可足也。'"

明朝末期出现的《投笔肤谈》，论述了战备不足必导致失败的观点，虽继承前人之说，但亦有新的创见。他说："军需不备，取败之道也。行伍不充，取败之道也。备军需、充行伍而灾及吾民，以败致败之道也。"

战备思想为历代兵家所重视，有作为的军事家没有不在这方面大作文章的。时至今日，经济发展，科学进步，战奋观念更加深入人心。言兵者无不言战备，听来虽若老生常谈，却是军政大计之根本，万万不可等闲视之，掉以轻心也。

三、知己知彼的庙算观

当战争不可避免，必须迎战时，进行充分的准备就是必不可少的。而在战争的准备工作中，一方面了解敌我双方的实力，分析战争的形势，做出符合实际的决策是重要的一个环节。另一方面，古代军事思想中重视礼仪道德是一脉相承的思想体系。庙算中十分重视道德礼义，行礼仪道德被视为是庙算的根本。《太公六韬》深知庙算在战争中的重要地位，首先提出了居主行仁义修道德乃庙算之根本的思想。当周文王问道："树敛若何而天下归之？"太公回答说："天下非一人之天下，乃天下之天下也，同天下之利者则得天下，擅天下之利者则失天下。天有时，地有财，能与人共之者，仁也，仁亡所在，天下归之。免人之死，解人之难，救人之患，济人之急者，德也，德之所在，天下归之。与人同忧同乐、同好同恶者，义也，义之所在，天下赴之。好德而归利，能生利者，道也，道之所在，天下归之。""同天下之利者则得天下，擅天下之利者则失天下。"这与孟子的"得道多助，失道寡助"异曲同工。

书中还对进行决策的时机问题进行了阐述，太公对周文王说："王其修德以下贤，惠民以观天道。天道无殃，不可先倡；人道无灾，不可先谋。必见天殃，又见人灾，乃可以谋；必见其阳，又见其阴，乃知其心；必见其外，又见其内，乃知其意；必见其疏，又见其亲，乃知其情。”君主与其近臣相“谋”即是庙算。只有具备了自然条件，又全面了解了敌情，方能稳操胜券。行仁义修道德乃庙算之根本，与兴仁义之师一脉相承。

庙算，是中国古时候指在临战前由君主在宗庙里举行仪式商讨作战计划，制订的克敌制胜的谋略。谋略制订的前提是分析形势了解敌我情况，基础是要知己知彼，前提是要分析形势，否则就是盲目决策。因此，孙子在《谋攻篇》中说：“知己知彼，百战不殆；不知彼而知己，一胜一负；不知彼，不知己，每战必殆。”意思是说，在军事纷争中，既了解敌人，又要了解自己来综合利弊，百战都不会失败；不了解敌人而只了解自己，胜败的可能性各半；既不了解敌人，又不了解自己，那必然每战必败。

在历史典籍中，“庙略”“庙策”“庙胜”“庙论”“庙谋”“庙战”等词，都是“庙算”的近义语。古时，“庙”含有“王宫的前殿”“朝堂”之义，引申为朝廷。庙，又指太庙（国君的祖庙）。古代出兵作战，任命将帅，国君必须先在太庙祭祀祖宗，下达作战决策。所以上述诸词都贯以“庙”字，以说明谋划、筹算、计策、战略方针等，都是由朝廷议决制订出来的。

我国古代兵家向来重视庙算，他们所说的庙算，不是指一帅一将所运用的个别策略和一般的用兵之法，而是指国家最高层——朝廷作出的战略决策。大至一场规模空前的战争，小到于一次具体的战役，都在作战之前由朝廷制订出战略方针和用兵原则。

庙算思想历史悠久，而最先使用这个词并形成“庙算”说理论体系的是春秋时期的《孙子兵法》。孙武把这个问题放在全书的第一篇《计篇》里加以阐述，可见他对这个问题的重视。

孙子在其兵法的首篇《计篇》中说道，“夫未战而庙算胜者，得算多也；未战而庙算不胜者，得算少也；多算胜，少算不胜，而况于无算乎！吾以此观之，胜负见矣。”意思是说在战争开始之前，已经妙算，充分估量了敌我双方的各种条件，进行了作战前周密的谋划部署，就会胜利，反之就不会胜利，更不要说没有进行周密的妙算谋划了。孙子是把庙算思想作为全书的总纲作这番论断的。因为他充分认识到，战争对于国家的重要程度。

《孙子兵法·计篇》开头第一句就说："兵者，国之大事，死生之地，存亡之道，不可不察也。"战争是国家的大事，是决定国家存亡的途径，作为朝廷不能不认真研究、慎重考虑，即要有克敌制胜的庙算。

孙子认为庙算的内容有"五经"（五个主要方面）、"七计"（七个基本估计）。他认为："故经之以五……一曰道，二曰天，三曰地，四曰将，五曰法，道者，令民与上同意者也，可与之死，可与之生，民弗诡也。天者，阴阳、寒暑、时制（四时的情况）也。将者，智、信、仁、勇、严也。法者，曲制（编制、号令）、官道（将吏和粮道）、主用（军队费用）也。"哪一方能在上述五个方面处于胜算的一方，便会立于不败之地。

孙子在分析"七计"时说："故校之以计，而索其情。曰：主孰有道？将孰有能？天地孰得？法令孰行？兵众孰强？士卒孰练？赏罚孰明？吾以此知胜负矣。"最高决策机构对以上七个问题能否作出正确估计，即庙算准确与否，则是胜负的关键。作为曾参与朝廷决策的一员，孙子十分重视将帅的作用，在进行庙算时，将领的任用是不能不严肃考虑的问题。他说："将听吾计，用之必胜，留之；将不听吾计，用之必败，去之。"这里说的计，即庙算——朝廷的决策。将领的去留，以是否能执行庙算克敌制胜、实现伟大的战略为前提。

庙算的另一个主要内容是"势"，"势者，因利而制权也。"即利用有利的态势，灵活机动地用兵。孙子认为："兵者，诡道也。"用兵本来就是一种奇诡的行动，庙算亦波谲云诡，"攻其无备，出其不意。"在《谋攻篇》中，孙武又进一步阐发了庙算思想，他说："故君之所以患于军者三：不知军之不可以进而谓之进，不知军之不可以退而谓之退，是为縻军（牵制军队）；不知三军之事，而同（干预）三军之政者，则军士惑矣；不知三军之权（随机应变），而同三军之任，则军士疑矣。三军既惑且疑，则诸侯之难至矣，是谓乱军引胜（扰乱军队，使敌人胜利）。"在阶级社会里，国君就是朝廷的代表，他的决策对战争的胜负具有举足轻重之势，关系重大，所以孙武特别强调国君在庙算时要慎之又慎，指出其为害于军的三种情况，从反面加以提醒。他还把"将能而居不御（控制）者胜"作为"知胜之道"的五个条件之一，可见他对君主在庙算中的作用看得十分重要。

庙算思想自孙武提出以后，历代兵家都高度重视，并在战争实践中不断丰富和发展这一思想。

《国语》中记述了一段越国进行庙算的过程，给后人以启迪：越王勾践乃召五大夫曰："……吾问于王孙包胥，既命孤矣，敢访（咨询）诸大夫，问战奚以而可，勾践愿诸大夫言，皆以情告，无阿孤，孤将以举大事。"大夫舌庸乃进对曰："审赏则可以战乎？"王曰："圣。"大夫苦成进对曰："审罚则可以战乎？"王曰："猛。"大夫种进对曰："审物（旌旗徽志之类）则可以战乎？"王曰："辩（辨）。"大夫蠡进对曰："审备（军备）则可以战乎？"王曰："巧。"大夫皋如进对曰："审声（金鼓进退之声）则可以战乎？"王曰："可矣。"勾践与五大夫经过反复讨论研究，认为"赏""罚""物""备""声"都具备了，方作出伐吴的重大决策。

《司马法》从称王称霸的高度来论述"庙算"说："王霸之所以治诸侯者六：以土地形诸侯，以政令平诸侯，以礼信亲诸侯，以材力说诸侯，以谋人维诸侯，以兵革服诸侯。同患同利，以合诸侯；比（亲近）小事大，以和诸侯。"这是在政治和军事战略上所进行的庙算。战国中期的政治家商鞅重视将帅的作用，但更重视朝廷的正确决策，他说："若兵敌强弱（兵力强弱相当），将贤则胜，将不如则败。若其政出庙算者，将贤亦胜，将不如亦胜。"这是说，如果重大的决策出自朝廷，将帅才能高的会取胜，将帅才能差一些的也会取胜。商鞅还认为国君久握胜术，即长期运用庙算，而百姓又能执行庙算，则国家必然强盛，以至成就王业。他说："政久持胜术者，必强至王。若民服而听上，则国富而兵胜，行是必久王。"

《吴子兵法》继承并发展了前代政治家、军事家的庙算思想，并对其具体运用作了准确的阐述。吴起曰："昔之图国家者，先教百姓而亲万民。有四不和：不和于国，不可以出军；不和于军，不可以出陈（阵）；不和于陈（阵），不可以进战；不和于战，不可以决胜。是以有道之主，将用其民，先和而造大事。不敢信其私谋，必告于祖庙。"庙算是严肃的大事，必于祖庙进行。国君要了解"四不和"，才能作出正确的决策。

《孙膑兵法》是继《孙子兵法》之后的一部较为完整、影响甚大的兵学专著。其中虽未用"庙算"一词，但在许多篇章的论述中，却体现了孙武的庙算思想。他与齐威王、田忌关于用兵的问答，为君主作出正确的决策，提供了理论上和战法的依据。孙膑初见齐威王，就陈述了自己对战争的看法："战胜则所以在（存）亡国而继绝世也；战不胜，则所以削地而危社稷也。是故兵者不可不察。这里明确提出战争的胜负关系到国家的存亡，国君只有明察用兵之道，才能作出神机庙算。孙膑分析了"恒胜"的五个条件和"恒不胜"的五个条件，都是关于庙算的。他说："恒胜有五：得主专制，胜；知道（用兵之法），胜；得众，胜；左右和，胜；量敌计险，胜。"孙子又说："恒不胜有五：御（控制）将，不胜；不知道，不胜；乖将（将帅不和），不胜；不用问，不胜；不得众，不胜。"就君主与将帅的关系说，将帅得到君主的信任，有自专之权，就能胜利；反之，将帅为君主所制，进退由君不由将，则不会胜利。作为有决策之权的国君，不可不深思而慎行之。

相传为战国人尉缭所著的《尉缭子》一书，关于庙算思想亦有许多出色的见解。尉缭说："夫土广而任，则国富；民众而制，则国治。富治者，车不发轫，甲不出暴，而威制天下。故曰兵胜于朝廷。不暮甲而胜者，主胜也；陈（阵）而胜者，将胜也。"这里说的"兵胜于朝廷"和"主胜"即庙算而胜。尉缭深知庙算在战争中的重要性，所以他把庙算置于五项"夺敌"措施之首。他说："刑未加，兵未接，而所以夺敌者五：一曰庙胜之论，二曰受命之论，三曰逾垠之论，四曰深沟高垒之论，五曰举陈之论。""庙胜"与"庙算"同义，即临战前由朝廷制订的克敌制胜的谋略。尉缭还认为庙算可以不战而使天下和睦："兵之所加者，农不离其田业，贾不离其肆宅，士大夫不离其官府，由其武议在于一人，故兵不血刃而天下亲。"这里的"武议"即指庙算。

《邓析子·无厚》篇说："庙算千里，帷幄之奇，百战百胜，黄帝之师。"朝廷的决策可用于千里之外，将帅的筹划奇谲善变，则百战百胜。

西汉淮南王刘安所著的《淮南子》中也论及了庙算学说，认为庙算可以称帝,《兵略》篇说:“故庙战者帝，神化者王。”庙战即朝廷拟订的作战方案，相当于庙算。他还认为庙算要在作战之前作出，方能取胜。书中说:“凡用兵者，必先自庙战。”

《黄石公三略》明确指出了将帅对庙算应持的态度，书中说:“故曰:仁贤之智，圣明之虑，负薪之言，廊庙之语，将所宜闻。”“廊庙”指朝廷。朝廷的决策，将帅应当很好地理解，并在用兵中坚决贯彻执行。同时，书中也指出,庙算作出之后,君主则应给将帅以“自专”之权,不能远在朝廷，不明军情，予以遥控，这只能导致失败。书中说:“《军势》曰:‘出军行师，将在自专。进退内御，则功难成。”

曹操挟天子以令诸侯，大权在手，重兵在握，汉献帝只是个傀儡，他是实际上的皇帝,令由己出。因而,他也强调庙算。他说:“计者,选将量敌，度地料卒，远近险易，计于庙堂也。”“计于庙堂”即是庙算。

关于庙算思想，唐李筌、杜牧在《孙子兵法注》中都有很好的解释。李签说:“夫战者，决胜庙堂，然后与人争利。凡伐叛怀远，推亡固存，兼弱攻昧，皆物之所出，如商、周之师者，是为未战而庙算胜……客多算临少算，主人败;客少算临多算，主人胜。此皆胜败易见矣。”杜牧曰:“庙算者，计算于庙堂之上也。”

北宋梅尧臣在《孙子兵法注》中强调庙算决不可缺。他说:“多算，故未战而庙谋先胜;少算，故未战而庙谋不胜。是不可无算矣。”《何博士备论》在分析刘秀昆战大捷时说:“不知光武为是勇怯者，乃所谓能事而皆以求胜也。夫怯于小敌者,其真情也,勇于大敌者,其权术也。敌小而怯，怯而戒，戒而励，胜之道也。敌大而勇，勇而决，决而奋，亦胜之道也。”不论“真情”还是“权术”，皆取决于庙算。

成书于明代的《投笔肤谈》中说:“自古明君贤将,谋之于未战之先者，岂专谋敌求胜哉,亦冀保民而康国耳!”又说:“得胜算者,不先料敌而料己。料敌者疏，料己者密。”明君之“谋”，即庙算。庙算在来战之前就要作出。

综观以上关于庙算的论述，可见历代兵家都十分注重朝廷的决策。只有最高领导层制订出正确的战略决策，将帅才有攻战退守的依据，攻则必克，守则必固。这是庙算学说给我们最重要的启示。

同时，战争中分析形势是作出决策制订战争方针的前提，缺少了对形势的分析，庙算一定会陷于被动不利的境地。“形势”在兵家著作中指的是两个问题：形和势。

《说文解字》：“形，象形也。”段玉裁注：“谓像似可见者。”军事理论家和实践家运用“形”这一概念，指的是有形的物质，即客观存在的各种物质力量和物质条件，包括军事力量的强弱，人数的多少，素质的优劣，武器的好坏等军事、政治、经济的综合实力。君主和将帅帅策于朝廷，用兵于战场，都离不开对“形”的了解和掌握。孙武用一个生动的比喻，形象地解释说：“决积水于千仞之溪者，形也。”

“势”这一概念，古代兵家用来指战争中的态势。具体地说，“势”是对“形”的运用，就是在军事实力的基础上，实施作战的指挥，从而在战场上表现出来的实际作战能力。战前、战中以及战后的各种态势是军事实践家创造出来的，他们总是发挥主观能动性，依“形”造“势”。

形和势紧密相连，是一个问题的两个方面。从哲学观点上来说，“形”，是就其客观条件而言，指的是运动的物质；“势”则是就其创造的态势而言，指的是物质的运动。作战则要求军事指挥者把“形”和“势”综合起来加以运用，把人力、物力、财力等积聚起来的物质，最充分地发挥其能动作用，以击败敌人，取得胜利。《孙子兵法》设《形篇》和《势篇》分别论述这两个问题，此后的兵学著作对此多加发挥和补充，使“形势”学说越来越丰满。为了行文的方便，我们把“形”和“势”分开来论述。先谈“形”学说的提出、继承及其发展。

春秋时期杰出的军事理论家孙武总结前人的用兵经验，首先提出了“形”这一概念，并在《孙子兵法》中以其名篇，对“形”学说进行了全面而完整的阐释。他在《形篇》中着重论述了战争的胜负是由客观物质条件为基础而决定的，可以从双方有形的客观条件对比中预料到，但不能超越客观条件企求胜利，并进一步说明应如何善于利用这些条件。孙子曰：“昔之善战者，先为（造）不可胜，以待之可胜。不可胜在己，可胜在敌。故善战者，能为不可胜，不能使敌之必可胜。故曰：胜可知，而不可为。不可胜者，守也；可胜者，攻也。守则不足，攻则有余。善守者，藏于九地之下；善攻者，动于九天之上。故能自保而全胜也。”孙子认为：善战者总是先消除自己的弱点，使敌人无隙可乘，造成不会被人战胜的条件，以此来等待敌人暴露弱点，发生错误，使我方有战胜敌人的机会。胜利是可以预见到的，但是缺乏客观条件，既无“形”，就不能凭主观愿望战胜敌人。

善于防守的会深深地隐蔽自己的“形”，善于进攻的会高度发挥自己的力量。这就能保存自己而获得全胜。孙子曰：“见胜不过众人之所知，非善之者也；战胜而天下曰善，非善之善者也……古之所谓善战者，胜于易胜者也。故善战者之胜也，无智名（巧计多谋），无勇功。故其战胜不忒（没有差错）。不忒者，其所措必胜，胜已败者也。故善战者，立于不败之地，而不失敌之败也。是故胜兵先胜而后求战，败兵先战而后求胜。”孙武在这里分析了善战者“立于不败之地”的种种因素：在容易胜利的条件下战胜敌人，战略措施、作战部署周密而无差错，先准备了胜利的充分条件（即“形”），然后再出战。不善战者，则与此相反，缺乏胜利的条件，就冒险同敌军交战。孙武还具体指出了“形”所包括的内容，他说：“兵法：一曰度（指国土的大小），二曰量（指物产的多少），三曰数（指人口的众寡），四曰称（指力量的强弱），五曰胜（胜利的物质基础）。地生度，度生量，量生数，数生称，称生胜。”上述五种物质条传，是从敌我双方力量的对比上所作的论述，表现了孙武的战争观具有朴素的唯物主义思想。孙武在《形篇》的末尾，收束全篇说：“胜者之战民也，若决积水于千仞之溪者，形也。”意思是胜利者指挥军队作战，就像决开积于千仞之高的溪水一样，其迅猛而巨大的冲击力就是“形”。

《左传》和《国语》中记载诸侯、将帅论战的内容颇为丰富，其中《国语》所记晋大夫郤至克楚于鄢之后，分析战胜楚国的原因，就是孙武“形”说的具体运用。郤至说：“楚有五败，晋不知乘，我则强之。北宋之盟，一也；德薄而以地赂诸侯，二也；弃壮之良而用幼弱，三也；建立卿士而不用其言，四也；夷、郑从之，三陈（指夷、郑、楚）而不整，五也。罪不由晋，晋得其民（指民心），四军之帅，旅力方刚，卒伍治整，诸侯与（亲附）之。是有五胜也，有辞（理由），一也；得民，二也；军帅强御，三也；行列治整，四也；诸侯辑睦，五也。”这里就晋楚双方力量的对比进行了分析，得出必胜的结论。

春秋时治军有方、用兵有谋的司马穰苴，著有《司马法》一书（经过后世学者的修补），其中有多处论及“形”说，强调综合实力的运用。书中说：“顺天，阜财，怿众，利地，右兵，是谓五虑。顺天，奉时；阜财，因敌；怿众，勉若（顺从）；利地，守隘险阻；右兵，弓矢御，殳矛守，戈戟助。”又说：“凡战，有天，有财，有善。时曰不迁，龟胜微行（龟卜获得吉兆，预示密谋可以实行），是谓有天；众有有，因生美，是谓有财；人习阵利，极物以豫，是谓有善。”（《定爵》篇）这里从天、财、众、地、兵、阵等方面说明了必须准备的物质条件。司马穰苴还就“力”“气”等方面分析了“形”的重要性：“凡战，以力久，以气（士气）胜，以固久，以危胜。本心固，新气胜，以兵胜。凡车以密固，徒以坐固，甲以重固，兵以轻胜。”

《吴子兵法》是继《孙子兵法》之后的又一部重要的兵学著作。吴起在回答魏文侯和魏武侯关于用兵的问题时，阐述了“形”的思想。魏武侯问曰：“愿闻陈必定、守必固、战必胜之道。”吴起对曰：“立见且可，岂直闻乎！君能使贤者居上，不肖者处，则陈已定矣。民安其田宅，亲其有司，则守已固矣。百姓皆是吾君而非邻国，则战已胜矣。”这是从政治上论“形”，至于从用兵的各个方面论“形”，则比比皆是。在战争中，既要知己之“形”，又要知敌之“形”。将帅素质的优劣是兵力强弱的关键之一，因此，要根据敌军将帅的特点采用不同的作战方针。吴子曰：“凡战之要，必先占其将而察其才。因形用权，则不劳而功举。其将愚而信人，可诈可诱；贪而忽名，可货可赂；轻变无谋，可劳而顿；上富而骄，下贫而怨，可离而间；进退多疑，其众无依，可震而走；士轻其将而有归志，塞易开险，可邀而取；进道易，退道难，可来而前。进道险，退道易，可薄（迫）而击……停久不移，将士懈怠，其军不备，可潜而袭。”

战国中期的著名军事家孙膑不仅胜利地组织和指挥了一些重大战役，

而且注意研究军事理论和总结战争经验，其所著《孙膑兵法》，在某些方面发展了孙武的“形势”学说。他说："所谓善战者，善翦断之，如口会税者也。能分人之兵，能按人之兵，则锱［铢］而有余。不能分人之兵，不能按人之兵，则数负（倍）而不足。众者胜乎？则投算而战耳。富者胜乎？则量粟而战耳。兵利甲坚者胜乎？则胜易知矣。”孙膑认为军事上的综合实力是决定战争胜负的重要因素，但不是唯一的决胜条件。人多、国富、兵利甲坚，不一定就立于不败之地，所以他接着说："故富未居安也，贫未居危也；众未居胜也，少［未居败也］。以决胜败安危者，道也。”

曹操卓越的军事思想凝铸在《孙子兵法注》中，他对于“形”的理解是："军之形也。我动彼应，两敌相察情也。”在战争中彼我双方都在探察对方的“形”。对于攻守的主张是“吾所以守者，力不足也；所以攻者，力有余也。”关于进攻的原则，他提出："原微易胜，攻其可胜，不攻其不可胜。”又说："敌兵形未成，胜之无赫赫之功也。”

《百战奇法》设《形战》一篇，专论“形”说："凡与敌战，若彼众多，则设虚形以分其势，彼不敢不分兵以备我。若敌势既分，其兵必寡；我专为一，其卒自众。以众击寡，无有不胜。法曰：‘形人而我无形。’”这里提出的设虚形、分敌势的观点，确是善战者经常运用的战法。

其次谈“势”说。孙武在《势篇》中用形象的比喻对“势”做了生动、准确的阐释："激水之疾，至于漂石者，势也；鸷鸟之疾，至于毁折者，节（距离）也。是故善战者，其势险，其节短。势如扩弩，节与发机。”孙子认为物质在运动中产生的能量和冲击力就是“势”，就像湍急的水迅猛奔流，以至能冲走石头一样。“势”还像发射弓弩，先要张开弓弦，使其达到满弓，而“节”就像击发弩机，把箭矢突然射出去。如此，其势则凶猛，其速则迅捷，其距离则远。善于用兵之人总是造成险峻的“势”，出奇制胜。所以孙子把“奇正”“虚实”的具体运用，以及严密地组织军队，使其有严明的纪律，正确地部署队伍等等，都看成是“造势”。孙武还辩证地看到“势”不是一成不变的，它会向自己的对立面转化，兵家不可不慎。他说："乱生于治，怯生于勇，弱生于强。治乱，数也；勇怯，势也；强弱，形也。”

这是说将帅要时时造成有利的态势，使军队永远保持旺盛的气势，不使强大的优势转化为劣势。孙武十分重视“任势”（即造势），连用两个生动的比喻，反复进行论证：“故善战者，求之于势，不责（求）于人，故能择人而任势。任势者，其战人也，如转木石。木石之性，安而静，危而动，方则止，圆则行。故善战人之势，如转圆石于千仞之山者，势也。”高明的军事家指挥军队，就像从千仞的高山上推动圆形巨石，使其自然而快速地飞下，则会产生出巨大的攻击力量。

《太公六韬》（后人假托太公吕尚所作）继承了孙武的“势”说，强调“势”的重要。太公曰：“凡兵之道，莫过乎一；一者，独往独来（自由行事）……用之在于机，显之在于势，成之在于君。”这是说兵力的强弱在造势中显现出来。太公又曰：“古之善战者，非能战于天上，非能战于地下，其成与败，皆由神势，得之者昌，失之者亡。”神势，即神妙的态势。军队的胜败，国家的存亡，关键在于“势”。

《司马法》提出要善观敌之势，利用敌之势，乘势而击，一举获胜：“凡战，众寡以观其变，进退以观其固，危而观其惧，静而观其怠，动而观其疑，袭而观其治。击其疑，加其卒（猝），致其屈，袭其规。因其不避，阻其图，夺其虑，乘其慑。”

《吴子兵法》针对战国时期“齐性刚”“秦性强”“楚性弱”“燕性悫（朴实）”、三晋“性和”的情势，提出了不同的进击方法，以“此其势也”作结，回答了魏武侯提出的“六国兵四守，势甚不便，忧此奈何”的问题。

孙膑关于“势”说发展了孙武的思想，主张发挥我方的优势，改变我方的劣势，分散敌之兵力，集中我之实力，打破敌我均势，掌握用兵的主动权，进而战胜敌人。他说：“兵有客（进攻一方）之分（职分），有主人之分。客之分众，主人之分少。客倍主人半，然可敌也……客者，后定者也，主人安地抚势以胥（待）。夫客犯隘逾险而至……退敢物（刎）颈，进不敢距（拒）敌，其故何也？势不便，地不利也。势便地利则民自［进］；势不便，地不利，则［民］自退。”

唐赵蕤所著《长短经》一书，特设《势略》篇阐发孙武的“势”说。他说：

“救兵有三势，善战者恒求于势。势之来也，食其缓颊（郦食其张张嘴巴），下齐七十余城；谢石渡淝，摧秦百万之众。势之去也，项羽有拔山之力，空泣虞姬；田横有负海之强，终然纠颈……故水之弱至于漂石，此势略之要也。”

《百战奇法》在多种战法中论及有关“势”的问题。刘基继承了乘势破敌的思想，他提出：“凡战，所谓势者，乘势也。因敌有破灭之势，则我从而迫之，其军必溃。法曰：‘因势破之。’”

“形势”学说是古代重要的军事思想之一，已形成相当完整的理论体系，对于现代的军事理论研究与实战，仍有不可忽视的认识价值。而其所体现的哲学思想，是唯物的，也是辩证的，更有普遍作用。

总之，中华民族传统的军事观念，以仁爱为出发点，主张为正义而战，实行战时的人道主义。反对恃强凌弱，反对为私利发动战争。主张以战止战，弘扬正义，倡导反对非正义战争。主张进行充分的战争准备，做到有备无患，强调知己知彼。强调一切战争决策要符合道义。应该说中华民族传统的军事思想观念一直代代相传，其中的核心思想观念一直为后来我国的军事家、政治家所遵循，不仅如此，许多军事思想、军事观念、军事原则，也为世界各国的军事家们所信奉，成为当代军事思想的重要来源。

回顾梳理中华民族的核心价值观，不难看出，中华民族从民族观念的开始萌芽，以及此后的成长发育，就是一个追求道德理想的民族，追求“礼义廉耻”的民族，追求和谐发展的民族，追求“仁者爱人”的民族，追求共同进步的民族，追求“己所不欲，勿施于人”的民族，追求天下一家的民族。从中华民族传统价值观来考察，不仅能够找到中华民族辉煌发展的精神动因，也能够找到中华民族从小到大的内在因子。印证了中华古代文明之所以长期引领世界，不曾中断的文化力量，进而找到了中华民族在历经挫折后仍能屹立不倒并走向复兴的文化根源。

如今我们正走在中华民族伟大复兴的路上，新时代召唤新思想，新时代成就新观念，我们相信，在吸收中华民族几千年思想观念的精华和借鉴人类发展的新经验新思想的基础上，经过总结改革开放40年的实践经验，在以习近平同志为核心的党中央的大力倡导引导下，以社会主义核心价值观为核心内容的中华民族新观念，必将成为引领中华民族走向辉煌的精神动能，我们相信，随着社会主义核心价值观的深入解读与深入传播，必将深入人心，中华民族新时代的核心价值观不仅会引领中华民族前进的脚步，还将成为别具特色给人类发展提供精神力量的思想观念之花，成为世界上大多数民族喜闻乐见的中国观念。